Jürgen Friedrichs
Drogen und soziale Arbeit

Reihe: Focus Soziale Arbeit

Herausgegeben von Nando Belardi

Grundlagen - Band 4

Jürgen Friedrichs

Drogen und soziale Arbeit

Springer Fachmedien Wiesbaden GmbH

Gedruckt auf säurefreiem und alterungsbeständigem Papier.

Die Deutsche Bibliothek – CIP-Einheitsaufnahme

Ein Titeldatensatz für diese Publikation ist bei Der Deutschen Bibliothek erhältlich

ISBN 978-3-8100-3180-8 ISBN 978-3-663-07649-0 (eBook)
DOI 10.1007/ 978-3-663-07649-0

Inhalt

Tabellen

Abbildungen

Anhang

Vorwort

Fachleute sind sich einig. Der Gebrauch von verbotenen Drogen ist kultureller Bestandteil und somit nicht absolut verhinderbar. Die gesellschaftliche Realität der Drogen und ihre unterschiedliche Verwendung muss anerkannt werden. Der Autor dieses Buches geht davon aus, dass es sich bei problematischen Verläufen um eine jugendspezifische, gruppengebundene sowie schicht- und geschlechtsspezifische (männliche) Erscheinung handelt, woraus dann entsprechende sozialpädagogische Maßnahmen abzuleiten sind.

Es gibt in der Entwicklung des Drogenkonsums keine zwangsläufige Abfolge: Der überaus größte Anteil der jugendlichen Drogenprobierer beendet von selbst den Genuss von Drogen, oder kommt zu kontrollierten Gebrauchsmustern. Nur bei Wenigen entwickelt sich eine Drogenabhängigkeit. Tabus, Mystifizierung, Dämonisierung sowie harte Strafen begünstigen Drogenkarrieren. Wird der Konsum verbotener Drogen in der Sozialpädagogik zum Thema, gerät er individuell, pathologisch in den Blick.

Die Sehnsucht nach einem widerspruchsfreien, umfassenden Erklärungsansatz als Handlungsgrundlage zu diesem Bereich ist verständlich. Einfache Erklärungsansätze versperren jedoch die Sicht auf die Vielfalt des Lebens, die Bedingungen des Aufwachsens, die gesellschaftlichen Ungleichheiten und Mechanismen. Ändern sich die Betrachtungsweisen und Analyseebenen zum Phänomen des Konsums illegalisierter Drogen, nützt es wenig, immer wieder die gleichen Fragen zu stellen.

Was kann die Soziale Arbeit in ihren unterschiedlichen und hoch differenzierten Arbeitsfeldern leisten, damit „klassische Drogenkarrieren" bei Jugendlichen nicht vorkommen? Die Integration in die Erwachsenenwelt muss unterstützt werden und dies sollte am Alltag des jeweiligen Jugendlichen ansetzen.

Verbesserte schulische und berufliche Bildungschancen und die Stärkung des sozialen Nahraums (Familie, Freundeskreis) gehören dazu, damit Jugendliche ein stabiles Selbstwertgefühl entwickeln können und sich nicht in ihrem Handeln auf den Drogenkonsum (ausschließlich) reduzieren.

Soweit wichtige Erkenntnisse aus dem hier vorliegenden Buch von Jürgen Friedrichs. Die Fachliteratur über Drogenarbeit beschäftigt sich auch auf Grund zunehmenden Problemdrucks berechtigterweise immer mehr mit Einzel- und Spezialfragen. Dabei ist leider gerade für alle, die sich einführend und grundlegend mit den Fragestellungen zu illegalisierten Drogen beschäftigen möchten, der Blick auf die Zusammenhänge in den Hintergrund geraten. Zudem fehlt es seit Jahren an gut lesbaren einführenden und doch systematischen Darstellungen in das Gesamt der Drogenarbeit vor allem für die sozialen und pädagogischen Berufe. Mit dem Erscheinen des Buches von Jürgen Friedrichs ist dieser Mangel behoben.

Dem Autor ist es gelungen, den nahezu unüberschaubaren Bestand an Theorien und die daraus entwickelten praktischen Konzeptionen zum Konsum illegalisierter Drogen zu systematisieren und kritisch zu würdigen. Der Text liefert eine gute Integration unterschiedlicher Analyseebenen wie von der abstrakten Makroebene Politik bis zur konkreten Mikroebene der Psyche des Individuums. Zusätzlich leistet der Autor auch einen Vergleich von Theorien aus den Natur- und Sozialwissenschaften mit ihren jeweiligen Beiträgen zum Verständnis des Drogenproblems. Das alles mündet in praxisrelevante Ansätze für den Alltag der Sozialen Arbeit. Das Buch füllt die seit langem bestehende Lücke gut lesbarer und interdisziplinär geschriebener Einführungswerke.

Nando Belardi

Einleitung

Konsum und Abhängigkeit von Drogen tritt weltweit als Phänomen auf. Insbesondere der Gebrauch von „illegalisierten“ Drogen[1] ist seit langem ein Thema öffentlicher Aufmerksamkeit und Diskussion. Auf den Konsum illegalisierter Drogen wird in Deutschland mit einer (Drogen-) Politik des „Verfolgens“ und „Helfens“ reagiert. Je nach Sichtweise wird das „Drogenproblem“ als sozialpolitisches, strafrechtliches, sozial- und individualpsychologisches, soziologisches und medizinisches Problem diskutiert und bearbeitet. Kaum ein anderes soziales Phänomen vermag so viel öffentliches Interesse zu erzeugen. So ist auch die Fülle der Publikationen zu dieser Thematik beeindruckend. Es haben sich jedoch Mutmaßungen und Mythen in weite Teile der Drogendiskussion eingeschlichen. Dadurch, dass sie ständig wiederholt werden, sind sie zu quasi-wissenschaftlichen „Selbstverständlichkeiten“ geworden, die ohne nähere Prüfung übernommen werden. „Vermutlich gibt es kaum ein anderes gesellschaftliches Phänomen, bei dem ein verbreiteter Glaube an Kenntnisse so sehr mit grundlegender Unkenntnis verbunden ist“ (Reuband, 1994, S. 5). Wir haben es „scheinbar mit einer Irrationalität des gesellschaftlichen Umgangs mit den Konsumenten von illegalen Drogen zu tun“ (Kappeler, 1991, S. 24).

Die „gesellschaftliche Konstruktion von Wirklichkeit" (Berger & Luckmann, 1980) gilt es nicht nur zu dem Themenbereich nachzuzeichnen, sondern auch die gesellschaftliche Logik und die hierauf basierenden Eingriffshandlungen sollen deutlich werden. Im Vordergrund der (wissenschaftlichen) Bemühungen zum Phänomenbereich stehen Methoden, die sich um eine einheitliche Auffassung über die Ursachen und die Prognose der Abhängigkeit von Substanzen bemühen. Bemühungen um eine einheitliche Auffassung und Erklärung des Phänomens müssen jedoch scheitern. Viele dieser Denkmodelle basieren auf naturwissenschaftlichen Analyse- und Interpretationsregeln. Diese Denkmodelle werden häufig auf soziale Phänomene übertragen. Es hat sich eine geschlossene Argumentationskette entwickelt, deren Definitionsgewalt offiziell keine anderen als pathologisierende oder kriminalisierende Begriffe im Zusammenhang mit dem Konsum von verbotenen Dro-

1 Durch die Verwendung des Begriffs „illegalisierte“ oder „verbotene“ Drogen wird die politischeAbhängigkeit der Definition – was legal und was illegal ist – hervorgehoben.

gen zulässt (Kappeler, 1991, S. 24). Sie findet fast ungeteilte Zustimmung. Dissens besteht in der Frage, ob es sich bei den Konsumenten illegalisierter Drogen um primär Kriminelle oder Kranke handelt. Aus beiden Positionen lassen sich jedoch vergleichbare Interventionen ableiten. Dass es sich hier eher um eine soziale Übereinstimmung und einen wissenschaftlichen Konsens handelt, als um empirisch gesichertes Wissen, ist im Vergleich zu anderen sozialen Phänomenen auffallend. Mit diesen Basisannahmen zum Konsum illegalisierter Drogen werden Interventionen, Eingriffshandlungen in allen Feldern Sozialer Arbeit abgeleitet. Es gibt kaum einen Bereich Sozialer Arbeit[2], der nicht von der Thematik des Konsums illegalisierter Drogen berührt wird. Für die Soziale Arbeit stellt sich die Frage nach ihrer spezifischen Aufgabe in diesem Forschungs- und Praxisfeld. Welche Abgrenzung *zu*, welche Kooperation *mit* anderen Professionen und Disziplinen, insbesondere der Medizin und der Psychologie, sind erforderlich? Dies hat um so mehr Bedeutung, als sich einerseits eine individualisierte Therapeutisierung sozialer Phänomene vollzogen hat, anderseits sich eine Medizinalisierung des Drogenproblems abzeichnet. Eine Degradierung der Sozialen Arbeit zur Hilfswissenschaft und -profession ohne eine erkennbare Eigenständigkeit bahnt sich an.

In den englischsprachigen Ländern ist die Soziale Arbeit („Social Work") eine eigenständige, anwendungsbezogene sozialwissenschaftliche Disziplin (Belardi, 1993, S. 11ff.). Im deutschsprachigen Kulturraum gehört die Soziale Arbeit (Sozialarbeit und Sozialpädagogik) zur Erziehungswissenschaft. Sie ist also eine Unterdisziplin der Pädagogik. Es geht somit auch um die Besonderheit und Eigenständigkeit des Ansatzes der Sozialen Arbeit in dem Praxisfeld Drogenhilfe. Die notwendigen Theorien und Metamodelle, die für die Praxis und das konkrete Handeln (Methoden, Verfahren, Techniken) notwendig sind, sind häufig nicht kompatibel und basieren auf naturwissenschaftlichen Denkmodellen. Sie weisen unterschiedliche normative Positionen und implizite und explizite Menschenbilder auf. Die Besonderheit der Sozialen Arbeit könnte in einem ganzheitlichen Verständnis des Menschen in seiner sozialen Situation und mit seiner Biografie (Loviscach, 1996, S. 15) liegen. Um dies leisten zu können, müssen sich Sozialpädagogen und Sozialarbeiter mit den einschlägigen theoretischen Ansätzen unterschiedlichster Disziplinen, ihren Reichweiten und Handlungsmöglichkeiten vertraut machen. Diese theoretischen Ansätze sind nach den vorhandenen Möglichkeiten in die eigenen Konzepte von Sozialer Arbeit zu integrieren, ohne den eigenständigen Ansatz aus den Augen zu verlieren. Eine Einführung in die Komplexität des Phänomenbereichs „Konsum illegalisierter Drogen" soll nicht nur das Einüben in den sozialarbeiterischen/sozialpädagogischen „Blick" ermöglichen, sondern auch spezifische Handlungs- und Interventionsstrategien eröffnen. Hierdurch kön-

2 Die Verwendung des Oberbegriffs Soziale Arbeit soll die überholte Trennung zwischen Sozialpädagogik und Sozialarbeit aufheben (vgl. u.a. Mollenhauer, 1998).

nen Wege zur disziplinären und professionellen „Heimat“ der Sozialen Arbeit auch im Praxisfeld Drogenhilfe eröffnet werden.

Die vorliegende Arbeit wird den nahezu unüberschaubaren Bestand an Theorien und die daraus entwickelten praktischen Konzeptionen zum Konsum illegalisierter Drogen in Teilen systematisieren und kritisch würdigen. Sie soll Integrationshilfen für das umfangreiche, mit vielen Einzelergebnissen und zahlreichen theoretischen und praktischen Ansätzen versehene Arbeitsgebiet liefern. Es werden Einblicke, Zusammenhänge und Perspektiven für die angrenzenden Arbeitsbereiche eröffnet. Einer immer noch betriebenen Dämonisierung und Mystifizierung des illegalisierten Drogenkonsums wird entgegengewirkt. Somit werden nicht nur die Soziale Arbeit, sondern auch das Bildungs- und Gesundheitswesen sowie die Polizei und die Justiz angesprochen. Alle diese Bereiche sind mit Aspekten des Problems des Konsums illegalisierter Drogen konfrontiert.

Welche Fragen und *wie* Fragen gestellt werden, ist entscheidend für die Richtungen, die man einschlägt um Antworten zu finden. Zentrale Fragen der Drogendiskussion beziehen sich auf die Drogen selbst und die Ursachen (Ätiologie) des Drogenkonsums, da hieraus der direkte Umgang und die folgerichtigen Interventionen abgeleitet werden. Die Bedeutung der Schnittstellen zwischen Wissenschaftsdisziplinen sowie Theorie, Praxis und Profession sollen deutlich werden. Da die kulturelle Routine die Analyse und das Handeln zum Phänomen des Konsums illegalisierter Drogen bestimmt, ist es notwendig die Erkenntnisse der handlungsleitenden professionellen Relevanzsysteme, u.a. der Psychologie, Medizin, des Rechts, in ihren Grundzügen zu rekonstruieren. Welche manifesten oder latenten Inhalte werden transportiert? In welchem Verhältnis stehen sie zu anderen konkurrierenden zeitgenössischen oder historischen Diskursen und wie erfolgreich sind sie, welche Auswirkungen haben sie? Es geht um die Grundmuster und Grundstrukturen der Deutungen auch in ihren konkreten empirischen Ausprägungen (z.B. Statistiken). Deutungen der Deutungen werden vorgenommen. Die auch in dieser Arbeit gewählte Ordnung und Systematik nach den wissenschaftlichen Disziplinen ist eine traditionelle, aber nicht die einzig denkbare. Durch die hier vorgenommene *Diskursanalyse* (siehe Exkurs 1) werden symbolische Ordnungen sowohl in ihrem Herstellungs- als auch in ihrem Objektivitätsaspekt begreifbar. Zusammenfassend (Keller, 1997, S. 317) sind Diskurse themenbezogene, disziplin-, bereichs- oder ebenenspezifische Arrangements von (Be-) Deutungen, in denen je spezifische Handlungsvoraussetzungen und -folgen (Institutionen, Praktiken) impliziert sind. Sie sind Ausdruck und Konstitutionsbedingung des Sozialen zugleich. Diskurse produzieren die symbolischen Ordnungen einer Gesellschaft, dann werden soziale Phänomene als diskursive, das heißt sozial hergestellte sichtbar. Angesprochen ist damit die Konstruktion der Wirklichkeit (Berger & Luckmann, 1980).

In dieser Arbeit wird einer *Sozialwissenschaftlichen Hermeneutik* – das heißt die „Kunst der Auslegung“ als grundlegende Methode des geisteswissenschaftlichen Verstehens von wissenschaftlichen Gegenständen und Problemen – gefolgt. Diese grenzt sich gegenüber den schematisch arbeitenden Analysekonzepten dadurch ab, dass sie darauf abzielt methodisch kontrolliert durch den oberflächlichen Informationsgehalt hindurchzustoßen zu tieferliegenden Sinn- und Bedeutungsschichten und dabei diesen Rekonstruktionsvorgang intersubjektiv nachvollziehbar zu machen bzw. nachvollziehbar zu halten (vgl. z.B. Hitzler & Honer, 1997, S. 23). Die Ansätze Sozialwissenschaftlicher Hermeneutik bauen dezidiert Zweifel in den Prozess des Verstehens ein: Zweifel an den Vor-Urteilen des Interpreten, Zweifel an den scheinbaren Gewissheiten im Alltag und den Wissenschaften und Zweifel schließlich auch an den reduktionistischen Erklärungen. Gesellschaftliche Wirklichkeitskonstruktion ist ein andauernder und fortschreitender Prozess, in dem kollektive Akteure in einem symbolischen Kampf um die Durchsetzung ihrer Deutungen stehen. Es geht um Macht, um die Macht der Definition, die sich in Formulierungen von Problemdefinitionen, Verantwortlichkeiten und Handlungsnotwendigkeiten äußert. Die Zielrichtung besteht in der Entzauberung gesellschaftlicher Wirklichkeitskonstruktionen zu dem Phänomenbereich, sie als konstruierte und damit anders mögliche zu entdecken. Alle sozialwissenschaftliche Hermeneutik problematisiert grundsätzlich die Annahme, man wisse, wie etwas „wirklich“ sei.

Exkurs 1: Diskursanalyse

Der wissenschaftliche Gebrauch des Begriffs „Diskurs“ geht u.a. auf den Symbolischen Interaktionismus von Herbert Blumer und insbesondere den geschichtswissenschaftlichen Poststrukturalismus von Michel Foucault (vgl. insbesondere 1974a; 1974b) zurück. Sie haben dem Diskursbegriff Popularität verschafft. Den Überlegungen zur Diskursanalyse liegt eine konstruktivistische Grundperspektive zu Grunde: Alles, was wir wahrnehmen, erfahren, spüren, wird über sozial konstruiertes, typisiertes, in unterschiedlichen Graden als legitim anerkanntes und objektiveres Wissen, das heißt über Bedeutungen oder Bedeutungsschemata, vermittelt. Wir haben keinen unmittelbaren Zugang zur „Welt an sich“. „Diskurse bezeichnen das, worüber in einer Gesellschaft gesprochen wird, was als Problematik und Thema verhandelt wird und was zur Sinnproduktion beiträgt“ (Seifert, 1992, S. 270). Diskurse können als „Arrangements von (Be-) Deutungen“ verstanden werden (Keller, 1997). „Der Diskursanalyse geht es darum, Prozesse der sozialen Konstruktion, Objektivation, Kommunikation und Legitimation von Sinnstrukturen auf der Ebene von Institutionen, Organisationen beziehungsweise kollektiven

Akteuren zu rekonstruieren und die gesellschaftlichen Wirkungen dieser Prozesse zu analysieren" (Keller, 1997, S. 319).

Zentrale Orte oder Institutionen der Moderne, an denen Diskurse entstehen, sich fortsetzen und etablieren, sind die wissenschaftlichen Disziplinen. Sie sind zumindest nach außen hin am strengsten formal-rational organisiert und geschlossen. Als spezifische, gesellschaftlich ausdifferenzierte Formen der Wissensproduktion sind sie Spezialdiskurse auf der kollektiven Ebene von Prozessen gesellschaftlicher Wirklichkeitskonstruktion. Auch das Alltagsverstehen von Phänomen (siehe z.B. zum Suchtbegriff: Pkt. 1.1) enthält interpretative wissenschaftliche Routinen, die zum Teil kulturell hochgradig routinisierte, auf die pragmatischen Belange des gelebten Lebens abgestellte und ständig vielfältige Vorabgewissheiten beinhalten. „Diskursanalyse formuliert zuallererst einen breiten Gegenstandsbereich, ein Untersuchungsprogramm, keine Methode" (Keller, 1997, S. 325). Als „Querschnittsdisziplin" ist sie verfahrenstechnisch diffus, da sie ein heterogener Ansatz ist. Sie ist weniger eine Methode, sondern eher ein Untersuchungsprogramm, das hermeneutisch operiert.

Ziel dieser Arbeit ist es Transparenz und Mehrperspektivität für das Phänomen des illegalisierten Drogenkonsums herzustellen. Das umfasst die Subjekt- und Strukturperspektive und die institutionellen und personellen Aspekte des Phänomens. Folglich werden unterschiedliche Analyseebenen systematisch aufgegriffen. Diese reichen von der Politik und Ökonomie bis zur Individualpsychologie:

- Ausgewählte Theorien werden in ihren Grundzügen ausgeführt und auf ihre Erklärungs- und Interventionsmuster untersucht (Kapitel 1 u. 2).
- Der problematische Konsum illegalisierter Drogen wird als soziales Phänomen entwickelt (Kapitel 3).
- Es werden Handlungsstrategien im Praxisfeld Drogenhilfe erörtert und einer Analyse unterzogen (Kapitel 5).

In Anlehnung an Otto (1998, S. 134) sollen die Erkenntnisse systematisch zueinander in Beziehung gesetzt und einer theoriegeleiteten Interpretation unterzogen werden, um Aussagen mit generalisierender Tendenz zu gewinnen. Es wird einer Struktur gefolgt, die zunächst *Grundlagen* zu den jeweiligen Beiträgen vermittelt. Anschließende *Erläuterungen* vertiefen den Bereich und werden ergänzt durch *Differenzierungen*. Eine abschließende *Bewertung* fasst die zentralen Aspekte in ihren Bedeutungen zusammen.

Über die Analyse der unterschiedlichen wissenschaftsspezifischen Diskurse soll geprüft werden, ob die Aussagen hinreichend das Phänomen des (problematischen) Konsums illegalisierter Drogen erklären können. Aus den empirischen Untersuchungen zum Konsum illegalisierter Drogen (insb. Pkt.

3.2) werden *vier miteinander verbundene Schwerpunkte* deutlich. Das „Problem des Drogenproblems“ ist

- jugendspezifisch,
- gruppengebunden,
- geschlechtsspezifisch und
- schichtspezifisch

zu interpretieren. Das heißt, der Drogenkonsum ist vielfältig sozial determiniert und geprägt. Es wird somit auch der Frage nachgegangen, ob diese Grundlagen Eingang in die unterschiedlichen Theorien und die Praxis finden.

1. Erfassen – Entfalten – Urteilen

Dass Menschen Drogen konsumieren, stellt für sich genommen noch kein soziales Problem dar, es muss als solches zunächst definiert werden. Was den Drogenkonsum zu einem Problem werden lässt, unterliegt interpretativen Prozessen und hängt von unterschiedlichen Kriterien ab (ausführlich Pkt. 3.2). Der Ausgangspunkt ist somit die Phänomenwahrnehmung, die Wirklichkeitswahrnehmung. Sie ist die Grundlage aller Erkenntnis, wobei die Deutungsmuster der Wirklichkeit in gesellschaftlichen Zusammenhängen entstehen. Die Zielsetzung der Deutungen der Wirklichkeit bestehen in der Erklärung von Phänomenen, die zu einer Theoriebildung führen.

Exkurs 2: Theorie
Unter Theorie (griech.: Schauen) wird allgemein jene Wissenseinheit verstanden, in der in einem bestimmten Zusammenhang und mit bestimmten Grenzen eine Anzahl von Hypothesen über die Beziehungen und Wirkungen von Tatsachen zusammengefasst sind. Theorie im strengen Sinn der modernen Wissenschaftstheorie wird definiert als mehr oder weniger komplexer Zusammenhang von empirisch intersubjektiv falsifizierbaren wenn – dann oder je – desto Sätzen, wenn sich die Komponenten und Sätze nicht auf Eigenschaften individueller, sondern von Klassen von Ereignissen beziehen (Albert, 1964, 1973). Die Zielsetzung der Theorie besteht in der Erklärung, dem Entstehen und Bestehen des Phänomens. Die Ätiologie, als Lehre von den Ursachen, könnte eine Prognose, also eine Vorhersage zum Phänomen ermöglichen. Hier wären Aussagen über Entstehungsursachen möglich. Hieraus ließen sich Interventionen, also Eingriffshandlungen ableiten, um Phänomene im geringeren Ausmaß oder nicht entstehen zu lassen, oder sie in ihrem Verlauf zu beeinflussen. Für die Analyse besteht die Notwendigkeit der „Übersetzung“ des Problems in die Fachsprache (Theorien, Begriffssysteme). Die Ergebnisse der Analyse sollen zu Empfehlungen von Maßnahmen zur Verbesserung der Problemlage (Anleitung für die Praxis) führen.

Welche Interpretationsmuster haben sich im sozialen Kontext durchgesetzt? Welche Basisannahmen haben sich etabliert und führen zu den bekannten gesellschaftlichen Reaktionen? Lässt sich das Phänomen illegalisierter Drogenkonsum auch anders interpretieren? Diesen Fragen wird anhand folgender Punkte nachgegangen:

- Die Definition der Weltgesundheitsorganistion (WHO), was denn eine Droge ist, weicht erheblich von den alltags- und medienspezifischen Interpretationen des Drogenbegriffs ab. Da Begriffe nicht nur die Wirklichkeit abbilden sollen, sondern auch Wirklichkeit herstellen, ist die Frage der Definitionen von zentraler Bedeutung. Die Begriffswahl und die Definitionen verdeutlichen differenzierte Positionen (1.1).
- Eine kurze Beschreibung von Drogen mit dem Schwerpunkt auf die möglichen Wirkungen soll einen Überblick vermitteln (1.2).
- Daran schließt die historische und anthropologische Analyse an. Sie eröffnet globale Betrachtungen des Drogenproblems. Es wird die „Relativität“ und „Komplexität“ des „Problems des Drogenkonsums“ transparent gemacht (1.3).
- Die Voraussetzung für Drogenkonsum ist zunächst die prinzipielle Verfügbarkeit. In hoch industrialisierten Gesellschaften ist die Existenz eines Drogenmarktes notwendig. Drogen sind auch Waren und Wirtschaftsgüter. Theoretische Konzepte aus den Wirtschaftswissenschaften werden zur Erklärung beispielhaft angeführt. Die Zusammenhänge zeigen die normativen gesellschaftlichen Entscheidungen und die hieraus entstehenden Folgen auf (1.4). Aspekte der gesellschaftlichen Grundlagen der Wirtschaft und wirtschaftliche Grundlagen der Gesellschaft zum Themenbereich illegalisierte Drogen werden verdeutlicht.
- Das „Problem des Drogenproblems“ ist Gegenstand unterschiedlicher Politikbereiche (1.5). Gesellschaftliche Entscheidungen stellen die Grundlage für ausformulierte Rechtssysteme dar. Sie sind Ausdruck von gesellschaftlichen Wertentscheidungen, die wiederum auf Überzeugungen basieren. Zahlreiche Bemühungen zielen auf die Legitimierung und Absicherung der gesetzgeberischen Maßnahmen ab. Die rechtlichen Grundlagen schaffen sich, im Zusammenhang mit illegalisierten Drogen, gleichzeitig die Basis, die sie vorgeben zu kontrollieren und durch Sanktionsandrohungen zu reduzieren (1.6).

1.1 Definitionen

Grundlagen

Definitionen sind Aussagen, die in der Wissenschaft eine besondere Rolle spielen. Eine Definition ist eine normative Festsetzung. „Definitorische Aussagen werden dazu verwendet, den wissenschaftlichen Sprachgebrauch festzulegen. Sie sind also Mittel der Festsetzung von Verwendungsregeln für

Ausdrücke der Wissenschaftssprache. (...) Es handelt sich bei einer Definition gewissermaßen um einen „Bedeutungstransfer"..." (Albert, 1973, S. 73). Für den Themenzusammenhang hat die Definition von Droge Bedeutung. Die Weltgesundheitsorganisation (WHO) definiert Drogen als Stoffe, Mittel und Substanzen, die auf Grund ihrer chemischen Natur Strukturen oder Funktionen im lebenden Organismus verändern, wobei sich diese Veränderungen insbesondere in den Sinnesempfindungen, in der Stimmungslage, im Bewusstsein oder anderen psychischen Bereichen oder im Verhalten bemerkbar machen. Es wird zwischen physischer und psychischer Abhängigkeit differenziert. Bei der *physischen Abhängigkeit* treten nach Entzug der Droge vielfältige, äußerst quälende psychische und körperliche Störungen auf (Abstinenzsyndrome). Die Entzugswirkungen sind je nach Droge unterschiedlich. Für die *psychische Abhängigkeit* ist kennzeichnend, dass „unwiderstehliche Verlangen nach einer weiteren periodischen oder dauernden Einnahme der Droge, um Lust zu erzeugen oder Missbehagen zu vermeiden" (Feuerlein, 1975, S. 5). Die internationale Klassifikation psychischer Störungen (ICD-10; siehe Pkt. 2.2) gibt für das Abhängigkeitssyndrom folgende diagnostische Leitlinien (Dilling, et al. 2000, S. 92-93). Die sichere Diagnose „Abhängigkeit" sollte nur gestellt werden, wenn irgendwann während des letzten Jahres drei oder mehr der folgenden Kriterien gleichzeitig vorhanden waren:

- Ein starker Wunsch oder eine Art Zwang, psychotrope Substanzen zu konsumieren.
- Verminderte Kontrollfähigkeit bezüglich des Beginns, der Beendigung und der Menge des Konsums.
- Ein körperliches Entzugssyndrom bei Beendigung oder Reduktion des Konsums. (...).
- Nachweis einer Toleranz. (...).
- Fortschreitende Vernachlässigung anderer Vergnügen oder Interessen zu Gunsten des Substanzkonsums.
- Anhaltender Substanzkonsum trotz Nachweises eindeutiger schädlicher Folgen. (...).

Erläuterungen

Alltagssprachlich werden unter dem Begriff „Drogen" in der Regel diejenigen verstanden, die bei uns als illegale Drogen gelten und dem Betäubungsmittelgesetz unterliegen. Also z.B. Haschisch, LSD, Heroin, Kokain und Ecstasy. Diese alltagssprachliche Bestimmung weicht erheblich von der Definition der Weltgesundheitsorganisation (WHO) ab. In der Definition der WHO wird die psychoaktive Wirkung angesprochen. Damit werden alle psychoaktiven Substanzen als Drogen bezeichnet, d.h. nicht nur die in Deutschland durch das Betäubungsmittelgesetz (BtMG) verbotenen Stoffe, sondern auch die bei uns als Genussmittel bezeichneten Drogen wie Alkohol oder Kaffee. Diese Definition von „Droge“ ist nicht auf Verhaltensweisen wie Fernsehen, Sex oder Spielen anzuwenden, da es sich hier nicht um die Aufnahme von psychoaktiven Substanzen handelt. Die Definition des Drogenbegriffs der WHO ist frei von moralischen, juristischen, historischen und geographischen Aspekten. Diese Definition hat sich in der (fach-) öffentlichen Diskussion nicht etabliert. Eine weiterhin negative moralische Besetzung suggeriert eine scheinbare Rationalität einer Grenzziehung zwischen Genussmittel und Drogen. Eine derartige alltagssprachliche Definition versperrt jedoch internationale und historische Dimensionen dieses Phänomens. So würden dieser alltagssprachlichen Definition folgend Schnüffelstoffe (z.B. Benzin, Äther) ebenso wenig wie Salbei, Majoran und Muskatnuss als Drogen definiert. Ihre halluzinogenen Wirkungen sind jedoch durchaus bekannt (siehe z.B. Löhrer, 1997). Wie bei allen Drogen gilt auch bei den hier genannten, dass ihr Wirkungsspektrum u.a. von der Dosierung (Menge) und Aufnahmeform (Applikationsform) abhängen. Die gesetzliche Prohibition, das Verbot einer Substanz, ist nicht Resultat ihrer Gefährlichkeit, sondern Ergebnis normativer (ökonomischer) Entscheidungen und kultureller Bewertungen.

Sucht
Das Wort Sucht steht für Krankheit und hat die gleiche Grundlage wie das Wort „siechen“ (Kluge, 1989, S. 713). Das Wort „Sucht“ leitet sich nicht, wie ein Alltagsverständnis annehmen könnte, von „Suche“ ab, sondern von „siech“ (krank). Mieth (1996, S. 71) weist auf die ursprüngliche Bindung des Wortes „siech“ an das Wort „saugen“ und seine ursprüngliche magische Deutung von Phänomenen – verursacht von saugenden Dämonen – hin. Sucht findet als „morbus“ gleich Krankheit, als „nassio“ gleich Leidenschaft, oder als „cupiditas“ gleich Trieb seine Interpretation. Sucht war zunächst ein Sammelbegriff für fiebrige Krankheiten (u.a. Schwindsucht), ehe es auf sittliche, seelische und geistige Phänomene übertragen wurde und ausschweifende Verhaltensweisen, als ausschweifende Triebe beschrieben, angewandt wurde (z.B. Geld, Ruhm). Im 19. Jahrhundert bezeichnete der Begriff Sucht umgangssprachlich ein übersteigertes Suchen nach Erfüllung im Sinne eines krankhaften Vorgangs. Die Bedeutung hat sich bis heute erhalten und findet u.a. ihren Ausdruck in den Begriffen der Arbeits-, Spiel-, Fress- und Liebessucht. Sucht ist ein Zustand periodischer oder chronischer Intoxikation, der durch eine wiederholte Einnahme einer natürlichen oder synthetischen Droge hervorgerufen wird. Charakteristika sind: Ein überwältigendes Verlangen, ein Bedürfnis zwanghafter Art die Drogeneinnahme fortzuführen, eine Tendenz zur Dosissteigerung, eine psychische und physische Abhängigkeit und eine zerstörerische Wirkung auf das Individuum und die Gesellschaft (WHO, 1952).

Auch Sucht in einer erweiterten Fassung „als unabweisbares Verlangen nach einem bestimmten Gefühls-, Erlebnis- und Bewusstseinszustand“ zu definieren und von Sucht zu sprechen, „wenn die Kontrolle über den Gebrauch von Suchtmitteln oder süchtigen Verhaltensweisen herabgesetzt oder überhaupt nicht mehr vorhanden ist und das Suchtmittel auch dann noch missbraucht wird, wenn sich negative Auswirkungen wie körperliche, psychische oder soziale Beeinträchtigungen zeigen" (Gross, 1992, S. 13), sind untaugliche Versuche, naturwissenschaftliche Krankheitskonzepte auf soziale Phänomene anzuwenden. Der Suchtbegriff in seiner Funktion als Code für die Deutung und den Umgang mit abweichenden, unerwünschten Seelenzuständen und Verhaltensweisen hat jedoch noch lange nicht ausgedient (Fahrenkrug & Quack, 1985, S. 350). Auf dem Hintergrund der Mehrdeutigkeit der Suchtdefinition hat sich bereits 1964 (!) die Weltgesundheitsorganisation entschlossen, den Begriff der Sucht durch den der substanzbezogenen Abhängigkeit (WHO, 1969) zu ersetzen (siehe oben).

Nichtsubstanzgebundene Drogenbegriffe
Gerade der Drogenbegriff in seiner „Übertragung" auf andere Phänomene menschlichen Verhaltens hat inflationäre Züge angenommen. Fernsehen, Internet-Surfen, Börsenspekulation und Sex als Droge definiert, beziehen sich scheinbar auf eine unmissverständliche Realität. Vergleichbar dem „Suchtbegriff" werden hier unterschiedliche Verhaltensweisen auf eine gleiche Grundlage zurückgeführt. Es handelt sich jedoch jeweils um unterschiedliche Phänomene. Nicht alles, wovon Menschen abhängig sein können, ist eine Droge. Wie sollten dann die menschlichen Existenzgrundlagen (Essen, Trinken, Schlafen, Fortpflanzung), die auf fundamentalen biologischen und physiologischen Grundlagen basieren, auch in ihrer „zwanghaften" Wiederholung, verstanden werden?

Sinnverwandte Begriffe
Hier werden im Zusammenhang mit dem Drogenbegriff – auf illegale Drogen reduziert – auch immer wieder, insbesondere in der öffentlichen Darstellung, die Begriffe Rauschgift oder Suchtgift benutzt. Diese Begriffe suggerieren eine hohe Schädlichkeit und Gefährlichkeit „per Definition". Doch was toxisch wirkt, hängt wesentlich von der Dosierung, der Applikationsform und der Häufigkeit ab. Auch oben genannte Gewürze könnten durchaus „giftig" wirken. Die Verwendung derartiger Begriffe sind dem Phänomen nicht angemessen. Sie führen nicht zur weiteren „Erhellung", sondern zur Verschleierung.

Rausch
Unter dem Begriff Rausch versteht man die Umnebelung der Sinne oder einen Erregungszustand im Sinne von schnell bewegen, von rasen. Der Rausch kann als Vorstufe zur Ekstase verstanden werden. Die rauschhafte Einbuße der Selbstkontrolle war z.B. im Mittelalter weder mit Angst noch mit Schuldgefühlen verbunden. War der Rausch im Mittelalter noch positiv konnotiert, erfuhr er mit der steigenden Anforderung innerhalb der industriellen Produktionsprozesse – die Produktionsbedingungen waren nicht mehr jahreszeitlich

abhängig – eine Wandlung im Sinne einer gesellschaftlichen Rauschfeindlichkeit. Die Produktionsbedingungen erforderten eine Rationalität und Selbstkontrolle, in der Räusche keinen Platz mehr hatten. Bis Ende des 18. Jahrhunderts gab es eine „Welt" ohne Sucht. Die Abhängigkeit von einer Substanz wurde eher sittlich als medizinisch definiert. Die „Trunksucht" wurde als übertriebene Liebe zum übermäßigen Trinken und Rauschen nicht im Sinne einer fortschreitenden Krankheit verstanden. Erst mit der Industrialisierung und dem notwendigen „Ausschluss des Irrationalen" (vgl. u.a. Dörner, 1975, S. 19-33), der Etablierung der Psychiatrie, traten andere Konzeptionalisierungen in den Vordergrund, die den Fokus auf individuelle Dispositionen (Persönlichkeitsveränderungen und -störungen) setzten. Aus der „bösen Gewohnheit", die doppelt zu bestrafen war, nach göttlichen und weltlichen Gesetzen, wurde eine therapierbare (Geistes-) Krankheit. In der Sprache der Soziologie als „abweichendes Verhalten" formuliert, setzte mit dem Krankheitsbegriff der Sucht eine Medikalisierung von Devianz ein. Für den Bereich menschlicher Leidenschaften fand eine Überführung des „Bösen" in das „Kranke" statt (Fahrenkrug & Quack, 1985, S. 346). Der massenhaft auftretende Elendsalkoholismus zu Beginn des 20. Jahrhunderts wurde individualisiert interpretiert. Man bezeichnete die Menschen als sozial Unfähige, psychisch Minderwertige.

Nach dem Zweiten Weltkrieg war eine weiter gehende Konzeptionalisierung von Sucht, in Anknüpfung an die alte Tradition der Modellsucht Alkoholismus, möglich. Sucht als Fluchtmechanismus von Menschen, die psychische Defekte aufweisen, inadäquat reagieren, frustriert oder psychopathisch sind. Die Definition „Abnormalität der Persönlichkeit" und ihre stigmatisierenden Auswirkungen, steht bei relativ schwacher Berücksichtigung lebenspraktischer Bedürfnisse von Menschen bis zum heutigen Tag im Vordergrund. Weiterhin ist das Krankheitsbild des Alkoholismus ein Modell der „Sucht" schlechthin.

Differenzierung

Gilt eine Droge als nicht erlaubt, so ist deren Gebrauch ausgeschlossen. Missbrauch wird als falsche, unsachgemäße, gefährliche, übertriebene oder unerlaubte (juristisch) dysfunktionale Anwendung interpretiert. Wie differenziert dies zu betrachten ist, kann an teilkulturellen Ausprägungen verdeutlicht werden (Pkt. 1.3). Lässt sich Abstinenz noch eindeutig definieren als völliger Verzicht der Einnahme einer Droge, ist dies beim Übergang von Konsum und Gebrauch zu Missbrauch nicht mehr möglich, da keine klaren Grenzen bestimmbar sind. Eine Grenzziehung unterliegt normativen Bewertungen. Diese variieren zeitlich und kulturell. Wesentlich für Drogen sind die Gebrauchsregeln, die normativ sind und dem gesellschaftlichen Wandel unterliegen. Die Funktionen von Drogen in der menschlichen Existenz können sehr unterschiedlich sein und entsprechend unterschiedlich definiert werden. Neben dem Sakralen (Heiligen) oder dem Profanen (Weltlichen/Alltäglichen) kann die Funktion der Drogeneinnahme medizinischer Natur sein. Hierbei sind die jeweiligen Motive zum Drogengebrauch von Bedeutung:

- Überschreiten des Alltags: *Alltagstranszendierender Gebrauch*
  Ein Gebrauch von Drogen mit der Funktion, über den Alltag hinauszuheben (übersinnlich), ist ein alltagstranszendierender Gebrauch. Hierfür lassen sich auch funktionale Äquivalente nennen: z.B. Fasten, Meditation, Tanz. Sich über den Alltag hinauszuheben ist mit einer veränderten Wahrnehmung von Raum und Zeit verbunden. Die veränderte Selbstwahrnehmung ist häufig mit intuitivem Denken und einem Gefühl der Verschmelzung mit der Welt, einem Gefühl mit der Welt eine Einheit zu bilden, verknüpft.
- Bewältigung des Alltags: *Alltagsakzessorischer Gebrauch*
  Ein im Alltag integrierter Drogengebrauch hat die Funktion (munter, müde, gesellig, Introspektion) das Leben (u.a. Arbeit) besserer oder überhaupt bewältigen zu können. Wesentlich ist auch hier das „set“ und „setting“, die Dosierung und das Mischungsverhältnis der Drogenaufnahme. Diese sind kulturabhängig und können einen wesentlichen Beitrag zur ethnischen Identität leisten (vgl. Kappeler, 1991, z.B. zu Bedeutung der „heiligen“ Droge Coca, S. 172ff.).

Das Missbrauchkonzept erwies sich als zu allgemein. Es wurde durch vier neue Konzepte ersetzt (vgl. auch Krausz & Haasen, 1996):

- *Unerlaubter Gebrauch:* Ein Drogenkonsum, der von der Gesellschaft oder einer sozialen Gruppe nicht gebilligt wird.
- *Gefährlicher Gebrauch:* Eine Verwendung, die wahrscheinlich für den Konsumenten schädliche Folgen zeitigen wird.
- *Dysfunktionaler Gebrauch:* Eine Nutzung, die der Erfüllung psychischer oder sozialer Anforderungen beeinträchtigt.
- *Schädlicher Gebrauch:* Ein Drogenkonsum, der zu medizinisch diagnostizierten manifesten Schäden führt.

Die Klassifikation nach der ICD 10 (vgl. auch Pkt. 2.2) verzichtet auf den Missbrauchbegriff, der auf Grund seiner moralischen Aspekte auch schwer zu operationalisieren ist, und ersetzt ihn durch den Terminus schädlichen Gebrauch (Dilling et al., 2000).

Exkurs 3: Spielsucht
Dass sich die Sozialwissenschaften nicht immer einer Irreführung durch eine nicht weiter zu erklärende psychologisch-medizinische Normsetzung und Definition („Sucht“) entziehen kann, verdeutlicht exemplarisch die Untersuchung von Lange (1997) zur so genannten Kaufsucht. Aus einer

Grundgesamtheit von Jugendlichen (15. – 20. Lebensjahr) in Bielefeld und Halle wurde jeweils eine quotierte Stichprobe (n = 300) gezogen und mündlich interviewt. Die Kaufsucht wird wie jede andere stoff- oder nicht-stoffgebundene Sucht verstanden (Lange, 1997, S. 16). Lange (1997, S. 140-141) geht davon aus, dass 5 % der erwachsenen Bevölkerung in der Nähe der Kaufsucht und etwa 20 % starke Kompensationskäufer sind. Vergleichbare Ergebnisse werden mit der von ihm durchgeführten Untersuchung für Jugendliche erreicht.

Die Phänomene des kompensatorischen Konsums und der Kaufsucht sind in den Sozialwissenschaften zunächst in Nordamerika in den Jahren 1987 und 1988 erkannt und untersucht worden; in den gleichen Jahren bildeten sich dort auch die ersten Selbsthilfegruppen der „Shopaholics Anonymous“ und der „Spender Menders“ (Lange, 1997, S. 137). Als kompensatorischer Konsum wird ein Konsumverhalten bezeichnet, das nicht (vorrangig) den Zwecken dient, denen das gleiche Verhalten normalerweise gewidmet ist, sondern Defizite kompensieren soll, die aus dem Nicht-Lösen ganz anderer Probleme entstanden sind. Kompensatorisches Kaufen kann beispielsweise die Funktion haben, dem Käufer über beruflichen Stress oder private Enttäuschungen hinwegzuhelfen. Natürlich läuft das kompensatorische Kaufen nicht bewusst ab, es ist eher eine Form der unbewussten Selbsthilfe. Kompensatorisches Kaufverhalten kann zur Kaufsucht führen (Lange, 1997, S. 16; S. 137-138). Kaufsucht liegt dann vor, wenn typische Merkmale gezeigt werden:

- Verengung auf bestimmte Objekte,
- die Unwiderstehlichkeit,
- die Dosissteigerung,
- das Auftreten von Entzugserscheinungen.

Auf der Grundlage einer Definitionssetzung („Sucht“) wird eine Analogie zum Alkoholismus als (Modell-) Krankheit hergestellt. Daraus folgt die Entwicklung (u.a. Testpsychologie) einer so genannten Kaufsuchtskala mit 16 items (vgl. Lange, 1997, S. 139). Die psychischen Ursachen einer angenommenen Kaufsucht werden als Folge einer ausgeprägten Selbstwertschwäche gesehen. Eine Störung der Entwicklung der persönlichen Autonomie wird angenommen. Die Entwicklungsstörung wird in drei Bereichen verankert:

- Die Unfähigkeit, Gefühle zu zeigen und auszuleben;
- Inkompetenzerlebnisse und Minderwertigkeitsgefühle;
- die Unfähigkeit, selbstständig zu entscheiden.

Nach Lange (1997, S. 144) hat die Selbstwertschwäche die mit Abstand größte Erklärungsleistung für die Kaufsucht. Obwohl Lange bei den Überlegungen zur Prävention und Intervention bei kompensatorischem

Konsum und Kaufsucht von Jugendlichen im Rahmen der Jugendhilfe die sozialen Komponenten in den Vordergrund stellt, wird ein medizinisches Krankheitskonzept als Grundlage angenommen.

Bedeutung und Bewertung

Wie aufgezeigt werden konnte, besteht bei dem Phänomen Drogen und Drogenkonsum eine Sprachverwirrung. Neben unterschiedlichen Definitionen zum Drogenphänomen ist jedoch die normative Kraft der Phänomendefinition zu betonen. In der Drogenberichterstattung in der Tagespresse wird der Begriff „Droge" in der Regel nur auf illegale Substanzen bezogen. Die Thematisierung erfolgt stark kriminalisierend und zentrale Problembereiche (Problemanalysen, gesellschaftlich-soziale Zusammenhänge) werden unzureichend behandelt (vgl. auch Rose, 1995). Sprache ist ein Teil des gesellschaftlichen Verhaltens (Mead, 1968, S. 52), es bestimmt auch gesellschaftliches Handeln. Es besteht eine umfassende Definitionsmacht nationaler und internationaler Gremien bzw. Gesetzgeber, den Begriff nach den jeweiligen Interessenlagen anzuwenden. Die Sprache besteht aus einer Reihe von Symbolen, die einem bestimmten Inhalt entsprechen. Dieser Inhalt spiegelt angeblich bis zu einem gewissen Grad identische Erfahrungen verschiedener Personen wider. Bei dem sprachlichen Konstrukt des Begriffes Sucht wird das zunächst Irrationale, nicht Erklärliche durch eine bildhafte Übertragung („siech") scheinbar erklärlich. Nur wenige Beiträge setzen sich mit den sprachlichen Konstrukten zu diesem Themenbereich und den Interventionsfolgen auseinander. Sprache ist ein gesellschaftliches Organisationsprinzip, das die spezifisch menschliche Gesellschaft ermöglicht hat. Sprache setzt immer eine gesellschaftliche Beziehung voraus. Sie kann nicht als selbstständig existierend oder als eine Voraussetzung des gesellschaftlichen Prozesses verstanden werden. Sprache setzt organisierte Reaktionen voraus. Der Wert, die Bedeutung dieser Reaktionen liegt in der Gemeinschaft, von der aus diese Organisation in das Wesen des Einzelnen selbst übernommen wird. „Sprache als solche ist einfach ein Prozess, durch den der in eine kooperative Tätigkeit eingespannte Einzelne die Haltung der anderen betroffenen Individuen erfassen kann" (Mead, 1968, S. 384).

Dank wissenschaftlicher Definition und Forschung steigt jedes Laster zur Sucht auf. „Welcome to the club", Willkommen im Klub der Fress- und Fernsehsüchtigen, der Sauf-, Sammel-, Spiel- und Sexsüchtigen. Denn unsere Gesellschaft ist eine Suchtgesellschaft, wird in ihr doch alles, was wir öfter und lieber tun als die anderen, gleich unerbittlich als Suchtverhalten interpretiert. Unsere Kultur scheint „vergessen" zu haben, dass Drogen Attribute unserer Kultur sind. Alle Forderungen und Leitbilder nach einer drogenfreien Gesellschaft sind Ausdruck puritanischer Grundhaltungen, die den kulturellen Kontext unberücksichtigt lässt oder wie es Etzold (1994, S. 41) formuliert, zu einer totalen Entzugsgesellschaft führt. Kappeler (1991, S. 45f.) arbeitet den inflationären Drogen- und Suchtbegriff heraus und verdeutlicht die gesellschaftliche Funktion. Alle mit Leidenschaft und innerer Hingabe betriebenen Tätigkeiten oder Handlungen werden unter Suchtverdacht gestellt. Diese Ausweitung des Suchtbegriffs auf immer weitere Verhaltensbereiche steht in einem seltsamen Kontrast zur permanenten „Krise“ des Sucht-Paradigmas (Spode, 1993, S. 144). Auf Grund der Auswirkungen auf das konkrete Handeln sollte auf die Begriffe „Sucht“ und „Rauschgift“ verzichtet werden. Sucht ist keine anthropologische Konstante, sondern eine gesellschaftlich konstruierte Wirklichkeit. Obwohl der Begriff der Abhängigkeit eine „sprachliche Verkleidung“ ist, die das „grundsätzliche Fortgelten der Rahmenbedingungen seiner Entstehung“ unterstreicht (Spode, 1993, S. 145), wird er im Folgenden verwendet. Der Begriff der Abhängigkeit wird für den Zustand einer manifesten körperlichen Entzugssymptomatik benutzt.

1.2 Drogen

Grundlagen

Für die weiteren Ausführungen soll eine Übersicht zu Drogen und Drogengruppen (Thamm & Katzung, 1994, S. 11) ausreichen. Es würde den Rahmen sprengen, hier eine ausführliche pharmakologische und psychodynamische Analyse der zahlreichen Drogen zu leisten (ausführlich Völger, Bd. 1 u. 2; 1981; Scheerer & Vogt 1989). Jeder Drogengebrauch ist mit Risiken verbunden. Die Risiken beim Gebrauch von Drogen variieren nach den Substanzen und dem sozialen Kontext. Die Risiken können nach folgenden Kriterien weiter differenziert werden:

- Risiko für Leib und Leben, z.B. akute Lebensgefahr durch eine hohe Überdosierungsgefahr (z.B. Injektion von Heroin).
- Gefahr von Organschädigungen (z.B. Dauergebrauch von Nikotin).
- Gefährliche psychische Wirkungen (z.B. bei LSD oder exzessivem Kokainkonsum).
- Risiko seelischer Abhängigkeit (ist bei allen legalisierten und illegalisierten Drogen gegeben).
- Risiko körperlicher Abhängigkeit (z.B. Alkohol; Medikamente; Heroin).
- Riskante Gebrauchsform (z.B. Injektion statt Inhalation).
- Riskante Gebrauchsregel (z.B. „Needle-sharing“).

Es werden zu den weit verbreitetsten illegalisierten Drogen Ausführungen gemacht.

Abbildung 1: Übersicht über Drogen und Drogengruppen

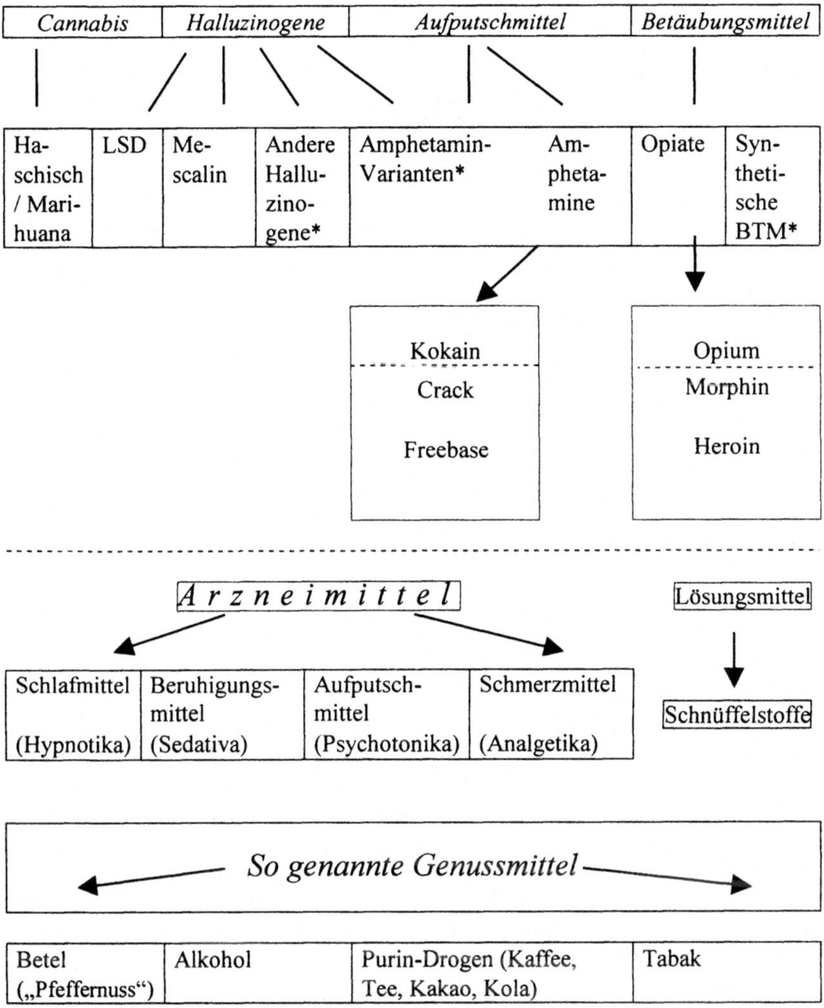

*unter anderem die so genannten Designer-Drogen

Übersicht in Anlehnung an Thamm & Katzung (1994)

Erläuterungen

Die Substanz, die Droge als solche, ist nicht zu verstehen. Es muss auch immer der menschliche Zusammenhang gesehen werden: In welcher Lebenssituation, in welchem historischen Kontext kommt welcher Drogengebrauch warum vor? Hinzu kommt, dass man nicht über Drogen reden kann, ohne über das Leben, den Rausch, die Lust und die Notwendigkeit des Rückzugs zu reden. Auch die Wirkung einer Droge ist nicht allein abhängig von ihrer Beschaffenheit, sondern von zusätzlichen Faktoren:

- dem körperlichen Zustand des Konsumenten;
- der Stärke und Menge der Droge;
- dem gefühlsmäßigen Zustand und der sozialen Umgebung;
- der Einstellung der Person gegenüber der Drogenerfahrung;
- in welchen Zeiträumen und Abständen eine Droge konsumiert wird.

Eine differenzierte Auseinandersetzung mit sozial gebilligten und missbilligten Drogen ergibt je nach Droge spezifische Bilder. Mögliche wissenschaftliche Kriterien zur Beurteilung von Drogen – und somit auch zur Differenzierung von legalen und illegalisierten Drogen – anhand von Parametern wie psychische, physische Abhängigkeit, körperliche Schäden, Überdosierungsgefahr, psychotische Reaktionen, weisen auf nicht eindeutige Unterschiede zwischen den Drogen hin.

Die unterschiedliche gesellschaftliche Bewertung des Gebrauchs verschiedener psychoaktiver Substanzen basiert nicht auf klar zu differenzierenden Unterschieden zwischen den Drogen, sondern verläuft quer zu pharmakologischen, medizinischen, psychologischen Erkenntnissen und Klassifikationen (vgl. u.a. Scheerer & Voigt, 1989; Eisenbach-Stangl, 1983). Unsere kulturell akzeptierten Drogen, insbesondere Alkohol, Tabak und die medizinisch legitimierten Medikamente, verursachen nachweisbar größere Schäden an Menschen als es die „verbotenen“ und so genannten gefährlichen Drogen tun. Es wird jedoch den verbotenen Drogen der „Krieg“ erklärt („War on Drugs“) und es werden nationale und internationale Rauschgiftbekämpfungspläne aufgestellt. Szasz (1981) weist auf die Bedeutung des Drogenkrieges als ein Modell eines gesellschaftlichen Reinigungsprozesses hin. In diesem Kontext wird ein pharmakologischer Mythos aufgebaut (z.B. „Keine Macht den Drogen“ als Primärpräventionskampagne), der den verbotenen Drogen die Macht und den Menschen die Ohnmächtigkeit gegenüber den Drogenwirkungen zuschreibt. Der Mythos ist eine von Gesellschaftsmitgliedern geteilte Überzeugung mit Wahrheitsanspruch. Obwohl diese Mythen empirisch kaum, wenn überhaupt, überprüft worden sind, zählen sie zu den nicht mehr in Frage gestellten Selbstverständlichkeiten und Glaubenssätzen. Kappeler (1991, S. 29) spricht von der Dämonisierung psychoaktiver Stoffe. Sowohl eine historische und transkulturelle Betrachtung, z.B. des

Opium-, Morphin- und Heroingebrauchs (vgl. u.a. Pfeiffer, 1986; Kappeler, 1991), als auch die wenigen Studien z.B. zum kontrollierten Heroinkonsum (u.a. Harding, 1981; MAGS, 1992; Estermann, 1996) verdeutlichen, dass die implizite pharmakologische These jedweder Grundlage entbehrt. Der pharmakologische Mythos hat die Funktion der Verschleierung des sozialen Gehaltes dieses Problembereichs. Obwohl naturwissenschaftliche Erkenntnisse zu den körperlichen und psychischen Risiken des Konsums legalisierter und illegalisierter Drogen seit Jahrzehnten vorliegen, wurden sie doch weitgehend ignoriert.

Aufsehen erregte eine vom französischen Ministerium für Arbeit und Solidarität in Auftrag gegebene Studie (vgl. „Die Zeit", 1998, Nr. 28, S. 31). Bei dieser Studie (Roques-Report) wurde die Sichtung und der Vergleich zur Gefährlichkeit von Drogen in der internationalen Literatur vorgenommen. Die verschiedenen Risikofaktoren lassen sich synoptisch zusammenfassen:

Tabelle 1: Gefährlichkeit von Drogen (Roques-Report)

	Physische Abhängigkeit	Psychische Abhängigkeit	Nerven-giftigkeit	Allgemeine Giftigkeit
Heroin (Opiate)	sehr stark	sehr stark	schwach	stark[1]
Alkohol	sehr stark	sehr stark	stark	stark
Kokain	schwach	stark, aber wechselnd	stark	stark
Ecstasy	sehr schwach	(?)	sehr stark (?)	eventuell sehr stark
Psycho-stimulanzien	schwach	mittel	stark	stark
Benzodiazine (Beruhigungs-mittel)	mittel	stark	0	sehr schwach
Tabak	stark	sehr stark	0	sehr stark (Krebs)
Cannabinoide (Haschisch, Marihuana)	schwach	schwach	0	sehr schwach

[1] Methadon und Morphium als Therapeutikum sind ungiftig

Nach der vorgelegten Auswertung lassen sich Drogen in *drei Risikogruppen* einteilen. Zu den gefährlichsten Mitteln zählen die (1) Opiate, Alkohol und Kokain. In die mittlere Kategorie (2) fallen Ecstasy, Aufputschmittel, Beruhigungsmittel und Tabak. Es bestehen relativ geringe Risiken bei (3) Cannabisprodukten wie Haschisch und Marihuana. Obwohl der Roques-Bericht viele Fragen offen lässt, stellt er doch den bisherigen gesellschaftlichen Umgang mit Drogen in Frage.

Zahlreiche Beschreibungen zu Wirkungen von Drogen liegen vor (vgl. u.a. de Quincey, 1992, [1822]; Cashman, 1967; Körner, 1980; Reavis, 1981; Tudrop, 1984). Eine Erforschung der Drogenbeeinflussung führten zahlreiche, zur Avantgarde gehörende Dichter, durch: Novalis; Friedrich Schlegel (die geistigen Urheber der deutschen Romantik); E.T.A. Hofmann, Edgar Allan Poe (dessen unmittelbare Wirkung auf Baudelaire und die Moderne kaum überschätzt werden kann), Arthur Rimbaud, Verlaine, Trakl und die Surrealisten, die Baudelaires postulierte „Verschwisterung von Traum und tat" am konsequentesten umzusetzen suchten. Alle genannten Dichter haben mehr oder weniger bewusst Drogen, meist Opium, zur Stimulierung eingesetzt (Dieckhoff, 1981). So schrieb Friedrich von Hardenberg/Novalis (1800) zum Opiumkonsum:

„Die Welt wird Traum der Traum wird Welt" (zitiert nach Dickhoff, 1981, S. 404). „Die Welt wird dann in einem Augenblick anders. Selbst das Traurigste erscheint mild (...) Alle Hoffnungen erwachen, der Nebel verschwindet (...). So ist also das Genie dies Vermögen von eingebildeten Gegenständen wie von wirklichen zu handeln (...). Das willkürliche Vorurteil ist, daß dem Menschen das Vermögen, außer sich zu sein, mit Bewußtsein jenseits der Sinne zu sein, versagt sei. Der Mensch vermag in jedem Augenblick ein übersinnliches Wesen sein (...). Es ist kein Schauen, Hören, Fühlen; es ist aus allen dreien zusammengesetzt, mehr als alles Dreies (...). Auffallend wird die Erscheinung besonders beim Anblick mancher menschlicher Gestalten und Gesichter, vorzüglich bei der Erblickung mancher Augen, mancher Mienen, mancher Bewegungen, beim Hören gewisser Worte, beim Lesen gewisser Stellen (...) Sehr viele Zufälle, manche Naturereignisse (...). Gewisse Stimmungen sind vorzüglich solchen Offenbarungen günstig. Die meisten sind augenblicklich, wenige verweilend, die wenigsten bleibend" (...). „Die bis zur Identifikation gehende Ähnlichkeit von Traum, Rausch und der Dichtung, die sich der Imagination hingibt, macht es fast unmöglich festzustellen, welche Dichtungen unter Drogeneinfluß entstanden sind" (zitiert nach Dickhoff, 1981, S. 407-408).

Thomas de Quincey (1992) veröffentlichte 1821 die „Bekenntnisse eines englischen Opiumessers" und grenzte den Alkoholkonsum vom Opiumkonsums deutlich ab: Der Wein raubt dem Menschen die Macht über sich selbst, das Opium stärkt sie in hohem Maße. Die Liste bedeutender Künstler (z.B. Picasso hatte sich lange Jahre durch Opium inspirieren lassen, ohne ihm zu verfallen) und Literaten (Heinrich Heine konsumierte hohe Dosen Opium und Morphium) ließe sich fortführen.

Die pharmakologisch-chemischen Weiterentwicklungen (Extrahierung von Wirkstoffen) haben die halb- und vollsynthetischen Opiate hervorgebracht. Die medizinische Entwicklung ermöglichte die Injektion von Substanzen. Beide Entwicklungen haben die Inhalation (Rauchen) von natürlichen Opiaten „abgelöst" und neue Problembestände geschaffen (siehe Pkt. 2.1.1).

Bei Heroinkonsumenten ist die Injektion nicht unbedingt die Applikationsform erster Wahl. Die ökonomischen Bedingungen veranlassen zahlreiche Heroinkonsumenten von der Inhalation zur Injektion überzugehen. Es ist nicht mehr die künstlerische Avantgarde (abgesehen von den Musikidolen der 60er und 70er-Jahre des 20. Jahrhunderts), die über Opiaterfahrungen verfügt, sondern es sind die Jugendlichen und jungen Erwachsenen unterer sozialer Schichten. Die Beschreibungen ihrer Drogenerfahrungen und Drogenwirkungen sind weniger poetisch, aber ebenso eindrucksvoll:

Erich, 24 Jahre, seit 7 Jahren heroinabhängig:

„Nachher habe ich das richtig intensiv erlebt. Totales Glücklichsein. So extrem kannte ich das nicht. Ich kann mich nicht erinnern, dass ich tagelang deprimiert war oder so oder launisch oder so. Man wird so schön locker“ (Tudrop, 1984, S. 143).

Peter, 18 Jahre, seit 4 Jahren heroinabhängig:

„Ja, das ist ein gutes Gefühl, was du dann hast, det is det Teuflische daran, dass du ein gutes Feeling hast. Du kannst dich gut mit anderen Sachen, ich weiß nicht, wie ich das ausdrücken soll, du kannst dich gut identifizieren mit anderen Sachen, wenn du irgendwat machst, ja. Fällt dir das Sprechen leichter, du kannst dich besser ausdrücken, du findest bessere Worte“ (Tudrop, 1984, S. 144).

Cannabiserfahrungen sind ebenfalls zahlreich in der Literatur beschrieben worden. Charles Baudelaire (1821-1867): Dabei verlässt man nie „das Gebiet des natürlichen Traumes“. Denn das Haschisch ist für die Eindrücke und Gedanken lediglich „ein Vergrößerungsspiegel – aber ein klarer Spiegel“ (zitiert nach Dickhoff, 1981, S. 418-419). Die Drogenerfahrungen münden auch in eine Gesellschaftskritik. „Es liegt auf der Hand, daß diese rapide Fortschrittsgeschwindigkeit gebremst werden muß (was zu erhoffen, nicht zu erwarten ist). Sich selbst überlassen wird die innere Tendenz dieser chaotischen Entwicklung zum Verhängnis führen: zum Wahnsinn... Der Sinn für Größe und Schönheit, den jeder von uns in sich trägt, wird abgestumpft von dieser ewigen Hetzjagd (S. 412). Um nicht die fürchterliche Bürde der Zeit zu spüren, die eure Schultern zerbricht und euch zu Boden drückt, müßt ihr euch berauschen ohn Unterlaß“ (S. 416). „Niemand wird erstaunen, daß ein letzter höchster Gedanke aus dem Gehirn des Träumenden hervorbricht: Ich bin zum Gott geworden!“ (zitiert nach Dickhoff, 1981, S. 419). Ernst Bloch notierte 1928 zu seinen Haschischerfahrungen: „Es ist als ob einem die Worte eingegeben würden. Es gibt hier Selbstanschluß. Es kommen Dinge zu Wort, ohne um Erlaubnis zu fragen... Es gibt ein lautloses Paßwort, mit dem gewisse Dinge durchs Tor treten“ (zitiert nach Dickhoff, 1981, S. 423). Was bringt Cannabis den Jugendlichen Heute:

Norman, 21 Jahre zu Haschisch:

„Schon irgendwie, ich fand Haschisch sowieso besser als Alkohol. Es hat mir insofern was gebracht, die innere Ruhe, irgendwie ein spannendes Gefühl, ich konnte nachdenken und konnte mehr oder weniger meine Gedanken ein bißchen, ich hab die anderen gar nicht so wahrgenommen" (Tudrop, 1984, S. 142).

Odile, 28 Jahre alt zu Haschisch:
„Das Haschisch hat mir...lediglich gebracht, daß man halt irgendwie lockerer wurde. Ist genauso, kannst genauso zwei Bier trinken und, und irgendwie einen Weinbrand zu, so ein Gefühl, wird man ein bißchen so locker..." (Tudrop, 1984, S. 141).

Eindrucksvoll versucht Alan Watts seine LSD Halluzinations-Erlebnisse zu beschreiben:
„Der Schock der Erkenntnis. In der Gestalt des ganz anderen, Fremden und Fernen – als ständig sich auswertende Milchstraßen; als Geheimnis des Todes, Schrecken der Krankheit und des Wahnsinns; fremdartige, Gänsehaut erzeugende Welt der Seeungeheuer und Spinnen; unheimliches Labyrinth des eigenen Innern – in all diesen Formen habe ich mich selbst herangeschlichen und „buh" gerufen. Ich erschrecke mich selbst zu Tode, und solange ich nicht ganz bei Verstand bin, kann ich mich auch nicht erinnern, wie alles zustande kam. Normalerweise verliere ich mich in einem Irrgarten. Ich weiß nicht, wie ich dorthin gekommen bin, denn ich habe den Faden verloren und die Übersicht über das viel verschlungene System von Gängen verloren, in dem das Versteckspiel stattfand (...). Aber jetzt ist mir das Prinzip des Irrgartens klar. Es ist das Schema von etwas, das sich auf sich selbst zurückwendet, als ob es etwas von sich selbst Getrenntes wäre, und die Wendungen sind so zahlreich gewesen und so schwindelerregend verwickelt, daß ich vollkommen verwirrt bin. Das Prinzip ist, daß alle Zweiheiten und Gegensätze nicht getrennt, sondern polar sind; sie stehen nicht mit Abstand gegenüber, sondern entwickeln sich aus einem gemeinsamen Zentrum (...). Der Körper besitzt eine „Allwissenheit" die unbewußt ist oder das Bewußtsein überschreitet, eben weil es mit Beziehungen und nicht mit Gegensätzen, mit Harmonien und nicht mit Dissonanzen zu tun hat. Er „denkt" oder ordnet, wie eine Pflanze wächst, aber nicht, wie ein Botaniker ihr Wachstum beschreibt. Deswegen hat Gott Schiwa auch zehn Arme, denn er stellt den Tanz des Lebens dar, die Allmacht, die unzählig viele Dinge auf einmal tut" (zitiert nach Cashman, 1967, S. 81).

Bedeutung und Bewertung

Die offizielle Definitionsgewalt lässt kaum andere als pathologisierende oder kriminalisierende Interpretationsfolien im Zusammenhang mit dem Konsum verbotener Drogen zu. Eine kritische Analyse der Drogen und des Drogenkonsums zeigt jedoch, dass es keinen kausalen Zusammenhang zwischen der Einnahme von Drogen und der Drogenabhängigkeit gibt. Dem kulturellen Phänomen des Konsums von Drogen kann nicht mit Theorien und Strategien begegnet werden, die aus der Abstinenzvorstellung abgeleitet werden. Die Auffassungen zur Droge, zu den Ursachen ihres Konsums, sind von kulturellen Gegebenheiten abhängig. Sie unterliegen normativen Orientierungen. Sie sind Ausdruck jener Werte, welche für die Gesellschaft oder organisierte Teilbereiche der Gesellschaft bedeutend sind. Was bedeutend ist, unterliegt ständigem Wandel und ist von Machtfaktoren abhängig. Die scheinbare Irrationalität des gesellschaftlichen Umgangs mit Konsumenten verbotener Drogen findet auch hier ihre Rationalität.

1.3 Beiträge der Anthropologie

Grundlagen

Die kurz- wie langfristige Regulation der psychischen und somatischen Verfassung gehört zu den Kulturleistungen von Menschen. Neben verschiedenen Regulationstechniken (z.B. Ritualen, Meditation, Fasten, Schaffung von sozialen Settings) gehört der Einsatz von psychoaktiven Mitteln dazu. Menschen haben Drogen – Stoffe, die das Empfinden, den Zustand eines Menschen ändern – immer dafür genutzt, bestimmte Ich-Zustände kollektiv und/oder individuell zu erreichen. Diese gewünschten Zustände können von der Ich-Integration (Transzendenz) über die Ich-Expansion (Engagement) über die Ich/Selbstauflösung (Vergesslichkeit) bis zur Ich-Kontraktion (Rückzugsverhalten) mit Ausprägungen der Ekstase, Paranoia, Gelassenheit, Passivität, Hervortreten von Unbewusstem bis zur Selbstaufgabe reichen (siehe Pkt. 2.4). Drogen haben stets Erlebnisqualitäten, die in sozialen Lernprozessen interaktiv vermittelt werden. Hierzu gehört das Erlernen der Technik (Zubereitung, Applikationsform), die Wahrnehmung der Wirkungen (Anerkennung der Symptome mit dem Drogengebrauch) wie auch das Genießen der Wirkungen.

Der Gebrauch von Drogen ist für Menschen immer von zentraler Bedeutung gewesen. Drogen waren und sind sozial und kulturell verankert. Sie werden von Menschen dazu benutzt, ihr Glück zu steigern oder, um sich zurückzuziehen. Daher ist der Gebrauch von Drogen nicht von der Suche nach Rausch und Lust und auch nicht von der Suche nach Entspannung, Ruhe und Rückzug zu trennen. Die Konfrontation mit Drogen ist für uns immer gegenwärtig und ein sinnvoller, integrierter Gebrauch/Genuss ist ein grundlegendes menschliches Bedürfnis. Daher muss der Umgang mit Drogen gelernt werden. Der Mensch bestimmt in seinen sozialen Bezügen, auf welche Weise und zu welchem Zweck er eine Droge konsumiert und welche Risiken er damit eingeht. Vermeintlich können gesetzgeberische Maßnahmen durch Diskriminierung und soziale Ächtung etc. Orientierungspunkte schaffen. Sie können jedoch den Gebrauch von Drogen nicht gänzlich verhindern. Dies kann durch zahlreiche aktuelle (z.B. Heroin, Ecstasy) und historische Analysen (z.B. Alkoholprohibition in den USA) eindrucksvoll aufgezeigt werden (siehe z.B. Kappeler, 1991). Die Balance zwischen Rausch und Realität, Genuss und den Belastungen des Alltags, bleibt eine individuelle und gesellschaftliche Herausforderung.

Die Grundstruktur der Drogenwirkung sind veränderte Bewusstseinszustände. Legnaro (1981, S. 55-57) fasst *vier zentrale Elemente* der Drogenerfahrung zusammen:

- *Die Zeit ist das Jetzt*
  Unser Alltag wird strukturiert von einer physikalischen Zeit, die sich außerhalb unserer Bedürfnisse als soziale Zeit vergegenständlicht. Die Drogenerfahrung hat ihre eigene Zeit. Es ist ein Gefühl von Zeitlosigkeit.
- *Die Erotisierung des Wirklichen*
  Eine sinnlichere Wahrnehmung, eine erotisiertere Beziehung zur äußeren Welt wird durch Drogen gefördert. Der innere Zusammenhang der Welt wird zu einem sinnlichen Erlebnis.
- *Das Umgestaltete Denken*
  Sozial vermittelte Raster der Wahrnehmung werden aufgelöst und neu organisiert. Das eigene Denken verwandelt sich in symbolisch archetypische Konfigurationen („celebraler Orgasmus").
- *Die Einheit der Welt*
  Subjekt und Objekt verschmelzen. „Ich" und „Du" enthüllen sich als verschiedene Aspekte der gleichen Wirklichkeit.

Die Schwächung des ichzentrierten Bewusstseins, die Einbuße an oder der Verlust von Selbstkontrolle, nachlassende rational-analytische Fähigkeiten zu Gunsten intuitiver Denkmuster sind Grundstrukturen der Drogenwirkung. Die durch Drogeneinnahme zu differenzierenden Bewusstseinszustände weisen gegenüber dem Wachbewusstsein eine andere Qualität auf. In allen ist die alltägliche Dominanz des Ich abgeschwächt. Der Zusammenhang lässt sich entlang einem Kontinuum zunehmender zentral-nervöser Erregung darstellen (Fischer, 1970). Bewusstseinszustände erscheinen dann nicht als „wahnhaft" oder „psychisch gesund", sondern als verschiedene Ausprägungen zentral nervöser Erregungen. Sie sind somit zugänglich für jeden in bestimmten Situationen. Mit diesem Modell ist die hergebrachte Einteilung von Bewusstseinszuständen in dichotome kulturell definierte Kategorien wie pathologisch versus normal bzw. nicht nicht-pathologisch überwunden (Legnaro, 1981, S. 53).

Abbildung 2: Bewusstseinszustände

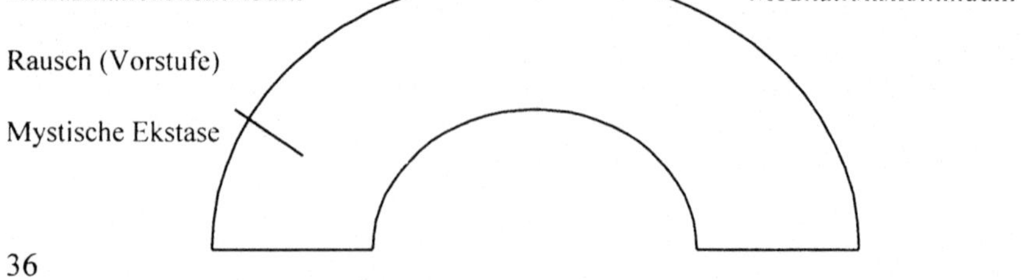

Erläuterungen

In Anlehnung an Pfeiffer (1986) lassen sich die transkulturellen Aspekte des Drogengebrauchs zusammenfassen:

Kulturelle Wirkungen
Gebrauch und Abstinenz von Drogen stehen im Zusammenhang mit kulturellen Wertungen einer Gesellschaft. So wird was angemessener Gebrauch, was Missbrauch und was Abhängigkeit ist, weitgehend durch die Kultur bestimmt. Die Kulturabhängigkeit des Begriffs „Missbrauch“ ist offensichtlich: Was in westlichen Gesellschaften als Alkoholgebrauch definiert wird, ist in Staaten nach islamischen Recht (Scharia) ein mit Strafe belegter Misbrauch. Auch variieren die gesellschaftlichen Definitionen im Zeitverlauf. Galt der Konsum von Nikotin vor einigen Jahrzehnten in westlichen Staaten noch als Ausdruck von Wohlstand und Lebensqualität, so wird er heute eher sozial geächtet und öffentlich reglementiert (z.B. Frankreich, USA).

Was „Missbrauch“ oder angemessener Gebrauch ist, kann variieren, auch innerhalb der gleichen Gesellschaft. Der sozioökonomische Status (u.a. Alter, Geschlecht, Schichtzugehörigkeit) stellt eine wesentliche Zugänglichkeit zu bestimmten Drogen dar.

Gesellschaftliche Distanz und Identität
Einzelne Personen wie auch Gruppen können sich durch den Gebrauch oder durch Abstinenz von Drogen gegenüber der umgreifenden Kultur distanzieren und hierdurch ihre Identität und Zusammengehörigkeit betonen. Der Konsum von verbotenen Drogen kann hierüber gleichzeitig die Distanz zu herrschenden Normen und Werten symbolisieren. Die massenweise Verbreitung illegalisierter Drogen nach dem Zweiten Weltkrieg war zunächst stark an die Studentenbewegung gebunden. Der Drogenkonsum wurde ideologisch als Bewusstseinserweiterung interpretiert.

Stimulation und Sedierung
Während Methoden der Stimulierung und Sedierung ein Bestandteil jeder Kultur sind, ist der Gebrauch von Drogen nicht in allen Kulturen üblich. Es gibt jedoch nur wenige Kulturen, in denen keine Drogen zur Stimulierung und Sedierung benutzt wurden. Sie stellen Ausnahmen dar. In den meisten uns bekannten Kulturen werden zur Erreichung von veränderten Bewusstseinszuständen Drogen eingesetzt, überwiegend in sozial integrierter Weise. Auf die anthroplogische Verankerung des Konsums von Narkotika wies im Jahre 1855 bereits Ernst Freiherr von Bibra hin: „... denn da kein Volk der Erde existiert, welches nicht eines oder mehrere jener Genussmittel consumirt, die ich unter dem Namen der narkotischen zugefasst habe, so muß ein tieferer Grund vorliegen, und die Begriffe der Mode oder der Nachahmungssucht können hier nicht angewendet werden“ (S. VI).

Funktionen der Drogen

Wenn Rauschzustände mit Absicht herbeigeführt werden, geschieht das aus verschiedenartigen Motiven: Diese können u.a. in dem Versuch bestehen, sich der Welt der Götter und Geister anzunähern, oder sich aus den Anforderungen, Konflikten und Ängsten des Alltags heraus zu bewegen. Die Suche nach einem volleren Leben oder auch der Darstellung der Männlichkeit können ebenso wichtige Funktionen darstellen. Gerade der kollektive Drogenkonsum stellt Rechtfertigungen für Verstöße gegen den Sittenkodex (z.B. erotische Freizügigkeit) dar. Ihm können gesellschaftliche Ventilfunktionen zukommen. Bei allen Übergangsritualen wie Pubertät, Hochzeit, Krankheit, Tod und bei allen Lebenskrisen können Halluzinogene ein legitimiertes Mittel darstellen, das pathogene Potenzial solcher Stress-Situationen zu entschärfen. Es liegt eine lange kulturgeschichtliche Erfahrung des Einsatzes von Halluzinogenen vor (Andritzky, 1993, S. 25), wie sich dies z.B. im Karneval darstellt.

Gebrauchsmuster

Werden ausgeprägtere psychische Veränderungen (Rausch) als Möglichkeit akzeptiert, oder angestrebt, bestehen Regeln und Erwartungen, die die Anlässe definieren und das Verhalten bei der Drogenaufnahme und im Rausch formen und kontrollieren. Auch für den Gebrauch illegalisierter Drogen haben sich jenseits der offiziellen Kultur spezifische Muster herausgebildet. Diese reichen von etablierten Formen, z.B. des Cannabis- oder Ecstasykonsums, bis zu extremen Formen, z.B. der öffentlichen Injektion von Heroin und der gemeinsamen Benutzung von Injektionsbestecken. Nutzer unterschiedlichster (Sub-) Kulturen gehen unterschiedlich mit den Risiken des Heroingebrauchs um. Anders lässt sich nicht die damalige hohe Todesrate von Deutschen im Vergleich zu anderen ausländischen Opiatgebrauchern in Amsterdam (NL) erklären (Korf, 1986).

Der Hauptunterschied zwischen den kontrollierten und den abhängigen Heroinkonsumenten liegt im soziokulturellen Bereich. Die kontrollierten Heroinkonsumenten erlernen bestimmte Riten und Normen, die den gemäßigten Opiatkonsum festlegen und unterstützen. Potenziell nachteilige Auswirkungen können so verringert werden. Harding (1981, S. 698-699) nennt *vier zentrale Regeln:* (1) Die Häufigkeit des Konsums von Heroin wird auf ein Maß reduziert, das weit unterhalb des abhängig machenden liegt: „Nimm nie jeden Tag; nimm niemals länger als an zwei aufeinander folgenden Tagen". (2) Für die Drogeneinnahme wird eine optimale Gelegenheit eingerichtet. Der Gebrauch wird auf „sichere" Örtlichkeiten und einen als positiv erlebten Personenkreis beschränkt. (3) Es besteht eine hohe Vorsicht hinsichtlich der Drogenbezugsquellen, und der Aufnahmeform. Hierzu gehören z.B. die sterile Injektion und die Testung der Drogenqualität als Reduzierung der Infektions- und Überdosierungsrisiken. (4) Dem Heroinkonsum wird ein eingeschränkter Platz im Alltagsleben zugewiesen. Hierzu gehört u.a.

die Reduzierung der Ausgaben für Heroin (Budgetierung) und der Zeitpunkt der Drogenaufnahme.

Veränderte Bewusstseinszustände
Zustände veränderten Bewusstseins sind von großer Vielfalt. Trotz mancher Übergänge ist grundsätzlich zu unterscheiden zwischen solchen, die auf psychischen Wegen und solchen, die durch Drogenwirkung herbeigeführt werden. Neben den zahlreichen pharmakologischen Effekten durch Drogen sind körperlich-psychische Techniken zur Antriebs-, Energiesteigerung, zur Beruhigung, Angstlösung, Schmerzstillung, um Trancezustände, um Ekstase zu erzielen, bekannt.

Soziale Integration
Die körperlichen und psychischen Auswirkungen des chronischen Gebrauchs werden entscheidend von der Beziehung zwischen Drogengebrauchern und ihrer Umgebung beeinflusst. Soziale Integration mindert die Gefahr der Abhängigkeit und des fortschreitenden Absinkens. Selbst körperlicher und geistiger Verfall ist nur z.T. eine direkte Auswirkung der Droge selbst. Er ist zurückzuführen auf die Ausgrenzung aus den Ordnungen der Gesellschaft.

Form und Erfolg von Therapie
Die Form und der Erfolg von Behandlungen wird entscheidend von der Kultur bestimmt. Der Abhängige vermag sich von der Droge zu lösen, wenn er entsprechende Bemühungen als lohnend ansieht. In Vietnam war eine große Zahl amerikanischer Soldaten von Heroin abhängig. Nachdem sie in ihr ziviles Leben zurückgekehrt sind, wurden 90 % dieser Abhängigen im ersten Jahr nach ihrem Kriegseinsatz völlig opiatfrei. Die weiterhin Opiatabhängigen hatten größtenteils bereits vor ihrem Vietnameinsatz Drogenprobleme. Mit dem Wegfall der extremen Belastungssituation erübrigte sich auch die Drogeneinnahme (Robins, 1974; nach Pfeiffer 1986, S. 86-87).

Prävention
Die Vorbeugung richtet sich z.T. auf völlige Meidung einer Droge, was aber nur dort zu erreichen ist, wo die Öffentlichkeit überzeugt hinter der Prohibition steht. Die Geschichte von Prohibitionsversuchen ist eine lange und für viele Menschen eine leidvolle. Die Versuche unsere heutigen legalen Drogen (u.a. Nikotin, Kakao, Kaffee, Branntwein) zu verhindern scheiterten ebenso wie z.B. eine nachträgliche Alkoholprohibition in den USA. Historisch betrachtet werden die nachfolgenden Generationen unsere heutigen Prohibitionsversuche ebenso als sinnlose Versuche interpretieren, wie wir dies für die damaligen Versuche deuten.

Differenzierung

Die Entdeckung und Nutzung von Substanzen gehört zu den Kulturleistungen von Menschen. Neben den uns geläufigen Drogen sind die sonstigen biogenen Substanzen mit psychotropen Wirkungen, die mehr oder weniger direkt pflanzlicher oder tierischer Herkunft sind, kulturgeschichtlich verankert. Zu den ältesten rituellen Praktiken der Menschheit gehört das Entzünden von Räucherwerk. Schamanen versetzten sich mit dem aufsteigenden Rauch bestimmter Hölzer, Harze und Blätter in Trance. Seherinnen inhalierten den Rauch von bewusstseinsverändernden Stoffen, um in Ekstase zu verfallen. Priesterinnen und Priester verbrannten Harze, um Kontakt mit den Göttern und Göttinnen herzustellen. Rätsch (1996) legt eine fundierte ethnobotanische und ethnopharmakologische Darstellung der Räucherstoffe vor. Die Verwendung von Räucherstoffen ist vielfältig. Sie reicht von der Opferung und dem Kontakt zu Göttern und Göttinnen, Dämonen oder Geistwesen und Ahnen, der Meditation, der Intensivierung von Gebeten, der gezielten spirituellen Erfahrung, über die Steigerung der eigenen Aktivität einschließlich der Liebesbereitschaft, bis zur Heilung von Krankheiten und zur Freude und Unterhaltung (Rätsch, 1996, S. 12).

Der Mensch hat im Laufe seiner Geschichte nicht nur eine große Zahl an Räucherstoffen entdeckt und ausgiebig verwendet, sondern auch manche davon zum Rauchen benutzt. Verwendet wurden und werden u.a. Hanf, Bilsenkraut, Kiefer, Koriander, Rosmarin, Salbei, Tanne, Thymian, Wacholder, Zimt, Zypresse (vgl. auch Löhrer, 1997). So diente das Harz aus den tropischen Sträuchern der Myrrhe nicht nur den Ägyptern zum Einbalsamieren und den Römern zum Behandeln von Infektionen und Wurmbefall. Der beliebte Riech- und Räucherstoff eignete sich auch als Schmerzmittel. Florentiner Forscher suchten nach den schmerzstillenden Stoffen der Myrrhe. Sie fanden zwei Substanzen aus der Familie Sesquiterpene. Bei höheren Dosierungen (10 mal so hoch) erweisen sie sich als ähnlich wirksam wie Morphium. Offenbar wirken sie auf dem gleichen Weg wie Morphium (Schuh, 1996). Man kann davon ausgehen, dass die Wirkung von Räucherstoffen auf den Menschen ein komplexes Geschehen von psychologischen, pharmakologischen und hormonellen Wirkungen darstellt. Drei wesentliche Wirkmechanismen von Rauch und Duft auf das menschliche Bewusstsein können genannt werden:

- Der Rauch enthält Substanzen, die psychotrop wirken.
- Der Rauch entfaltet einen charakteristischen Duft, der eine nachweislich starke psychologische Wirkung hat.
- Der Rauch enthält Pheromone, die Botschaften an das Sensorium des Gehirns übermitteln.

Bedeutung und Bewertung

Die Entdeckung und Nutzung von Substanzen gehört zu den Kulturleistungen von Menschen. In den meisten uns bekannten Kulturen werden Drogen eingesetzt. Überwiegend in sozial integrierter Weise werden Drogen zur Antriebs-, Energiesteigerung, zur Beruhigung, Angstlösung, Schmerzstillung und um Trancezustände oder ekstatische Zustände zu erzielen, eingesetzt. Der Konsum von Drogen ist eine kulturelle Tatsache. Die Erlebnisqualitäten von Drogen werden in sozialen Lernprozessen interaktiv vermittelt.

Die kulturelle Wirkung von Drogen, der Gebrauch und die Abstinenz, stehen im Zusammenhang mit kulturellen Wertungen einer Gesellschaft. Was „Missbrauch" oder angemessener Gebrauch ist, kann variieren, auch innerhalb der gleichen Gesellschaft. Hierüber wird auch gesellschaftliche Distanz und Identität konstruiert. Einzelne Personen wie auch Gruppen können sich durch den Gebrauch oder durch Abstinenz von Drogen gegenüber der umgreifenden Kultur distanzieren und hierdurch ihre Identität und Zusammengehörigkeit betonen. Der Konsum von verbotenen Drogen kann gleichzeitig die Distanz zu herrschenden Normen und Werten symbolisieren. Auch für den Gebrauch verbotener Drogen haben sich jenseits der offiziellen Kultur spezifische Gebrauchsmuster herausgebildet.

Die körperlichen und psychischen Auswirkungen des chronischen Gebrauchs legaler oder illegalisierter Drogen werden entscheidend von der Beziehung zwischen Drogengebrauchern und ihrer Umgebung beeinflusst. Die Betrachtung des Phänomens des Konsums verbotenen Drogen kann somit nicht isoliert vom Konsum erlaubter Drogen erfolgen. Die spezifischen gesellschaftlichen Konstruktionen über die Politik, und die Schaffung von Rechtsgrundlagen zur Differenzierung zwischen erlaubten und verbotenen Drogen stellen eine gesellschaftliche Realität her.

1.4 Beiträge der Ökonomie

Grundlagen

In der makroökonomischen Perspektive ist der Handel mit illegalisierten Drogen zu einem bedeutenden Teil der Weltwirtschaft geworden. Nach Angaben des „Internationalen Drogenkontrollprogramms der Vereinten Nationen" werden jährlich 400 Milliarden Dollar (358 Mrd. €/700 Mrd. DM) umgesetzt. Dies entspricht etwa rund acht Prozent des gesamten Weltexportes von rund fünf Billionen Dollar (4,4 Billionen €/8,6 Billionen Mark). Der illegale Handel mit Drogen ist somit bedeutender als der gesamte Weltexport an Eisen und Stahl und als der Autoexport. Von vergleichbarer Größe ist nur der gesamte Textilwelthandel (Frankfurter Rundschau, 27.6.1997). Die Gewinnspannen sind enorm. Ein Opiumbauer in Burma verdient an 7.000 Gramm

Rohopium 330 US-Dollar (352 €/565 DM). Zu 700 Gramm hochgradigem Heroin verarbeitet, ist die Droge ab Labor 4.250 Dollar (4.535 €/7.280 DM) wert. In Bangkok kostet die Ware 10.000 US-Dollar (10.670 €/17.130 DM) und in New York schließlich 80.000 Dollar (85.360 €/137.000 DM). Der Straßenpreis beträgt 280.000 Dollar (299.000 €/480.000 DM) für die zu 28.000 Portionen verschnitten Portionen (Dauth, 1999). Der Diamorphingehalt des „Straßenheroins" liegt dann durch Verschnitt und Beimengung zwischen 13 und 30 %. Obwohl der Umfang der beschlagnahmten Drogen seit Jahren zunimmt, können die Behörden dem Handel keinen nennenswerten Schaden zufügen. Ein Bruchteil des erzielten Erlöses reicht aus, um die Verluste wettzumachen. Nach Schätzungen können rund 30 Prozent des Kokains und 15 Prozent des Heroins weltweit beschlagnahmend werden. Nach Angaben der Europäischen Gemeinschaft (1997, S. 2) werden durch Drogenschmuggel und illegalen Drogenhandel jährlich schätzungsweise 500 Mrd. ECU in der europäischen Union umgesetzt. Die Gewinne aus dem Geschäft mit illegalisierten Drogen verteilen sich wie folgt (EU, 1998, S. 14):

- Produzenten: 2 bis 5 %;
- Verarbeiter und nationale Zwischenhändler: 15 %;
- Internationale Händler und Transporteure: 26 %;
- Verteiler in den Konsumländern: 54 %.

In der mikroökonomischen Perspektive handelt es sich bei der Droge um ein Wirtschaftsgut, das nicht den Prinzipien eines Marketings legaler Wirtschaftsgüter unterliegt. So verbreitet sich der Drogenkonsum nach analogen Gesetzmäßigkeiten wie sich z.B. Kinderspiele oder Empfängnisverhütungsmitteln verbreiten (siehe Pkt. 3.2).

Erläuterungen

Die ökonomischen Aspekte zeigen, dass die wirtschaftlichen Interessen bei dem genannten Gesamtvolumen von zentraler Bedeutung sind. Die Prohibition „garantiert" eine Gewinnmaximierung. Erfahrungen mit verbotenen Drogen waren in der ehemaligen DDR fast nicht möglich. Dies lag nicht nur an einer hohen (sozialen) Kontrolle, einer umfassenden Grenzsicherung und stark eingeschränktem Ein- und Ausreisemöglichkeiten, sondern ist primär auch über die nicht international konvertierbare Währung der DDR zu erklären. Drogenhandel setzt nicht nur eine Kaufkraft, sondern auch eine internationale Währung voraus, die entsprechende Geldtransfers ermöglichen. Erst nach der Öffnung der DDR und anschließenden Bildung eines Gesamtstaates (1990) wurden Erfahrungen mit illegalisierten Drogen weiteren Ausmaßes möglich (Kirschner, 1996; Kappeler & Bartsch, 1993). Strategien, die sich sowohl auf die Nachfrage, als auch auf die Angebotsseite beziehen, bei gleichzeitiger Aufrechterhaltung der Prohibition, müssen versagen. Repressive Maßnahmen haben keine verringerte Distribution und Nachfrage zur Folge. Eine Schadensbegrenzung und Normalisierung als legitimes Bürgerinteresse muss unter ökonomischen Aspekten anerkannt werden. Die Prohibition erreicht nicht die drogenpolitische Zielsetzung, die sie vorgibt. Ein Reformkonzept der Teilliberalisierung (Stichwort: Heroin auf Rezept) ist auch in den Bereichen Jugendschutz und Kriminalitätsbekämpfung eindeutig überlegen (Hartwig & Pries, 1995).

Wie eine drogenabhängige Gesellschaft entsteht, macht McCoy (1981) am Beispiel Australiens deutlich. Die enorme Höhe des Drogenkonsums in Australien während der letzten hundert Jahre hängt mit der Verpflanzung der angloamerikanischen Kultur in ein fremdes Klima während des 19. Jahrhunderts zusammen. Den allgemeinen Glauben, die Gesundheit wirksam sichern zu können, nutzen die Hersteller von pharmazeutischen Präparaten u.a. durch intensive Werbung aus. Massenhaft wurde das Medikament Heroin (zeitweise war dies frei verkäuflich) ebenso wie Kokain vertrieben. Eine massenhafte körperliche Abhängigkeit war die Folge. Obwohl im 20. Jahrhundert Gesetze zur Kontrolle eingeführt wurden, haben die pharmazeutische Industrie und das sich dann entwickelnde organisierte Verbrechen ein ausreichendes Angebot, jetzt verbotener Narkotika, bereit gestellt (siehe zum Prozess der Ausbreitung des Drogenkonsums auch Pkt. 3.2).

Differenzierung

Die enormen volkswirtschaftlichen Kosten entstehen nicht unmittelbar durch die verbotenen Drogen oder die Behandlung selbst, sondern durch die Konsequenzen von Illegalität. Neben Kriminalität sind staatliche Maßnahmen zur Drogenbekämpfung (u.a. Polizei, Justiz) und ihre „Folgekosten" (u.a. Inhaftierungskosten, Sozialhilfeleistungen; Behandlungskosten) zu nennen. Die durchschnittlichen jährlichen Kosten werden auf ca. 120.000 bis 150.000 DM (61.400 € bis 76.800 €) pro Opiatkonsument geschätzt. Eine Differenzierung von Schäden und Kosten wäre sinnvoll. Einerseits wären die Kosten, die durch die Substanz selbst, und anderseits die, die durch die gesellschaftliche Reaktion auf den Konsum verbotener Drogen entstehen, zu nennen. Nach Einschätzung des französischen Amtes für den Kampf gegen Drogen und Drogenabhängigkeit entfallen fast 53 % der gesamten wirtschaftlichen und sozialen Folgekosten durch Drogen auf Alkohol, fast 41 % auf den Tabakkonsum und nur 6 % auf den Konsum illegalisierter Drogen (Bremer, 1999).

Für Frankreich werden die jährlichen Gesamtfolgekosten mit 218 Milliarden Francs (ca. 65 Mrd. DM, ca. 33 Mrd. €) angegeben. Im Gegensatz zum Konsum von Nikotin, verursacht der Langzeitgebrauch von Heroin, als chemisch reine Substanz – also ein Konsum der nicht unter Schwarzmarktbedingungen stattfindet – nur geringfügige oder keine körperlichen Schäden. Durch die kontrollierte und gezielte Abgabe von Drogen an Abhängige entsteht eine ökonomische Verlusterwartung bei den Anbietern (Marktzerstörung). Diese fungiert als zukünftiger Schutz vor einem Marktzutritt (vgl. Adams, 1991, S. 203). Eine wirtschaftswissenschaftliche und wirtschaftsethische Perspektive für eine rationale Drogenpolitik in der Demokratie entwickeln Hartwig und Pries (1995). Ausgehend vom demokratischen Grundsatz der Konsumentensouveränität werden die drogenpolitischen Ziele unter wirtschaftsethischen Aspekten diskutiert. Die Prohibition versagt bei der Verfolgung dieser Ziele. Ein Reformkonzept einer Teilliberalisierung mit einer detaillierten Kostenschätzung wird vorgestellt. Die Grundidee lautet: Heroin auf Rezept. Für dieses Konzept, das Schadensbegrenzung und Normalisierung als legitimes Bürgerinteresse anerkennt, lässt sich die Erwartung begründen, dass es der Prohibition hinsichtlich sämtlicher drogenpolitischer Ziele, das heißt auch in den Bereichen Jugendschutz und Kriminalitätsbekämpfung, eindeutig überlegen ist.

Bedeutung und Bewertung

In der makroökonomischen Perspektive ist der Handel mit verbotenen Drogen zu einem bedeutenden Teil der Weltwirtschaft geworden. Die enormen volkswirtschaftlichen Kosten entstehen nicht unmittelbar durch die verbotenen Drogen, sondern durch die Konsequenzen von Illegalität. Die Prohibition versagt in ihren Zielsetzungen, da sie erst das herstellt, was sie vorgibt zu bekämpfen. Dem internationalen Drogenhandel garantiert die Prohibition eine Gewinnmaximierung. Eine Schadensbegrenzung und Normalisierung als legitimes Bürgerinteresse muss auch unter ökonomischen Aspekten anerkannt werden. Ein Reformkonzept der Teilliberalisierung ist auch in den Bereichen Jugendschutz und Kriminalitätsbekämpfung eindeutig überlegen.

1.5 Beiträge der Politik

Grundlagen

Bisherige politische Strategien basierten auf der Annahme, dass das Phänomen des Konsums verbotener Drogen ein vorübergehendes sei. Hieraus leitet sich auch die strafrechtliche Ächtung des Drogenhandels und eingeschränkt des Drogenkonsums ab. Der Konsument illegalisierter Drogen befindet sich in einem Spagat zwischen strafrechtlicher Verfolgung (Krimineller) und unterstellter Behandlungsbedürftigkeit (Kranker). Die aktuelle Drogenpolitik verfolgt mit unterschiedlichen Intensitäten sowohl eine

- kriminalistisch-juristische *(Resozialisation)*,
- eine medizinisch-sozialtherapeutische (*Rehabilitation)*,
- als auch eine präventive Strategie *(Prävention).*

Ausdruck findet dies in Konzeptionen auf Bundesebene (z.B. Nationaler Rauschmittelbekämfungsplan; Bundesminister, 1990) und Landesebene (vgl. entsprechende Landesprogramme). Durch die Komplexität des Drogenproblems und dessen bipolare Interpretation (krimineller und medizinischer Aspekt) sind sämtliche Lebens- bzw. Politikbereiche in irgend einer Art und Weise betroffen, und führen zu einer ressortübergreifenden Problembearbeitung. Zu nennen sind die Bundesministerien des Inneren, der Justiz, für Jugend, Familie, Gesundheit, für Arbeit, der Sozialordnung, der Forschung, der Technologie, der Bildung, der Wissenschaft, des Auswärtigen Amtes, der wirtschaftlichen Zusammenarbeit, der Wirtschaft und Verteidigung. Hierbei nimmt das Bundesministerium für Gesundheit eine bedeutende Schlüsselfunktion ein. Die rechtmäßige Zuständigkeit des Bundes in der Drogenpolitik zielt primär auf gesetzliche Rahmenregelungen und ist eingebunden in die Europäische Union. Im Juni 1994 legte die Europäische Kommission einen Aktionsplan zur Drogenbekämpfung für den Zeitraum 1995–2000 vor, der die EU in die Lage versetzten soll, im Rahmen einer Gesamtstrategie alle im Maastrichter Vertrag vorgesehenen Möglichkeiten auszuschöpfen. Der Gesamtplan setzt an *vier zentralen Punkten* an:

- *Verringerung der Drogennachfrage*
  Hierzu bedarf es der Prävention und Aufklärung vor allem junger Menschen, der Verminderung der Gefahren für Drogenabhängige und der Wiedereingliederung ehemaliger Abhängiger.
- *Bekämpfung des verbotenen Drogenhandels*
  Dazu gehören der Schutz der Außengrenzen der Union, die Anwendung der Vorschriften gegen die Geldwäsche sowie die länderübergreifende Zusammenarbeit der Polizei.
- *Zusammenarbeit*
  Der Zusammenarbeit mit Drittstaaten, Ländergruppen und internationalen Organisationen wird eine zentrale Bedeutung zuerkannt.
- *Information und Koordination.*
  Verstärkte Information und Koordination soll zwischen den Mitgliedstaaten der EU im Bereich der Drogenbekämpfung durch die Europäische Beobachtungsstelle für Drogen und Drogensucht (EBDD, 1993), durch Vernetzung der einzelstaatlichen Zentren, Nutzung der EDV und gemeinsame wissenschaftliche Forschung, gefördert werden. Die EBDD befasst sich vornehmlich mit der Drogennachfrage und der Eindämmung der Nachfrage, den einzelstaatlichen und europäischen Strategien und Maßnahmen, der Herkunft der Drogen und Transitwege, der internationalen Zusammenarbeit und den Auswirkungen des Drogenhandels und Drogengebrauchs in den einzelnen Ländern der Welt. Darüber hinaus verbindet das europäische Informationsnetz für Drogen und Drogensucht, „Reitox“ (Brüssel) die EBDD mit 15 Kontaktstellen in den Mitgliedstaaten.

Eine Intensivierung der genannten Bemühungen und eine Überarbeitung des Aktionsplanes ist im Entwurf des Vertrages von Amsterdam (1997) vorgesehen. „Drogen stellen eine der ganz großen Bedrohungen für unsere Gesellschaft dar. Sie zu bekämpfen ist ein grundlegendes Erfordernis" (Europäische Gemeinschaften, 1998, S. 1). Es soll eine Rechtsangleichung zwischen den Mitgliedstaaten herbeigeführt werden. Die Drogengesetze in den einzelnen Ländern stützen sich zum einen auf die internationalen Übereinkommen der Vereinten Nationen, denen fast alle Mitgliedstaaten beigetreten sind, das Einheitsübereinkommen über Suchtstoffe (1961), das Übereinkommen über psychotrope Stoffe (1971), das Übereinkommen zur Bekämpfung des illegalen Handels mit Suchtstoffen und psychotropen Substanzen (1988). Zum anderen basieren die Drogengesetze in den einzelnen Ländern auf ihren eigenen Rechtsauffassungen. Einige EU-Mitgliedstaaten unterscheiden zwischen verschiedenen Arten von Drogen. Unterschieden wird auch zwischen Besitz zum Zwecke des persönlichen Gebrauchs (was nicht immer strafbar ist) und dem Besitz zu Handelszwecken. In anderen Ländern gibt es diese Unterscheidung nicht.

Es soll eine Rechtsangleichung zwischen den Mitgliedstaaten herbeigeführt werden. Bezogen auf Betäubungsmittel hat u.a. die deutsche, die französische und die belgische Strafgesetzgebung jahrelang zu einer „Drogenemigration" in die Niederlande geführt. Die Niederlande praktizierten eine tolerante Haltung, auch gegenüber ausländischen Heroinkonsumenten. Die wachsenden gravierenden Problemlagen (u.a. Beschaffungsprostitution und -kriminalität, dringende medizinische Behandlungen) und der internationale Druck führten zu einer „Entmutigungspolitik" gegenüber ausländischen Drogenkonsumenten. Da nach deutschem ubiquitärem Verfolgungsanspruch der deutsche Drogenkonsument im Ausland der strafrechtlichen Kontrolle unterliegt, führten die niederländischen Maßnahmen (u.a. Ausweisung und Strafverfolgung) zum Strafanwendungsrecht nach deutschem Strafrecht.

Es gibt nur eine einheitliche offizielle europäische Drogenpolitik, wenn dies sehr allgemeine Themen (z.B. Bedeutung der Prävention) betrifft. Wenn die Thematik konkreter wird (z.B. „harm-reduction"), sind diametrale polarisierende Unterschiede anzutreffen. Unterschiede werden in der Drogengesetzgebung, z.B. in England, Italien, Niederlande und Spanien, zwischen „weichen" und „harten" Drogen vorgenommen; in Belgien, Deutschland, Frankreich, Österreich und Portugal nicht. Es gibt auch gravierende Unterschiede in der Handhabung der Gesetze. Sollen die hohen französischen Strafen zum europäischen Maßstab werden, oder die niedrigen niederländischen? Bedeutet die französische Drogenpolitik in erster Linie Repression und zusätzlich ein wenig Psychoanalyse, so ist die schwedische Drogenpolitik primär an Repression zur Therapie orientiert. In England geht es einerseits um Sozialmedizin (public health, harm reduction) und anderseits um Bekämpfung von Drogenkriminalität. Die Integration von Sozialmedizin und Bekämpfung von Beschaffungskriminalität kennzeichnet die niederländische Drogenpolitik.

Neben den grundsätzlichen Unterschieden zwischen dem Legalitätsprinzip (z.B. in Deutschland) und dem Opportunitätsprinzip (z.B. in den Niederlanden) variieren auch bei gleichen Grundlagen die Ausführungen. Der unterschiedliche Stand des Drogenphänomens als soziales Problem spiegelt sich in dem Muster länderspezifischer Problemwahrnehmung wieder. Der Stand des Drogenphänomens als soziales Problem ist eine Funktion der Entwicklung des Drogengebrauchs und dessen gesellschaftlicher Definition als soziales Problem (Reuband, 1986, S. 496; siehe auch 3.2). Auch innerstaatlich sind gravierende Unterschiede festzumachen. Für die Bundesrepublik Deutschland ist eine unterschiedliche Strafverfolgung und Verurteilung für einzelne Bundesländer auszumachen.

Die seit vielen Jahren heftig geführten Diskussionen zur „Drogenpolitik" bewegen sich im Wesentlichen zwischen *fünf Positionen* und differenzieren sich z.T. nochmals bezogen auf einzelne Substanzen (Cannabis versus Heroin):

- *Konservierung/Repression*
  Die bisherigen Maßnahmen auf der Grundlage der Prohibition werden als erfolgreich interpretiert. Jede Form der Lockerung des Strafrechtes und der Strafverfolgung auch auf der Konsumentenebene wird abgelehnt. Weiter gehend werden gesetzliche Möglichkeiten für repressive Maßnahmen (z.B. Zwangsbehandlungen) bei gleichzeitiger Aufrechterhaltung bzw. Strafverschärfung gefordert.
- *Liberalisierung*
  Eine kontrollierte Abgabe von Drogen ist denkbar. Die vorhandenen Gesetzesgrundlagen werden „kreativ" interpretiert, um möglichst eine Kriminalisierung auf der Konsumentenebene zu verhindern. Der Charakter der Strafandrohung (Abschreckung) bleibt erhalten.
- *Entpönalisierung*
  Das strafrechtliche Verbot von Besitz und Erwerb von verbotenen Drogen auch für geringe Mengen zum Eigenverbrauch bleibt bestehen. Von einer Strafverfolgung kann abgesehen werden. Das in Deutschland bestehende Legalitätsprinzip – Verpflichtung zur Strafverfolgung – im Gegensatz zum Opportunitätsprinzip bleibt erhalten.
- *Entkriminalisierung*
  Die Entkriminalisierung bezieht sich auf die Konsumentenebene. Der Besitz – auch der Erwerb – geringer Mengen von illegalisierten Drogen zur Deckung des Eigenbedarfs werden aus dem Straftatbestand herausgenommen und gegebenenfalls in das Ordnungswidrigkeitenrecht „überführt". Konsumenten würden nicht kriminalisiert und die Exekutive könnte nach dem Opportunitätsprinzip handeln. Die Möglichkeit, so mit

Konsumenten illegalisierter Drogen zu verfahren, besteht in den Niederlanden.

- *Legalisierung*
  Durch eine Legalisierung werden Tatbestände und Strafvorschriften aus dem Gesetz genommen. Dies bedeutet die komplette Freigabe einzelner Drogen oder Drogengruppen (z.B. Cannabisprodukte). Eine Produktkontrolle (u.a. Qualität, Deklarierung) kann z.B. über das Lebensmittelrecht Gewähr leistet werden. Eine Zugangsbeschränkung könnte über Jugendschutzbestimmungen (wie z.B. bei Alkohol und Tabak) erfolgen.

Erläuterungen

In Deutschland weitet der Bund trotz seiner de jure begrenzten Zuständigkeit seine Handlungskompetenz de facto erheblich aus, indem er für sämtliche sonstigen Träger der Drogenpolitik Serviceleistungen in den Bereichen der Information (Kommunikation, Dokumentation, Forschung), der Prävention sowie der Finanzierung (Innovation durch Anreizprogramme) bereitstellt (Viebach, 1987, S. 71). Der Bund schafft sich hierüber Möglichkeiten der strukturierenden Einflussnahme, die sich auf die Art der Problembearbeitung bezieht. Einer Vereinheitlichung der Drogenpolitik, auch auf europäischer Ebene, wird hierüber Vorschub geleistet. Obwohl sich die Bearbeitung des Drogenproblems auf Bundesebene auf die Geschäftsbereiche verschiedener Bundesressorts verteilt (Problemsegmentierung), stehen die „Teilpolitiken" der jeweiligen Ressorts und die der Länder unter dem Einfluss der Drogenpolitik des Bundes. Entsprechend der verfassungsrechtlich begründeten Zuständigkeitsregelung zwischen Bund und Ländern, sind die Bundesländer zur gesetzgeberischen und organisatorischen Gestaltung u.a. des Gesundheits-, Erziehungs- und Polizeiwesens sowie des Strafvollzugs verpflichtet. Den Bundesländern obliegt, über die eigene Gesetzgebungstätigkeit hinaus, auch die Ausführung von Bundesgesetzen. Hier kommt es somit zu unterschiedlicher Handhabung bei gleicher Problem- und Aufgabenstellung. Dies betrifft auch wieder das Verhältnis des einzelnen Bundeslandes zu den einzelnen Kommunen, denn auch gegenüber den Kommunen verfügen die Länder über keine Weisungsrechte (Art. 28.2 GG, siehe Anhang A).

Aus diesen verfassungsrechtlich gegebenen Strukturen ergibt sich, dass die Drogenpolitik primär Länderpolitik ist. Allein die bundesrechtlichen Regelungen des Betäubungsmittelgesetzes (BtMG) bilden Rahmenvorschriften für die Länder. Im Gegensatz zum Bundesdrogenbeauftragten kommt den Landesdrogenbeauftragten eine herausragende Position zu. Die erheblichen Abweichungen in der Ausgestaltung basieren bei einzelnen „Landesdrogenpolitikern" weitestgehend auf der jeweiligen Person des Landesdrogenbeauftragten. Seine Ideologie, seine Problemdefinition sowie sein Engagement haben bedeutenden Einfluss auf die faktische Ausgestaltung der Drogenpolitik in den Ländern (Viebach, 1987, S. 81).

Das Land Nordrhein-Westfalen strebt über das NRW-Landesprogramm gegen die Sucht (Ministerium für Frauen, Jugend, Familie und Gesundheit des Landes Nordrhein-Westfalen 2/1999) und über das Gesetz über den öffentlichen Gesundheitsdienst (ÖGDG, 25.11.1997) eine Koordination an. Durch die unteren Gesundheitsbehörden (Gesundheitsämter) müssen Gesundheitskonferenzen eingerichtet werden. Es besteht die Pflicht zu einer regelmäßigen Gesundheitsberichterstattung auf der Ebene der Kommunen und des Bundeslandes (Landesgesundheitskonferenzen). Entsprechend der verfassungsrechtlichen Zuständigkeitenreglung ist den Gemeinden das Recht auf Selbstverwaltung garantiert, sodass örtliche Angelegenheiten im Rahmen der Gesetze von den Kommunen selbstständig geregelt werden können. Was die Stellung der Gemeinden in der Organisation der Sozialpolitik anbelangt, so wird diese weitgehend durch das Urteil des BVerfG vom 18.07.1967 bestimmt, durch das die Gemeinden zur Wahrnehmung subsidiärer Aufgaben verpflichtet werden. Danach sind die Gemeinden gehalten, auch kleinere soziale Gebilde – insbesondere die Träger der Freien Wohlfahrtspflege – an der Planung und Durchführung kommunaler Sozialpolitik zu beteiligen. Die Gemeinden sind zur Übernahme der sozialen Aufgabe erst in der Lage, wenn sich kein freier Träger dazu bereit erklärt. Mit der Beschränkung des Handlungsspielraumes der Gemeinden auf die Wahrnehmung subsidiärer Aufgaben liegt die Ausgestaltung der kommunalen Sozialpolitik nicht mehr in der alleinigen Kompetenz der Gemeinden, sondern Rahmenbedingungen werden entscheidend mitbestimmt durch die Träger der Freien Wohlfahrtspflege.

Differenzierung

Der Konsument illegalisierter Drogen wird zwischen strafrechtlicher Verfolgung und unterstellter Behandlungsbedürftigkeit gesehen. Beide Perspektiven stellen eine Reduzierung auch aus politischer Sicht dar. Denn beide politischen Perspektiven gehen von dem Zwang oder dem Zwang zur Therapie aus. Es gilt die durch Drogenkonsum verhinderte „Motivation“ einer anderen Gruppe anzugehören, mit Zwangsmaßnahmen zu fördern. Der gruppenspezifischen Differenzierung wird keine Beachtung geschenkt. Die Benachteiligung, die durch ein spezielles Verhalten (Drogenkonsum) entsteht, auszugleichen und den besonderen Bedürfnissen gerecht zu werden und die volle Eingliederung in politische Prozesse zu fördern, wird ausschließlich über individualisierte „Behandlungsangebote“ geregelt. Den strukturellen Problemen der Ungleichheit in diesem Themenzusammenhang wird kaum Beachtung geschenkt.

Die administrative Bearbeitung findet als dreigliedriger dezentraler Verwaltungsaufbau auf Bundes-, Landes- und kommunaler Ebene statt. Die politisch-administrative Bearbeitung des „Drogenproblems" hat einen multiorganisatorischen Aufbau. Ein Teil der „Drogenpolitik" ist dabei die Sozialpolitik. Eine Typologie sozialpolitischer Interventionsformen verdeutlicht die Komplexität (F. X. Kaufmann, 1980, S. 85):

- rechtliche Stärkung der Rechtsstellung sozial schwacher Personen im Hinblick auf Teilhabemöglichkeiten (z.B. Beschwerderechte, Beteiligungsverfahren);
- ökonomische Erhöhung der verfügbaren Einkommen von Personen mit ungenügendem Primäreinkommen (z.B. Transferzahlungen);
- ökologische Verbesserung der Zugangschancen und der Qualität von Umweltsegmenten, die für die Lebenslagen relevant sind (Sozialplanung, Wohnungsbau, Finanzierung von Einrichtungen);
- pädagogische Erhöhung von Handlungsfähigkeit von Personen mit Bezug auf legitime Teilhabemöglichkeiten (z.B. Angebot von Bildung, Beratung, Rehabilitation und Information, Unterstützung von Selbsthilfeaktivitäten).

Während sich die „klassische" Sozialpolitik fast ausschließlich an einer objektiv feststellbaren, materiellen Bedürftigkeit orientierte und sich dadurch die sozialpolitischen Maßnahmen auf Einkommenstransfers beschränkten, steht im Zentrum des Interesses „aktueller" Sozialpolitik primär die Verhinderung und/oder Beseitigung von normativ definierten Störungen der Sozialordnung. „Die politische Gestaltung und Beeinflussung gesellschaftlicher Lebensverhältnisse durch den Einsatz von überwiegend personenbezogenen Dienstleistungen kennzeichnet somit heute den Gegenstandsbereich von Sozialpolitik" (Viebach, 1987, S. 1).

Diskriminierungen, Ausschlüsse und Stereotypisierung treffen Menschen, weil sie von denjenigen, die so handeln, in der einen oder anderen gruppenspezifischen Hinsicht als andersartig eingestuft werden. Die „Verschiedenheit" oder Differenz ist durch Konflikte und Ungerechtigkeiten aber auch durch Privilegierung in einzelnen Segmenten bei Konsumenten illegalisierter Drogen (siehe BtMG §§ 35ff.) charakterisiert. Der gelegentliche oder dauerhafte Gebrauch von verbotenen Substanzen führt, wenn er öffentlich wird, zumindest zur Stereotypisierung. Im Fall des dauerhaften Gebrauchs zu Diskriminierung und Ausschluss. Konsumenten illegalisierter Drogen bestimmen zum Teil ihre Identität über die Zugehörigkeit zu diesen sozialen Gruppen oder ihre Identität wird maßgeblich durch die Zuschreibung in einem wechselseitigen Prozess mitbestimmt und vorangetrieben. Gegen Ausschlüsse und Ungerechtigkeiten gibt es zwei politische Reaktionen (Young, 1997). Es kann abgestritten werden, das jene, die als anders eingestuft werden, in einer Hinsicht verschieden sind, die eine Diskriminierung legitimiert oder man kann bekräftigen, dass sich manche Menschen im Hinblick auf die herrschenden Normen ausdrücklich unterscheiden und, dass besondere

Maßnahmen ergriffen werden sollten, um die Gleichheit bei Unterschiedlichkeit zu sichern. Die Herstellung von Gleichheit bedeutet die Verfolgung beider Strategien. Denn die Forderung nach Gerechtigkeit und Gleichheit für diskriminierte und stigmatisierte Drogenkonsumenten basiert weitgehend auf der Annahme, dass keinerlei Unterschiede zwischen Konsumenten von Drogen bzw. Nichtkonsumenten beständen, die eine unterschiedliche (u.a. strafrechtliche) Behandlung rechtfertigen.

Die Unterscheidung zwischen dem Normalen und dem Abweichenden wird vielfach als Vorspiegelung eines Essenzialismus widerlegt. Der Zweck bestünde darin Privilegierungen zu verewigen. Die Verschiebung einer Unterscheidung zwischen dem „Normalen" und dem „Abweichenden" mit dem Verweis auf die Gleichheit des Individuums hebt nicht die vorhandenen Unterschiede auf. Wir alle sind hybrid. Unsere Identität nimmt erst durch eine Vielzahl von Gruppenzugehörigkeiten Gestalt an (Mead, 1968). Die Entwicklung der demokratischen Gemeinschaft impliziert die Abschaffung der Kasten (Mead, 1968, S. 367) als wesentlichen Faktor in der Entwicklung der Persönlichkeit des Einzelnen. Der Einzelne ist das, was er zu sein hat, nicht in seiner jeweiligen „Kaste" oder Gruppe im Gegensatz zu anderen Gruppen, sondern seine unterscheidenden Merkmale sind die Merkmale funktionaler Unterschiede, die ihn in ein Verhältnis zu anderen bringen, statt ihn von diesen zu trennen. Es besteht also keine Gleichförmigkeit. Die Verschiedenheit sozialer Gruppen ist also unvermeidbar. Viele Menschen legen durchaus auf eine gruppenförmig herausgebildete Identität Wert. Die Politik und die soziale Praxis sollten daher sowohl gleiche Rechte als auch gleiche soziale Achtung unterstützen. Es werden somit die besonderen Perspektiven und Beiträge nicht erkannt und bejaht, die Menschen zum kooperativen Leben beisteuern können, gerade weil sie eine spezielle Geschichte, einen „Lebensstil" verkörpern. Die derzeitige Situation ist komplex. Die verschiedenen, von ihnen betroffenen Personen können entweder überhaupt nicht in eine gemeinsame gesellschaftliche Beziehung gebracht werden, oder dies nur unter großen Schwierigkeiten nach langen und qualvollen Prozessen der gegenseitigen gesellschaftlichen Anpassung tun.

Bedeutung und Bewertung

Die zentralen politischen Rahmenbedingungen (u.a. BtMG) werden sowohl auf europäischer Ebene (EU) als auch auf Bundesebene konstituiert. Die Rahmenbedingungen basieren auf Grundannahmen. Diese Grundannahmen sind Wertentscheidungen, die in komplexen internationalen politischen Prozessen entstehen. Strafrechtliche Grundlagen stellen die Wirklichkeit her, die sie vorgeben zu „bekämpfen". Ein großer Teil der aktuellen Probleme von und mit Konsumenten verbotener Drogen (psychische, physische und soziale) sind Folge einer repressiven Drogenpolitik. Es liegen andere drogenpolitische

Konzepte vor. Empirische Befunde internationaler Erfahrungen zu einzelnen Teilaspekten (z.B. Behandlung mit Heroin; Verzicht der Strafverfolgung bei Besitz von geringen Mengen zum Eigenverbrauch) stehen zur Verfügung. Für die soziale Umwelt wird das Drogenproblem in seinen sozialen und individuellen Dimensionen erst auf lokaler Ebene direkt erfahrbar. Der politische Handlungsdruck liegt primär auf der kommunalen Ebene. Der Zielsetzung der Drogenpolitik steht nur eine geringe Problemlösungskapazität der Makroorganisation gegenüber.

Die Bearbeitung des Drogenproblems ist und wird Tagesgeschäft der Sozialadministration bleiben. Mit der Problembearbeitung verbinden sich einerseits zu viele – mit den Klientenbedürfnissen nicht zu vereinbarende – organisatorische und private Handlungsinteressen. Andererseits verstärken oder behindern eine ganze Anzahl organisationsstruktureller Faktoren die Problembearbeitung. Eine Demokratisierung der sozialen Dienstleistungsproduktion durch die Partizipation der Klientel an der Hilfeleistungsproduktion und -vermittlung (z.B. Elternkreise, Bundes- und Landesverbände der Elternkreise, Junkie-Exuser-Substituierte/JES) ist nicht ausgeprägt.

1.6 Beiträge des Rechts

Grundlagen

Maßgeblich bestimmen die gesetzlichen Grundlagen den Umgang mit Betäubungsmittel und Betäubungsmittelkonsumenten. Drei zentrale Entwicklungen sind für die Bundesrepublik Deutschland zu nennen:

(1) Das Opiumgesetz in der Fassung von 1934 hatte nicht in erster Linie die Drogenkonsumenten im Visier. Die gesetzlichen Grundlagen boten zur Strafverfolgung von Drogenkonsumenten wenig Möglichkeiten.
(2) Ende 1971 trat ein neues Betäubungsmittelgesetz (BtMG) in Kraft, mit dem die Höchststrafen von drei auf zehn Jahren heraufgesetzt, neue Straftatbestände wie Erwerb und Handel eingeführt und weitere Substanzen als Betäubungsmittel definiert wurden.
(3) 1982 erfolgte die zweite Reform des Betäubungsmittelgesetzes. Diese ist das zentrale Rechtsinstrument im Umgang mit illegalisierten Drogen und Drogenkonsumenten. Mit der Novellierung des BtMG zum 01.01.1982 wurden u.a. folgende Hauptanliegen verbunden:

- Bisherige strafrechtliche Maßnahmen reichen nicht aus.
- Eine Eindämmung der Betäubungsmittelkriminalität ist erforderlich.
- Der Konflikt zwischen Strafbarkeit und Krankheit sollte besser gelöst werden.
- Weniger Strafvollzug und mehr Anreize zur Therapie sind notwendig.

Die zentralen Normen des BtMG sind die §§ 29; 29 a; 30; 30 a; 30 b (Gesetzestexte siehe Anhang B), die die Straftaten (u.a. Anbau, Handel, Herstellung, Einfuhr, Ausfuhr) und die Verurteilung im Zusammenhang mit Betäubungsmitteln definieren. Der § 30 a (Freiheitsstrafen nicht unter zwei und unter fünf Jahren) des BtMG erfassen besonders schwere Straftatbestände im Zusammenhang mit Betäubungsmitteln. Mit dem § 31 – Strafmilderung oder Absehen von der Strafe – ist erstmals im bundesrepublikanischen Rechtsgefüge eine Kronzeugenregelung eingeführt worden (siehe Anhang B). Ein Absehen oder Mildern der Strafzumessung kann z.B. erfolgen, wenn durch eine freiwillige Offenbarung Straftaten im Zusammenhang mit § 29 Abs. 3, § 30 Abs. 1 verhindert werden können.

Ebenfalls ein Novum stellt der § 35 BtMG dar (Gesetzestext siehe Anhang B): „Ist jemand wegen einer Straftat zu einer Strafe von nicht mehr als zwei Jahren verurteilt worden und ergibt sich aus den Urteilsgründen oder steht sonst fest, dass er die Tat auf Grund einer Betäubungsmittelabhängigkeit begangen hat, so kann die Vollstreckungsbehörde mit Zustimmung des Gerichtes des ersten Rechtszuges die Vollstreckung der Strafe, eines Strafrestes oder der Maßregel der Unterbringung in einer Entziehungsanstalt (StGB § 63; 64; JGG § 93a, siehe Anhang C) für längstens zwei Jahre zurückstellen, wenn der Verurteilte sich wegen seiner Abhängigkeit in einer seiner Rehabilitation dienenden Behandlung befindet oder zusagt sich einer solchen zu unterziehen, und deren Beginn Gewähr leistet ist.“ Hiermit wird nicht nur Straftätern die unmittelbar gegen das BtMG verstoßen haben die Möglichkeit einer Therapieaufnahme eingeräumt (Therapie statt Strafe), sondern auch Betäubungsmittelabhängigen, die andere Straftaten begangen haben (z.B. Beschaffungskriminalität). Die Anrechnung der (stationären) Therapie auf die Haftstrafe wird über § 36 geregelt; die Anwendung der §§ 35 und 36 auf Jugendliche über den § 38 BtMG.

Erläuterungen

Das Betäubungsmittelgesetz beinhaltet keine Differenzierung zwischen so genannten „harten“ und „weichen“ Drogen. Es richtet sich nach den in der Anlage 1 BtMG genannten Stoffen und Substanzen. Entgegen den ursprünglichen Intentionen, die mit der Novellierung des BtMG verbunden waren, kristallisierte sich jedoch Folgendes heraus:

- Die Gerichte ordnen häufiger Untersuchungshaft an. Höhere Haftstrafen mit dem Verweis auf die Möglichkeit der Strafaussetzung (§ 35 BtMG), sind die Folge. Es werden weniger Bewährungsstrafen, die eine günstige Sozialprognose voraussetzen (gemäß § 56 c StGB; § 21 JGG, siehe Anhang D), ausgesprochen (vgl. auch Becker & van Lück 1990, S. 191).

- Flexiblere und unbürokratischere Bewährungslösungen sind verdrängt worden. Die Bewährungshilfe als Unterstützungsinstrumentarium kann häufig keine Anwendung finden.
- Es ist ein hoher Verwaltungsaufwand mit der § 35 BtMG-Lösung verbunden.
- Die bisherige stationäre Drogenarbeit ist stärker in den Justizbereich gedrängt worden. Es wurde eine Allianz von Therapie und Strafe hergestellt.

Differenzierung

Mit dem Betäubungsmittelgesetz ist ein Instrumentarium geschaffen worden, das die Verbindung von Zwang und Therapie herstellt. Therapie statt Strafe ist auch Therapie und Strafe oder Therapie als Strafe. Für die Soziale Arbeit/Drogenhilfe ergibt sich ein komplexes Geflecht, das Detailkenntnisse des strafrechtlichen Ablaufs erfordert (siehe Abb. 3). Abgrenzungsfragen der Kooperation seitens der Drogenhilfe von der Strafverfolgung, der Justiz einschließlich der Bewährungshilfe werden nicht nur auf dem Hintergrund eines gesetzlich verankerten Zeugnisverweigerungsrechtes für die Drogenhilfe und der Schweigepflicht aufgeworfen (§ 203 StGB/Geheimnisverrat, siehe Anhang E). Die Bewährungshilfe soll neben den kontrollierenden Funktionen helfende und stützende Aufgaben in der Resozialisierung (siehe Pkt. 5.1) wahrnehmen. Der in der Regel verbeamtete Bewährungshelfer übt seine Tätigkeit unter eigenem Namen aus. Die Dienstaufsicht führt der Präsident des jeweiligen Landgerichtes. Die Fachaufsicht liegt probandenbezogen bei den jeweils zuständigen Richtern. Aus dieser Konstruktion (vgl. Bewährungshilfegesetz/BwHG) ergeben sich keine einheitlichen fachlichen Standards bezogen auf den Umgang mit dem Konfliktfeld „Helfen" und „Kontrollieren". So kann die Arbeitsgemeinschaft Deutscher Bewährungshelfer und Bewährungshelferinnen (ADB) zwar fordern, dass freiheitsentziehende Maßnahmen zu vermeiden sind, da soziales Verhalten effektiver in Freiheit zu erlernen ist, dies muss sich jedoch nicht als Handlungsstandard in der Bewährungshilfe etablieren.

Diese Abgrenzungsfragen sieht Bühringer (1991, S. 130) nicht. Auf dem Hintergrund einer verhaltenstherapeutischen Grundlage fordert er eine enge Zusammenarbeit zwischen Justiz, Bewährungshilfe und therapeutischen Mitarbeitern, da die negativen Verstärker zur Behandlungsaufnahme (z.B. polizeiliche Verfolgung, körperlicher Zustand, soziale Isolation) relativ schnell wieder abklingen. Gerade die Verknüpfung zwischen justitiellen Zwängen und therapeutischer, kontrollierender Behandlung, wie dies über das BtMG (§§ 35ff.) formal geregelt ist, bedürfe des weiteren Ausbaus. Justitielle Zwänge seien geeignet, da sie nicht lebensbedrohend oder schwer schädigend sind, wie die in der Regel erst sehr spät einsetzenden körperlichen und emotionalen Störungen und Erkrankungen. „Nur durch das tatsächliche Erleben des therapeutischen Alltags und der drogenfreien Zeit haben Drogenabhängige überhaupt die Chance, zwischen den „Vorteilen" einer Fortführung des Drogenkonsums und den Vorteilen eines drogenfreien Lebens abwägen zu können" (Bühringer, 1991, S. 129). Zur Untermauerung dieser Auffassung werden noch zahlreiche nationale und internationale empirische Studien angeführt, die positive Ergebnisse justitieller Zwänge belegen sollen: Collins & Allison (1983) USA: Analog der Behandlung gemäß §§ 35/37 BtMG versus freiwillige Behandlung (TASC-Programm) waren keine Unterschiede im Therapieverlauf, aber in der Therapiedauer festzustellen. Diese ist länger bei der Gruppe mit justitiellem Zwang.

Herbst et al. (1990; 1991) untersuchte ebenfalls die Einflüsse justitieller Zwänge auf die Therapieergebnisse in der BRD: Es gab keinen Unterschied zwischen den Patienten mit bzw. ohne justitielle Zwänge. Egg (1991) untersuchte die Zurückstellungen gemäß der §§ 35ff. BtMG und kommt zu dem Ergebnis, dass etwa in der Hälfte der Fälle die Zurückstellung erfolgreich sei (vorläufiges Ergebnis). Melchinger (1991) BRD untersucht den Maßregelvollzug versus freiwillige Behandlung. Der Katamnesestatus in der Gruppe „Maßregelvollzug" ist besser als in der Gruppe der freiwillig Behandelten. Die „Effektivität" der §§ 35ff. BtMG ist bei den Frauen schlechter als bei den Männern. Für die Frauen hat die Möglichkeit „Therapie statt Strafe" nicht den Stellenwert, den er für Männer einnimmt. Demgegenüber kommen Becker & Lück (1980) in ihrer Untersuchung zu dem Ergebnis, dass die Effektivität der Therapievorschriften des Betäubungsmittelgesetzes nicht höher ist, als die Maßnahmen, die bis 1981 Geltung hatten. Sie haben sich in einzelnen Bereichen verschlechtert. Das Verhältnis Männer zu Frauen in stationären Einrichtungen lag vor der Novellierung des BtMG in den Jahren von 1978 bis 1981 bei 2:1, jedoch nach der Novellierung bei 3,6 zu 1. Frauen lassen sich nicht so sehr durch einen äußern Zwang zur Therapie „motivieren", wie dies bei Männern der Fall ist (Becker & Lück, 1980, S. 190; 195). Folgerichtig liegt der Anteil an Frauen, die ohne justitiellen Druck eine stationäre Maßnahme aufnehmen, erkennbar höher (Kindermann, 1989, S. 144).

Ohne auf das Design der einzelnen Untersuchungen und die abgeleiteten Ergebnisse einzugehen, können schwer wiegende ethische Bedenken sowohl zu den Grundpositionen als auch zu den Forschungsergebnissen genannt werden. Selbst bei der Annahme, dass zwangsweise eingeleitete Therapien keine schlechteren Erfolgsquoten aufweisen als freiwillig angetretene, können die Ergebnisse nicht die Mittel legitimieren. Befürworter dieser Maßnahmen führen das „Krankheitsbild Sucht" an. Dieses sei durch die Unfreiheit gekennzeichnet, der eigenen Gesundheitsbedrohung entgegentreten zu können. Deshalb kann auf das Mittel des strafjustitiellen Zwanges zur Therapieeinleitung nicht verzichtet werden. Folgen und Ursachen von Drogenabhängigkeit werden hier nicht differenziert betrachtet sondern unter scheinbar humanitären Gesichtspunkten wird totalitären Modellen Vorschub geleistet.

Bei einem Verstoß gegen das BtMG handelt es sich strafrechtssystematisch wesentlich um ein eigengefährdendes Verhalten. Selbstschädigung bzw. Selbstgefährdung sind auf die Illegalität und nicht auf die Droge selbst zurückzuführen. Beides ist im deutschen Rechtssystem prinzipiell straflos. Das Recht auf Selbstschädigung ist im Grundgesetz (Art. 2 Abs. 1 GG, Anhang F) in der Interpretation der „freien Entfaltung der Persönlichkeit" weitgehend verankert. Im Betäubungsmittelgesetz wird die Straflosigkeit der Selbstschädigung dadurch getragen, dass der Konsum an sich straffrei ist. Dieses Recht wird allerdings durch § 29 Abs. 1 Nr. 3 BtMG (Strafverfolgung bei Besitz illegaler Drogen) ausgehebelt. Der Besitz von Betäubungsmitteln ist eingeschränkt der Strafverfolgung ausgesetzt. Auf Grund der Entscheidung des Bundesverfassungsgerichtes (09.03.1994; 2. Senat: 2 Bv 43/92: NJW 1994; 1577-1590) waren allgemeine Verfügungen als vorläufige Richtlinien zur Anwendung des § 31 a Abs. 1 des Betäubungsmittelgesetzes die Folge. Nach dieser Verfügung kann z.B. von einer Strafverfolgung abgesehen werden, wenn es sich um geringe Mengen handelt. Hier werden z.B. 10 Gramm Haschisch und Marihuana oder 0,5 Gramm Heroin durchschnittlichen Reinheitsgehaltes angegeben (vgl. JMBI, 1994; Anhang G). Eine Ungleichbehandlung der Betroffenen findet jedoch in Nord- und Süddeutschland und West- und Ostdeutschland statt (Bundesministerium für Gesundheit, 1999).

Der Schutz der Menschenwürde (Artikel 1 des Grundgesetzes) wird nach Kappeler (1993) durch eine repressive und restriktive Drogenpolitik verletzt. Mit der Selbstschädigung, die nicht strafbar ist, aber zur Unterbringung führen kann (GG 104; PsychKG; siehe Anhang H), korrespondiert die angenommene Sozialschädlichkeit, mit der die Sonderregelungen des BtMG kommentiert wird. Die zu nennenden individuellen (u.a. Verlust sozialer Beziehungen, Morbiditäts- und Mortalitätsrisiken) und sozialen Kosten (u.a. Arbeitsunfähigkeit, Beschaffungs- und Begleitkriminalität) sind auf die Prohibition, und nicht auf die Droge oder die Abhängigkeit selbst, zurückzuführen.

Ein Unrechtsbewusstsein kann sich bei den (potenziellen) Konsumenten verbotener Drogen schwerlich etablieren. So sind Cannabis- und Ecstasykonsum im Rechtsbewusstsein zu einer massentypischen Bagatelldelinquenz geworden. Bei der moralischen Beurteilung, Gefahrenwahrnehmung und dem Sanktionsverlangen im Urteil der Deutschen existiert zwar eine kritisch ablehnende Einstellung zum Haschischkonsum, dem stehen andererseits Tendenzen einer liberalen Haltung in der Sanktionspraxis gegenüber (Reuband, 1988). Es spricht vieles dafür, dass nicht alle Delikte gegenüber Sanktionsandrohungen gleichermaßen anfällig sind. Expressive Delikte, die einen Lebensstil und personelle Identität repräsentieren, wie der Drogengebrauch, dürften weniger durch Sanktionsandrohnungen beeinflusst werden, als instrumentale Delikte, wie z.B. Diebstahldelikte. Hinzu kommt, dass, wer meint seine Delinquenz habe eine geringe Chance, jemals polizeilich bekannt zu werden, sich kaum durch Sanktionen bedroht fühlen wird (Reuband, 1992a). Da es sich bei dem Verstoß gegen das BtMG nicht hauptsächlich um Anzeigendelikte handelt, im Vergleich z.B. zum Diebstahl, hängt die „Erfolgsquote" von der Verfolgungs- und Ermittlungsintensität (u.a. personeller Einsatz) der Ermittlungsbehörden ab. In der Intensität der Strafverfolgung und der Interpretation von Verstößen gegen das BtMG und der Zumessung von Strafmaßen auf der Konsumentenebene bestehen erhebliche regionale Unterschiede, je nach und innerhalb von Bundesländern. Die Kriminalitätsrate korreliert direkt mit dem Anzeigenverhalten und einem gestiegenen Registrierverhalten der Polizei.

Die Kriminalitätsfurcht in der Öffentlichkeit hängt direkt mit der Medienberichterstattung zusammen. Tatsächliche statistische Veränderungen prägen die öffentliche Meinung weniger als das subjektive Sicherheitsempfinden. Paradoxe Situationen und Interventionen können insbesondere dann aus dieser Situation entstehen, wenn bestimmte Personengruppen, zum Beispiel Opiatabhängige, öffentlich in den Innenstädten sichtbar werden. Jährlich werden zwischen 120.000 und 190.000 so genannter „Rauschgiftdelikte" erfasst. Die Häufigkeitszahl pro 100.000 Einwohner liegt zwischen 151 und 229 (Bundesregierung, 1997, S. 537). Es ist anzunehmen, dass insbesondere beim aufgeklärten Diebstahl oder Raub eine Drogenabhängigkeit der Täter oft nicht erkannt wird. Die Anteile von Straftaten durch Konsumenten harter Drogen dürften daher bei diesen Delikten höher liegen als statistisch registriert. Konsumenten harter Drogen wurden am häufigsten bei den folgenden aufgeklärten Straftaten festgestellt (Bundesregierung, 1997, S. 518):

(1) Rauschgiftkriminalität;
(2) direkte BtM-Beschaffungskriminalität;
(3) „schwerer" Diebstahl;
(4) „einfacher" Diebstahl und
(5) Raub.

Die Verurteilung von Straftätern hat jedoch nicht nur unmittelbare Konsequenzen, sie führt über den Eintrag ins Führungszeugnis zur weiteren Reduzierung der sozialen Integration (Gesetz über das Zentralregister und das Erziehungsregister/Bundeszentralregister/BZRG/, siehe Anhang I). Für Migranten kann das Ausländerrecht (siehe Auszug Anhang J) bei einem Verstoß gegen das BtMG zu einem zweiten Strafrecht werden. In einigen Bundesländern ist es gängige Praxis, mit dem BtMG in Konflikt gekommene Migranten in die „Heimatländer" abzuschieben. Für Migranten der zweiten und dritten Generation kann dies eine Abschiebung in ein nie kennen gelerntes „Heimatland" sein. Es gibt eine steigende Anzahl von Migranten und Aussiedlern unter den Drogenkonsumenten. Ihr Anteil an den Beratungsstellen und Behandlungseinrichtungen wird auf 5 % bis 15 % geschätzt (Bundesministerium für Gesundheit, 1999). Wenn insbesondere die soziale Situation jugendlicher Migranten berücksichtigt wird, kann nicht von einem Migranten-, sondern von einem Integrationsproblem ausgegangen werden.

Bei Tatbegehung ist der Konsum von legalen Drogen auch von Bedeutung: Bei 7 % aller aufgeklärten Straftaten wurde bei den Tatverdächtigen Alkoholeinfluss bei der Straftat festgestellt. 24,3 % aller aufgeklärten Gewaltdelikte fanden unter Alkoholeinfluss statt (Bundesregierung, 1997, S. 518). Der Anteil dürfte bei weitem höher liegen als statistisch registriert. Bezogen auf den Konsum legaler Drogen im Zusammenhang mit Straftaten (z.B. Alkoholdelikte) besteht eine Rechtsungleichheit. Bei dieser Tätergruppe gibt es keine „Wahlfreiheit" zwischen Therapie oder Strafe. Eine Ungleichbehandlung existiert ebenfalls im Straßenverkehr. Gelten für den Konsum von Alkohol im Straßenverkehr Einnahmegrenzen, so sind diese bei verbotenen berauschenden Mitteln gänzlich ausgeschlossen. Selbst der Nachweis einer geringen, möglicherweise länger zurückliegenden Drogeneinnahme (z.B. Cannabis) kann mit einem Bußgeld und einem Fahrverbot bestraft werden (vgl. § 24 a Straßenverkehrsgesetz – StVG).

Wenig Beachtung hat eine Differenzierung von Kreuzer gefunden. Auf dem Hintergrund der prozesshaften Entstehung, den Verläufen und Verfestigungen von Außenseiterrollen sei die Definition des Opiatabhängigen als Kranken irreführend einseitig. Kreuzer (1982, S. 241) differenziert analytisch das Verhältnis von Drogen- und Delinquenzkarrieren (Tabelle 2):

Tabelle 2: Verhältnis von Drogen- und Delinquenzkarrieren

Typus	Beschreibung
I	Drogenkarriere ohne vorhergehende und ohne begleitende Delinquenz
II	Drogenkarriere mit durch sie bedingte Delinquenzkarriere
III	Drogenkarriere mit begleitender Delinquenzkarriere in wechselseitiger Bedingtheit
IV	Drogenkarriere im Verlauf angebahnter mäßiger, durch die Drogenkarriere verstärkter Delinquenzkarriere
V	Drogenkarriere im späteren Verlauf einer bereits deutlich bestehenden Delinquenzkarriere

Das Betäubungsmittelgesetz trägt dieser Differenzierung nicht, oder nur unzureichend Rechnung. Die Betäubungsmittelabhängigkeit ist an eine Behandlungsbedürftigkeit geknüpft. Erst ein gesellschaftlich legitimierter Zugang zu Betäubungsmitteln ermöglicht eine Differenzierung. Es wäre sicherlich eine Illusion bei einer weitgehend fehlenden Prohibition davon auszugehen, dass die Gesamtgruppe eine straffreie Lebensgestaltung praktiziert. Kriminalisierungen werden auch dann eintreten. Ihre Grundlage ist dann jedoch nicht aus der Dynamik der Abhängigkeit von einer verbotenen Substanz bestimmt.

Bedeutung und Bewertung

Seit Jahrzehnten wird versucht, mit dem Strafrecht das Drogenproblem in den Griff zu bekommen. Weltwelt gelingt dies nicht. Die gesetzlichen Grundlagen definieren die Straftatbestände und gehen von einer Drogenbekämpfung aus. Bezogen auf die Drogenbekämpfung ist das Strafrecht jedoch nicht nur wirkungslos, sondern kontraproduktiv (Rüter, 1990). Die Bundesarbeitsgemeinschaft Kritischer Polizistinnen und Polizisten hatte bereits 1989 resümiert, dass die Drogenpolitik versagt hätte. Sie forderte zuallererst die Abhängigen vom Stigma der Kriminalität zu befreien. Es handelt sich hier nicht um neue Erkenntnisse. „Wieder die Erfahrung hat uns gelehrt, dass die strengsten Maßregeln nicht im Stande waren, den Gebrauch einzelner Narcotica zu verhindern, waren sie einmal irgend einem Volke bekannt (...). Durch ihren Genuss aber wird die Existenz eine glücklichere und sie sind deshalb zu billigen“ (Bibra, 1855, S. 397).

Mit dem Verstoß gegen das BtMG folgt dem Schuldvorwurf der Krankheitsverdacht, verbunden mit einer unterstellten Behandlungsbedürftigkeit. Behandlungsbedürftigkeit entlastet jedoch nicht vom Schuldvorwurf. Mit diesen Denkmodellen korrespondieren repressive Maßnahmen, die eine Zuführung zu Abstinenztherapien legitimieren. Stationäre und ambulante Behandlungen werden so zum Bestandteil der Justiz. Sie werden in einen Behandlungsverbund mit der Justiz auf der Grundlage des § 35 gebracht. Dammann (1985) fragt, ob es sich bei stationären Therapien für Drogenkonsumenten um eine als privatrechtlich ausgestaltete Form des Strafvollzugs handelt.

Doch nicht nur die strafrechtliche Verfolgung, sondern auch der öffentliche Raum steht im Zentrum der Auseinandersetzungen. Die verelendeten Drogenkonsumenten, die öffentliche Räume (u.a. Bahnhöfe) in den Zentren des Handels in Anspruch nehmen, geraten unter öffentlichen Druck. Die Folge ist ein polizeilicher Kriegszustand zur so genannten „Rückeroberung“ des öffentlichen Raums. Für die saubere Stadt, den öffentlichen Raum heißt das Stichwort Gefahrenabwehrverordnung. Platzverweise nach den neuen Polizeigesetzen bieten die Möglichkeit, die öffentlichen Bereiche zum „Disneyland“ zu machen. Während der Geschäftszeiten sollen die Innenstädte zum Konsum locken, und nach dem Ladenschluss wird die sterile Traumwelt abgeschlossen (Korell & Liebel, 1997). Dem aufgebauten Mythos eines funktionierenden Modells einer sicheren Stadt New York durch „Zero Tolerance“ wird zeitlich versetzt auch in Deutschland (z.B. durch Ordnungspartnerschaften) gefolgt. „Zero Tolerance“ gibt vor, durch unerbittliche Verfolgung z.B. von Kleinkriminalität, und der Vertreibung von Bettlern und

Drogenkonsumenten auf Grund ihrer sozial lästigen Verhaltensweisen von öffentlichen Plätzen, auch andere Formen der Delinquenz bekämpfen zu können. Dies basiert auf der „Broken-Windows-Theorie“ von Wilson und Kelling. Die Hauptthese besagt, dass den ersten Spuren von Verwahrlosung zunächst deren Ausweitung und dann ein Ansteigen der Kriminalität folge. Die statistischen Zahlen aus New York scheinen der Strategie der „Zero Tolerance“ zunächst Recht zu geben. Übersehen wird jedoch, dass die Zahl der Tötungsdelikte, Einbrüche, Autodiebstähle schon seit Jahren gesunken ist. Es gibt keinen Zusammenhang mit dieser Strategie.

Auch in Deutschland mehren sich die Forderungen nach „Zero Tolerance“. Die sichtbaren Phänomene von Armut und Ausgrenzung „bekämpft“ man jedoch nicht, indem man sie verjagt oder leugnet. Solche Konzepte ebenen den Weg in eine Verpolizeilichung der Gesellschaft. Korell und Liebel (1997) weisen gerade auf die Gefahren dieser Verpolizeilichung der Gesellschaft hin. Ein Polizeiapparat, der schon weit im Vorfeld ohne konkreten Verdacht einschreitet, wird die Grenzen seiner Machtausübung überschreiten und den Weg des Grundgesetzes verlassen. Die historische Verankerung präventiver Polizeikonzepte liegt in der Weimarer Republik. Diese Konzepte wurden im Nationalsozialismus pervertiert. Sie reichten bis zur vollständigen Vernichtung von Menschen mit unerwünschtem Verhalten (u.a. Homosexualität, Drogenkonsum, psychische Störungen). Nach Schätzungen sollen rund 50.000 Alkoholiker und „Rauschgiftsüchtige“ während des Nationalsozialismus ermordet worden sein (Klee, 1983).

Zusammenfassung

Eine historische und anthropologische Analyse eröffnet eine globale Betrachtung. Die „Relativität“ und „Komplexität“ von Problemen des Drogenproblems wird hierüber deutlich. Aspekte der gesellschaftlichen Grundlagen der Wirtschaft und wirtschaftliche Grundlagen der Gesellschaft zum Themenbereich illegalisierte Drogen machen transparent, dass Drogen Waren und Wirtschaftsgüter sind. Die Zusammenhänge zeigen die normativen gesellschaftlichen Entscheidungen und die hieraus entstehenden Folgen auf. Die Häufigkeit und der Einfluss kultureller und sozialer Bedingungen für das Auftreten von Drogenproblemen tritt hierüber in den Vordergrund.

Abbildung 3: Schematische Übersicht zum Betäubungsmittelgesetz

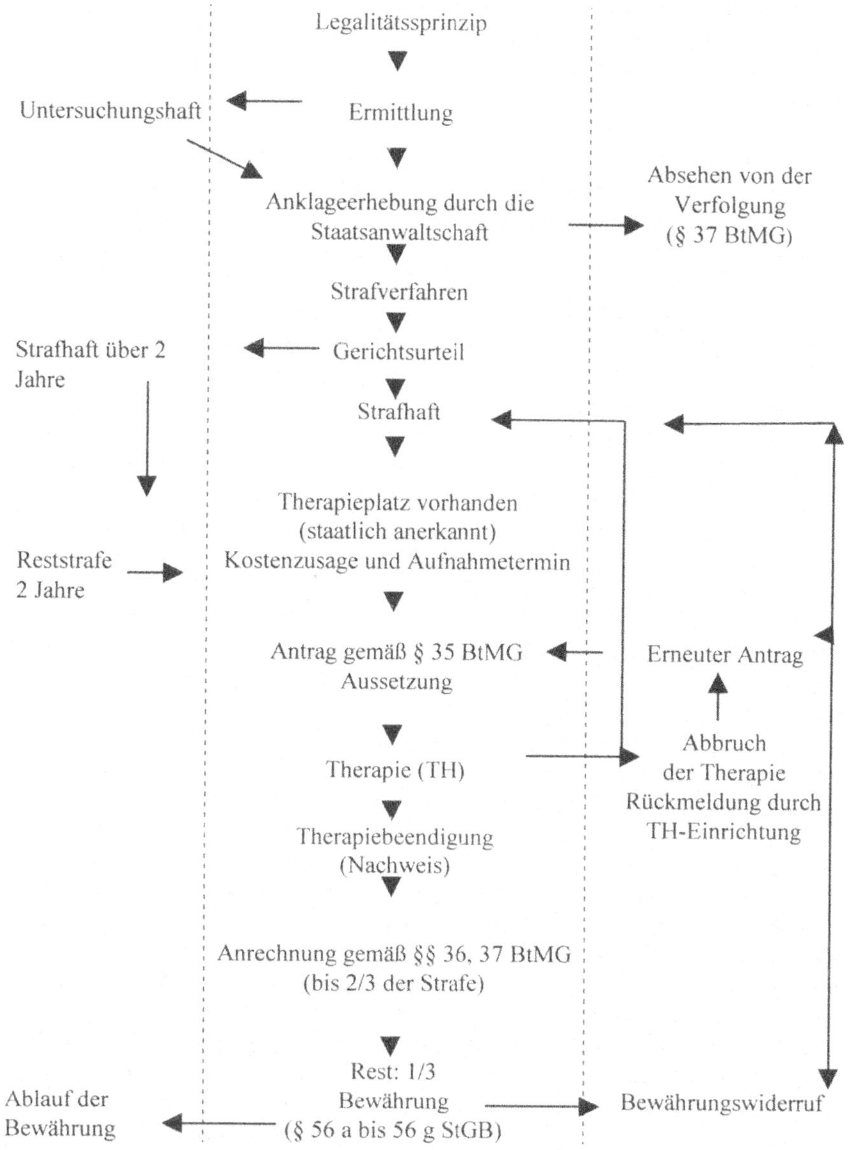

2. Biologisieren – Isolieren – Deuten

Somatische, biologische, psychogenetische und psychologische Erklärungsansätze liegen in ihren theoretischen Grundlagen dicht beieinander. Die gemeinsame Grundlage ist ein Krankheitskonzept und die Verwendung des Suchtbegriffs. Der problematische Konsum (illegalisierter) Drogen wird primär als Disposition des Individuums interpretiert. Medizinische und pharmakologische Grundlagen sind für den Themenzusammenhang zentral, da hier die Definitionsmacht verankert ist. Es werden die Auswirkungen auf die Praxis einschließlich des konkreten Handelns aufgezeigt.

2.1 Beiträge der Medizin und Biologie

Grundlagen

Wie wirkt Materie, z.B. eine exogene Droge, auf den Geist und die Psyche, und wie wirken der Geist und die Psyche bezogen auf die „Suche" nach (bestimmten) Drogen? Der menschliche Organismus besitzt zunächst die universelle Fähigkeit, ein abgestimmtes System herzustellen. In diesem System wirken u.a. Hirnzellen, Synapsen und Botenstoffe (u.a. Transmitter, Hormone) zusammen. Informationen der Sinnesorgane oder der vorgeschalteten Nervenzellen (Neuronen) werden im Nervensystem in Form codierter Frequenzen elektrischer Impulse übermittelt. Die Verbindung von Neuron zu Neuron stellt die chemische Synapse her. Dort setzen die elektrischen Impulse Überträgersubstanzen, Transmitter frei (u.a. Adrenalin, Serotonin, Dopamin). Für die chemisch-technisch orientierte Neurophysiologie, Biochemie und Neurologie sind die Hirnzellen, Synapsen und Transmitter das materielle Äquivalent der Psyche, das sich in sichtbarem Verhalten einschließlich körperlichem Handeln zeigt. Ansatzpunkte der Korrektur von nicht gewünschtem Verhalten liegen folglich bei diesen Forschungsansätzen primär in der Beeinflussung durch Substanzen (u.a. Psychopharmaka), die unter anderem auf die Hirnzellen wirken und dabei die körpereigenen Transmitter behindern, verdrängen oder übernatürlich vermehren (Zehentbauer, 1993, S. 9).

Drogen verändern auch die chronobiologischen Rhythmen des Menschen. Chronobiologie hat die Erforschung der zeitlichen Gesetzmäßigkeiten im Ablauf von Lebenszusammenhängen zum Ziel. Auch menschliches Verhalten variiert in Rhythmen. Hochhauser (1983) versteht Drogenkonsum als mögliche Form der Selbstmedikation. Der Drogenkonsum kann dann als Versuch interpretiert werden, bestimmte rhythmische Muster künstlich zu beeinflussen. Die Droge reguliert, sie wird benutzt, um ein bestimmtes Maß an Rhythmizität der physiologischen und psychologischen Funktionen aufrechtzuerhalten. Heroinkonsum bietet die Möglichkeit innere Rhythmen mit denen der Umwelt in Einklang zu bringen (rhythmische Gehirnaktiviät). Heroinkonsum ist in diesem Konstrukt eine Methode, um psychische Probleme oder besonders spannungsreiche Situationen zu bewältigen (Hochhauser, 1983, S. 297).

- Drogenkonsum kann ein Versuch sein, um ein gewisses Maß an interner Kontrolle über Empfindungen von Hilflosigkeit zu erlangen. Drogenkonsum ist ein schnelles und effektives Mittel, wenn keine anderen Kontrollmöglichkeiten vorhanden sind.
- Wenn Drogen zu Kontrollzwecken benutzt und für wirksam befunden werden, eskaliert ihr Gebrauch wahrscheinlich, da das Individuum eine relativ vorhersehbare und kontrollierbare Bewältigungsmethode entwickeln kann.
- Abhängigkeit entwickelt sich dann, wenn keine anderen effektiven Bewältigungsmechanismen vorhanden sind.
- Eine körperliche Abhängigkeit kann schließlich den Konsumenten beherrschen. Dies mag das Stadium sein, in dem Drogenkonsumenten eine Behandlung anstreben, da sie nicht mehr länger die Droge als Mittel zur Kontrolle benutzen, sondern von der Abhängigkeitsdynamik bestimmt werden.

Die somatosensorisch-affektive Deprivationstheorie (Prescott, 1983) geht davon aus, dass die Neurobiologie unseres Verhaltens von kulturellen und gesellschaftlichen Einflüssen nicht zu trennen ist, sondern tatsächlich in hohem Maß von ihnen geformt wird. Der Formungsprozess, in dem kulturelle Einflüsse auf das sich entwickelnde Gehirn einwirken, wird durch die sensorischen Prozesse von Deprivation und Stimulation vermittelt. Die Auswirkungen der sozialen, physischen und kulturellen Umwelt werden letzten Endes durch die Enkodierung und Dekodierung sensorischer Prozesse in perzeptorische Erfahrungen umgewandelt. Bestimmte sensorische Modalitäten und Prozesse sind für die Erklärung von emotionalen/sozialen Störungen sowie für Substanzmissbrauch von größerer Bedeutung. Der Körper sucht einen Zustand der Harmonie, Zufriedenheit und in höheren Lebensformen einen veränderten transzendierenden Zustand von bewusstem Sein. Eine notwendige Voraussetzung für diesen Seinszustand ist die Erfahrung von physischer (somatosensorischer) Lust, die für die Bildung von affektiven Bindungen wesentlich ist. Werden nach diesem theoretischen Ansatz Individuen somatosensorische Lust und affektive Bindung vorenthalten, werden kompensatorische Verhaltensweisen zur Reduzierung von Spannung, Unbehagen und Anomie notwendig. Die üblichen kompensatorischen Verhaltensweisen werden u.a. in der Gewalt und dem Drogenmissbrauch gesehen. Diese Verhaltensweisen sind eine Folge einer früheren somatosensorischen Deprivation. Die somatosensorisch-affektive Deprivationstheorie geht davon aus, dass Deprivation aus isoliertem Aufwachsen resultiert. Dies führt zur Beeinträchtigung der neuronalen Systeme im Gehirn (Prescott, 1983, S. 301). Eine psychosoziale Verkümmerung kann durchaus durch abnormale Endorphinmechanismen gekennzeichnet sein. Drogen umgehen den somatosensorischen Prozess und verschaffen einen direkten Zugang zu höheren Gehirnzentren und veränderten Bewusstseinszuständen.

Differenzierung

Durch die Entdeckung der spezifischen Opiatrezeptoren (1973), den Haftstellen für Opiate im Gehirn (vgl. Simon, 1983), wurde der Schlüssel zum Verständnis der molekularen Pharmakologie der Opiate und ihrer Analoga gefunden. Im menschlichen Gehirn scheinen zwei Rezeptorengruppen vorzukommen. Eine Rezeptorengruppe hat eine hohe Affinität für die endogenen, körpereigenen, schmerzblockierenden Endorphine (zusammengesetzt aus endogenen Morphinen) und die andere Rezeptorengruppe für Opiate. Die physiologischen Funktionen der Endorphine ähneln in ihrer pharmakologischen Wirkung denen der Opiate. Normalerweise scheint dem Endorphinsystem weniger im Ruhezustand als vielmehr bei Stressbelastung (z.B. bei Schmerzbelastung) eine wichtige Rolle zuzukommen. Nach den vorliegenden Befunden kann eine Mitbeteiligung eines alternierten Endorphinsystems bei der Entwicklung einer Heroinabhängigkeit nicht ausgeschlossen werden, jedoch scheint dieser keine wesentliche oder ausschließliche Bedeutung zuzukommen (vgl. Hass, 1983; Elbert 1990). In Experimenten an Mäusen, denen ein Rezeptor für den Nervenbotenstoff Serotonin blockiert wurde, konnte nachgewiesen werden, dass derart genetisch veränderte Mäuse sehr viel schneller und leichter kokainabhängig wurden als die Kontrolltiere. Die Versuche sollen zeigen, dass es zwischen der Ausstattung eines Individuums mit Serotoninrezeptoren und der Entstehung einer Abhängigkeit Zusammenhänge gibt. Dies würde nicht nur für Kokain, sondern auch für Alkohol und andere Drogen gelten.

Bejerot (1983, S. 278) stellt eine Kombination einer biologischen und sozialpsychologischen Theorie der „Sucht" auf. Lust wird als biologisches

Präferenzsystem verstanden. Sucht ist „eine durch Lernen erworbene emotionelle Fixierung (Empfindung), die sich intermittierend oder kontinuierlich in zweckgerichteterem, stereotypem Verhalten ausdrückt, das den Charakter und die Stärke eines natürlichen Triebes hat und sich auf eine spezifische Lust oder die Vermeidung einer spezifischen Beschwerde richtet. Sucht kann dabei viele Formen annehmen und in verschiedenen Phasen auftreten."

- Die *Gegenwärtigkeit der Sucht:* Bei manifestem Suchtverhalten wird Sucht als aktiv bezeichnet. Wenn das Individuum durch Gegenkräfte (u.a. Kontrolle, Angst vor Sanktionen) auf spezifische Stimulationen verzichtet und abstinent bleibt, ist Sucht vorläufig passiv. Wenn das Gefühl durch Dekonditionierung, Rekonditionierung, Gedächtnisschwund oder Gehirnwäsche oder Gehirnschädigung völlig verschwindet, ist die Sucht gelöscht.
- Die *Reize der Sucht*: Wenn die Stimulation durch Drogen erfolgt, liegt eine Drogensucht vor. Wird sie durch andere lustvolle exogene Reize hervorgerufen, kann Verhalten wie Glücksspiel, Brandstiftung, Kleptomanie auftreten. Süchte, die aus Luststimulation hervorgerufen werden, sind direkte Süchte im Gegensatz zu indirekten Süchten. Bei den indirekten Süchten soll das Unbehagen beseitigt werden, das durch unangenehme Erfahrungen entsteht (u.a. Phobien, Anorexia nervosa).
- Sucht ist dann *destruktiv*, wenn sie zur Selbst- oder Fremdschädigung führt. Sie ist *konstruktiv*, wenn es sich z.B. um kreative Besessenheit von Schriftstellern, Wissenschaftlern, Sportlern oder Politikern handelt.

Wenn wir von diesen Definitionen ausgehen, weist jeder eine Anzahl von Suchtverhaltensweisen auf. „Viele Menschen opfern ihr Leben für ihre destruktiven Süchte, andere erhalten den Nobelpreis für ihre konstruktiven" (Bejerot, 1983, S. 279). Methoden zur Mobilisierung körpereigener Drogen sind, seit es Menschen gibt, bekannt. Autosuggestion, Selbstentspannung, Yoga, Meditation, Reizüberflutung, Hyperventilieren, Fasten und z.B. als moderne Form das Joggen, sind Techniken, die zum Teil seit Beginn der Menschheit als körperlich-psychische Techniken zur Antriebs- und Energiesteigerung, zur Beruhigung, Angstlösung und Schmerzstillung eingesetzt werden (vgl. Zehentbauer, 1993).

Bedeutung und Bewertung

Die Entstehung des Drogenkonsums wird in einem komplexen Verursachungsgefüge psychologischer, sozialer und biologischer Bedingungen interpretiert. Die Beiträge der Medizin und Biologie setzen ihren Fokus wesentlich auf physiologische Grundlagen, die zur Erklärung des Phänomens der Abhängigkeit von Substanzen herangezogen werden. Die Grundlagenforschung zu diesem Bereich menschlichen (Fehl-) Verhaltens soll möglichst im Sinne naturwissenschaftlicher Denkprinzipien individuelle Dispositionen eliminieren, die dann einer möglicherweise auch präventiven Beeinflussung zugänglich gemacht werden können. Es wird eine „gewisse psychische, vielleicht auch eine körperliche Disposition zu süchtigem Verhalten" angenommen (Kryspin-Exner, 1971, S. 12). Die Identifikation von Genvarianten, die bei der Entstehung von Krankheiten involviert sind oder dafür disponieren (genetische Epidemiologie), ist hier beabsichtigt. Dass jeder und jede ein ganzes Bündel von Erbkrankheiten, Anlagen, genetischen Erkrankungsrisiken, Anfälligkeiten und Dispositionen in sich trägt, bekommt so eine neue Bedeutung. Diese Eigenschaften können von der medizinischen, sozialen und institutionellen Umwelt als Normabweichung wahrgenommen werden, wenn entsprechende Untersuchungsmöglichkeiten massenhaft Anwendung finden. Über gesellschaftliche Mechanismen der Diskriminierung können so subtile Präventionszwänge entfaltet werden. Jedoch nicht nur die Neurochemie bestimmt unser Verhalten, unser Verhalten kann auch die Neurochemie beeinflussen (vgl. W. J. Schmidt, 1996, S. 98).

Für eine befriedigende Erklärung der Phänomene Gewöhnung und Abhängigkeit reichen die nachweisbaren zellulären Mechanismen allein nicht aus. Obwohl die Hoffnung entwickelt wird, dass genauere Kenntnisse über die komplexen molekular-biologischen Funktionsabläufe des menschlichen Gehirns eine wirksamere medizinische Prävention der Drogenabhängigkeit eröffnen (vgl. u.a. Haas, 1983).

Eine analoge Erfolgsgeschichte, wie dies bei der Erforschung von Viren und Bazillen als Auslöser körperlicher Erkrankungen möglich war, wird von den menschlichen Genen und seiner Manipulation, auch bezogen auf die Verhinderung und Behandlung von Drogenabhängigkeit, erwartet. Genforschung, Molekularbiologie und Biotechnologie haben in den letzten Jahrzehnten enorme Fortschritte hervorgebracht. Die Entschlüsselung z.B. von Genen und Gehirnstrukturen hat die Entwicklung von Medikamenten und Therapien nach sich gezogen. Diese durchaus umstrittenen Forschungen werden zunehmend interpretativ erweitertet auf die Frage, ob eher die Erbanlagen oder mehr die Umwelt für die menschliche Entwicklung verantwortlich sind. Das sich hier verstärkt somatologische Interpretationen nicht auf Grund ihrer Plausibilität, sondern auf Grund ihrer angenommenen Wissenschaftlichkeit durchsetzen, muss festgestellt werden (vgl. „Die Zeit" 49/98). So haben (wieder) Erklärungsmuster eine Renaissance, die sich auf die genetische Ausstattung, Hirnstrukturen und Hormonbilanzen beziehen. Sie bestimmen die Persönlichkeit, den Charakter, die Geschlechtsidentität sowie die biografischen Verläufe von Menschen. Diese „Biologisierung" sozialer Erscheinungen, von Kriminalität über den Drogenkonsum bis zu auffällig aggressivem Verhalten, haben weit reichende Folgen, nicht nur für die Soziale Arbeit. Neben der medizinisch-psychiatrischen Behandlung, der polizeilichen Verfolgung, mehren sich die Forderungen nach einer repressiven Pädagogik. Eine biologischgenetische Fundierung von sozialen Phänomen stellt den begrenzten erzieherischen Einfluss auf menschliches Sozialverhalten her. Die Gesellschaft (Familie, Schule, Jugendhilfe) erhält die Legitimation, sich von ihren erzieherischen und bildenden Anstrengungen zu entlasten, weil die Wirkungen auf Grund genetisch bestimmter Persönlichkeitseigenschaften nur begrenzt bzw. zu vernachlässigen sind (Hafeneger, 1998). Auf dem Hintergrund eines genfixierten Denkens werden Diskussionen über die Notwendigkeit von pädagogischen Investitionen und deren Kosten geführt.

2.1.1 Beiträge der Pharmakologie

Grundlagen

Auf den Grundlagen von Biologie und Medizin ist die Entwicklung von und die Behandlung mit Pharmaka folgerichtig. Hierbei ist die Pharmakologie als Wissenschaft, die Wirkungsmechanismen von Medikamenten spezifiziert, zentral. Bei der pharmakologischen (Begleit-) Behandlung der Heroinabhängigkeit haben sich ergänzende pharmakologische Behandlungsmethoden durchgesetzt die nach ihren Zielsetzungen differenziert werden können:

- *Entzugsbehandlung*
  Hier kann es zum Einsatz von halbsynthetischen (z.B. Heroin, Codein) oder vollsynthetischen Opiaten (Methadon) als reine Agonisten kommen. Psychopharmaka können auch während der akuten Entzugsphase eingesetzt werden. Diese psychotropen Substanzen wirken über ihre zentralnervösen Effekte auf das Erleben und Verhalten. Hier werden häufig Neuroleptika eingesetzt, weil sie eine sedierende Wirkung haben und nicht abhängig machen. Während der Entzugsbehandlung werden gelegentlich auch andere Pharmaka eingesetzt. So z.B. Clonidin, das normalerweise zur Blutdrucksenkung verwandt wird. Es lindert im Entzug die sehr belastenden und schmerzhaften Entzugserscheinungen.

  Seit einigen Jahren werden Entzugsverfahren mit Narkosemitteln und Opiatantagonisten entwickelt und erprobt. Alltagssprachlich werden diese Verfahren als „Turbo-Entzug“ bezeichnet. Exakter sind die Bezeichnungen UROD (Ultra-Rapid-Opiate-Detoxification) oder ANIOS (Antagonist-Induzierte Narkosegestützter Opiat-Schnellentzug). Es handelt sich um ein Anästhesieverfahren für den schnellen Opiatentzug und die Einleitung einer langzeitigen Behandlung mit Opiatrezeptorantagonisten. Unter der Narkose werden die Entzugssymptome nicht wahrgenommen.

- *Abstinenzunterstützung*
  Die Behandlung mit einem Opiatrezeptorantagonisten (Naloxon®) hebt die Wirkung der Opiate auf. Er wird z.B. in einer Notfallbehandlung zur

raschen Beendigung der Opiatwirkung eingesetzt. Ein länger anhaltender Opiatrezeptorantagonist ist Naltrexon (Nemexin®). Das langwirkende Naltrexon verhindert bis zu 48 Stunden nach Einnahme die Wirkung von Heroin oder anderer konsumierter Opiate. Dieser oral verabreichte Antagonist wird auch im Anschluss an Entgiftungsbehandlungen oder bei der Therapie und Prophylaxe der Heroinabhängigkeit eingesetzt. Da Naltrexon keine eigene Opioidwirkung, keine euphorisierende, abhängigkeitsmachende Eigenschaft hat und geringe Nebenwirkungen aufweist, kann es pharmakologisch gesehen abstinenzorientierten entgifteten Drogenkonsumenten eine Unterstützung bieten.

- *Substitutionsbehandlung*
  Durch die konstante Verabreichung von halbsynthetischen oder vollsynthetischen Opiaten (Methadon) wird die bestehende (illegalisierte) Opiatabhängigkeit in eine medizinisch kontrollierte übergeleitet. Die Opiatabhängigkeit wird pharmakologisch aufrechterhalten. Das Therapieziel besteht zunächst nicht in der Opiatabstinenz.

Erläuterungen

Die Beiträge der Pharmakologie zum Problem des Drogenproblems sind vielfältig. Die wissenschaftlichen Erkenntnisse und die kommerzielle Vermarktung haben z.T. Problembestände geschaffen, die durch weiterführende Entwicklungen wiederum „aufgefangen" werden sollten. Zum Verständnis ist zunächst der „pharmakologische Stammbaum" der Opiate wichtig.

Abbildung 4: Opiate

Natürliche Opiate	Halbsynthetische (u.a.)	vollsynthetische (u.a.)
Schlafmohn	Codein (z.B. Remedacen®)	Methadon
Opium (Saft)	Dicodid	Polamidon
Morphium	Heroin (Diamorphin)	Fortral

Hat der Gebrauch des natürlichen Opiats (Opium) mit unterschiedlichen Funktionen eine jahrhundertelange Tradition, so ist erst durch das Destillationsverfahren im Jahr 1827 die kommerzielle Morphiumherstellung ermöglicht worden. Mit der Entwicklung der subkutanen Injektion (1860) wurde eine andere Applikationsform als die durch die Aufnahme über die Haut, die Einnahme durch Essen oder die Inhalation (Rauchen) möglich. Der dauerhafte Einsatz von Morphium, u.a. in der Schmerzbehandlung, hat jedoch „Nebenwirkungen". Diese bestehen in einer raschen Toleranzbildung (die Dosierungen müssen zum Erreichen der gewünschten Wirkung erhöht werden) und der Entwicklung einer körperlichen Abhängigkeit. Von der Entwicklung eines halbsynthetischen Opiats mit dem Markennamen Heroin® durch die Firma Bayer im Jahre 1898 wurde ein vergleichbares Wirkungsspektrum, ohne die genannten „Nebenwirkungen", erwartet. Heroin® sollte ein Ersatz für Morphium, Codein und Kokain sein. Obwohl sich die „Erwartungen" schnell als nicht einlösbar erwiesen, dauerte es noch 30 Jahre bis das Präparat Heroin®, für das 40 Indikationen genannt wurden, auf internationalen Druck aus dem Handel genommen wurde. 1925-27 konnte die Formel für die vollsynthetische Herstellung von Opiaten (u.a. Methadon) entwickelt werden.

Differenzierung

Eine pharmakologische Begründung für den Einsatz von Opiaten bei einer Heroinabhängigkeit lässt sich aus der Dynamik des regelmäßigen Konsums von Narkotika ableiten: Wiederholter Gebrauch von Narkotika führt zur Toleranz. Methadon (L-Polamidon) ist ein narkotisches Medikament, das eine Reihe von Wirkungen hat, die denen des Morphiums ähnlich sind. Hierzu gehören:

Abbildung 5: Wirkungen von Opiaten

- Aktivitätsminderung des Zentralnervensystems
- Atmungslähmung (Tod)
- Vermehrtes Schlafbedürfnis
- Schmerzstillung
- Euphorie
- Hustenunterdrückung
- Pupillenverengung
- Übelkeit / Erbrechen
- Schleimausscheidung (Luftwege)
- Verstopfung
- Schwitzen
- Juckreiz

Toleranz bedeutet, dass ein bestimmtes Niveau von Drogenkonzentration im Körper erst überschritten werden muss, um die pharmakologische Wirkung herbeizuführen. Man muss *drei Eigenschaften* von Toleranz hervorheben (Newman, 1987):

(1) Es wird schnell eine Toleranz gegenüber den negativen Wirkungen (Übelkeit/Erbrechen) des Opiats entwickelt, während die Dosierung noch ausreicht, um eine Euphorie und auch eine Atemdepression (bis zum Tod) herbeizuführen.

(2) Wird durch wiederholten Gebrauch eine Toleranz entwickelt, so besteht diese gegenüber allen Drogen dieser Klasse. Es besteht dann ebenfalls eine Toleranz gegenüber Morphium, Methadon und allen anderen Narkotika.

(3) Das Toleranzniveau steigt und fällt nicht parallel zu der verabreichten Dosis von Opiaten. Patienten können somit bei niedrigen Methadondosierungen durch den zusätzlichen Konsum von Heroin, Morphium oder eines anderen Narkotikums das Toleranzniveau überschreiten und somit

die spezifischen Wirkungen des Narkotikums „erzielen“. Mit der Erhöhung der Methadondosis steigt das Toleranzniveau unverhältnismäßig an.

Über einen Dauergebrauch von Opiaten wird das Toleranzniveau so weit angehoben, dass es praktisch nicht überschritten werden kann. Eine dauernde Dosissteigerung schafft nur einen kurzfristigen Ausgleich. Darüber hinaus entsteht bei wiederholtem Gebrauch von Opiaten eine körperliche Abhängigkeit. Eine Unterbrechung der Zufuhr des Opiats führt bei einer ausgeprägten körperlichen Abhängigkeit zu einer Störung der Homöostase (Ungleichgewicht im Zellstoffwechsel). Diese Störung des Gleichgewichtes der Körperfunktionen kann unterschiedliche Ausprägungen haben (vgl. z.B. Hass, 1983, S. 281). Diese sind in Abb. 6 zusammengefasst.

Abbildung 6: Entzugssymptome bei Opiaten

psychische Reaktionen	körperliche Symptome
▪ Angst ▪ Niedergeschlagenheit ▪ depressive Verstimmungszustände ▪ Unruhezustände ▪ Schlafstörungen, Bewusstseinsstörungen ▪ Wahrnehmungsstörungen ▪ erhöhte Schmerzempfindlichkeit mit Gliederschmerzen	▪ krampfartige Bauchschmerzen ▪ Erbrechen und Durchfall ▪ Zittern ▪ Schwitzen mit Schweißausbruch, Tränen- und Speichelfluss ▪ Temperaturerhöhung Blutzuckererhöhung ▪ Herz- und Kreislaufstörungen

Abbildung 7 verdeutlicht den Zusammenhang zwischen Toleranz- und Abhängigkeitsniveau. Wenn die Opiatkonzentration im Körper unter das Abhängigkeitsniveau sinkt, treten Entzugssymptome auf. Bewegt sich die Opiatkonzentration im Körper zwischen dem Toleranz- und Abhängigkeitsniveau treten weder Entzugssymptome noch die vom Opiatabhängigen „gewünschten“ Wirkungen (u.a. Euphorie) auf. Für den Einsatz von Methadon ist die Beziehung zwischen Abhängigkeits- und Toleranzniveau von Bedeutung. Liegt die Methadondosierung zwischen dem Toleranz- und Abhängigkeitsniveau fühlt sich der Patient „normal“. Er wird über den kontrollierten Einsatz des Medikamentes in einem physiologischen „Normalzustand“ gehalten (vgl. Newman, 1987, S. 131).

Abbildung 7: Toleranz und Abhängigkeitsniveau von Opiaten

	Wirkung der Droge (Euphorie)
Toleranz-Niveau	
	Keine Wirkung der Droge (keine Euphorie)
	Keine Abstinenz (keine Entzugssymptome)
Abhängigkeits-Niveau	
	Abstinenz von der Droge (Entzugssymptome)

Der Einsatz eines Opiats kann über die Dosisreduzierung bis zur Abstinenz geführt werden. Die oben genannten unangenehmen Entzugserscheinungen (Abb. 6) brauchen in diesem Prozess nicht auftreten. Strukturierte Selbstentzüge durch die sukzessive Reduzierung der Heroinaufnahme sind möglich, und werden vielfach von Heroinabhängigen durchgeführt. Das pharmakoinduzierte physische Abhängigkeitspotenzial von Methadon ist stärker als das von Heroin, sodass die quälenden Entzugserscheinungen bei einem Methadonentzug nur fraktioniert ausschleichend behandelt werden können. Standardverfahren sind bisher stationäre medikamentengestützte Entzugsbehandlungen („warmer Entzug"). Unter günstigen Voraussetzungen (u.a. soziale) kann auch ambulant eine Opiatentgiftung mit akzeptablen Erfolgschancen durchgeführt werden (vgl. Piest, 1999).

Sowohl bei der ambulanten als auch stationären Entzugsbehandlung wird durch die schrittweise Abdosierung mit Methadon der Patient in einem physiologischen Normalzustand gehalten (siehe Abb. 8). Die unangenehmen körperlichen Entzugssymptome treten nicht auf. Bei einer Detoxifikationsbehandlung/ Entzugsbehandlung kann die Methadonverabreichung kontinuierlich herabgesetzt werden. Auf diese Weise wird in etwa 14 Tagen die akute physische Abhängigkeit behoben (vgl. Newman, 1987, S. 132).

Abbildung 8: Entzugsbehandlung mit Methadon

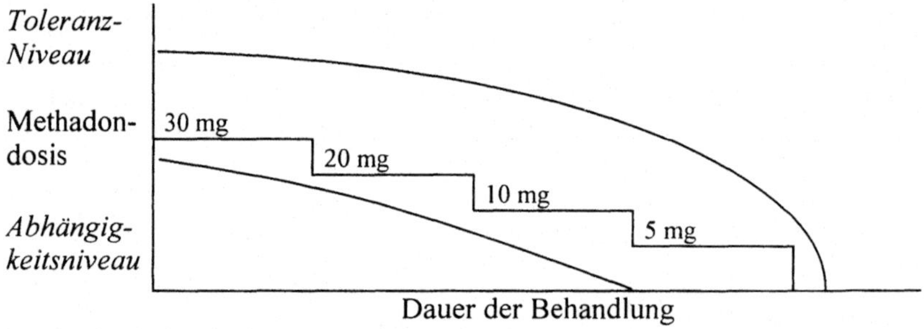

„Methadonbehandlung hat absolut nichts zu tun mit Euphorie; ganz im Gegenteil: Es macht bei geeigneter Dosierung den Patienten pharmakologisch unfähig, Euphorie zu erreichen, selbst mit anderen, zusätzlichen Narkotika" (Newman, 1987, S. 135). Methadon ist damit keine Ersatzdroge, sondern ein Medikament (Newman, 1995) und führt nicht wie der Gebrauch von Heroin zu einer schnellen Anflutung, die Voraussetzung für das plötzlich eintretende „Glücksgefühl" ist. Methadon hat eine vorauszubestimmende Wirksamkeitsdauer. Sie liegt zwischen 24 und 36 Stunden, während sie bei allen anderen Narkotika meist nicht mehr als 3 bis 6 Stunden beträgt. Durch den Einsatz eines Opiats kann der Opiatabhängige auch dauerhaft in einem physiologischen Normalzustand – zwischen Abhängigkeits- und Toleranzniveau –

gehalten werden. Eine Anfangsdosis von 30 bis 40 mg Methadonrazemat genügt (vgl. Poehlke, 1999b), um Entzugssymptome zu verhindern, ohne nennenswerte ungünstige Eigenschaften hervorzurufen (Abb. 9). Der Körper stellt sich schnell auf die Anfangsdosis ein, sodass die Konzentration der Droge im Körper ungefähr auf der Mitte zwischen Abhängigkeitsniveau und Toleranzniveau gehalten wird (vgl. Newman, 1987, S. 132).

Abbildung 9: Maintenance-Behandlung mit Methadon

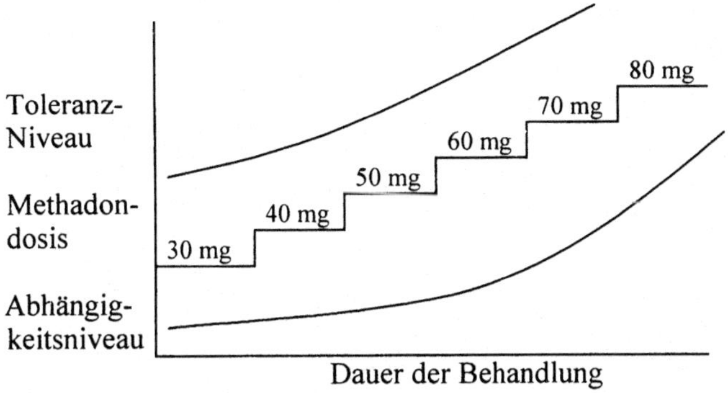

Methadon hat einen mild antipsychotischen Effekt (siehe Komorbidität/Pkt. 2.1.1). An unerwünschten Wirkungen einer Methadonbehandlung tritt Schwitzen sehr häufig auf. Zusätzlich bestehen vor allem zu Beginn der Behandlung mit einem Substitutionsmittel u. a. ausgeprägte Obstipation (Darmträgheit). Es berichten etwa 50 % der Substituierten über Einschränkungen der Libido und/oder Erektions- bzw. Ejakulationsstörungen. Etwa ein Drittel der Substitutionspatienten leiden unter Schläfrigkeit oder Antriebsmangel, auch wenn sie keine anderen Substanzen konsumieren (Poehlke, 1999b).

Zukünftig ist zu erwarten, dass die Behandlung mit LAAM (Levo-Alpha-Acetyl-Methadol) u.a. auf Grund der besseren Praktikabilität durch die längeren Halbwertzeiten (über 48 Stunden hinaus) die klassische Methadonbehandlung in Teilen ablösen wird (vgl. Finkbeiner, 1999). Die Substitutionsbehandlung würde nicht mehr die tägliche Einnahme erfordern und somit den Rehabilitationsprozess (Ausbildung, Arbeit) fördern. Die Substanz Buprenorphin (partieller Agonist; Temgesic®) ermöglicht ebenfalls eine alternative Gabe, z.B. jeden zweiten Tag, und ermöglicht eine größere Freiheit. Das in Tierversuchen nachgewiesene geringere Abhängigkeitsrisiko sowie die geringere Entzugssymptomatik wird betont (Paetzold et al., 2000).

Dass eine Substitutionsbehandlung von Heroinabhängigen unter kontrollierten Bedingungen auch mit Heroin selbst möglich ist (Inhalation oder Injektion), zeigen insbesondere die entsprechenden Behandlungsansätze in der Schweiz (vgl. z.B. Arbeitsgemeinschaft für risikoarmen Umgang mit

Drogen/ARUD/, 4/1997) und England (vgl. z.B. Glauert, 1994). Abgesehen von der verabreichten Substanz unterscheidet sich die Strukturierung der Behandlungsprogramme nicht wesentlich von denen mit Methadon. Es können jedoch zusätzliche Personengruppen aus der Gesamtheit der Heroinabhängigen erreicht werden. Insbesondere jene, die auf die euphorisierenden Wirkungen der Substanz nicht verzichten wollen, was bei Methadon unumgänglich ist.

Bedeutung und Bewertung

Die dauerhafte pharmakologische Behandlung von Opiatabhängigen mit Mitteln zur Schmerzbekämpfung (Analgetika) ist nicht unproblematisch, da sie lediglich symptomorientiert ist. Die Pharmakologie und Toxikologie (vgl. Forth et al., 1992; S. 200ff.) macht deutlich, dass Analgetika der Unterdrückung der Schmerzempfindung dienen. Die schmerzhemmende Wirkung der Opiate bezieht sich primär auf die emotionale Komponente des Schmerzerlebens und nicht auf die sensorische (vgl. Elbert & Rockstroh, 1990, S. 87).

Die Ursachen der Opiatabhängigkeit werden durch diese Form der pharmakologischen Behandlung nicht therapiert. Eine Heroinabhängigkeit wird bei der Substitutionsbehandlung mit Opiaten von einer (kontrollierten) Methadonabhängigkeit abgelöst. Diese Form der pharmakologischen Behandlung kann auch als Hilfe zur Fortsetzung der Abhängigkeit verstanden werden, da das Methadon zum „Symbol der Lebensbewältigung“ (Schönhöfer 1987, S. 48) wird. Bei der Substitutionsbehandlung mit Methadon ist die Opiatabstinenz nicht ein kurzfristiges, sondern ein langfristiges Therapieziel. Die Opiatabhängigkeit wird (zunächst) aufrechterhalten und durch Einbindung in ein staatliches Netz medizinisch kontrolliert. Pharmakologisch lässt sich die Aufrechterhaltung nicht begründen, da es sich zunächst ausschließlich um eine Versorgung und nicht um ein Therapiekonzept handelt.

Nach der „Self-medikication“-These von Khantzian (1985) stellt der Missbrauch psychotroper Substanzen einen unzulänglichen Versuch der „Selbsttherapie“ einer bestehenden psychischen Erkrankung dar. Die Drogeneinnahme soll z.B. zu einer Besserung der depressiven Verstimmung bei Dysthymien (chronische depressive Verstimmungen), zur Reduktion von Angstsymptomen, oder zur Linderung aggressiver Impulse, inneren Spannungen oder quälendem subjektivem Erleben eigener Unzulänglichkeiten bei Persönlichkeitsstörungen dienen.

Unter pharmakologischen Aspekten „erhält“ eine Substitutionsbehandlung die Opiatabhängigkeit aufrecht und verstärkt die Abhängigkeit. Die Diskussion bei der Methadonsubstitution oder auch Heroinverschreibung geht folglich über die in der Medizin üblichen Kontroversen zum Wirksamkeitsnachweis oder Indikation einer Therapiemethode hinaus, um eine

Substitutionsbehandlung legitimieren zu können. Eine ethische Zulässigkeit wird über das Ziel bestimmt: Die Herstellung von Gesundheit, oder zumindest die Linderung von Leiden und eine Schadensbegrenzung. Nach Scherbaum und Reißner (2000, S. 291) bedürfen diese Behandlungsziele „auch im Fall der Therapie Drogenabhängiger keiner weiterer Begründung". Im Bemühen um das Wohl des Patienten werden die Erfolgsaussichten einer medizinischen Handlung gegenüber ihren Nebenwirkungen abgewogen. Die Ziele würden denen sonstiger Therapien entsprechen. Leidensminderung und Schadensbegrenzung wären anerkannte Behandlungsziele. Das Ziel der Substitutionsbehandlung sei der Schutz des Lebens und die allgemeine Gesundheit des betäubungsmittelabhängigen Patienten. Wesentliche psychische, physische und soziale Ausprägungen einer Heroinabhängigkeit basieren jedoch auf politischen Entscheidungen (siehe Pkt. 1.5). Es ist nicht primär eine ärztliche Aufgabe z.B. die Kriminalität einer Gruppe zu reduzieren, oder die Anpassungsleistung zu verbessern, bzw. einen Ausgleich für gesellschaftliche Fehlentwicklungen herzustellen.

Das die Substitutionsbehandlung im Sinne gesundheitspolitischer Zielsetzungen wirksam als existenz- und überlebenssichernde Maßnahmen ist, sollte nicht darüber hinweg täuschen, dass sie keine „Heilung" vorbringt. Substitutionsbehandlungen können bei der „Symptombehandlung" wirksam sein. Sie bringen jedoch neue Problembestände (u.a. Nebenwirkungen) hervor. Die Ursachen von Abhängigkeit lassen sich nicht pharmakologisch behandeln. Auf diesem Hintergrund lässt sich pharmakologisch eine Substitutionsbehandlung der Heroinabhängigkeit nicht, und unter medizin-ethischen Aspekten nur bedingt begründen. Es bedarf gesundheitspolitischer Zielsetzungen die eine Substitutionsbehandlung legitimieren.

2.1.2 Gesundheitspolitische Zielsetzung

Grundlagen

Aus den pharmakologischen Grundlagen lässt sich eine dauerhafte Behandlung von Heroinabhängigen mit einem Substitutionsmittel nicht begründen, da andere therapeutische Verfahren Möglichkeiten der Behandlung eröffnen. Es ist eine gesundheitspolitische Zielsetzung zur Legitimation der kontrollierten Aufrechterhaltung der Opiatabhängigkeit erforderlich. In Deutschland war eine bundesweite medikamentengestützte Behandlung mit Methadon erst nach einer hoch kontroversen, stark ideologisch und parteipolitisch geprägten öffentlichen Diskussion und einer wissenschaftlich begleitenden Modellerprobung (ab 1988 in Nordrhein-Westfalen) ab 1993 möglich. Als gesundheitspolitische Erfolgsparameter für die Modellerprobung wurden gewählt (MAGS, 1993, S. 13):

- Gesundheitliche (psychische und somatische) Stabilisierung,
- soziale Integration,
- berufliche Integration,
- Zuführung zur Opiatfreiheit (einschließlich Levomethadon).

Zusammenfassend kommt der Abschlussbericht (MAGS, 1993; S. 218) zu den Ergebnissen,

- dass die Methadonbehandlungen bei langjährigen Drogenabhängigen zu einer Verbesserung und Stabilisierung des körperlichen Allgemeinzustandes führt und es auch
- bei langjähriger und hochdosierter Anwendung zu keinen feststellbaren Organschäden kommt.
- Auch den HIV-infizierten und -erkrankten Drogenabhängigen bietet die Methadonbehandlung die Möglichkeit, den schädlichen Einfluss, den die (illegalisierte) Drogenabhängigkeit auf den Verlauf der HIV-Erkrankung hat, zu mindern und an einer qualifizierten Behandlung teilzunehmen.
- Eine Teilnahme an der Methadonbehandlung reduzierte gleichzeitig auch die HIV-Serokonversionsrate (Neuinfektionsrate).
- Die Mortalitätsrate (Sterberisiko) entspricht in etwa der Gesamtmortalitätsrate aller Drogenabhängigen in Deutschland. Die Gesamtergebnisse entsprechen den Erfahrungen des Auslandes (vgl. auch MAGS, 11/1997).

Erläuterungen

Seit Jahrzehnten sind medikamentengestützte Behandlungen von abhängigen Heroinkonsumenten mit Methadon in vielen europäischen (z.B. systematisch in der Schweiz seit 1975, Niederlande seit 1968, Schweden seit 1966, Großbritannien) und außereuropäischen Ländern (z.B. USA seit 1963, Hongkong) fester Bestandteil der Hilfsangebote. Hinzu kommen Behandlungsprogramme mit Heroin (z.B. Schweiz, Niederlande, Großbritannien). Die Strukturierung der Methadonbehandlungen (u.a. Indikatoren für die Aufnahme der Behandlung, Abgabepraxis) divergiert erheblich. Besteht in Schweden (vgl. Grönbladh, 1987) z.B. eine enge Indikation und strenge Kontrolle, so ist die Situation in den Niederlanden (vgl. Hoekstra, 1987; Mulder, 1987; Buning, 1987) durch eine hohe Flexibilität gekennzeichnet.

Der Bundesausschuss der Ärzte und Krankenkassen in Deutschland hat in seiner Sitzung am 26. April 1999 neue Richtlinien zur substitutionsgestützten Behandlung Opiatabhängiger beschlossen (siehe Anhang K). Diese Richtlinien ermöglichen unter bestimmten Bedingungen die Behandlung mit einem Substitutionsmittel, in Ausnahmefällen auch mit Codein, zu Lasten der Krankenversicherungsträger. Mit dem Ausbau von Behandlungsmöglichkeiten mit Methadon sind die Behandlungsmöglichkeiten mit Codein reduziert worden. Obwohl über Jahrzehnte positive Erfahrungen bei der kontrollierten Codein-Behandlung (vgl. Grimm, 1985; 1992), auch unter Absicherung der rechtlichen Aspekte (vgl. Moll, 1990), vorliegen, ist die Behandlungsmöglichkeit von Opiatabhängigen mit Codein (Remedacen®) durch eine Veränderung der Betäubungsmittelverschreibungsverordnung ab dem Jahr 2000 nur noch in Ausnahmefällen möglich (Bundesgesetzblatt, 1998; 10. BtMÄndV). Substitutionsbehandlungen sollen primär körperliche Risiken im Zusammenhang mit dem Heroinkonsum reduzieren. Neben den sozialen Risiken (u.a. Kriminalisierung) entstehen insbesondere körperliche Risiken auf dem Hintergrund der Illegalität. In dem Überblick von Bätz und Reymann (1997) variieren die Prävalenzen für die Virus-Hepatitis bei Drogenabhängigen zwischen 30 % und 90 % bei unterschiedlichen Untersuchungseinheiten (hier: Drogenabhängige in stationärer Behandlung versus Strafgefangene). Neben homosexuellen Männern sind (ehemalige) Drogenabhängige auch die zentrale Risikogruppe für eine HIV-Infektion. Je nach Stichprobe sind bis zu 25 % der Drogenabhängigen mit HIV infiziert; von den AIDS-Erkrankten sind 14 % (ehemalige) Drogenkonsumenten (vgl. Gsellhofer & Bühringer, 1995; Engst & Ring, 1997). Für die Ausbreitung der HIV-Infektion bei Drogenkonsumenten sind ungeschützter Sexualverkehr und die Verwendung von infizierten Spritzen verantwortlich, sodass Verhaltensveränderungen bei diesem Personenkreis (Benutzung steriler Spritzbestecke/Kondombenutzung) erforderlich sind. Für die Methadonsubstitution im Strafvollzug existiert bundesweit keine einheitliche Handhabung. Stöver und Keppler (1998) betonen die infektionsprophylaktische Bedeutung von Substitutionsbehandlungen in Justizvollzugsanstalten. „Needle-sharing" als Haupttransmissionsweg für existenziell bedrohende Infektionskrankheiten (HIV und Hepatitiden) können dadurch in hohem Maß reduziert werden. Darüber hinaus setzt die Substitutionsbehandlung im Justizvollzug Auseinandersetzungsprozesse in Bewegung, die in mögliche anschließende (Weiter-) Behandlungen münden können.

Differenzierung

Substitutionsbehandlungen sind formal eng strukturiert durch Behandlungsvereinbarungen zwischen dem Drogenkonsumenten, einer Arztpraxis (bzw. Ambulanz) und Beratungsstellen. Beratungsstellen übernehmen in der Regel die psychosoziale Begleitbehandlung. Die Behandlungsvereinbarungen beinhalten in der Regel folgende Elemente:

- Die medikamentöse Behandlung findet grundsätzlich im Rahmen einer psychosozialen Betreuung statt. Diese umfasst die genaue Benennung erreichbarer Behandlungsziele bzw. Entwicklungsschritte für den Klienten.
- Die medizinische Betreuung erfolgt nur durch einen Arzt. Die Behandlung findet in enger Kooperation zwischen dem behandelnden Arzt und

der Beratungsstelle statt. Der Klient entbindet sie untereinander von der Schweigepflicht (§ 203 Strafgesetzbuch; siehe Anhang E).

- Die mit der Beratungsstelle getroffenen Vereinbarungen und Termine sind einzuhalten.
- Die Fixierung der Behandlungsziele ist Bestandteil der Vereinbarung.
- Der Konsum von anderen abhängigkeitserzeugenden Substanzen wird ausgeschlossen, dazu zählen übermäßiger Alkoholkonsum sowie die Einnahme von Medikamenten, die nicht vom behandelnden Arzt verordnet wurden.
- Es finden regelmäßig Urinkontrollen statt, die den Gebrauch anderer Substanzen (u.a. Cannabis, Heroin, Barbiturate, Kokain) kontrollieren.
- Die missbräuchliche Benutzung von Medikamenten (z.B. Weitergabe, Verkauf) führt zum Ausschluss aus der medikamentösen Behandlung.
- Die medikamentöse Weiterbehandlung wird abgelehnt, wenn der Klient die erforderliche Zusammenarbeit mit dem Arzt und der Beratungsstelle verweigert.

Zu Beginn der Behandlung wird das Substitutionsmittel in der Arztpraxis (Ambulanz) unter Sichtkontrolle verabreicht. Erst nach sechsmonatiger Behandlungsdauer ist die Mitgabe des Medikamentes möglich (Take Home Dosen). Obwohl die Behandlungsrichtlinien restriktiv sind, legen Schätzungen nahe, dass 40 bis 50 % der Substituierten keine psychosoziale Behandlung haben (Weber, I., 1998, S. 415) und es kommt auch zu Todesfällen im Zusammenhang mit Substitutionsbehandlungen. Nach einer Studie, an der das Institut für Rechtsmedizin in Hamburg beteiligt war, sind von den 78 „Drogentoten" im Jahr 1998 in Hamburg, 38 Menschen an Methadon, 32 an Heroin und acht an einer Mischung verstorben. Ob die 38 an „Methadonverstorbenen" sich dieses Medikament über den Schwarzmarkt besorgt hatten, oder in Substitutionsprogrammen waren, ist unklar. Das Institut fordert eine restriktive Handhabung bei der Verabreichung von Methadon (A. Heinemann, 1998). Standards zur Behandlung von Drogenabhängigen mit Substitutionsmitteln liegen vor (Bühringer et al., 1995). Zentrale Bestandteile der Standards sind die Vorschläge zur Integration der Behandlungsstrukturen und -konzepte. Die für notwendig gehaltenen medizinischen, psychotherapeutischen und sozialen Maßnahmen werden dargestellt.

Bedeutung und Bewertung

Obwohl eine medikamentöse Stützung von Heroinabhängigen auch mit Originalpräparaten (Heroin) eine Alternative und Ergänzung zu abstinenzorientierten Behandlungsangeboten darstellt, etablieren sich diese Behandlungsmöglichkeiten bisher nur zögerlich. Die in Deutschland geführte Diskussion zur Einführung von Methadonbehandlungen wurde hoch kontrovers und ideologisch aufgeladen geführt (vgl. z.B. Heckmann, 1986). So waren erst seit Ende der 90er-Jahre Methadonbehandlungen möglich. Nordrhein Westfalen hatte insbesondere durch das Ministerium für Arbeit, Gesundheit und Soziales (MAGS; damaliger Minister H. Heinemann) gegen den erbitterten Widerstand durch Modellprojekte den Methadonbehandlungen bundesweit zum Durchbruch verholfen. Erste Behandlungen mit Heroin werden ab Beginn des Jahres 2001 als Modellprojekte in Deutschland möglich (vgl. Riegger, 1999). Medikamentöse Hilfen wurden zunächst als Unterstützung zur Wahrnehmung der üblichen drogentherapeutischen Therapiemaßnahmen verstanden (MAGS, 1993, S. 219), ehe sie zu Standardbehandlungsangeboten wurden. Die mangelnde Reichweite und die Grenzen dieser medikamentösen Unterstützung zeigen sich in der Praxis.

Das polytoxikomane Gebrauchsmuster vieler Heroinabhängiger wirft erhebliche Probleme bei der Methadonsubstitution auf („Beikonsum"). Hier ist insbesondere auf den zusätzlichen Konsum von Hypnotika (insb. Benzodiazepine) und Flunitrazepam hinzuweisen. Flunitrazepam (Rohypnol®), das 1980 auf dem Markt eingeführt wurde, hatte bis zur Unterstellung unter die Betäubungsmittelverschreibung (2000) bereits 1988 alle anderen Benzodiazepin-Derivate bezüglich der Missbrauchsfrequenz überholt. Im Jahr 1993 ist es zu einem führenden Drogenersatzmittel geworden. Nach Keup (1995) hatten 76,5 % der befragten Drogenabhängigen eine Rohypnol-Missbrauchserfahrung. In einer repräsentativen Befragung von 254 Heroinkonsumenten (Basel/Schweiz) gaben 40 % einen regelmäßigen und 40 % einen unregelmäßigen Konsum von Benzodiazipinen an (Ladewig & Simoni, 1996). 22 % der Befragten werden als benzodiazepinabhängig eingestuft. Flunitrazepam spielt unter den benutzten Benzodiazepinen eine vorrangige Rolle. Eine Funktion der Benzodiazepine ist die Überbrückung von Versorgungsengpässen (Heroin) und die Linderung von körperlichen Entzugssymptomen. Benzodiazepine sind zu einer „eigenständigen Droge" geworden (siehe auch Pkt. 2.1.2); sie sind die „Fahrkarte" in die Vergesslichkeit, sie stellen einen Zustand her, in dem man z.B. der Beschaffungsprostitution nachgehen kann. Dieses Konsummuster setzt sich häufig unter der Substitutionsbehandlung fort. Langwirkende Substitutionsmittel dienen einigen Heroinabhängigen als „Basisopiat", dass einen Schutz vor körperlichen Entzugserscheinungen bietet.

Im Ergebnis nehmen jedoch bei medikamentengestützten Behandlungen der Beschaffungsstress, die Frequenz und die Dosis des Konsums verbotener Drogen ab (vgl. auch für die Schweiz: Schätzle, 1998). Bei einer weiteren Analyse der „Erfolge" der Substitutionsbehandlungen ist es jedoch schwierig, die Variablen zu isolieren, die therapeutisch nützlich sind. Matakas weist für die Behandlung psychiatrischer Patienten auf das grundlegende Dilemma des Wirksamkeitsnachweises hin. „ Die Wirksamkeit vieler therapeutischer Maßnahmen hängt auch von krankheitsunabhängigen Eigenschaften der Patienten ab, wie etwa Intelligenz, Ausbildung oder soziale Herkunft" (Matakas, 1992, S. 11).

Insgesamt zeigt sich jedoch, dass die Erwartungen an pharmakologische Behandlungen, ob mit einem Substitutionsmittel einschließlich Heroin, viel zu hoch sind. Der sozial entstandene (extrem-) problematische Opiatkonsum entsteht in sozialen Zusammenhängen. Diese Erscheinungsform kann pharmakologisch „lindernd" im Sinne der Reduzierung von Risiken behandelt werden. Die Grenzen dieser Unterstützungen liegen jedoch im sozialen Kontext (u.a. Integrationsmöglichkeiten). Diese sind pharmakologisch nicht zugänglich. Maßnahmen der Entpönalisierung, der Entkriminalisierung und Legalisierung (siehe Pkt. 1.5) können körperliche und soziale Risiken minimieren, die sozialen Dimensionen jedoch nicht „aufheben". Von pharmakologischen Unterstützungen als einzelne Maßnahme kann niemals eine Lösung eines mehrfach bestimmten Phänomens ausgehen. Somit ist die medikamentöse Unterstützung ein pragmatischer Ansatz mit (äußerst) begrenzten Reichweiten bezogen auf das gesamte Phänomen der Heroinabhängigkeit. Die verbotene Droge wird in ihren Wirkmechanismen mystifiziert, vergleichbar der Erwartung an die pharmakologischen Behandlungen. „Mediziner und Pharmakologen, die ausschließlich auf ein Allheilmittel gegen Suchtkrankheit warten, gegen offenbar von der Annahme aus, dass Geist und Bewusstsein des Menschen nichts weiter sind als die Summe seiner neurochemischen Prozesse" (Topel, 1991, S. 57).

Sowohl eine historische und transkulturelle Betrachtung des Opium-, Morphin- und Heroingebrauchs (vgl. Pfeiffer, 1986), als auch die wenigen Studien zum kontrollierten Heroinkonsum (vgl. Harding, 1981; MAGS, 1992) verdeutlichen, dass die implizite pharmakologische These keine Grundlage hat. Der pharmakologische Mythos, bezogen auf die illegalisierte Droge und die Behandlung mit legalisierten Drogen (Medikamenten), hat die Funktion der Verschleierung des sozialen Gehaltes dieses Problembereichs.

2.2. Krankheitsmodell und Psychiatrie

Grundlagen

Das psychiatrische Denken und die Implikationen für die Therapie und Prophylaxe sind weit gehend von naturwissenschaftlichen Ansätzen geprägt. Vom psychiatrischen Standpunkt aus ist unter Sucht ein psychopathologisches Phänomen zu verstehen, das durch eine abnorme Verhaltensweise charakterisiert ist, die auf der Basis einer süchtigen Fehlhaltung, der Süchtigkeit, entsteht (vgl. Feuerlein, 1975). Der zentrale Ansatzpunkt des medizinisch-psychiatrischen Ansatzes ist die Diagnose. Gegenüber der bisher gewohnten psychiatrischen Diagnostik gemäß der internationalen Classification of Diseases (ICD-9; vgl. Degkwitz, 1975), die in wesentlichen Teilen den klassischen Ansätzen der deutschsprachigen Psychiatrie entspricht, weist das Kapitel V der ICD-10 (Dilling et al., 2000) deutliche Veränderungen auf. So ersetzt der Begriff der Störung den der psychischen Krankheit. Der Begriff Störung (disorder) wird in der gesamten Klassifikation verwendet, um den problematischen Gebrauch von Begriffen wie „Krankheit“ oder „Erkrankung“ weitgehend zu vermeiden. „Störung“ ist kein exakter Begriff. Seine Verwendung in dieser Klassifikation soll einen klinisch erkennbaren Komplex von Symptomen oder Verhaltensauffälligkeiten anzeigen, die immer auf der individuellen und oft auch auf der Gruppen- oder sozialen Ebene mit Belastung und mit Beeinträchtigung von Funktionen verbunden sind.

Soziale Abweichungen oder soziale Konflikte allein, ohne persönliche Beeinträchtigungen sollten nicht als psychische Störung angesehen werden (S. 23). Dem Kliniker wird empfohlen, der generellen Regel zu folgen, so viele Diagnosen zu verschlüsseln, wie für die Beschreibung des klinischen Bildes notwendig sind. Es wird zwischen einer Hauptdiagnose und Neben- und Zusatzdiagnosen unterschieden. Dabei handelt es sich um eine „kategoriale Diagnostik“. Priorität soll die Diagnose erhalten, der die größte aktuelle Bedeutung zukommt, danach erst kommt der jeweilige Mensch mit seiner individuellen Geschichte. Unter dem Abschnitt „Psychische und Verhaltensstörungen durch psychotrope Substanzen (F 1)“ wird ein breites Spektrum von Störungen ausgeführt. Diese sind in Tabelle 3 zusammengefasst. Der Schweregrad reicht von einer unkomplizierten Intoxikation und dem schädlichen Gebrauch bis zu eindeutig psychotischen Störungen und Demenz. Diese Störungen beruhen alle auf dem Konsum einer oder mehrerer psychotroper Substanzen. Die verursachende Substanz der Störung wird durch die zweite bzw. dritte Stelle (nach dem F 1), und die klinischen Erscheinungsbilder werden durch die vierte und fünfte Stelle gekennzeichnet.

Tabelle 3: International Classification of Diseases (ICD-10 / Kapitel V)

F	0	(1-9)	(3)	(4)	(5)	Organische, einschließlich symptomatischer psychischer Störungen
F	1					Psychische und Verhaltensstörungen durch psychotrope Substanzen
F	1	0				Störungen durch Alkohol
F	1	1				Störungen durch Opioide
F	1	(...) 9				Störungen durch multiplen Substanzgebrauch und Konsum sonstiger psychotroper Substanzen
F	1	(1-9)	0			Akute Intoxikation
F	1	(1-9)	00			ohne Komplikationen
F	1	(1-9)	(...) 07			Pathologischer Rausch

	(1-9)	(3)	(4)	(5)	
F	(1-9)	(0-07)	1		Schädlicher Gebrauch
F	(1-9)	(0-07)	2		Abhängigkeitssyndrom
F	(1-9)	(0-07)	2	0	Gegenwärtig abstinent
F	(1-9)	(0-07)	2	(...)	
				6	Episodischer Substanzgebrauch (Dipsomanie)
F	(1-9)	(0-07)	3		Entzugssyndrom
F	(1-9)	(0-07)	3	0	ohne Komplikationen
F	(1-9)	(0-07)	3	1	mit Krampfanfällen
F	(1-9)	(0-07)	4		Entzugssyndrom mit Delir
F	(1-9)	(0-07)	4	0	ohne Komplikationen
F	(1-9)	(0-07)	4	1	mit Krampfanfällen
F	(1-9)	(0-07)	5		Psychotische Störung
F	(1-9)	(0-07)	5	(...)	
				6	Gemischt
F	(1-9)	(0-07)	6		Amnestisches Syndrom*
F	(1-9)	(0-07)	7		Restzustand und verzögert auftretende psychotische Störung
F	(1-9)	(0-07)	7	(...)	
				5	verzögert auftretende psychotische Störung
F	(1-9)	(0-07)	8		sonstige psychische und Verhaltensstörung
F	(1-9)	(0-07)	9		nicht näherer bezeichnete psychische und Verhaltensstörung

* Ein Syndrom, das mit einer ausgeprägten chronischen Schädigung des Kurzzeitgedächtnisses einhergeht.

F = Internationale Klassifikation psychischer Störungen

F1 = Psychische und Verhaltensstörungen durch psychotrope Substanzen

(3) = Art der Substanz

(4) und (5) = Nähere Bezeichnung der klinischen Zustandsbilder

Erläuterungen

Im Zusammenhang mit Opiatabhängigen betonen einige Autoren eine vorhandene Komorbidität. Komorbidität bezeichnet einerseits die vorhandene Störung durch den Gebrauch psychotroper Substanzen, und anderseits eine weitere Diagnose auf dem Gebiet psychiatrischer Störungen. Kuntze et al. (1998) untersuchten bei 110 methadonsubstituierten Opiatabhängigen in der ambulanten Versorgung die Art und Häufigkeit der Komorbidität. 70,7 % aller Patienten hatten zwei oder mehr Diagnosen. Die komorbiden Störungen schlüsseln sich mit 45 % Persönlichkeitsstörungen, 25 % depressive Störungen, 14 % schizophrene Störungen, 5 % Angststörungen und 3 % Essstörungen auf. Scherbaum und Bender (1995) betonen auf Grund der hohen Komorbidität bei einem Teil der Drogenabhängigen in der Substitutionsbehandlung die Notwendigkeit psychotherapeutischer Behandlung. Demgegenüber sieht Schneider (1998) eine z.T. zunehmende Medizinalisierung des Drogenhilfesystems. Die Standardisierung von Substitutionsbehandlungen gemäß dem Entwurf von Bühringer et al. (1995) würde dazu führen die Drogengebraucher als „kranke Störbündel" festzuschreiben und „zwangsweise einer psychosozialen Begleitbetreuung zu unterwerfen" (S. 164).

Das Hauptziel der ICD (International Classification of Diseases) ist die Klassifikation und Vergleichbarkeit von Informationen zur Morbidität auf nationaler und internationaler Ebene. Die ICD-10 klassifiziert alle Erkrankungen und wird ab dem Jahr 2000 verbindlich in Deutschland für die niedergelassenen Ärzte (bisher nur verbindlich für Diagnosen im Krankenhaus) eingeführt. Mediziner fürchten den „gläsernen Arzt", die Einführung schafft jedoch (auch) den des „gläsernen Patienten". Die gesellschaftliche Anwendung und die mögliche Verwendung der ICD divergieren jedoch erheblich.

Die ICD legt z.B. nahe, dass schädliches Konsumverhalten zwar häufig von anderen kritisiert wird und negative soziale Folge bedingt, jedoch die Ablehnung des Konsumverhaltens oder einer bestimmten Substanz von anderen Personen oder einer ganzen Gesellschaft kein Beweis für den schädlichen Gebrauch darstellt (S. 92). Ebenso wenig sollten soziale Folgeprobleme (z.B. Inhaftierung, Eheprobleme) aus dem Drogenkonsum nicht zur Diagnose führen. Die internationale Klassifikation führt in Deutschland zu einer Klassifikation von Patienten. Die Diagnose wird zur Organisation der gesellschaftlichen Reaktion und zur Überleitung der betroffenen Menschen genutzt. Wird ein Verhalten als Symptom einer dahinter stehenden psychischen Erkrankung/Störung interpretiert, so werden andere als z.B. pädagogische Eingriffshandlungen für erforderlich gehalten. Mit der Dominanz scheinbar naturwissenschaftlich objektiver Erkenntnisse aus der Medizin/Psychiatrie werden über die Diagnose Grundlagen hergestellt und weitere Interventionen (z.B. Behandlungsnotwendigkeit) festgeschrieben.

Exkurs 4: Diagnose

Nach dem etymologischem Wörterbuch der deutschen Sprache (Kluge, 1989) ist die Diagnose das Bestimmen eines Defekts, ein völliges Erkennen und Beurteilen. In der Psychiatrie und medizinischen Psychologie beinhaltet die mehrdimensionale Diagnostik die Berücksichtigung verschiedenartiger ätiologischer Gesichtspunkte bei der Beurteilung eines psychischen Krankheitsbildes („kategoriale Diagnostik"). Es werden ohne Rücksicht auf systematische Ordnungen möglichst alle am Krankheitsgeschehen beteiligten Faktoren aufgespürt und gleichwertig nebeneinander gestellt (Peters, 1977). Hier steht die Subjekt (Behandelnder) –

Objekt (Patient/Klient) Perspektive im Vordergrund. Im Gegensatz hierzu besteht die Aufgabe der Diagnostik in der Gestalttheorie im Erkennen, Benennen, Zuordnen und Erklären der Probleme von Klienten. Dabei werden die angebotenen Phänomene des Patienten/Klienten in ein subjektives und objektives Theorieraster eingeordnet. Auf diesem Hintergrund sind die expliziten oder impliziten Theorien, einschließlich Alltagstheorien, handlungsleitend. Der Beratungs- bzw. Therapieprozess ist hier ein systematischer, theoriebegleitender Erkenntnisprozess (vgl. Rahm et al., 1993, S. 156; 446ff.). In diesem Verständnis ist der Behandlungsprozess auch ein diagnostischer Prozess: Ein Wechselspiel von Involvierung (Beteiligtsein am Gespräch), Zentrierung (Bei-Sich-Selbst-Sein) und Exzentrizität (Beobachten, Erklären). Somit sind Klienten und Berater/Therapeut gleichzeitig Objekte und Subjekte. Die Theorien dienen im diagnostischen Erkenntnisprozess als Hilfsmittel, die bewährte und fruchtbare Fragestellungen ermöglichen. In der Ursachenanalyse werden unterschieden:

- Defizite (z.B. Trauer kam in der frühen familiären Sozialisation nicht vor);
- Traumatisierungen (z.B. Verluste, Todesfälle);
- Störungen (z.B. der Klient überprüft nicht die Übereinstimmung von Inhalts- und Beziehungsaspekt);
- Konflikte (einerseits-anderseits; es kann schwerlich oder nicht ein Sinnkontext hergestellt werden).

Differenzierung

Diagnosen psychischer Störungen – und hierzu wird der Konsum illegalisierter Drogen gerechnet – basieren auf d*rei Grundannahmen:*

(1) *Nosologie:* Diagnostische Kategorien sind Begriffe, die raum- und zeitunabhängig deutlich voneinander abgrenzbare Krankheitsbilder präzise und eindeutig beschreiben.
(2) *Ätiologie/Pathologie:* Verschiedene Ursachen können gleiche Symptome bewirken, wie auch unterschiedliche Symptome gleiche Ursachen haben können.
(3) *Therapie:* Ohne Therapie muss sich nicht das krank machende Agens fortsetzen.

Die „zwanghafte“ Einnahme von Drogen wird häufig als Symptom einer zu Grunde liegenden Störung, der Drogenkonsum als „Selbstheilungsversuch“ interpretiert. So geben Wanke et al. (1970) als prädisponierende Persönlichkeitsmerkmale u.a. latente Psychosen, neurotische Veranlagungen, hysterische Merkmale an. Es werden zwar gesellschaftliche, soziale und frühkindliche Einflüsse in die Erklärungsansätze mit aufgenommen (vgl. z.B. Ladewig et al., 1972; 1987; Keup, 1972; 1980), es wird jedoch jede Drogeneinnahme als ein primäres Symptom eines psychischen Konflikts interpretiert (z.B. Ladewig et al., 1972, S. 26). Entsprechend erhöht sich die Komorbidität von Heroinkonsumenten, wenn sie mit psychiatrischen Instanzen in Kontakt kommen.

Bedeutung und Bewertung

Die ICD legt nahe, den Krankheitsbegriff durch den der Störung zu ersetzen. Durch den Begriff der Störung wird die naturwissenschaftliche Grundlage um eine globale, eher phänomenologische Sicht von Gesundheit und Krankheit erweitert. Der Begriff der Störung in der Organisation der gesellschaftlichen Reaktionen entspricht jedoch denen des bisherigen Krankheitsbegriffes. In unserem Kulturkreis, in unserem Bewusstsein existiert das Begriffspaar „Gesundheit–Krankheit". Es sind deutlich voneinander abgrenzbare Gegensätze, die sich scheinbar auf eine unmissverständliche Realität beziehen. Diese Interpretation von Realität findet ihren Ausdruck in einer paradoxen Definition von Krankheit als ein „Nicht-Sein in der Gesundheit", und Gesundheit als ein „Nicht-Sein in der Krankheit" (Basaglia et. al., 1979, S. 320). Diese Ambiguität fasst das medizinische Modell in einem naturwissenschaftlich-positivistischen Wissenschaftsverständnis so auf, dass es das Phänomen Normalität (hier kein Konsum illegalisierter Drogen) und Abnormalität als objektive, sich voneinander abgrenzbare Gegensätze definiert. Hierdurch werden Erklärungsmuster und Handlungskonzeptionen geschaffen, die scheinbar keiner normativen Orientierung unterliegen. Die chemische, physikalische oder biologische Erklärung für soziale Störungen werden so zu Universalkategorien. Unerklärliches „irrationales" Verhalten, was scheinbar aus dem sozialen Interpretationsschemata nicht erklärt werden kann, wird durch die Universalkategorie aus dem Kontext gelöst und erhält eine monokausale, von der sozialen Realität abgehobene Interpretation. Der wahre Charakter des problematischen Konsums (illegalisierter) Drogen wird verschleiert. Das Krankheitsmodell übernimmt die Funktion eines sozialen „Tranquilizers". Es wird zu einem Mythos oder einer Ideologie, demzufolge menschliches Zusammenleben sicherer, harmonischer und befriedigender sein könnte, wenn es nicht durch die negativen, irrationalen Einbrüche krankheitsbedingter Unvernunft verunsichert würde (vgl. Friedrichs 1980).

Die gemeinsame Reaktion seitens aller Mitglieder der Gemeinschaft auf eine bestimmte Situation ist eine Institution (Mead, 1968, S. 308). Institutionalisiert wird das Phänomen Konsum verbotener Drogen durch den Übergang vom Menschen zum Klienten, vom Klienten zum Patienten. Diese Übergänge werden von staatlichen Eingriffshandlungen aktiviert.

Wie schon über die Begriffsdefinitionen (Pkt. 1.1) und die Beiträge der Anthropologie deutlich wurde, hat sich nicht nur alltagssprachlich, sondern auch insbesondere in den naturwissenschaftlichen Disziplinen ein mit dem Krankheitsbegriff synonym verwandter Suchtbegriff etabliert. Dieser findet Ausdruck in dem Suchtkarrieremodell (Tabelle 4)von Gunne und Frykholm, das für eine Gruppe von Opiatabhängigen in der Methadonbehandlung entwickelt wurde. Drogenabhängige suchen aus verschiedenen Gründen Therapieinstanzen auf. Die Gründe ändern sich in den Phasen der „Suchtkarriere" und können Indikationskriterien für die Aufnahme in Behandlungsprogrammen darstellen. So würden Opiatabhängige im ersten Stadium der „Suchtkarriere" nicht Hilfe aufsuchen um drogenfrei zu werden, sondern auf Grund ihrer Panik vor einer Entzugssymptomatik. In diesem Stadium würden Opiatabhängige nur kurzzeitig in der Behandlung bleiben. Dieses lineare Karrieremodell soll einerseits einen zwangsläufigen Ablauf charakterisieren, anderseits geht es von einem „Leidensdruck" zur Veränderung aus.

Tabelle 4: Suchtkarrieremodell

Stadium	Attitüde	Entgiftungsmotivation
1) Experimentstadium	Narkomanidentität lockt	Panik
2) Adaptationsstadium	Narkomanidentität wird akzeptiert	
3) Kompulsives Stadium		Suchterhaltung
Wendepunkt		
4) Ausbruchversuch	Narkomanidentität wird in Frage gestellt	Betroffener will aufhören
5) Behandlungsstadium		
6) Emanzipationsstadium	Narkomanidentität wird verlassen	

(Gunne und Frykholm, zitiert nach Grönbladh, 1987, S. 152)

Eine andere Differenzierung eröffnet jedoch auch andere Perspektiven. Bei einer in den Niederlanden verwendeten Grobklassifizierung (nach Schmidt, 1991, S. 419) werden *vier Konsumentengruppen* unterschieden:

1. *Experimentelle Konsumenten*: Dies ist die zahlenmäßig größte Gruppe, ohne manifeste Abhängigkeit.
2. *Integrierte Konsumenten*, deren bewusster Drogengebrauch nicht auffällig und deren Abhängigkeit finanzierbar ist.
3. *Problematisch Abhängige*, die ohne einen Rückgriff auf eine Beschaffungskriminalität Drogen konsumieren.

4. *Extrem-problematische* Konsumenten, deren auf Drogen fixierter Lebensstil mit einer sozialen und körperlichen Verelendung sowie Polytoxikomanie verbunden ist.

Die Grundlage dieser Klassifizierung stellt die sozialen Auswirkungen dar. Die sozialen Auswirkungen werden wesentlich von den Rahmenbedingungen (u.a. BtMG) geprägt. Diese werden in der psychiatrischen Klassifizierung nur schwach bis gar nicht berücksichtigt.

2.2 Lerntheorien

Grundlagen

Lerntheorien, synonym auch Verhaltenstheorien genannt, liefern systematisierte Kenntnisse über das Lernen. Die soziale Lerntheorie geht davon aus, dass (fast) jedes Verhalten über instrumentelles Konditionieren oder das lernen am Modell erworben wird und so unter der Kontrolle von Belohnungskontingenzen in der Umwelt steht. Der Konsum und die Abhängigkeit von Drogen wird als ein gelerntes Verhalten verstanden. Für die Entstehung und Aufrechterhaltung von Verhalten werden zentrale Lernprozesse abstrahiert und zusammengefasst:

Operantes Lernen
Lernen wird durch die Konsequenzen bestimmt, die einem Verhalten folgen. Ein Verhalten, das positiv verstärkt wird (positive Konsequenzen), wird mit größerer Wahrscheinlichkeit aufrechterhalten, als ein Verhalten, das negative Konsequenzen hat. Drogen haben hiernach in doppelter Hinsicht einen Verstärkerwert. Einerseits kann Drogenkonsum positive Konsequenzen nach sich ziehen. Dies z.B. durch die soziale Anerkennung in der „peer-group". Andererseits kann die direkte Drogenwirkung zur Reduzierung oder zum Wegfall unangenehmer Gefühlszustände (Angst, Depressivität, Selbstunsicherheit) führen. Im Verlauf der Herausbildung einer Abhängigkeit kann die erneute Zufuhr der Droge einzig und allein der Verhinderung von negativen Konsequenzen (Entzugssymptomatik) dienen.

Klassische Konditionierung
Ein ursprünglich neutrales Signal (z.B. Wahrnehmung einer Spritze) bekommt über den dauerhaften Prozess eine Auslösefunktion für eine Reaktion (Drogeninjektion). Tritt ein bestimmtes Signal z.B. in einer Abstinenzzeit auf (z.B. eine bestimmte Musik, Wahrnehmung einer Spritze) kann dieser ursprünglich neutrale Reiz zu autonomen Körperreaktionen (z.B. erhöhte Herzfrequenz, erhöhter Transpiration) führen. Dies kann als ein Erklärungsaspekt von Rückfällen herangezogen werden.

Soziales Lernen (social modeling)
Individuen erwerben neue gleichzeitig komplexe Verhaltensweisen, indem sie beobachten, wie andere Modellpersonen dieses Verhalten zeigen und welche Konsequenzen darauf folgen (Bandura, 1973).

Kognitionen
Die „klassischen" Lerntheorien berücksichtigten vorwiegend beobachtbares Verhalten. Komplexes menschliches Verhalten lässt sich jedoch nicht ohne die Erweiterung um die Kognitionen (u.a. Gedanken, Erwartungen) differenzierter erklären. Angenommene Wirkungen von Drogen als positive Erwartungshaltung können gemeinsam mit Konditionierungsprozessen zur Aufrechterhaltung problematischen Drogenkonsums führen, obwohl langfristig negative Konsequenzen antizipiert werden (u.a. Strafverfolgung, sozialer Abstieg, Entzugserscheinungen).

Erläuterungen

Nach A. Lazarus (1977) muss eine Analyse folgender Verhaltensmodalitäten vorgenommen werden:

B beobachtbares Verhalten (behaviour),
A Affekte und Emotionen (affect),
S Sinneswahrnehmungen (sensation),
I innere Bilder und Vorstellungen (imagery),
C Denken und Bewerten (cognition),
I zwischenmenschliche Beziehungen (interpersonal),
D Drogeneinwirkungen (drugs).

Diese Einteilung in verschiedene Verhaltensmodalitäten wird unter der englischen Abkürzung BASIC-ID geführt (Jung, 1996, S. 101). Im verhaltenstherapeutischen Vorgehen erfolgt eine Analyse aller Modalitäten. Es ist sinnvoll zwischen Faktoren zu differenzieren, die für die Entstehung und die Aufrechterhaltung verantwortlich sind. Auf dieser Grundlage wird eine problem- und zielorientierte Behandlung durchgeführt, die darauf angelegt ist, neue Verhaltensmöglichkeiten und coping-Strategien zu entwickeln.

Auch in den Lerntheorien hat die Motivation eine zentrale Funktion. Die Abhängigkeit von Drogen wird auch als „motivationale Beeinträchtigung" verstanden. Unter Motivation werden handlungsvorbereitende und handlungsstiftende Kognitionen, insbesondere Handlungswünsche, verstanden. Beeinflusst werden motivationale Vorgänge durch situative Bedingungen, Persönlichkeitsdispositionen und aktuelle interne Auslöseprozesse wie Kognitionen, Wahrnehmungen, Gefühle und physiologische Prozesse.

Bühringer (1991, S. 121-122) entwickelt auf dem Hintergrund lerntheoretischer Annahmen ein geschlossenes Erklärungs- und Interventionsmodell. Zunächst wird davon ausgegangen, dass trotz aller individueller Unterschiede und Überlappungen, die Entwicklung einer Abhängigkeit in *vier Phasen* verläuft.

1. In einer ersten Phase, etwa im kritischen Alter zwischen 12 und 18 Jahren, spielen im Zusammenhang mit der Ablösung vom Elternhaus altersgleiche Gruppen eine zunehmend wichtige Rolle.
2. In einer zweiten Phase erlebt der Jugendliche, dass zunehmend unangenehme soziale und emotionale Situationen durch den Drogenkonsum bewältigt werden bzw. sich in ihrem negativen Charakter abschwächen.
3. Probiert ein Teil der Konsumenten nach einiger Zeit stärkere Drogen, zum Beispiel Opiate, bildet sich nach relativ kurzer Zeit in einer dritten Phase eine Abhängigkeit heraus.
4. Da der Stoffwechsel des Körpers dann auf die regelmäßige Zufuhr des Opiats angewiesen ist, entwickelt sich eine Verhaltenskette, die bei Mangel des Opiats im Körper zu Stoffwechselstörungen führt, die der Abhängige als Entzugserscheinungen erlebt. Er hat dann gelernt, diese Entzugserscheinungen durch Opiatkonsum zu beenden. Im Lauf der Zeit wird das drogenbezogene Verhalten zum zentralen und steuernden Lebenselement (Bühringer, 1991, S. 122).

Die Bedingungen für die Bereitschaft zur Aufgabe des Drogenkonsums werden als ein komplexer und langfristiger Prozess verstanden, bei dem auch kognitive und emotionale Faktoren eine Rolle spielen (Bühringer, 1991, S. 123):

- die zunehmend erlebten negativen Folgen des Drogenkonsums,
- die gedankliche und emotionale Verarbeitung der negativen Folgen,
- die positiven und negativen Erwartungen im Hinblick auf die Auswirkungen eines drogenfreien Lebens,
- die vermutete Wahrscheinlichkeit, ein solches Leben ohne Rückfälle auch faktisch realisieren zu können.

Folglich werden *zwei zentrale Faktorenbündel* für den Beginn einer Behandlung gesehen:

1. die selbst wahrgenommenen negativen Folgen des Drogenkonsums,
2. die positiven Erwartungen und Alternativen im Hinblick auf ein drogenfreies Leben, einschließlich einer positiven Selbsteinschätzung, ein solches Leben auch erreichen zu können.

Dass es immer wieder zu Rückfällen kommt wird im Sinne von Konditionierungsprozessen erklärt. Im Verlauf der Abhängigkeitsentwicklung werden zahlreiche ursprünglich neutrale Situationen mit dem Konsum der Droge und den erlebten Entzugserscheinungen verbunden. Diese können so zum „gelernten" Auslöser für einen erneuten Drogenkonsum werden. Die auslösenden Situationen sind sehr individuell und können sich auf interne Reize (z.B. Stimmungen, positive Erinnerung an frühere Erlebnisse oder Schmerzen) oder äußere Reize beziehen. Gold (1983) betont in seiner Kontrolltheorie des Drogenmissbrauchs die Wechselwirkung von kognitiven, affektiven und pharmakologischen Effekten. Der Glaube, jemand sei unfähig, seine Umgebung zu beeinflussen und Stresssituationen zu bewältigen, spielt eine zentrale Rolle und basiert auf kognitiven Modellen.

Solomon (1977 und 1980; zitiert nach Revensstorf & Metsch, 1986, S. 124-125) verdeutlicht aus einer lerntheoretischen Perspektive den sukzessiven Prozess. Es wird von einer biphasischen psychotropen Wirkung von Drogen ausgegangen. Kleine Dosen wirken eher stimulierend und die mittleren bis großen Dosen sedierend. Diese doppelte Wirkungsweise wird von einem weiteren biphasischen Prozess überlagert. Dieser gelte nicht nur für alle Drogen, sondern sei ein generelles affektives Regulationsprinzip im Nervensystem von Säugetieren. Jeder Affekt (A-Prozess) löst einen dazu antagonistischen Prozess (B-Prozess) aus (Abb. 10). Der hedonistische, lustvolle Nettogewinn wird bei zunehmendem Gebrauch immer geringer, da sich die B-Phase vorverlegt und kumuliert. Es kann der Punkt erreicht werden, ab dem die Droge ausschließlich zur Verhinderung oder Abmilderung der negativ empfundenen Folgewirkungen (z.B. Entzugserscheinungen) aufgenommen wird.

Abbildung 10: Biphasischer Prozess von Drogen

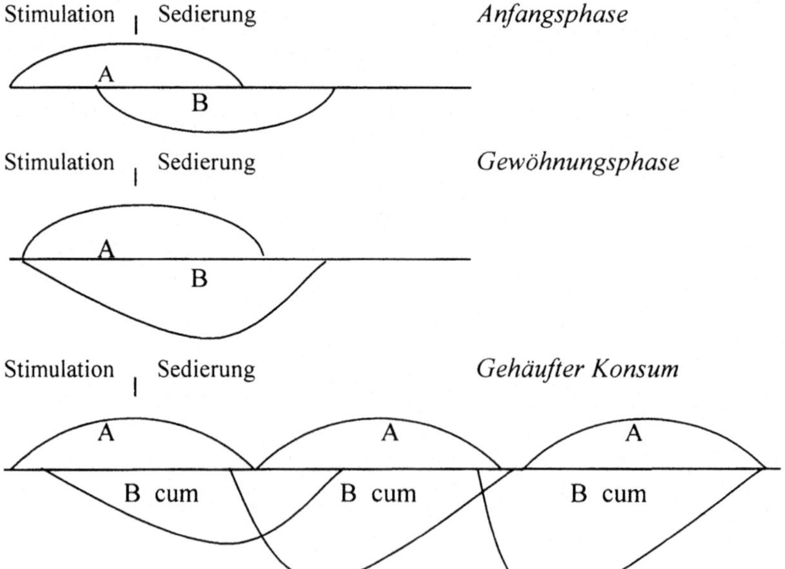

Die Intensität und Dauer sowie die Übergänge zwischen den Phasen sind von der Substanz abhängig. Treten sie bei einem Heroinkonsum schnell in Form einer körperlichen Abhängigkeit ein, so bedarf es beim Alkoholkonsum einer bedeutend längeren Zeitspanne. Bei einem regelmäßigen, täglichen Konsum kommt es zu Verschiebungen. Die Dauer der B-Phase verlängert sich und setzt früher ein, obwohl die Amplitude des A-Prozesses gleich bleibt, sinkt der resultierende Lustgewinn aus dem Drogenkonsum. Dieser ergibt sich aus der Differenz zwischen A- und B-Prozess. Wenn die Droge in kurzen Intervallen eingesetzt wird, um die Wirkungen des B-Prozesses zu reduzieren, dann überlagern sich mehrere B-Prozesse, sodass sich deren Negativwirkung kumuliert. Die Droge erwirbt neben der anfänglich positiven eine negative Verstärkerqualität der Erleichterung (Revenstorf & Metsch, 1986).

Differenzierung

Lerntheoretische Elemente haben in allen Beratungs- und Behandlungsmaßnahmen Eingang gefunden. Werden jedoch Lerntheorien als handlungsleitender Erklärungsansatz genommen, liegen „Zwangsmaßnahmen" wie sie aus der Definition Drogenabhängigkeit als Krankheit/Störung abgeleitet werden können, nahe. Bühringer (1991, S. 130) fordert eine enge Zusammenarbeit zwischen Justiz, Bewährungshilfe und therapeutischen Mitarbeitern, um die negativen Verstärker zur Behandlungsaufnahme zu nutzen (siehe auch 1.6). Entsprechende Studien zur Analyse justitieller Zwänge in der Therapie von Drogenabhängigen werden angeführt und weisen positive Ergebnisse auf:

Collins & Allison (1983) USA: Thema der Untersuchung ist die freiwillige Behandlung versus einer Behandlung analog der §§ 35/37 BtMG (TASC-Programm). In der Gruppe, die sich auf Grund eines justitiellen Zwangs in Therapie befanden, gibt es im Vergleich zu den „Freiwilligen" keine Unterschiede im Therapieverlauf, aber in der Therapiedauer. Diese ist länger bei der Gruppe mit justitiellem Zwang. Herbst et al. (1990; 1991) untersuchten ebenfalls die Einflüsse justitieller Zwänge auf die Therapieergebnisse in Deutschland. Sie konnten keinen Unterschied zwischen den Patienten mit bzw. ohne justitielle Zwänge finden. Egg (1991) untersuchte die Zurückstellungen gemäß der §§ 35ff. BtMG und kommt zu dem Ergebnis, dass etwa in der Hälfte der Fälle die Zurückstellung erfolgreich sei. Melchinger (1991) untersuchte den Maßregelvollzug versus der freiwilligen Behandlung in Deutschland und kommt zu dem Ergebnis, dass der Katamnesestatus in der Gruppe „Maßregelvollzug" besser ist, als in der Gruppe „freiwillige Behandlung".

Bedeutung und Bewertung

Lerntheoretische Ansätze haben sich in der Beratung und Behandlung der Opiatabhängigkeit etabliert. Die Verhaltenstherapie hat sich neben der Psychoanalyse als abrechnungsfähiges (Krankenkassen) therapeutisches Verfahren durchgesetzt. Wie bei vielen anderen Erklärungsansätzen auch, ist die begrenzte Reichweite der Erklärung des Phänomens Drogenabhängigkeit zu betonen. Die komplexen Grundlagen (u.a. soziodemographische Verteilung) des Phänomens Drogenabhängigkeit, können nicht erfasst werden. Drogenabhängigkeit als ein gelerntes Verhalten wie jedes andere auch, reduziert das Phänomen auf eine individuelle Basis mit sozialen Komponenten. Eine Ableitung aus der Lerntheorie wie sie Bühringer (1991) vornimmt, eliminiert eine ethische Diskussion mit dem Verweis auf die erst entstehende Wahlfreiheit unter Zwang. Lässt sich bei zahlreichen komplexen methodischen Ansätzen der Verhaltenstherapie nicht (mehr) der Vorwurf einer ausschließlichen Symptomorientierung machen, so wird er bei dem gesellschaftlich so unerwünschtem Verhalten illegalisierter Drogenkonsum wieder prägnant.

2.4 Psychoanalytische Ansätze

Grundlagen

Die Psychoanalyse geht in einem großen Teil ihrer Theorietradition davon aus, dass intensive Erlebnisse von besonderer Bedeutung für die psychische Strukturbildung sind. Vor allem in der psychosexuellen Entwicklungslehre stehen die hohen, spektakulären Spannungszustände im Mittelpunkt. Orale Spannungen und ihre Befriedigung schaffen erste „libidinöse Inseln" im psychischen Apparat. „Anale Kämpfe" führen zu Charaktereigentümlichkeiten wie Zwang, Kontrolle und Sparsamkeit. Das ödipale Drama ist wesentlich an der Überich-Bildung beteiligt. Erst die weitere Forschung rückte die Entwicklung im Alltag in den Vordergrund. Als Grundstörung die in einem Zusammenhang mit einer Drogenabhängigkeit stehen werden aus psychoanalytischer Sicht insbesondere genannt (vgl. A. Müller 1972):

- Störung in der oralen Phase;
- Störung in der Objektbeziehung;
- Kompensation von Persönlichkeitsdefiziten;
- Schwächung des Ichs;
- frühkindlicher Mangel.

Die Psychoanalyse entwickelte Ansätze zur Motivation des Drogenkonsums und zur Persönlichkeitsstruktur von Drogenkonsumenten und somit auch zu den Entstehungsbedingungen von Abhängigkeit. Sandor Rado (1926) verglich die Wirkung des Drogengebrauchs mit sexueller Befriedigung bzw. Fenichel

(1975) geht beim Drogenkonsum von der Befriedigung eines „archaischen oralen Verlangens“ (triebtheoretisches Konzept) aus. Erikson (1971, S. 55) interpretiert dies vergleichbar: „Süchtige sind...wie einst der Säugling, abhängig von der Einverleibung von Substanzen durch den Mund oder die Haut, die ihnen sowohl das Gefühl körperlicher Sättigung als auch gefühlsmäßiger Erfüllung vermitteln. Aber sie sind sich nicht bewusst, dass sie sich danach sehnen wieder Säugling zu sein“. Hier knüpft auch Lürssen (1974) an, der bei dem chronischen Drogenkonsum von „Defekten in der Persönlichkeitsstruktur“ und dem Drogenkonsum als Selbsttherapieversuch ausgeht. Im Zentrum der psychoanalytischen Analysen steht die Persönlichkeitsstruktur von Drogenkonsumenten. Entsprechend wird bei Drogenkonsumenten von narzisstischen Störungen und niedriger Affekttoleranz (Lürssen, 1974), von einem nur teilweise internalisierten bzw. teilweise wieder externalisierten Über-Ich (Wurmser, 1978) und von Konflikten zwischen Es- und Über-Ich-Impulsen (Rauchfleisch, 1971) ausgegangen. In der Regel würde ein zwanghafter Drogengebrauch auf heftige innere Konflikte, Entwicklungsstörungen und eine schwer wiegende Familienpathologie zurückgehen. Das Konzept basiert auf einer pathologisch strukturellen Entwicklung, es zeigt sich in Defiziten der Selbstregulation. Problematischer Drogenkonsum wird als Abwehrmechanismus, als Verteidigung gegenüber der eigenen Hilflosigkeit, verstanden (Wurmser, 1983). Drogenkonsum wird zu einer Art künstlich erzielter Regulation (Wurmser, 1987).

Erläuterungen

Die Entwicklung des Konsums illegalisierter Drogen findet überwiegend in der Adoleszenz statt (vgl. Pkt. 3.2). Bezogen auf den jugendliche Drogenkonsum interpretieren aus einer psychoanalytischen Perspektive M. Laufer und M. Eglé Laufer (1984) die Dynamik des Drogenkonsums als Ausdruck einer Entwicklungskrise, die in einem späteren Zeitpunkt in der Adoleszenz offenkundig wird. Von einem bestimmten Alter an wird jeder Jugendliche mit seinem sexuell reifen Körper und den damit verbundenen Körperbild konfrontiert. Wie diese Entwicklungsstufe bewältigt wird, entscheidet über seine seelische Weiterentwicklung zum Erwachsensein. Die wichtigste Funktion der Adoleszenz wird in der Festlegung der endgültigen sexuellen Organisation gesehen. Die Aufgabe in der Adoleszenz besteht darin, das Masturbieren (von Freud als „primäre Sucht“ bezeichnet) „und die dazugehörigen Fantasien konstruktiv, nämlich im Sinne der Förderung ihrer Entwicklung zu erwachsenen Menschen – indem sie heterosexuelle Beziehungen oder den Primat der Genialität begründeten – zu nutzen“ (ebd., 1984, S. 63). Suizidversuche, Anorexie, starker Drogenkonsum oder Drogenabhängigkeit und schwerere Depression im Jugendalter seien eher ein Zeichen dafür, dass der sexuelle Körper erst im Anschluss an einen Versuch, den reifen Genitalapparat in die

Körperrepräsentation hineinzunehmen, zurückgewiesen worden ist (ebd., S. 45). Da jugendliche Drogenkonsumenten dringend das Gefühl haben wollten, dass der Körper entweder nicht existent sei, oder aber keine Gefahr darstelle, nähmen sie Zuflucht zu Drogen. Auch wenn der Drogenkonsum potenziell lebensgefährlich ist, wird er aber nicht von einem bewussten Todeswunsch getragen (ebd., 1984, S. 151). Der drogenkonsumierende Jugendliche „verzerrt die Realität durch Projektion, aber die internalisierten ödipalen Objekte selbst gelten ihm als Verfolger, die jetzt unter Kontrolle sind, weil er die Gefühle und Fantasie kontrolliert, die von seinem Körper kommen" (ebd., 1984, S. 251).

Drogenabhängigkeit wird von M. Laufer und M. Eglé Laufer (1984) als *psychotische Funktionsweise* in Abgrenzung zur psychotischen Episode (z.B. Suizidversuch) und zum anhaltenden psychotischem Prozess klassifiziert. Dadurch, dass sich der Jugendliche langsam durch den Drogenkonsum aus der Außenwelt zurückzieht, in einen Drogenkonsum „hineinschlittert", dann in eine Abhängigkeit gerät und es nicht mehr riskieren kann die Droge wieder aufzugeben, seien weniger deutliche Anzeichen für eine Adoleszenzkrise zu finden (ebd., S. 259). Die Schwere der Störung würde verschleiert. Dies kann auch als „Psydointegration" verstanden werden (Spotts & Shontz, 1983).

Differenzierung

Einen auf psychoanalytische Grundannahmen beruhenden Ansatz wurde von Spotts und Shontz (1983) entwickelt. Der Mensch hat *zwei Realitäten:* Eine äußere physische und soziale Umwelt und eine innere psychische. Das Ich ist die äußere Schicht der Gesamtstruktur. Sie entspricht dem Figur-Hintergrund der Gestaltpsychologie. Drogenbewirkte Ich-Zustände würden Menschen helfen, bestimmte Störungen der Beziehung zwischen Ich und Psyche zu bewältigen. Auf Grund von nachhaltigen Entwicklungsbedingungen seien chronische Drogenkonsumenten abgeneigt oder unfähig, den normalen Weg der Individuation zu verfolgen. Sie suchten Abkürzungen durch eine Pseudointegration, die durch unechte, pharmakologisch erzeugte Ich-Zustände erreicht wird. Beim chronischen Drogengebrauch handelt es sich somit um die Substitution von Persönlichkeitsdefiziten:

- Es besteht eine Diskrepanz zwischen rationalem Ich und psychischem Leben. Es wird der Versuch unternommen die Lücken in der personellen Struktur durch Drogenkonsum zu kompensieren.
- Eigene Anstrengungen reichen nicht aus spezifische Ich-Zustände zu erreichen.
- Die Ich-Schwächen sollen bewältigt werden.

Drogen können unterschiedliche Ich-Zustände von der Ich-Integration (Transzendenz) über die Ich-Expansion (Engagement), der Ich/Selbst-

Auflösung bis zum Rückzugsverhalten unterstützen bzw. hervorrufen. Mit der Favorisierung von, und dem dauerhaften Gebrauch bestimmter Substanzen, sollen somit spezifische Ich-Zustände erreicht werden (Abb.11; nach Spotts & Shontz, 1983; S.83):

Ich-Integration (Transzendenz): Psychedelische Drogen vermitteln den Glauben, die Grenzen der gewöhnlichen Realität überschritten zu haben und eine mystische Wahrheit zu entdecken.

Ich-Expansion (Engagement): Durch Amphetamine werden Gefühle von Hilflosigkeit (Impotenz) verleugnet. Es kommt zur fantasierten Umkehrung, indem Omnipotentz erlebt wird. Durch Kokaingebrauch wird das Ich und die Selbstsicherheit erweitert, um eine vollständige Autonomie zu erleben.

Ich/Selbst-Auflösung: Durch Barbituratkonsum werden die aufgestauten destruktiven Kräfte kanalisiert („Fahrkarte in die Vergesslichkeit").

Rückzugsverhalten: Narkotika führen zur Vermeidung von Stimulation. Es kommt zur Ich-Kontraktion indem stuporöse oder komatöse Zustände erzielt werden.

Abbildung 11: Gegensätzliche Ich-Zustände bei chronischem Gebrauch unterschiedlicher Drogen

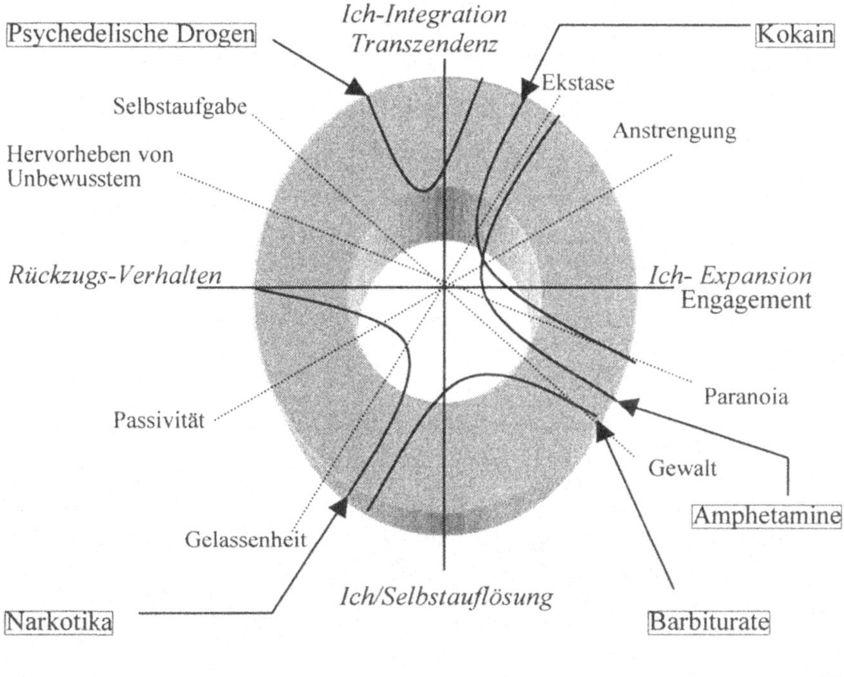

Bedeutung und Bewertung

Die Psychoanalyse beansprucht als Wissenschaft zwischen den Wissenschaften einen ganz eigenen wissenschaftstheoretischen Status. Doch in Analogie zum schulmedizinischen Krankheitsbegriff wird der manifeste Drogenkonsum als Symptom für eine dahinter stehende Grundstörung interpretiert. Drogenkonsum wird auch als Substitution von Persönlichkeitsdefiziten verstanden. Zum Phänomen des Konsums von verbotenen Drogen liegen jedoch von der Psychoanalyse keine, über die Entwicklung von spezifischen Heilverfahren hinausgehenden gesellschaftlichen Konzepte vor, sodass Individualisierung und Pathologisierung im Vordergrund stehen. Es geht um die Frage, welchen konstruktiven Beitrag die Psychoanalyse heute zur Aufklärung des Antagonismus zwischen Individuum und Gesellschaft zu leisten vermag. Schließlich wirft man der Psychoanalyse vor, und dies nicht zu Unrecht, dass sie sich in ihren gesellschaftstheoretischen Fragestellungen von den tatsächlichen Problemen der heutigen Gesellschaft häufig entfernt, um sich stattdessen mit Hypothesenbildungen und utopischen Konstruktionen zu beschäftigen. Diese sind innerhalb des eigenen wissenschaftlichen Rahmens schlüssig. Keinesfalls aber für den sozialen Wandel, dem die Gesellschaft kontinuierlich unterliegt.

Die Psychoanalyse könnte ein vielfältiges, wissenschaftliche Arbeitsteilung überschreitendes Forschungsfeld konstituieren, was sie jedoch bisher nicht ausreichend versucht hat. Nach Freud (vgl. z.B. Das Unbehagen in der Kultur, 1972) sollte die Psychoanalyse eine Methode der Erkenntnis des menschlichen Lebens, individueller und kollektiver Verhältnisse sein. Die psychoanalytische Sozialforschung ist in der Lage, gesellschaftlich Unbewusstes wissenschaftlich erfahrbar zu machen. Die Psychoanalyse ermöglicht im Anschluss an Freud eine Entzauberung des Unbewussten, dass damit den Charakter eines bloß Irrationalen verliert und einer kritischen Rekonstruktion zugänglich wird (Bonß, 1989, S. 38). Sie ist jedoch zu einem spezifischen Heilverfahren geworden.

Zusammenfassung

Als gesellschaftliche Deutungsmuster haben sich insbesondere persönlichkeitszentrierte Erklärungen aus der Psychiatrie, Psychoanalyse und Lerntheorie (Verhaltenstherapie) durchgesetzt. Diese Theorien betonen die individuellen Dispositionen. Die individuellen Dispositionen werden als psychische Prädispositionen, als gestörte Motivation und aus der frühkindlichen Sozialisation erklärt. Im deutschsprachigen Raum weisen psychiatrische Erklärungen auf „Psychopathien“, anlagebedingte Persönlichkeitsstörungen und -anomalien hin. Es wird die „zwanghafte“ Einnahme von Drogen als Symptom einer zu Grunde liegenden Störung, der Drogenkonsum als „Selbstheilungsversuch“ interpretiert. Die Psychoanalyse hat dieser psychiatrischen Sichtweise gegenüber stärker biografisch zentrierte Verursachungshypothesen entwickelt. Drogenabhängigkeit wird als ein Symptom einer Persönlichkeitsstörung neurotischer Art verstanden. Diese ist durch traumatische Erlebnisse in der frühen Kindheit bzw. durch deren nicht geglückte Verarbeitung verursacht worden (siehe z.B. A. Müller, 1972). Alle diese Erklärungsansätze berücksichtigen nicht die banale Tatsache, wie Schmerl (1984, insb. Kapitel 3 u. S. 123ff.) zu Recht ausführt, dass das konkrete Marktangebot als ein Hauptfaktor für den Drogenkonsum gelten muss. Persönlichkeitszentrierte Theorien sind dominant in der Interpretation des Phänomens. Die hieraus abzuleitenden Interventionen entsprechen diesen Grundlagen durch die Fokussierung auf eine medikamentöse und psychotherapeutische Behandlung. Drogenkonsum (-abhängigkeit), per Definition als Krankheit, überdeckt eine multidimensionale Sichtweise und hat eine zentrale Bedeutung für die Struktur und die Angebote von Interventionssystemen/Behandlungssystemen. Eine Finanzierung orientiert sich an diesen Grundlagen. Die strukturelle Einbeziehung der ambulanten Drogenhilfe in die Jugendhilfe (insb. § 14 und § 35 KJHG; siehe Anhang L) oder in das System der Renten- und Krankenversicherung steht hier zur Disposition.

Ein mehrdimensionales Konzept, das u.a. anthropologische, soziologische und sozialpsychologische Dimensionen mit einbezieht, hat keinen Raum und keine (finanzielle) Grundlage im klassischen Krankheitskonzept. Für den stationären Bereich der Drogenhilfe ist die Umstrukturierung bereits vollzogen. Stationäre therapeutische Behandlungen von Drogenkonsumenten sind Maßnahmen der medizinischen Rehabilitation unter der Prämisse des Krankheitsbegriffs. Mit diesen Denkmodellen korrespondieren repressive Maßnahmen (vgl. BtMG; insb. § 35/Therapie statt Strafe), die eine Zuführung zu Abstinenztherapien, die Prohibition und eingeschränkte medikamentös begleitende Behandlungen begründen.

3. Verstehen – Erklären – Begreifen

3.1 Beiträge der Soziologie

Wie aus den bisherigen Ausführungen deutlich wurde, können die Beiträge der Medizin, Biologie oder Psychologie Teilerklärungen zu dem Phänomen Drogenkonsum liefern. Jeglicher Versuch dieser Ansätze, eine Absolutheit für sich in Anspruch zu nehmen, muss jedoch zurückgewiesen werden. Die menschliche Existenz ist komplexer als dass sie auf ausschließlich biologische oder psychologische wissenschaftliche Disziplinen reduziert werden könnte. Die theoretischen Grundlagen der einzelnen Ansätze bieten jedoch häufig in sich geschlossene Sinnsysteme (z.B. Psychoanalyse, Lerntheorie), aus denen stringente Handlungen für die Praxis abgeleitet werden (können).

Gerade die Frage nach dem „Warum" des Verhaltens bei Individuen wird am besten als Resultat einer Eigenschaft erklärt (prädisponierte Persönlichkeit) oder als Bedürfnis nach Fantasie und Flucht vor psychischen Problemen, die das Individuum nicht ertragen kann. Dieser stark individualistischen, biologisierenden und psychologisierenden Sichtweite wird ergänzend und alternativ eine soziale Perspektive gegenübergestellt. Denn „es entsteht – paradox genug – eine Unmittelbarkeit von Individuum und Gesellschaft, die Unmittelbarkeit von Krise und Krankheit in dem Sinne, dass gesellschaftliche Krisen als individuelle erscheinen und nicht mehr oder noch sehr vermittelt in ihrer Gesellschaftlichkeit wahrgenommen werden. Hier liegt auch eine Wurzel für die gegenwärtige Psychowelle" (Beck, 1986, S. 158-159). Drogenforschung wird, und dies nicht nur in Deutschland, in erster Linie als Therapieforschung betrieben (Reuband, 1994, S. 12). Dass die Ergebnisse dieser Forschungen eine Individualisierung und Pathologisierung in den Vordergrund stellen, ist auf Grund ihrer Ausrichtung nicht erstaunlich. Um das Drogenproblem zu verstehen und adäquate Maßnahmen zu entwickeln, müssen *vier* miteinander verbundene *Schwerpunkte* eine Berücksichtigung finden: Das Drogenproblem ist ein

- jugendspezifisches,
- gruppengebundenes,
- schichtspezifisches und
- geschlechtsspezifisches Phänomen.

Nur wenige Arbeiten in der soziologischen Literatur setzen sich explizit mit dem Thema Drogenkonsum und Drogenabhängigkeit auseinander. Ansatzpunkte finden sich eher in zahlreichen Befunden aus der empirischen Sozialforschung, der Epidemiologie (3.2) oder werden eher auf anderen Theorieebenen gewählt (Pkt. 3.3). Die Handlungsrelevanz der derart gewonnenen Erkenntnisse und Ergebnisse lassen sich häufig nicht unmittelbar auf die Soziale Arbeit anwenden. Innerhalb der Soziologie ist die Bestimmung von sozialen Problemen schwierig und strittig. In der Soziologie existiert eine beachtliche Pluralität von Theorien bzw. Theorieansätzen. Entsprechend variiert die Fokussierung der Analyse von sozialen Phänomenen zwischen Mikro- und Makroebene sowie zwischen der Theorie des Problems und der Theorie der Problematisierung. Tabelle 5 fasst die Ebenen zusammen (vgl. Stallberg & Springer, 1983, S. 25).

Tabelle 5: Mikro- und Makroebene sozialer Probleme

	Makroebene	Mikroebene
Theorie des Problems	Warum bilden sich in der Gesellschaft bestimmte Probleme?	Warum werden einzelne Personen von dem Problem betroffen?
Theorie der Problematisierung	Warum gilt ein bestimmter Sachverhalt als Problem?	Warum nehmen einzelne Personen an der Problembildung teil?

Handelt es sich bei Drogenabhängigkeit um den Ausdruck sozialer Problemlagen mit spezifischen Ausprägungen, oder begünstigen spezifische Problemlagen die Entstehung von Drogenabhängigkeit im Sinne von Krankheit? Führen spezifische gesellschaftliche Reaktionen erst zu sozialen Problemen bzw. zu deren Ausprägung? Materialistische Ansätze zielen auf eine Verallgemeinerung des Phänomens und sozialisationstheoretische Ansätze bevorzugen eine Subjektivierung von Problemlagen. Die Hierarchie, der mit sozialen Problemen im weitesten Sinne befassten soziologischen Theorien, kann anhand ihrer Theorieebene und ihres Untersuchungsgegenstandes analytisch differenziert werden (in Anlehnung an Stallberg & Springer, 1983, S. 24):

Tabelle 6: Theorieebenen und Untersuchungsgegenstände

	Theorieebene	Gegenstand
I	Theorie der Gesellschaft	Gesamtgesellschaftlicher Problemrahmen
II	Theorie sozialer Probleme	sämtliche Probleme in der Gesellschaft
III	Theorien abweichenden Verhaltens und sozialer Kontrolle	Problemtypen Problemquellen Problemeingriffe
IV	Theorien der einzelnen Phänome (z.B. Drogenabhängigkeit)	einzelne Probleme

Darüber hinaus steht im Gegensatz zu den bisherigen biologischen, medizinischen und psychologischen Theorieansätzen die Definition des Problembereiches als soziales Problem (Pkt. 3.1) zur Diskussion.

3.2 Ein soziales Problem entsteht

Grundlagen

Unter *zwei Aspekten* kann der Frage nach dem Entstehen eines sozialen Problems nachgegangen werden:

- Wie findet ein spezifisches Verhalten (hier Konsum illegalisierter Drogen) Eingang in eine Gesellschaft und
- wie findet dieses Phänomen eine gesamtgesellschaftliche Anerkennung?

Für den Eingang des Konsums illegalisierter Drogen in eine Gesellschaft sind das Vorhandensein und die Zugänglichkeit dieser Genussmittel Grundvoraussetzungen. Es bedarf makro- (u.a. internationaler Handel) und mikrosozialer Prozesse, damit sich ein derartiges Verhalten etablieren kann. Der Konsum illegalisierter Drogen stellt jedoch nicht an sich ein soziales Problem dar. Hierzu bedarf es gesamtgesellschaftlicher Interpretationsprozesse. Auf den Konsum verbotener Drogen erfolgten gesellschaftliche Reaktionen. Diese mündeten in der Schaffung von Organisationseinheiten, die sich mit diesem Phänomen beschäftigen.

Erläuterungen

Die Ausbreitung des Drogenkonsums kann durch die *Diffusionstheorie* von Welz und Niedermaier (1983) verdeutlicht werden. Die Theorie behandelt den Ausbreitungsprozess des Drogenkonsums von Individuum zu Individuum, über Gruppen bis hin zur Phase, in der Drogenkonsum als Massenphänomen auftritt.

Der Drogenkonsum verbreitet sich nach analogen Gesetzmäßigkeiten wie agrikulturelle Techniken, technische Neuerungen, Kinderspiele oder Empfängnisverhütungsmittel. Der Prozess der sozialen Diffusion wird definiert als die Annahme von bestimmten Objekten, einer Idee oder Verhaltensweise im Zeitverlauf durch Individuen oder Gruppen. Die Individuen oder Gruppen sind durch spezifische Informationskanäle miteinander verbunden und gehören einer sozialen Struktur in einem gegebenen Wertesystem oder einer bestehenden Kultur an (ders. S. 235). *Vier Stadien* können für den Prozess der Diffusion abweichenden Verhaltens und der Übernahme des Drogenkonsums benannt werden:

(1) Wissen um die Neuerung,
(2) Einstellungsentwicklung oder -veränderung,
(3) Entscheidung,
(4) Bekräftigung.

Entscheidend für den Beginn eines Drogenkonsums ist nicht nur das Vorhandensein von Drogen, sondern auch bei illegalisierten Drogen die Entwicklung subkultureller Systeme. Die Verbreitung der „Neuerung" und auch des Wissens um diese Neuerung (illegalisierte Drogen) sowie das Vorhandensein (Angebotsseite) sind Grundvoraussetzung für die weitere Ausdehnung. Eine Einstellungsentwicklung oder -veränderung ist erforderlich für die Entscheidung zum Konsum illegalisierter Drogen. Die Verwendung illegalisierter Drogen ist nicht nur eine „autonome" persönliche Entscheidung. Die Entscheidung ist in einen sozialen Gruppenbezug eingebunden, denn der Konsum von illegalisierten Drogen wird von Einzelnen und Gruppen aktiv gerechtfertigt. Im Kontakt Einzelner zur Subkultur/Drogenszene findet ein Präsozialisierungsprozess statt. Die Fortsetzung des Drogenkonsums steht im Zusammenhang mit der sozialen Wirkung der Droge in der teilkulturellen Gruppe. Eine Mikrodiffusion erfolgt über direkte Bekannte/Freunde. Nur einige aktive Drogengebraucher sind so „überzeugend", dass es Nachfolger gibt. Zu Beginn der Drogenkarriere wirkt ein Teil der neuen Drogengebraucher mit beinahe missionarischem Eifer, starker Überzeugungskraft und hoher Glaubwürdigkeit auf potenzielle „User" ein. Mit zunehmender eigener stärkerer Drogenabhängigkeit und verbundener körperlicher Abhängigkeitssymptomatik, nimmt diese soziale Überzeugungskraft ab.

Die Makrodiffusion ist vergleichbar der Mikrodiffusion. Zunächst breitet sich der Drogenkonsum in den Großstädten („hierarchische Diffusion") aus. In den Kleinstädten tritt der Drogenkonsum zwar auch auf, dehnt sich aber zunächst nicht aus. Erst nach längerer Zeit verwandelt sich in Kleinstädten der epidemische zu einem endemischen Konsum illegalisierter Drogen. Wenn ein Phänomen Eingang in eine Gesellschaft gefunden und sich in ihr entwickelt hat, bedeutet dies nicht gleichzeitig, dass es als soziales Problem interpretiert wird. Im Gegensatz zu anderen sozialen Phänomen ist dies jedoch bei dem Konsum illegalisierter Drogen geschehen. Der Konsum von verbotenen Substanzen, insbesondere von Heroin, hat eine überdimensionierte gesellschaftliche Bedeutung erhalten (vgl. auch Neumann, 1996, S. 16). Nicht nur die Vergleichszahlen im Phänomenbereich „Abhängigkeit von Substanzen" belegen das, sondern auch die öffentliche nationale und internationale Aufmerksamkeit zeigen dies eindrucksvoll (siehe Pkt. 1.5; 1.6). Dass ein soziales Phänomen nicht unbedingt als Problem definiert wird und eine gesellschaftliche Aufmerksamkeit erfährt, die zur Etablierung von Agenturen zur Problembearbeitung führen, ist verständlich. Es bedarf eines Initiationsprozesses den Spector und Kituse (1983, S. 33) mit einem *vier Stufen-Modell* beschreiben:

Stufe 1: Eine oder mehrere Gruppen versuchen, das Vorhandensein bestimmter Sachverhalte zu behaupten. Diese werden als schädlich oder sonst wie unerwünscht definiert. Es werden Behauptungen öffentlich dargestellt und Kontroversen angeregt. Die Zielsetzung besteht darin ein öffentliches, politisches Thema daraus zu machen.

Stufe 2: Die Anerkennung der Legitimation dieser Gruppe(n) durch offizielle Organe, Behörden oder Institutionen kann zu (wissenschaftlichen) Untersuchungen, Reformvorschlägen und/oder zur Schaffung von Einrichtungen führen, die diese Forderungen und Ansprüche bearbeiten.

Stufe 3: Eine Wiederaufnahme der Forderungen und Ansprüche durch die ursprüngliche(n) Gruppe(n) oder durch andere kann erfolgen. Diese bringen ihre Unzufriedenheit gegenüber den Reaktionen bzw. den praktizierten Maßnahmen zum Ausdruck.

Stufe 4: Eventuell werden Aktivitäten zur Gründung alternativer, paralleler oder Gegen-Institutionen als Antwort auf die praktizierten Maßnahmen entwickelt.

Differenzierung

Die Entwicklung der Ausbreitung des Konsums illegalisierter Drogen und die Entstehung von spezifischen Institutionen der Drogenhilfe vollzog sich in der Bundesrepublik Deutschland ab Mitte der 60er-Jahre. Die Ersten, die im größeren Umfang Heroin in den Handel brachten (Diffusion), waren die amerikanischen Soldaten. Sie wurden nach ihrem Vietnameinsatz aus „Quarantänegründen" vorübergehend in Deutschland stationiert (vgl. Behr & Juhnke, 1985). Bei der nächsten Konsumentengruppe in Deutschland handelte es sich um Jugendliche im Alter zwischen 20 und 25 Jahren mit bürgerlichem Hintergrund. Sie experimentierten mit unterschiedlichen erlaubten und verbotenen Drogen einschließlich Heroin. Der Konsum illegalisierter Drogen breitete sich in einer auslaufenden Jugendbewegung (etwa 1966-1970) immer stärker aus. In dieser Jugendbewegung (u.a. „Hippies") kam es kaum zu einer Differenzierung zwischen der Drogen- und „Politszene". Der Konsum illegalisierter Drogen war Bestandteil eines Lebensstils. Die vorherrschenden kulturellen Ziele und die institutionalisierten Mittel zur Erlangung dieser Ziele wurden abgelehnt und durch andere ersetzt. Seit Mitte der 70er-Jahre handelte es sich dann zunehmend um Jugendliche beiderlei Geschlechts, welche vorwiegend aus den sozial benachteiligten Schichten kamen (vgl. Thamm, 1980).

An der öffentlichen Thematisierung und der Entstehung erster Unterstützungs- und Hilfsangebote in den 60er-Jahren waren zunächst Betroffene und mit der Drogenproblematik konfrontierte Professionen (u.a. Pädagogen) beteiligt. Eine gesellschaftliche Transformation des Themenbereichs konnte durchgesetzt werden. Auf Grund der Entwicklung der entstehenden Drogenhilfe wurden immer differenziertere und von den unterschiedlichen Professionen bestimmte Angebote entwickelt. Durch den rasanten Auf- und Ausbau eines professionellen Unterstützungssystems – auf dem Hintergrund einer verstärkten Kriminalisierung (siehe Pkt. 1.6) – geriet die Selbsthilfe immer stärker in den Hintergrund. Parallel kam es zu einer an Psychologie und Medizin orientierten „Verwissenschaftlichung" des Problembereichs sowie der in der Drogenhilfe beteiligten Professionen. Das hier die Medizin und die Psychologie sich als Leitdisziplinen mit dem Fokus auf psychotherapeutische Behandlung etablieren konnten, ist von der Sozialen Arbeit selbst durch eine immer stärker werdende Orientierung an psychotherapeutische Verfahren gefördert worden. Die ursprüngliche Entwicklung der Drogenhilfe aus der Jugendhilfe und die damit verbundene Orientierung (Konzepte und Handlungsstrategien) trat zunehmend in den Hintergrund.

Bedeutung und Bewertung

Vorhandensein, Zugänglichkeit, Verbreitung und die gesetzliche Prohibition sind Grundvoraussetzungen für den Eingang des Konsums verbotener Drogen in eine Gesellschaft. Hieraus leitet sich jedoch nicht automatisch ein soziales Problem ab. Das Phänomen muss zunächst eine gesellschaftliche Aufmerksamkeit erhalten, ehe Institutionen geschaffen werden, die sich dem definierten Problembereich annehmen. Wie dieses Phänomen definiert wird, wirkt sich entscheidend auf Struktur und Handlungsstrategien aus. Die Drogenhilfe hat sich gelöst von der ursprünglichen Nähe zur Selbsthilfe und Jugendhilfe.

Es hat sich ein hochdifferenziertes, einseitig verwissenschaftlichtes Drogenhilfesystem entwickelt, welches primär in allen möglichen Varianten den Zusammenhang Drogenabhängigkeit als Krankheit (fach-) öffentlich transportiert. Die „Krankheitsdefinition“ ermöglichte eine breite gesellschaftliche Akzeptanz des Problembereichs und den Auf- und Ausbau eines hoch differenzierten Drogenhilfesystems. Die sozialen Grundlagen sind jedoch in diesem Prozess der Individualisierung eines Phänomens in den Hintergrund gerückt.

3.3 Empirische Befunde

Grundlagen

Es können *zwei Verbreitungsformen* von Drogengebrauch differenziert werden:

(1) *Endemischer Drogengebrauch* bezeichnet die allgemeine Verbreitung und Akzeptanz einer Droge innerhalb einer Gesellschaft. Für den jetzigen Stand werden die legalen Drogen (u.a. Alkohol, Nikotin) als endemische Drogen bezeichnet. Es existieren kulturell integrierte Regeln (u.a. Techniken) und Beschränkungen (z.B. Jugendschutzgesetz) im Umgang mit diesen Drogen. Die Risiken (u.a. gesundheitsschädliche Folgen) sollen so bei massenhaftem Gebrauch möglichst minimiert werden. Hier haben sich auch unterschiedliche gesellschaftliche Regularien herausgebildet. Die unterschiedlichen Erwerbsmöglichkeiten von Alkoholika z.B. in Nord- und Südeuropa können als Beispiel genannt werden.

(2) *Epidemischer Drogengebrauch* bezeichnet den plötzlich auftretenden Gebrauch neuer Drogen. Für diese Drogen gibt es noch keine etablierten Gebrauchsregeln (u.a. Applikationstechniken, Dosierungen).

Bei einem epidemischen Gebrauch verbotener Drogen müssen sich Gebrauchstechniken zur Minimierung von Risiken erst „mühsam“ etablieren, da sie nicht öffentlich kommunizierbar sind. Die heute legalen Drogen „mussten“ zunächst den Weg über einen meist verbotenen epidemischen Gebrauch zu einem endemischen Gebrauch (z.B. Tee, Kaffee, Tabak) nehmen (vgl. z.B. Austin, 1981). Bleibt der Gebrauch bestimmter Drogen verboten, so heißt dies nicht, das sich keine Gebrauchsregeln für diese Drogen etablieren können. Gebrauchsregeln für verbotene Drogen sind nicht öffentlich kommunizierbar, sondern etablieren sich in teilkulturellen Gruppen. Angesichts der Entwicklungen, z.B. des steigenden Cannabisgebrauchs in Westeuropa seit den 60er-Jahren, kann nicht mehr von einer Epidemie, sondern von einem endemischen Gebrauch ausgegangen werden. Eine Gruppengrößenschätzung der Population von Drogenkonsumenten zu verschiedenen Zeitpunkten und deren Typisierung bieten Möglichkeiten der Beurteilung unterschiedlicher drogenpolitischer Maßnahmen. Auch die Auswirkungen auf die Zahl konsumierender Personen kann vorgenommen werden. Epidemiologische Erhebungen geben Anhaltspunkte zur Belastung des Repressionsapparates sowie der sozialtherapeutischen und medizinischen Bereiche durch Drogenkonsumierende. Zentrale Begriffe der Epidemiologie sind:

- *Inzidenz* ist die Größe der „Neuzugänge". Sie ist die Zahl der Menschen pro Zeiteinheit. In diesem Zusammenhang ist es die Zahl der Menschen, die mit einem Konsum oder mit einem problematischen Konsum von Drogen begonnen haben.
- *Prävalenz* ist der bevölkerungsrelevante Anteil von Personen mit bestimmten Merkmalen in einer festgelegten Zeiteinheit. Bezogen auf Drogenkonsum wird hier die Gesamtzahl der Personen erfasst, die zu einem definierten Zeitpunkt oder in einem Zeitraum Drogen konsumieren oder Drogenprobleme aufweisen.
- *Morbidität* ist das Zahlenverhältnis der Kranken auf die Bevölkerung.
- Remission ist das Ausscheiden von Personen mit bestimmten Merkmalen in einer bestimmten Zeiteinheit.
- *Mortalität* ist die absolute Anzahl der Verstorbenen einer Population oder der Anteil der jährlich Verstorbenen an der Population.

Die Begriffe Prävalenz, Inzidenz, Remission und Mortalität stammen aus der medizinischen Epidemiologie. Inzidenz und Remission werden in absoluten Zahlen oder bevölkerungsrelativ ausgedrückt. Prävalenzschätzungen können auf unterschiedlichen Grundlagen basieren:

- Repräsentative Bevölkerungsumfragen;
- durch Registrierung polizeilich erstauffälliger Drogenkonsumenten und Drogentoten;
- aus Informationssystemen (z.B. aus Beratungsstellen);
- mit Hilfe der Zahl der Drogennotfälle.

Nach Schätzung der Deutschen Hauptstelle gegen die Suchtgefahren sind mehr als vier Millionen Menschen in Deutschland abhängig von Drogen (einschl. Alkohol und Medikamente): 2,5 Mio. seien alkoholabhängig, 1,4 Mio. seien abhängig von Medikamenten und bis zu 300. 000 Menschen nähmen harte Drogen wie Heroin (DHS, 1997; 1998). Bühringer et al. (1997, S. 87) kommt bei Berücksichtigung der Ergebnisse der verschiedenen Schätzverfahren und der Annahme über die jeweiligen Risiken einer Unter- oder Überschätzung, zu folgenden Werten (West- und Ostdeutschland):

Tabelle 7: Schätzwerte für Konsumenten illegaler Drogen

Schätzwerte für die Konsumenten von Amphetaminen, Ecstasy, Kokain und Opiaten	
(1) Erweiterter Kreis der Konsumenten harter Drogen	250.000 bis 300.000 Personen
(2) Enger Kreis; Teilgruppe von (1) Konsumenten harter Drogen mit hoher Konsumfrequenz oder hochriskanter Einnahmeform	100.000 bis 150.000 Personen

Die Schwierigkeit der Schätzung der Gesamtpopulation zeigt Estermann (1996) auf. Die Gruppe gut integrierter Opiatabhängiger, die eine Identifizierung durch das Gesundheitswesen, Drogenhilfe, Polizei und Justiz erfolgreich zu verhindern wissen, ist in der Schweiz größer als bisher angenommen. Zu den institutionell erfassten, offiziellen Opiatabhängigen kämen noch 75 % hinzu. Für Deutschland geht das Bundeskriminalamt in seinem „Rauschgiftjahresbericht“ von einem „Dunkelfeld“ von über 50 % aus (BKA, 1996, S. 151).

Durch die Intensivierung repressiver Maßnahmen wächst verständlicherweise die Erfassungswahrscheinlichkeit. Ein (scheinbarer) offizieller Anstieg ist die Folge (ders., S. 156). Die Analyse von 1.462 Methadonbehandelten in Zürich (Schätzle et al., 1998) stützt diese Ergebnisse. Der Anteil gut integrierter, nicht institutionell erfasster Abhängiger an der Population der Opiatkonsumenten wäre bisher ebenso unterschätzt worden wie die Verwendung von Heroin als „Anpassungsdroge“. Mit den polizeilichen Auflösungen der offenen Drogenszenen in Zürich traten statt der erwarteten Schwerstabhängigen überwiegend gut integrierte Heroinabhängige in die Methadonprogramme. Dies wird auf die drohende polizeiliche Auffälligkeit durch den massiven repressiven Einsatz zur Auflösung der offenen Drogenszenen zurückgeführt. Der wachsende Anteil gut integrierter Personen wird als Hinweis auf die Benutzung des Opiats als „Anpassungsdroge“ interpretiert.

Der Opiatkonsum ist nicht nur mit einem reibungslosen sozialen Funktionieren vereinbar, sondern fördert ihn auch (ders., S. 126). Ein Teil von Heroinkonsumenten, und dies ist weitgehend nicht zur Kenntnis genommen worden, hält nicht trotz, sondern wegen des Heroingebrauches ihre soziale Integration aufrecht. Die psychische, soziale und körperliche Verelendung ist somit nicht pharmakologisch, sondern sozial zu erklären. Dies wird an den so genannten „Drogentoten“ ebenfalls deutlich. Meldepflichtig sind alle Todesfälle, die in einem kausalen Zusammenhang mit dem missbräuchlichen Konsum von Betäubungsmitteln oder als Ausweichmittel verwendeten Ersatzmittel stehen. Darunter fallen insbesondere Todesfälle in beabsichtigter oder unbeabsichtigter Überdosierung, Todesfolge wegen langzeitigem Gebrauch, Suizid sowie tödliche Unfälle unter Drogeneinfluss stehender Personen.

Eine katamnestische Untersuchung nierdrigschwellig entgifteter Opiatabhängiger (Zinkler et al., 1998) – die Stichprobe umfasste jedoch nur 52 Klienten – weist eine hohe Mortalitätsrate (16 % zwei Jahre nach Behandlung) auf, sodass die Notwendigkeit ambulanter Betreuungs- und Behandlungsangebote (einschl. „Harm Reduction") für besonders gefährdete Drogenabhängige betont wird. Regionale Untersuchungen (Dortmund) zeigen, dass der Anteil an den Drogentoten (1990: 87 % männlich zu 13 % weiblich) als auch an den Personen mit einem Drogennotfall (1993: 74,7 % zu 25,3 %) bei den Männern deutlich höher war als bei den Frauen. Das Durchschnittsalter bei den Drogentoten lag bei den Männern bei 28,2 bei den Frauen bei 25,5 Jahren. Aus den umfangreichen qualitativen Daten und intensiven inhaltsanalytischen Auswertungen der Interviews lassen sich Schlüsse ziehen (Franke A., 1997): Der Drogennotfall und Drogentodesfall sind durch die Variable Geschlecht männlich und durch die Unkenntnis über die Stoffqualität determiniert. Die Unfälle sind aus den situativen Kontexten entstanden: Entlassung aus der Haft, Abbrüche von Therapien und Entgiftungen oder Beendigung einer Cleanphase sind kritische Phasen und erhöhen die Wahrscheinlichkeit des Drogennotfalls oder Drogentodes.

Seit der ersten Erhebung von „Drogentoten" in der Bundesrepublik Deutschland im Jahre 1973 wurden der Polizei fast 20.000 „Drogentote" bekannt (Bundesregierung, 1997, S. 538). Seit 1991 liegt die Zahl der „Drogentoten" pro Jahr zwischen 1.500 und 2.100 Personen. Im Jahr 1997 wurden in Deutschland 1.501 so genannte „Rauschgifttote" registriert. Bei 608 Fällen lagen Angaben zum erlernten Beruf vor. Weit über die Hälfte waren Arbeiter oder Handwerker, ca. ein Drittel hatte keine Ausbildung. Der Anteil der Arbeitslosen lag über 65 %. „Die Statistik zeigt seit Jahren gleich bleibend, dass vor allem finanzschwächere Schichten vom Rauschgifttod betroffen sind" (DHS, 1998, S. 87). In selbst durchgeführten Untersuchungen (Jugendhilfe 1994; 1995; 1997; 1999; Papierok, 1993) über einen Zeitraum bis zu 20 Jahren zeigt sich bei den fast 3.000 ambulant behandelten Heroinkonsumenten ein eindeutiges Bild:

- 75 % sind zum Zeitpunkt der Beratung arbeitslos.
- 70 % haben zuletzt eine Hauptschule besucht. Dies schließt Schulformen mit ein, an denen ein Hauptschulabschluss erzielt werden kann.
- Hiervon haben mehr als 50 % keinen Hauptschulabschluss erreicht.
- 40 % der Heroinkonsumenten haben keine Ausbildung.
- Es gibt eine eindeutige Ungleichverteilung zum Merkmal „Wohnort Stadtteil" als Kriterium für eine Schichtzugehörigkeit. Jugendliche aus sozial benachteiligten Stadtteilen sind überrepräsentiert.

Die Deutsche Hauptstelle (DHS, 1998, S. 186) weist für die Lebensumstände von Opiatabhängigen eine Arbeitslosenquote von 50 % bei Männern und 44 % bei Frauen aus. Die ausgewählten Daten zur sozialen Situation nach der EBIS-Statistik (DHS, 2000; S. 155) weisen bei opiatabhängigen Frauen eine Arbeitslosenquote von 57 % und bei den Männern von 61 % auf. 76 % der opiatabhängigen Männer und 60 % der Frauen sind ohne Schul-/Hauptschulabschluss und 55 % der Männer bzw. 62 % der Frauen haben eine abgebrochene oder keine Ausbildung. Vergleichbare Ergebnisse zeigt auch die Untersuchung von Thiel (1995): Bei den 250 Therapiebeendern der Hamburger Sozialtherapeutischen Wohngemeinschaften waren ein Drittel ohne Hauptschulabschluss und zwei Drittel hatten keine Berufsausbildung bei einer durchschnittlich 6 Jahre bestehenden Heroinabhängigkeit. 50 % hatten in ihrer Biografie einen Haftaufenthalt. Der scheinbare Widerspruch zwischen „Gleich- und Ungleichverteilung" über die sozialen Schichten kann durch die jeweiligen Ausprägungen des Opiatkonsums (integrierte versus extremproblematische Drogenkonsumenten) erklärt werden. Im Zentrum der strafrechtlichen Verfolgung und der Drogenhilfe stehen primär die extremproblematischen Opiatkonsumenten. Dieses Ergebnis legt die selektive Anwendung des Werte- und Normensystems (Kriminalisierung und Medizinalisierung) im Sinne des radikalen Definitionsansatzes von F. Sack nahe (siehe Pkt. 3.4).

Erläuterungen

Da die verwendbaren quantitativen Datenquellen wesentlichen parametrisierungsbedürftigen Einschränkungen unterliegen, beinhaltet die Erhebung von exakten Daten verschiedene Probleme (vgl. Estermann, 1996, S. 14-15):

- Daten der Polizei-, Kriminal- und Gefängnisstatistik sowie die darauf beruhenden Schätzungen sind blind gegenüber den Teilen der Drogenkonsumierenden, die dazu prädestiniert sind, der Kriminalisierung zu entgehen (Phänomen der Repressionsimmunität).
- Daten der Betreuungs- und Beratungsstellen beziehen sich in der Regel nur auf Personen, die entweder in der Frühphase durch ihren sozialen Nahbereich (Freunde, Eltern etc.) vermittelt oder in einer späteren Phase durch den Druck der Abhängigkeit selber mit diesen Stellen in Kontakt kommen.
- Daten der Kliniken beziehen sich nur auf die Personen, die deren Leistung freiwillig in Anspruch nehmen oder als Notfälle eingeliefert werden.
- Daten der medizinischen Behandlungs- und Substitutionsprogramme unterliegen der Selektion durch die Aufnahmebedingungen und sind

blind gegenüber Personen, die sich nicht medizinalisieren lassen (Phänomen der Medizinalisierungsimmunität).

- Die Drogentodesfälle beziehen sich nur auf diejenigen Drogenkonsumierenden, die im Zusammenhang mit ihrem Tode als solche erkannt werden.
- Die im Zuge von medizinischen-epidemiologischen Fragestellungen gewonnenen Daten sind in der Regel zu spezifisch, da sie sich ausschließlich auf die angesprochenen Subpopulationen beziehen können (Impfkampagnen, Hepatitis, AIDS, aktuelle Intoxikationen).

Es muss eine Differenzierung nach Konsumgewohnheiten vorgenommen werden: Neben den regelmäßigen, sind die aktuell Konsumierenden und Gelegenheitskonsumenten zu berücksichtigen. Alle zusammen ergeben den Personenkreis, der jemals illegalisierte Drogen benutzt hat. Diese Differenzierung nimmt die Bundesstudie (Simon & Tauscher & Gessler, 1997) vor. Die „Bundesstudie zum Konsum und Missbrauch von legalen und illegalen Drogen“ wird seit 1982 im Abstand von 4 Jahren durch das Institut für Therapieforschung (IFT/München) durchgeführt. Schwerpunkt der Studie ist vor allem die Verbreitung von Drogenkonsum. Die Drogensituation eines Landes ist nicht allein anhand der Zahl harter Drogenkonsumenten zu messen. Einerseits sind diese nur ein Teil, anderseits sind diese Personen besonders schwer statistisch zu erfassen. So werden verschiedene Gruppen von Personen, die Kontakt zu Drogen haben, beschrieben. Konsum im Lebenszeitraum („lifetime“) weist generell auf Drogenerfahrung hin. Untersucht man den Drogenkonsum in den letzen zwölf Monaten oder in den letzten 30 Tagen, erhält man ein aktuelles Bild.

Die Zeitfenster dreißig Tage, ein Jahr und Lebenszeit haben sich etabliert und vereinfachen den nationalen und internationalen Vergleich. Tabelle 8 zeigt den Konsum differenziert nach Drogen, innerhalb der Lebenszeit, in den letzten zwölf Monaten und innerhalb der letzten dreißig Tage bei den 18-bis 59-jährigen. Die zusammengestellten Daten (in Prozent) beziehen sich ausschließlich auf Westdeutschland, da es erhebliche Abweichungen zum Konsum in den neuen Bundesländern gibt.

Tabelle 8: Konsum von Drogen in Westdeutschland

1995	lifetime %		lifetime[1] Alter (%)	12 Monate (%)		12 Monate[1] Alter (%)	30 Tage (%)		30 Tage[1] Alter (%)
	m	w		m	w		m	w	
Cannabis	18,4	9,4	21-24 26,3 %	7,3	2,7	18-20 18,3 %	4,9	1,4	18-20 11,9 %
Amphetamine	3,9	1,7	18-20 7,1 %	1,3	0,3	18-20 4,9 %	0,5	0,1	18-20 1,5 %
Halluzinogene	2,8	1,2	18-20 4,5 %	0,9	0,2	18-20 4,5 %	0,4	0,0	18-20 1,7 %
Kokain	3,2	1,2	21-24 5,1 %	1,5	0,4	21-24 2,7 %	0,5	0,2	21-24 1,8 %
Ecstasy			18-20 6,9 %	18-20 4,9 %			18-20 3,3 %		
Heroin			18-20 2,1 %	18-20 1,8 %			18-20 0,6 %		

[1] höchster Prozent aus allen Altersgruppen (18-59 Jahren)
(Zusammenstellung nach Simon & Tauscher & Gessler, 1997)

Eine schwer zu kontrollierende Fehlerquelle bei Daten, die auf Selbstangaben beruhen, liegt in der Tendenz gemäß der sozialen Erwünschtheit zu antworten. Fragen nach sozial abweichendem Verhalten unterliegen im besonderen Maße diesen Fehlern (siehe z.B. Alemann, 1977; Hartmann, 1972). Obwohl die vielfältigen methodischen Probleme zu Einschränkungen der Aussagekraft der Untersuchungen führen, ist der Konsum verbotener Drogen als ein jugendspezifisches und männlich dominiertes Phänomen prägnant. Der höchste Anteil der Konsumenten illegalisierter Drogen liegt jeweils in der Altersgruppe der 18 bis 20 und 21 bis 24-jährigen. Der Anteil der Konsumenten und Drogenerfahrenen, die männlich sind, liegt um das zwei- bis dreifache über dem der weiblichen. Insgesamt gaben im Vergleich von 1986 zu 1995 doppelt so viel Menschen in Deutschland (jeder Vierte) an, dass sie schon einmal im Leben verbotene Drogen zu sich genommen haben. Bei Heroin hat sich im genannten Zeitraum die Zahl verdreifacht, bei Kokain fast verfünffacht (DHS, 1998). Der Konsumtrend bei verbotenen Drogen in Deutschland (1990-1995) zeigt für Westdeutschland einen generellen Anstieg des Drogenkonsums in allen Altersgruppen für alle Substanzen. Die Ergebnisse werden auch von regionalen Studien (vgl. z.B. Kraus & Bauernfeind, 1998) bestätigt.

Die Jahresstatistik des einrichtungsbezogenen Informationssystems (EBIS) basiert wesentlich auf Daten aus Einrichtungen des deutschen Caritasverbandes (DCV) und dem Gesamtverband für Suchtkrankenhilfe im Diakonischen Werk der Evangelischen Kirchen Deutschlands (GVS). Hier ergibt sich für 1998 gegenüber dem Vorjahr nach den behandlungsleitenden Diagnosen bei Opiaten ein Zuwachs von 19 % und bei Cannabis von 33 %. Bei den Opiaten wird die Zunahme auf eine bessere Reichweite (siehe Pkt. 5.2) zurückgeführt (Simon & Palazzetti 1999, S. 36). Für Ostdeutschland ergibt sich ein spezifisches Bild. Auf der Basis einer Längsschnittuntersuchung mit drei Messzeitpunkten wurde die Verbreitung des Konsums illegalisierter Drogen unter Jugendlichen in Ostdeutschland (1990 bis 1993) untersucht (Kirschner, 1996). Es wird eine deutliche Ausbreitung des illegalisierten Drogenkonsums in Ostdeutschland aufgezeigt, die den Bedingungsfaktoren aller westlichen Länder folgt und (noch) keine spezifischen ostdeutschen Bedingungsfaktoren erkennen lässt. Für die neuen Bundesländer zeigt sich ein anderes Bild. Die geringen Fallzahlen müssen berücksichtigt werden (Zusammenstellung nach Simon & Tauscher & Gessler, 1997):

Tabelle 9: Konsum von Drogen in Ostdeutschland

höchster Prozentsatz in der Altersgruppe	lifetime (21-24)	12 Monate (21-24)	30 Tage (21-24)
Cannabis	21,5	11,7	10,9
Kokain	0,9	0,9	0,9
Heroin	0,8	0	0

Drogenerfahrung ist auch in Ostdeutschland stark geschlechtsspezifisch ausgeprägt. Männliche Jugendliche haben bereits 1990 doppelt so hohe Prävalenzen der Drogenerfahrung wie weibliche Jugendliche (Kirschner, 1996, S. 257). Die Verbreitung des illegalisierten Drogenkonsums folgt in Ostdeutschland ähnlichen Mustern, wie in den alten Bundesländern Ende der 60er-Jahre. Obwohl eine erhebliche Zunahme des Konsums verbotener Drogen in der ersten Hälfte der 90er-Jahre in Ostdeutschland zu verzeichnen ist, blieb die Epidemie harter Drogen aus. In den empirischen Befunden deutet sich an, dass sich die jugendspezifische Umgangsweise mit Drogen möglicherweise in Ost und West bereits durch die Bevorzugung von Drogenarten unterscheidet. Der dominierte Drogenkonsum mit Alkoholika (insbesondere Bier) im Ostteil Berlins könnte durch intensive Kontakte zu Westberliner Jugendlichen derart verändert werden, dass es zu einer Verschiebung hin zum Weinkonsum kommt. Auch der Konsum von Haschisch könnte angeregt werden. Allerdings erweisen sich die tradierten Konsummuster als außerordentlich zäh. Veränderungen werden in längeren Zeiträumen angenommen, als bei der Öffnung der Grenzen von vielen Seiten prognostiziert wurde. Es gibt in den neuen Bundesländern eine Cannabis- und Heroinprävention durch Alkohol (Barsch & Kappeler, 1993, S. 125). Die 1989/1990 prognostizierte „Drogenwelle" in Ostdeutschland hat die Jugendlichen in der ehemaligen DDR nicht „überrollt". Die insgesamt langsame, aber stetige Entwicklung der Zuwendung von ostdeutschen Jugendlichen zu bisher weitgehend unbekannten illegalisierten psychoaktiven Substanzen ist eingebettet in Prozesse der Veränderung und Entwicklung jugendlicher Lebenswelten (Kappeler et al., 1999).

Die Diffusion von verbotenen Drogen kann nicht z.B. durch Profitinteressen des illegalen Drogenhandels vorangetrieben werden. Das soziologisch informierte soziale Diagnosen erforderlich sind, macht ebenfalls Tasseit (1999) deutlich. Durch den Transformationsprozess von der DDR zu den Neuen Bundesländern entsteht ein Zustand der Anomie (siehe Pkt. 3.4). Obwohl der Verbrauch an Spirituosen in den ersten fünf Jahren (1990-1995) um mehr als 37 % zurückgeht, steigt die Mortalitätsrate durch chronische Lebererkrankungen und -zirrhose (bis zu jährlich 47 %). Lebererkrankungen und -zirrhosen sind bedeutende Indikatoren für das Ausmaß exzessiven Trinkens in einer Gesellschaft.

Differenzierung

Der Vergleich von Prävalenzwerten (lifetime und 12-Monats-Prävalenz: 1990-1995) des Drogenkonsums (Cannabis, Aufputschmittel, Ecstasy, LSD und Kokain) aus Bevölkerungssurveys in 10 europäischen Staaten zeigt keine Unterschiede in der Verbreitung illegaler Drogen in Frankreich, Griechenland, der Schweiz und Westdeutschland (Kraus, 1997). Das Ausmaß der Verbreitung ist in den skandinavischen Ländern vergleichsweise niedrig. Der Vergleich europäischer Jugendstudien mit westdeutschen Daten ergibt höhere Prävalenzwerte für Jugendliche in Spanien, England und Frankreich. Keine Unterschiede zu Westdeutschland finden sich in den Niederlanden und der Schweiz (S. 329). Der Zusammenhang zwischen der Höhe der Prävalenz des Konsums illegalisierter Drogen und dem Umfang des problematischen Konsums lässt sich nicht nachweisen. Die *„Stepping stone"-Hypothese*, dass der Anteil problematischer Drogenkonsumenten umso höher ist, je höher die Prävalenz des Konsums insgesamt ist, kann nicht nachgewiesen werden. „Vergleicht man die Gesamtwerte der einzelnen Länder, so steigt die aktuelle Prävalenz mit der Höhe der Lebenszeitprävalenz an. (...) Anders ausgedrückt bedeutet dies, dass die aktuelle Prävalenz proportional mit der lifetime-Prävalenz steigt" (Kraus 1997, S. 338).

Ein direkter Zusammenhang zwischen Cannabiskonsum (lifetime-Prävalenz) und der Prävalenz des Konsums von harten Drogen besteht nach dem Vergleich europäischer Prävalenzwerte (1984-1988) nicht (Reuband, 1995). Es unterscheiden sich z.B. die Prävalenzwerte von Cannabiskonsum zwischen der Schweiz und Deutschland nicht: Es differieren die geschätzten Zahlen der Konsumenten illegaler harter Drogen bezogen auf die jeweilige Bevölkerungsgröße. Ebenfalls finden sich kaum Unterschiede in der Prävalenz des Cannabiskonsums und der geschätzten Anzahl der Konsumenten harter Drogen in den Niederlanden und der Bundesrepublik, obwohl sich die konkrete Drogenpolitik erheblich unterscheidet (Reuband, 1992; 1995). Eine strenge Drogenpolitik scheint eher zu einem verstärkten Drogenkonsum zu führen.

Nach den Ergebnissen des Bremer Universitätsinstituts für Drogenforschung (vgl. Frankfurter Rundschau 27.02.99) greifen im europäischen Vergleich die Iren am häufigsten zu „klassischen" illegalisierten Drogen. Die Vergleichszahlen liegen in den liberalen Ländern Niederlande und Italien wesentlich niedriger. Deutschland nimmt, wie in der Ausrichtung der Drogenpolitik, einen mittleren Rang ein. Auch diese Ergebnisse sprechen dafür, dass die informelle soziale Kontrolle möglicherweise einen stärken Einfluss als formelle Kontrollen z.B. in Form der Strafverfolgung hat.

Bedeutung und Bewertung

Den demograhischen Merkmalen Alter und Geschlecht sowie den sozioökonomischen Merkmalen Schichtzugehörigkeit, Schulbildung und eigener Beruf sind nur unzureichend Aufmerksamkeit geschenkt worden. Eine Bestätigung der Annahme, nach der sich im Verlauf der Zeit Angehörige der Arbeiterschicht in zunehmendem Maße in den Kreis der Heroinkonsumenten hineinrekrutiert haben, ist jedoch seit Jahrzehnten schon empirisch belegt (vgl. Reuband, 1979). Wie in den USA breitet sich auch in Mexiko der Konsum von Heroin am schnellsten in der sozialen Unterschicht aus (Neubauer, 1999). Dies steht nicht im Widerspruch zu dem unterschätzten Anteil integrierter Opiatabhängiger. Ihr Integrationsgrad lässt spezifische Gebrauchsregeln vermuten. Ihr Umgang mit Opiaten scheint hoch risikominimierend (körperlich und sozial) praktiziert zu werden, sodass nur geringe oder keine „Folgeprobleme" durch den Opiatkonsum entstehen. Dies stellt sich tendenziell bei den Angehörigen unterer Schichten anders dar. Zu den reduzierten persönlichen und sozialen Kompetenzen kommen die minimierten gesellschaftlichen Perspektiven. Eine weit gehende Reduzierung der sozialen Partizipation auf die teilkulturelle Drogenszene (Lebensstil und Identität) legen einen problematischen Opiatkonsum nahe. Formen des kontrollierten oder des integrierten Opiatkonsums haben auf dem Hintergrund reduzierter sozialer Perspektiven (vgl. Pkt. 5.3) eine geringere Chance.

Der Konsum illegalisierter Drogen ist ein jugendspezifisches, gruppengebundenes, schichtspezifisches und geschlechtsspezifisch männliches Phänomen. Das Einstiegsalter in den illegalisierten Drogenkonsum fällt in die Adoleszenzphase (siehe auch Thomasius, 1991). Die erste Einnahme einer illegalisierten Droge findet nahezu ausnahmslos im engsten Freundeskreis statt (vgl. u.a. Institut für Jugendforschung [IJF], 1991, S. 25ff.). Es lässt sich eine Phasenentwicklung hierarchischer und aufeinander folgender Drogengebrauchsmuster feststellen (Sequenzpostulat). Wenigstens *vier* verschiedene *Entwicklungsstadien* können bei jugendlichen Konsumenten erlaubter und verbotener Drogen bestimmt werden: (1) Bier oder Wein, (2) Zigaretten oder Spirituosen, (3) Cannabis und (4) andere verbotene Drogen (Kandel, 1981, S. 636). Die Entstehung, Aufrechterhaltung und mögliche Entwicklung einer psychischen (und) physischen Abhängigkeitssymptomatik fällt in eine „eigenständige" Entwicklungsphase, die der Jugend.

3.4 Drogenkonsum als abweichendes Verhalten

Grundlagen

Der Konsum illegalisierter Drogen kann in *zweifacher Hinsicht* als abweichendes Verhalten aufgefasst werden:

- Es besteht ein gesellschaftlicher Konsens darüber, dass der Konsum und die Abhängigkeit von illegalisierten Drogen sozial nicht erwünscht sind. Gesellschaftliche Reaktionen sollen auf diese Erscheinungsform erfolgen (soziale Ächtung).
- Der Konsum illegalisierter Drogen verstößt gegen das Betäubungsmittelrecht und ist somit per Definition ein deviantes Verhalten (strafrechtliche Verfolgung).

Die Bestimmung eines Verhaltens als abweichend setzt eine „Norm" voraus, von der aus das Verhalten bestimmt wird. Der Konsum illegaler Drogen ist zunächst eine Verhaltensvariation eines ansonsten tolerierten oder gewünschten Verhaltens (Konsum legaler Drogen). Es wird lediglich die Substanz variiert. Diese Variation verletzt jedoch Normen und Werte. Die Normsetzung und Normdurchsetzung basiert auf Macht (vgl. Pkt. 1.5) und realisiert sich in einem Interaktionsprozess. Hier wird auch definiert, ob es sich bei einem abweichenden Verhalten um einen Verstoß gegen vereinbarte Gruppenregeln (informelle Normen) oder/und gegen geltendes Recht (kodifizierte Normen) handelt. Abweichendes Verhalten ist somit ein Verhalten, das Menschen als solches bezeichnen. Die Bezeichnung gewisser Verhaltensformen als „abweichend" variiert von Kultur zur Kultur und zu unterschiedlichen Zeiten auch in ein und der selben Kultur (siehe Pkt. 1.2). Die seit Jahrzehnten nicht nur in der Bundesrepublik Deutschland geführte Diskussion wird hier prägnant:

- Dämmt eine strafrechtliche Verfolgung durch die Definition eines Verhaltens als abweichend, verbunden mit gesellschaftlichen Reaktionen, das „Problem des Drogenproblems" ein;
- oder führt gerade die strafrechtliche Verfolgung zu spezifischen Ausprägungen mit hinreichend bekannten Folgeproblemen?

Erläuterungen

Den Konsum und die mögliche Abhängigkeit von einer als illegal definierten Substanz als abweichendes Verhalten zu interpretieren, eröffnet andere Perspektiven. Einerseits wird die Abhängigkeit des Verhaltens von den Definitionsprozessen deutlich. Anderseits unterliegt das Verhalten damit nicht mehr einem scheinbar objektiven naturwissenschaftlichen Paradigma. Der gesellschaftliche Umgang mit diesem Phänomen rückt in den Vordergrund: Handelt es sich möglicherweise bei dem problematischen Konsum illegaler Drogen um Folgeprobleme, die erst durch die gesellschaftliche Reaktionen auf dieses Phänomen entstehen? Für die hier vorzustellenden Perspektiven ist zunächst eine Differenzierung der „Typen abweichenden Verhaltens" von Bedeutung (Becker, 1973, S. 17):

Tabelle 10: Typen abweichenden Verhaltens

	Regelgerechtes Verhalten	Regelverletzendes Verhalten
als abweichend empfunden	Fälschliche Beschuldigung	entdecktes regelverletzendes Verhalten
nicht als abweichend empfunden	regelgerechtes Verhalten	heimliches, nicht entdecktes regelverletzendes Verhalten

Bei dem Konsum einer illegalisierten Substanz haben wir es mit einem Verhalten zu tun, dass als ein heimliches Verhalten praktiziert wird. Die Selbstdefinition dieses Verhaltens wird von Konsumenten illegaler Drogen im Gegensatz zu anderen Formen der Gesetzesverletzung weitgehend als nicht abweichend empfunden. Um ein solches Verhalten praktizieren zu können, bedarf es spezifischer Voraussetzungen. Es müssen jenseits der offiziellen Kultur Strukturen (u.a. Drogenangebot und Zugänglichkeit) vorhanden sein, in denen der Umgang mit Drogen auch erlernt werden kann. In Anlehnung an H. S. Becker (1973, Kap. 3 u. 4) kann der Prozess der Realisierung abweichenden Verhaltens verdeutlicht werden. Wer mit dem Konsum einer illegalisierten Droge beginnen will, muss sich einer Gruppe anschließen, die im Widerspruch zu der konventionellen Gesellschaft steht. Das Erlernen der Technik der Drogenaufnahme (Zubereitung, Dosierung, Applikationsform) ist erforderlich, da es sich um keine im üblichen sozialen Kontext zu erlernende Technik (wie z.B. beim Alkoholgebrauch) handelt. Dieser Prozess läuft aber nach den gleichen Prinzipien ab.

- Durch direktes Lernen (z.B. Anleitung) oder durch
- Beobachtung (Lernen am Modell) werden die Techniken erlernt (vgl. auch Pkt. 2.3).
- Die Fortsetzung eines autonomen Drogengebrauchs ist erst möglich, wenn die Technik erlernt wurde. Die Wahrnehmung der Wirkungen sind in mehrfacher Hinsicht von Bedeutung:
- Die Symptome, die durch die Droge hervorgerufen werden und
- die Anerkennung dieser Symptome müssen im direkten Zusammenhang mit dem Drogengebrauch wahrgenommen, und
- die Wirkungen müssen positiv erlebt werden.

Ohne Umdeutung der Wirkungen in erfreuliche wird der Drogenkonsum mit hoher Wahrscheinlichkeit nicht beibehalten. Denn die ersten Konsumversuche (auch legaler Drogen) sind in der Regel mit unangenehmen körperlichen (Übelkeit, Erbrechen) und nicht einordbaren psychischen Sensationen (u.a. Wahrnehmungsveränderungen) verbunden. Erst die sozial vermittelten Erfahrungswerte können den Erstkonsumenten zu einem weiteren Gebrauch veranlassen. Diese Erfahrungswerte beziehen sich einerseits auf die unangenehmen körperlichen Sensationen, die mit der Dosierungshöhe verbunden sind und nach mehrmaligem Gebrauch in der Regel nicht mehr auftreten. Anderseits auf die psychischen Sensationen, die als angenehm interpretiert und z.B. in ihrem Anhalten ihrer Abschwächung oder Verstärkung sozial vermittelt werden müssen. Was möglicherweise vorher als abschreckend und abstoßend erlebt wurde (z.B. psychoseähnliche Zustände unter LSD-Wirkung; Selbstinjektion von Heroin) kann erst nach einem entsprechenden sozialen Prozess als angenehm erlebt werden.

Die Laufbahn eines Konsumenten illegalisierter Drogen vom Anfänger zum Gelegenheits- oder Gewohnheitsbenutzer, lässt sich in Stationen gliedern, von denen jede durch eine deutliche Änderung in dem Verhältnis zu der sozialen Kontrolle und zur Subkultur gekennzeichnet ist. Neben der Aneignung von Expertenwissen (u.a. Qualitätsbeurteilung, Preis- Leistungsverhältnis, Umgang mit der sozialen Kontrolle) müssen beim Übergang zum regelmäßigen Konsum einer verbotenen Droge Lieferquellen „erschlossen" werden. Diese setzen eine Gruppenzugehörigkeit voraus, da der Nachschub einer „Geheimhaltung" (heimliches, nicht entdecktes regelverletzendes Verhalten) unterliegt. Neben dem Erlernen von Kontrollmechanismen, bezogen auf das strafrechtliche Risiko, ist die Kontrolle im Sinne der Verheimlichung der Drogenwirkungen gegenüber dem sozialen Umfeld von Bedeutung. Hier werden eine soziale Ächtung bei Entdeckung (z.B. durch Familienangehörige) und Behandlungsbedürftigkeit als Folge von Definitionsprozessen befürchtet. Der regelmäßige Konsum einer illegalisierten Droge führt somit auch zur Reduzierung der sozialen Teilhabe auf die teilkulturelle Gruppe der Drogengebraucher. In der Gruppe der Drogengebraucher ist nicht nur der gemeinsame (verbotene) Drogenkonsum sozial erwünscht und wird gefördert, sondern eventuell erfordert die Zugehörigkeit zu einer Gruppe den regelmäßigen Drogenkonsum. Eigene Vorbehalte gegenüber dem verbotenen Verhalten und Selbstinterpretationen als ein krankhaftes Verhalten, können durch Rationalisierungen und Rechtfertigungen neutralisiert werden. So lange dieses Verhalten nicht öffentlich wird und soziale Reaktionen erfolgen, wird es als nicht entdecktes (regelverletzendes) Verhalten empfunden.

Differenzierung

Der spezifische Ansatz besteht darin, dass abweichende Motive sich erst im Verlauf der Erfahrung mit dieser abweichenden Aktivität entwickeln. Nicht abweichende Motive führen zu abweichendem Verhalten, sondern das abweichende Verhalten erzeugt mit der Zeit die abweichenden Motive. Die sich entwickelnde Identität als Drogenkonsument wird von Gratifikationen innerhalb der teilkulturellen Gruppierung gestützt. Die Besonderheit der Rolle und des „Status" Heroinkonsument („Junkie") ist häufig gekoppelt an ein Gefühl von Identität, das sich aus dem Gefühl der Überlegenheit über andere entwickelt. Die Subkultur der Heroinkonsumenten hat bestimmte Eigenschaften. Neben dem Konsum illegaler Drogen ist es das Alter, das Geschlecht und die Schichtzugehörigkeit.

Die Subkultur präsentiert sich nicht als abgeschlossene Einheit, sondern differenziert in überschaubaren Gruppierungen. Diese haben für den Einzelnen bedeutende Funktionen im Prozess des „Hineinwachsens". Das Eigenleben im subkulturellen Kontext ist gekennzeichnet von bestimmten Werten, Normen, Symbolen und Verhaltensweisen. Diese unterliegen dem Wandel und werden in einem Prozess kommunikativer Interaktion gebildet, anerkannt und geteilt. Bei den Mitgliedern zeigen sie sich als Werthaltungen, als verinnerlichte Werte. Bezogen auf einen problematischen Drogenkonsum haben sich unterschiedliche Normen, je nach Drogenpräferierung, etabliert. Diese sind in Tabelle 11 zusammengestellt.

Tabelle 11: Spezifische Normen in Drogensubkulturen

	Experimentier–Norm	Fortsetzungs–Norm	Gegenseitigkeits–Norm	Distributions–Norm
Alkohol-Subkultur	gesellschaftlich verankert	„total zu"	Geld zusammenlegen	Unproblematisch
Cannabis-Subkultur	„formloser Druck"	regelmäßig	„teilen" zusammenlegen für Nachschub	zum Selbstkostenpreis bzw. kommerziell

Polytoxikoman-Subkultur	„jede Substanz“	alles unterschiedlich	„teilen“	Geld zusammenlegen Nachschubquellen
Heroin-Subkultur	Inhalation Injektion	wöchentlich / täglich	teilen ja, jedoch eine strikte Gegenseitigkeit	Handeln Beziehungen vermitteln

Rituale von Drogenkonsum können Unterschiedliches ausdrücken. Neben der Demonstration von Männlichkeit als Zeichen für Mut und Risikobereitschaft kann wechselseitig Anerkennung auf dem gemeinsamen Hintergrund des Ausgestoßenseins dargelegt werden. Bei der Gruppe der Heroinkonsumenten hat sich seit vielen Jahren ein polytoxikomanes Drogengebrauchsmuster bei Aufrechterhaltung der oben genannten zentralen Normen etabliert. Bei den extrem-problematischen Heroinkonsumenten sind zahlreiche psychische, soziale und körperliche Risiken umfassend beschrieben worden (siehe z.B. Gölz, 1995).

Auf der (professionellen) Händlerebene zeigt sich ein zunehmender Konkurrenzkampf um die „Versorgung der Kunden“. „Geschäftliche Interessen“ und Marktanteile werden durch Gewalt-Strategien durchgesetzt. Bei primär Heroinabhängigen sind für die Entwicklungsdynamik zu einem polytoxikomanen Drogengebrauch neben ökonomischen Aspekten (u.a. Angebot, Preis) die soziale Ausgrenzung, die strafrechtliche Verfolgung und die veränderte soziale Zusammensetzung der Heroinkonsumenten zu nennen (siehe 3.1).

Bedeutung und Bewertung

Wird das Phänomen des Konsums illegalisierter Drogen als soziales Phänomen verstanden, findet die Erklärung durch soziale Prozesse statt. Durch die Definition einer Droge als illegal wird der Konsum an sich zu einem abweichenden Verhalten. Auf diesem Hintergrund müssen subkulturelle Kontexte entstehen (siehe auch 1.4). Repressive Maßnahmen stellen die sozialen, psychischen und körperlichen Risiken erst her, die sie vorgeben zu bekämpfen. Diese reichen von sozialen Risiken (Medizinalisierung und Kriminalisierung), über psychische Risiken (z.B. Gewalterfahrungen) bis hin zu existenziellen, körperlichen Risiken (HIV/AIDS/Hepatitiden).

Nicht abweichende Motive führen zu einem abweichenden Verhalten, sondern sie bilden sich sukzessive erst in dem sozialen Prozess heraus. Diese Verläufe sind denen vergleichbar, die auch „normales“ Verhalten regeln. In der empirischen Forschung zum Drogengebrauch und zur Drogenabhängigkeit sind diese grundlegenden Erkenntnisse nur unzureichend berücksichtigt worden. Über den Einfluss von motivations- und situationsspezifischen Bedingungen auf den Drogenkonsum kann hier nur auf wenige Untersuchungen hingewiesen werden: Berger, Reuband und Widlitzek (1980) untersuchten die „Wege in die Heroinabhängigkeit“ anhand von qualitativen Leitfadeninterviews. Als wesentliche Entwicklungsmerkmale werden die sozialen Interaktionen und Kontakte genannt, die in direkter Verbindung mit den sich dadurch allmählich ändernden Werten und Einstellungen stehen. Diese bilden einen Leitfaden bei der sich schrittweise entwickelnden Drogenkarriere. Offen bleibt die kritische Auseinandersetzung mit dem relativ „zufällig“ konzipierten Hineingeraten in den Drogenkontakt. Hiermit setzen sich die Erklärungsansätze zu den gesellschaftlichen sozialstrukturellen Vorgaben auseinander (Pkt. 3.4).

3.5 Drogenkonsum – Gesellschaft – Abweichung

Grundlagen

Eine generelle Gesellschaftskritik im Zusammenhang mit einem problematischen Drogenkonsum wird zahlreich formuliert:

- Abweichungen oder Erkrankungen werden an Individuen sichtbar und auffällig, haben jedoch ihre Ursachen in den dominierenden gesellschaftlichen Erwartungen und Anforderungen. Das Individuum wird haftbar gemacht, die gesellschaftlichen Anteile werden geleugnet oder verschwiegen.
- Drogenabhängigkeit wird als Ausdruck nekrophiler Gesellschaftsstrukturen, als Gesellschaftscharakter (in Anlehnung an Erich Fromm) und unmenschlicher Sinnmuster (Neumann, 1996) interpretiert. Das gesellschaftliche Destruktionspotenzial würde sich in der Destruktivität des Individuums abbilden (Malchau, 1987, S. 2). „In der Folge von staatsinterventionistischen Maßnahmen entstehen paradoxe Effekte, die aus der Sicht von Jugendlichen Drogen und Suizid als Überlebensstrategie bewerten lassen“ (Malchau, 1987, S. 179).
- Grundstrukturen unserer Konsumgesellschaft werden als Ansatzpunkt gewählt. Konsumismus als eine ständige Dosissteigerung wird als Kreislauf der Abhängigkeit verstanden, die ihren Ausdruck in anderen Formen der Abhängigkeit findet (Amendt, 1986). Die rasante Akzeptanz von legalen und illegalisierten Drogen deutet darauf hin, dass Abhängigkeiten gewissermaßen zu den modernen Industriegesellschaften gehören. Im Drogenkonsum liegt die Möglichkeit, leicht und selbstverständlich,

Angst, Schmerz und Verzweiflung durch Pharmaka zu betäuben oder eine Leistungssteigerung zu erzielen.

Differenziertere Ansätze gehen der Frage nach, wieso das Auftreten von abweichendem Verhalten, der Konsum illegalisierter Drogen in verschiedenen sozialen Strukturen variiert und unterschiedliche Formen und Muster annimmt. Welche sozialstrukturellen Vorgaben fördern, begünstigen oder hemmen Abweichungen? Es werden die gesellschaftlichen Voraussetzungen, die makrosozialen Rahmenbedingungen, die ein solches Verhalten nicht nur ermöglichen, sondern oft auch hervorrufen, thematisiert:

- Menschen sind mehr oder minder Gefahren und Risiken ausgesetzt, die vor keinen Schicht- und Klassengrenzen Halt machen (Beck, 1986).
- Es entstehen aus den gesamtgesellschaftlichen Individualisierungsprozessen Ungewissheiten und Verunsicherungen in der Realisierung des individuellen Lebensentwurfes. Reichen die Handlungskompetenzen und Bewältigungsstrategien nicht aus, entsteht Stress (stresstheroretische Konzeption). Problematische Formen der Belastungsregulation in unterschiedlichen Ausdrucksformen (z.B. Drogenkonsum) können die Folge sein.
- Für Gesellschaftsmitglieder als handelnde Subjekte sind die kollektiven Möglichkeiten (soziale und materielle Ressourcen) und individuellen Chancen (u.a. Handlungskompetenzen) spezifische soziale Positionen zu erreichen unterschiedlich verteilt.

Erläuterungen

Zahlreiche Erklärungen basieren auf der Anomietheorie. Als *Anomie* wird die Unvereinbarkeit zwischen sozialkulturellen Entwicklungsanforderungen und Entwicklungsangeboten verstanden. Das von Durkheim (1965; [1895]) entwickelte Konzept der Anomie als eines Zustandes der relativen Normlosigkeit, des Verfalls der Integrationsfähigkeit und Kohäsion gesellschaftlicher Strukturen, wurde von Merton (1974, insbesondere S. 292ff.) aufgegriffen und modifiziert. Merton definiert das Problem als eine Diskrepanz zwischen kultureller und sozialer Struktur. Es besteht eine Diskrepanz zwischen kulturellen Normen und Zielen und den sozial strukturierten Möglichkeiten in Übereinstimmung hiermit zu handeln (Anomie). Die Sozialstruktur gerät in Spannung zu den kulturellen Werten, indem sie „wert- und normadäquates Handeln den Inhabern bestimmter Positionen in der Gesellschaft ohne weiteres ermöglicht, anderen dagegen erschwert oder gar unmöglich macht“ (S. 292). Inwieweit Menschen ihre Werthaltungen in entsprechende Verhaltensweisen umsetzen und damit bestimmte Lebensstile praktizieren können, ist abhängig von strukturellen Ressourcen und Restriktionen. Hierzu gehören die finanziellen Ressourcen, die Bildungs- und

Machtressourcen. Diese Ressourcen sind nachweislich in den unteren Sozialschichten am geringsten vorhanden, sodass der stärkste Druck zu abweichenden Verhaltensweisen hier anzutreffen ist. Es besteht in den unteren sozialen Schichten nur ein äußerst eingeschränkter Zugang zu konventionellen und legitimierten Wegen zum Erfolg. Es entwickelt sich somit ein Druck in Richtung auf alternative Verhaltensweisen, die von legitimierten Mitteln und kulturellen Zielen abweichen.

In der Übertragung der Arten individueller Anpassung (Merton, 1974, S. 293) kann illegaler Drogenkonsum eine Innovation, ein Rückzugsverhalten oder eine Rebellion darstellen. Bei der Innovation wird den kulturellen Zielen „zugestimmt". Die institutionellen Mittel zur Erreichung dieser Ziele werden jedoch abgelehnt bzw. sind nicht möglich. Für Malchau (1987, S. 176) bildet sich der *Drogenkonsum als Ziel-Mittel-Diskrepanz* auf der psychologischen Ebene als *Ich-Ich-Diskrepanz* ab. Manche Formen des Kokain- und Amphetamingebrauchs zur „Leistungssteigerung" können hier angeführt werden. Die Vorbildfunktion übernimmt der Einsatz von Drogen im Sport (z.B. Beta-Blocker, Anabolika, Stimulanzien, Narkotika) und findet auch in der massenhaften medikamentösen „Stützung" bei Schülern ihren Ausdruck.

Der Konsum verbotener Drogen als Innovation kann sich jedoch nicht nur auf den Einsatz der Substanz beziehen. Der Zusammenhang der Illegalität muss ebenso eine Berücksichtigung finden. Die Innovation liegt auch in einer möglichen individuellen Perspektive. Dass diese Perspektive mit einer hohen Wahrscheinlichkeit in ihrem weiteren Verlauf in Verelendung, Rückzug und Apathie führen kann, wird zu Beginn des Heroinkonsums nicht angenommen. Bei „Rückzug und Apathie" werden sowohl die kulturellen Ziele als auch die institutionalisierten Mittel abgelehnt. Bestimmte Formen des exzessiven Drogenkonsums und der Verelendung lassen auf diese Art individueller Anpassung auf sozialstrukturelle Vorgaben schließen. Die „Rebellion" stellt nach dieser Typologie die Ablehnung herrschender Werte und die Substitution durch neue Werte dar. Diese Form der individuellen Anpassung ist der Phase der Verbreitung illegalisierter Drogen in Deutschland zuzuordnen, in der es kaum eine Differenzierung zwischen Drogen- und Politszene gab (etwa 1966-1970).

Ein niedriger zu erwartender Bildungsabschluss und die damit reduzierten gesellschaftlichen Perspektiven (u.a. Ausbildung und Arbeitsplatz) können zu einer gesteigerten Lukrativität einer drogendominierten Lebenswelt beitragen. Dies ist eine Reaktionsmöglichkeit der individuellen Anpassung auf sozialstrukturelle Vorgaben. Die kulturellen Ziele werden geteilt, es kommt jedoch zum Einsatz illegitimer Mittel. Drogenkonsum hemmt Qualifikationsmöglichkeiten, niedrige Qualifikation macht ein Drogenleben doppelt attraktiv (Berger & Reuband & Widlitzek, 1989). Die Entstehung und die Kontinuität von Subkulturen wird als eine Art kollektive Reaktion auf nachteilige sozialstrukturelle Bedingungen verstanden. Cloward und Ohlin (vgl.

Springer, 1973, S. 14ff.) sprechen von einer Rückzugs-Subkultur. Subkultur ist eine abstrakte Einheit, die sich für Jugendliche im sozialen Nahraum (u.a. Schule, Stadtteil, Jugendeinrichtung) über „peer-groups“ zeigt. Die Zugehörigkeit zu einer Gruppe von Jugendlichen, die Drogen konsumieren, kann als lukrativ erlebt werden. Ebenso finden illegalisierte Drogen über einzelne Gruppenmitglieder in „peer-groups“ Eingang. Mit „peers“ werden Menschen bezeichnet, die etwa einen gleichen Rang und Status haben und von ungefähr gleichem Alter sind. „peer-groups“ stellen zentrale soziale Erfahrungen für Jugendliche bereit. Es können in der „peer-group“ Ablösungs- (u.a. von den Eltern) und Neuorientierungsprozesse initiiert und wechselseitig unterstützt werden.

Sozialpsychologische Theorien stellen die interpersonellen Beziehungen Jugendlicher zu ihren primären (Familie) und ihren sekundären Bezugsgruppen („peer-group“) als Erklärungsansätze für den Konsum illegalisierter Drogen in den Vordergrund. Aus sozialpsychologischer Sicht ist dann eine „Anfälligkeit“ für Drogen gegeben, wenn das psychische Wohlbefinden eng an einen bestimmten Gruppenkontext geknüpft ist und gleichzeitig in dieser Gruppe Drogen konsumiert werden. Durch den Gruppendruck entsteht generell eine hohe Beeinflussbarkeit des jeweiligen Gruppenmitglieds und eine hohe Bindung an soziale Bezugsnormen. Sozialer Einfluss ist generell ein wesentlicher Bestandteil unseres Alltagslebens. Die Phänomene des sozialen Einflusses sind nicht ein Resultat bewusster Entscheidungen, sondern entstehen in Interaktionsprozessen. Die sozialen Einflüsse in Kleingruppen sind durch sozialpsychologische Forschungen hinreichend belegt (vgl. z.B. Avermaet, 1992). Die positive Bewertung des Drogenkonsums in der Gruppe kann als Gruppendruck beim Einzelnen nicht nur bewusst (un- oder vorbewusst) erlebt werden, sondern die Gruppenzugehörigkeit kann hierüber zur Disposition stehen.

Nicht pharmakologische Eigenschaften einer Droge führen zum Konsum einer anderen („härteren“), sondern soziale Einflüsse bedingen den jeweiligen Konsum bzw. Nichtkonsum (Kandel, 1981). Sowohl bei der Annäherung Jugendlicher an den subkulturellen Kontext, als auch bei der weiteren Involvierung befinden und empfinden sich die „Mitglieder“ der Subkultur durch ihre Position in der Sozialstruktur in einer ähnlichen Lage. Bei den bis zu 50.000 geschätzten Straßenkindern in Deutschland, die ihren Lebensmittelpunkt auf die Straße verlagern und in Distanz zu den regulären Sozialisationsinstanzen Familie, Schule und Ausbildung sowie Einrichtungen der Jugendhilfe leben, ist der Umgang mit Drogen ebenfalls an die subkulturellen Gelegenheiten und die Beziehungsstrukturen in Cliquen und Szenen gebunden (Hansbauer & Permien & Zink, 1997). In dieser Suchbewegung nach Entlastung, nach Unkompliziertheit und Zugehörigkeit, nach Spaß wie nach Zerstreuung jenseits aller Problemlagen, unterscheiden sich diese Jugendlichen nicht von anderen Jugendlichen.

Catton und Shain (1976) zeigten bereits vor Jahrzehnten in ihrer Übersicht zahlreicher Studien in den USA auf, dass Heroinkonsum nicht nur eine Gewohnheit, sondern ein Lebensstil ist, der die Identität des Konsumenten nachhaltig beeinflusst. Die Heroinsubkultur bestimmt die zentralen Bedürfnisse als auch die Mittel sie zu befriedigen. Der ideale Heroinkonsument hat ein durchaus attraktives Image. Er ist „cool", geschickt und erfolgreich. Heute wächst eine große Zahl von Jugendlichen ohne jede Chance auf feste Anstellung, also im ökonomischen Abseits, auf. Dies bedeutet eine hohe ökonomische Verwundbarkeit. Eine Möglichkeit diesen Widerspruch aufzulösen kann darin bestehen, die Marginalität und das Stigma anzunehmen und zu Nutze zu machen (Connel 1995). Ein Teil der männlichen Jugendlichen weicht durch die hohe Arbeitslosigkeit auf den alternativen „Arbeitsmarkt" Drogenszene aus. Zu diesem Arbeitsmarkt gehört auch der Kleinhandel mit Drogen. Hier können spezifische Kompetenzen (z.B. geschickter Umgang mit den Kontrollinstanzen) erworben und eingebracht werden (z.B. Verhandlungsgeschick). Der Handel mit verbotenen Drogen (Einfuhr, Verkauf) steht zwar Strafrechtsnormen konträr gegenüber, ist aber ein Äquivalent der gesamtgesellschaftlich akzeptierten Werte in Form von selbstständiger Tätigkeit und Gewinnmaximierung.

Erst in der Thematisierung der dialektischen Spannung zwischen Person und Rolle werden die „Nahtstellen" zwischen Individuum und Gesellschaft, zwischen subjektiven Möglichkeiten und gesellschaftlichen Anforderungen prägnant (Hilbert & Friedrichs 1996). Anomische Situationen können, rollentheoretisch betrachtet, auch als Orientierungslosigkeit verstanden werden. Die vorhandene Binnendifferenzierung in der Subkultur stellt ein System wechselseitig aufeinander abgestimmter Rollen dar, die auch ein diffuses Gefühl der Gemeinsamkeit auf dem Hintergrund der Ausgrenzung vermitteln. Die Übernahme der „Konsumentenrolle", der „Dealerrolle", der „Abhängigkeitsrolle", der „Krankenrolle", schafft bei Intra- und Interrollenkonflikten Entlastung. Der Ankauf und Verkauf von illegalisierten Drogen, die Vermittlung von Drogengeschäften, die Geldbeschaffung durch z.B. weibliche Prostitution und männliche Beschaffungskriminalität, die Organisation von Medikamenten stellen zentrale Aktivitäten des Heroinkonsumenten dar. Heroinkonsument zu sein bedeutet auch einen ausgefüllten Alltag zu haben („Fixersein als Beruf"). In der subkulturellen Gruppierung der Heroinkonsumenten findet auch schrittweise ein Prozess zur sozialen „Abhängigkeit" statt. Neben der Reduzierung der sozialen Kontakte ist es die physische Abhängigkeit, die einen Nachschub eben über diese Gruppierung erfordert.

Die bisherigen Ausführungen gehen von der Reaktion von Gesellschaftsmitgliedern auf sozialstrukturelle Vorgaben aus. Abweichendes Verhalten kann auch von der Reaktion der Gesellschaft her beschrieben und erklärt werden: Soziale Gruppen schaffen abweichendes Verhalten, indem sie die Regeln setzen (Becker, zitiert nach Springer, 1973, S. 28-29). Erst die

Verletzung der Regeln begründet Devianz. Werden diese Normen auf bestimmte Personen angewandt, werden sie als Außenseiter abgestempelt („labeling them as outsiders"). Ein wesentlicher Teilaspekt des Phänomens Konsums verbotener Drogen erklärt sich über die Reaktion der Gesellschaft auf das Phänomen Konsum illegaler Drogen.

Erst die Definition einer Droge als illegale schafft den Tatbestand der Normverletzung. Die Strafverfolgung und Etikettierung sind hieraus folgerichtig. Alle Ansätze und Forderungen zur Legalisierung oder Liberalisierung illegalisierter Drogen basieren implizit oder explizit mit auf dieser Grundlage. Ergänzend zu dieser Perspektive ist der radikale Definitionsansatz von F. Sack (1974) zu nennen: Durch die selektive Anwendung des Werte- und Normensystems (z.B. in der Strafverfolgung) wird die tatsächliche Gleichverteilung abweichender Verhaltensweisen verschleiert. Diese Annahme ist plausibel für den Teil der experimentellen Drogenkonsumenten (siehe Konsum im Lebenszeitraum Pkt. 3.3). Die eindeutigen geschlechts- und schichtspezifischen Merkmale bei problematischen Drogenkonsumenten können hierdurch nicht erklärt werden.

Differenzierung

Es gibt einen gesicherten Zusammenhang zwischen der Wirkungsstärke der gesellschaftlichen Reaktion auf individuellen Drogenkonsum und der individuellen Gegenreaktion auf gesellschaftliche Sanktionierung. Renn (1986) zeigt anhand der Dynamik von gesellschaftlichen Faktoren auf, warum sich im nordamerikanischen Trinkmilieu Gamma Alkoholiker („Süchtige Trinker") und im Trinkmilieu europäischer Weinbauregionen Delta-Alkoholiker („Gewohnheitstrinker") entwickeln (zur Typologie des Alkoholismus siehe Anhang M). Es werden Wirkungsmöglichkeiten in *dreifacher Weise* nachgewiesen:

- Gesellschaftliche Faktoren, als die bestimmenden Momente kritischer Lebenslagen, können den Erstkonsum einer Droge bzw. deren ersten missbräuchlichen Konsum auslösen und somit als Initialzündung fungieren.
- Als Sozialisationsfaktoren sind gesellschaftliche Faktoren hierbei fördernde bzw. hemmende Bedingungen, die in der Biografie der einzelnen Personen verankert sind.
- Gesellschaftlichen Faktoren kommt darüber hinaus eine entscheidende Bedeutung für die Art des Verlaufs einer „Suchtentwicklung", einer „Suchtkarriere", zu (Renn, 1986, S. 110).

Gesellschaftliche Reaktionen zeigen sich auch unmittelbar in dem Muster, wie verbotene Drogen konsumiert werden. Auf Grund des Opportunitätsprinzips werden z.B. in den Niederlanden (siehe 1.5) illegalisierte Drogen weniger riskant (u.a. Überdosierungs- und Infektionsrisiken) konsumiert. Bei einer subkulturellen Verankerung zeigen sich darüber hinaus noch weitere spezifische Ausprägungen. Der größte Teil von Konsumenten illegaler Drogen hat gesellschaftliche Normen und Werte verinnerlicht. Für einen fortgesetzten Verstoß gegen die internalisierten Normen und Werte ist es erforderlich, dass Techniken zur Neutralisierung entwickelt werden. Hierbei geht es um die Frage, wie entdeckte Konsumenten verbotener Drogen die moralische Richtigkeit ihres Verhaltens vermitteln. Es bedarf der in der Bezugsgruppe vermittelten internalisierten subkulturellen Werte und Normen. Die von D. Matza und G. M. Sykes entwickelten Neutralisationstechniken (siehe Springer, 1973, S. 22-24) knüpfen an die von Cohen fortentwickelten Subkulturansätze zur Erklärung abweichenden Verhaltens von Jugendlichen an. Bezogen auf Konsumenten illegaler Drogen kann der Ansatz modifiziert werden. Die Autoren nennen hier *fünf „Techniken“:*

1. Die persönliche Verantwortung wird abgelehnt.
Bei Heroinabhängigen, die intensive Erfahrungen mit der Strafverfolgung und dem Drogenhilfesystem haben, erfolgt häufig eine Rekrutierung auf die vorhandene Krankheit „Drogenabhängigkeit“; dies im Sinne der Ablehnung der eigenen Verantwortung. So hätten keine anderen Handlungsalternativen (als z.B. der Diebstahl aus der elterlichen Wohnung, der Einbruch bei einem Nachbarn) bestanden.

2. Das Unrecht der Handlung wird verneint.
Bei einem Verstoß gegen das BtMG ist das Unrecht der eigenen Handlung nicht plausibel. Es kann auch schwerlich vermittelt werden, da es sich primär um Selbstschädigung handelt.

3. Das Opfer der Handlung wird abgelehnt.
Werden z.B. Kaufhausdiebstähle begangen, so wird der Kaufhauskonzern nicht als Opfer der Straftat gesehen. Innerhalb der Drogensubkultur begangene Straftaten (z.B. Drogendiebstahl, Geldeintreibung, Körperverletzung) werden z.B. als Selbstjustitz aus der Opferrolle heraus interpretiert.

4. Die Entrüstung der Konformisten wird mit gleicher moralischer Entrüstung zurückgewiesen.
Die Reaktion (z.B. der Eltern) auf den entdeckten Konsum verbotener Drogen wird häufig mit dem Hinweis auf den Konsum legaler Drogen der sich Entrüstenden beantwortet.

5. Die eigenen Handlungen werden mit Verweis auf höhere Instanzen legitimiert.
Als höhere Instanzen können hier z.B. die zahlreichen nationalen und internationalen „Experten“ genannt werden, die sich schon längst für eine kontrollierte Heroinabgabe eingesetzt hätten.

Subkulturen müssen auch spezialisierte Varianten der dominierenden Standardsprache einer Kultur entwickeln. Diese spezialisierten Varianten sind in einem gewissen Sinne Geheimsprachen zur Sicherung des Überlebens von Subkulturen. Sie spiegeln eine auf den Drogenerwerb und Drogenkonsum reduzierte Lebenswelt wider. Diese Lebenswelt ist von Angebot und Nachfrage, Konkurrenz- und Verfolgungsdruck sowie den abhängigkeitsspezifischen Besonderheiten im Erleben und Verhalten geprägt. Kampe et al. (1997, S. 19) weisen in ihrer Untersuchung des Sprachgebrauches Drogenabhängiger einen hohen Grad der Besetzung des Bewusstseins durch das sondersprachlich verschlüsselte Drogenwissen nach. Die Drogensondersprache wird zu Beginn der Drogenkarriere erlernt. Danach sind keine direkten Änderungen im Sprachgebrauch mehr zu beobachten. Dass durch den aktiven Gebrauch von Wörtern aus der Sondersprache Drogenabhängiger oft ein unmittelbarer Sinnzusammenhang auf der Grundlage von drogenspezifischen Erfahrungen hergestellt wird, kann dazu führen, dass in der (therapeutischen) Kommunikation von Professionellen mit Drogenabhängigen zwar die gleichen Wörter gebraucht werden, aber dennoch verschiedene Sprachen gesprochen und somit unterschiedliche Inhalte gemeint sind (S. 35).

Bedeutung und Bewertung

Die Funktionen des Konsums von Drogen sind vielfältig. Sie können von der Leistungssteigerung bis zum Rückzug reichen. Drogenkonsum ist Teil der alltäglichen Auseinandersetzung des Menschen mit seiner Umwelt. Er ist auch Bestandteil und Ausdrucksform des gesellschaftlich organisierten Verhältnisses von Menschen zur Natur und untereinander (Kappeler, 1991, S. 23). Es kommt damit auch immer ein bestimmtes Verhältnis von bestehenden gesellschaftlichen Zielen und legitimen Mitteln zur Erreichung von Zielen zum Ausdruck. Der stärkste Druck zur Abweichung liegt auf den sozial niedrigeren Schichten. Die sozialen, materiellen und individuellen Ressourcen reichen häufig nicht zur Erreichung internalisierter gesamtgesellschaftlicher Ziele aus. Für die Lösung der Integrations- und Anpassungsprobleme, z.B. von der beruflichen Integration bis zur Ablösung aus dem subkulturellen Zusammenhang, stellt die bestehende Kultur keine befriedigenden Lösungen bereit. Es sind nicht die pharmakologischen Wirkungen von illegalisierten Drogen, die Jugendlichen eine (dauerhafte) Zugehörigkeit zu bestimmten Gruppierung lukrativ erscheinen lässt. Einerseits bietet der Drogenkontext Möglichkeiten in vielfältiger Hinsicht, die nur unzureichend zur Verfügung stehen. Anderseits fördert die gesellschaftliche Reaktion auf das abweichende Verhalten des Konsums illegaler Drogen Prozesse, die erst die Situationen herstellen, die sie vorgeben zu bekämpfen. Es wird zwar den Drogen der Kampf angesagt, der Kampf gilt jedoch den Konsumenten.

Zusammenfassung

Folgende soziale Bedingungen für das Auftreten eines problematischen Drogengebrauchs bzw. für eine Drogenabhängigkeit können genannt werden:

- *Sozialdemographische Elemente*

Deutlich mehr illegale Drogen werden von Männern konsumiert. Dies zeigt sich auch bei den legalen Drogen, ausschließlich dem Medikamentenkonsum und der Medikamentenabhängigkeit. Die höchsten lifetime-Prävalenzraten für den Gebrauch illegaler Substanzen lassen sich bei den 18- bis 24-jährigen finden (siehe Pkt. 3.3).

- *Sozialökonomische Elemente*

Eine niedrige soziale Schichtzugehörigkeit und damit tendenziell ein niedriger Bildungsstand sind Merkmale von Opiatabhängigen (Heroin als „Looser-Droge").

- *Sozialisationsspezifische Elemente*

Die Sozialisationsbedingungen von Kindern und Jugendlichen aus niedrigeren sozialen Schichten sind häufiger mit kritischen Lebensereignissen verbunden. Soziale (u.a. soziales Netzwerk) und personelle Ressourcen reichen häufiger nicht zur Kompensation von Benachteiligungen und zur Bewältigung kritischer Lebensereignisse aus.

Durch die hergestellten Bezüge wird eine Kritik an der Drogenhilfe und an der (Drogen-) Politik deutlich. Es werden die Erkenntnisse über die sozialen Faktoren und den prozesshaften Verlauf weitgehend nicht berücksichtigt. Diese Erkenntnisse ermöglichen jedoch den Menschen in einem viel tieferen, ganzheitlichen Sinne als soziales Wesen zu verstehen. Die pathologische Individualisierung des Phänomens illegalisierter Drogenkonsum bedarf der sozialphänomenologischen Ergänzung und Korrektur. Medizinische, psychologische „Sucht- bzw. Krankheitskonzepte" vermitteln den Professionellen auf der Ebene des konkreten Handelns eine scheinbar hohe, objektive Sicherheit. Aus dem naturwissenschaftlich-positivistischen Wissenschaftsverständnis werden Methoden, Verfahren und Techniken abgeleitet. Klienten oder Patienten müssen sich diesem Verfahren unterziehen. Werden jedoch historische, anthropologische, ökonomische, empirische und soziologische Erkenntnisse berücksichtigt, relativieren sich die medizinischen und psychologischen Erklärungsansätze erheblich. Sie können dem Phänomen des illegalisierten Drogenkonsums nur unzureichend gerecht werden. Bisher ist eine Synthese dieser unterschiedlichen Ansätze verschiedener Disziplinen zu einer stringenten multifaktorellen Theorie nicht erreicht. Es ist eher eine Entwicklung zu befürchten, welche die Naturwissenschaften zur alleinigen Leitdisziplin bei der Bearbeitung des Drogenproblems werden lässt. Die Entwicklungen lassen in der Drogenforschung eher Schwerpunkte in der Biologie und Medizin erkennen und bestimmte Disziplinen sprechen ausschließlich ihren eigenen Ansätzen unter Desavouierung der Erkenntnisse anderer Disziplinen Erklärungskraft zu.

Für die Soziale Arbeit existieren keine geschlossenen Sinnsysteme, aus denen sich Handlungsansätze zum Praxisfeld Drogenhilfe ableiten ließen. Die Soziale Arbeit hat sich nicht nur zahlreicher Ansätze, insbesondere aus der Psychologie, bedient, sondern vielfach auch versucht, sich durch die komplette Übernahme von therapeutischen Verfahren der eigenen Profession zu „entledigen". Die seit vielen Jahren geführte Diskussion zur „Therapeutisierung" Sozialer Arbeit verdeutlicht das eindrucksvoll.

4. Entstehen – Entwickeln – Verlaufen

Das Phänomen des Konsums illegalisierter Drogen in Industriestaaten wird jetzt in seinen Ausprägungen untersucht. Der Konsum verbotener Drogen ist nicht von der „Lebensphase Jugend“ zu trennen. Deshalb ist die Entwicklung der Identität von Jugendlichen im Kontext der gesellschaftlichen Situation sowie der Reaktionen darauf zu analysieren. Hierdurch lässt sich auch das Erscheinungsbild des Phänomens verstehen. Aus der Entstehung und Entwicklung von Drogenkarrieren zeichnen sich alternative Interventionsformen ab. Der Konsum illegalisierter Drogen ist ein jugendspezifisches und gruppengebundenes Phänomen. Der Einfluss der „peer-group“ für die Drogenentwicklung („Drogenaffinität“) Jugendlicher kommt zum Ausdruck, indem die erste Einnahme einer verbotenen Droge nahezu ausnahmslos im engsten Freundeskreis stattfindet (vgl. u.a. IJF, 1991, S. 25ff.). Wechsel im Gebrauchsmuster illegalisierter Drogen (Anfänger, Gelegenheits- u. Gewohnheitsbenutzer) bedingen Änderungen in der Gruppenzugehörigkeit und -mitgliedschaft, da die Verfügbarkeit der Droge sich auf ungesetzliche Wege beschränkt (Becker, 1973).

4.1 Jugend

Grundlagen

Bekanntlich handelt es sich beim Konsum verbotener Drogen um eine jugendspezifische und gruppengebundene Erscheinung. Der erste Konsum einer verbotenen Drogen sowie die mögliche Entwicklung problematischer Verläufe fällt in die Adoleszenzphase. Die Definition, was denn eigentlich „Jugend“ ist, gestaltet sich schwierig. Neben den zahlreichen alltagsweltlichen Vorstellungen verweisen Forschung und Wissenschaft auf zahlreiche Definitionen hinsichtlich der Lebensphase zwischen Kindheit und Erwachsensein (siehe auch Griese, 1982). Hurrelmann (1994, S. 55-56) differenziert als Grundannahmen *vier metatheoretische Sichtweisen* in der Jugendforschung:

- Die Umwelt wird als Ausgangspunkt und Ursache für das Verhalten von Menschen angenommen.
- Die wesentlichen Impulse für die menschliche Entwicklung werden dem Individuum zugeschrieben.
- In einem ökologisch-sytemtheoretischen Denkansatz stehen Person und Umwelt in einer funktionalen, wechselseitigen und aktiven Beziehung zueinander; sie beeinflussen sich gegenseitig.
- In einer reflexiv-handlungstheoretischen Perspektive wird die menschliche Entwicklung in wechselseitiger Abhängigkeit zur sozialen und ökologischen Umwelt interpretiert. Dabei legt man jedoch einen stärkeren Akzent auf die bewusste Reflexion der eigenen Entwicklungsmöglichkeiten durch das Individuum.

Bei der Definition der Phase zwischen Kindheit und Jugend werden je nach Perspektive unterschiedliche Aspekte in den Vordergrund gerückt:

- *Jugend im historischen Zusammenhang:*
  Hier wird Jugend primär als Generation (Mannheim, 1964 [1928]; Eisenstadt, 1966; Schelsky, 1957), als Subkultur (Kreutz, 1974) oder als diverse Jugendkulturen (Baacke, 1993) verstanden.

- *Jugend als sozial strukturierte Phase des Lebenslaufes:*
  Jugend aus einer sozialisationstheoretischen Perspektive (siehe Hurrelmann & Rosewitz & Wolf, 1985) wird als Lebensphase verstanden. Sie beginnt mit der Geschlechtsreife in der Pubertät um das 13. Lebensjahr und endet mit der Übernahme von Erwachsenenrollen. Mit der Übernahme der Berufsrolle und der Partnerrolle, etwa zwischen dem 20. und 30. Lebensjahr, ist die Entwicklungsphase Jugend abgeschlossen. Sie kann als eine relativ eigenständige biografische Lebensphase definiert werden.

- *Jugend aus sozial- und entwicklungspsychologischer Perspektive:*
  Neben der Berücksichtigung des Entwicklungsabschnittes, der Altersgruppe in Abgrenzung zu anderen Altersgruppen, der Generationszugehörigkeit wird die Epochenzugehörigkeit betont (Stiksrud, 1994, S. 156).

- *Jugend als psychosoziale und biologische Entwicklungsphase:*
  Die Identitätsbildung wird als ein komplexer, störungsanfälliger Prozess interpretiert, der ein Leben lang eine Integrationsarbeit erfordert. Identität ist nicht etwas, das wir haben, sondern etwas, das wir immer wieder neu erwerben. Die ersten Identitätsbildungsprozesse finden in früher Kindheit statt, im ersten bis dritten Lebensjahr. In der zweiten Phase der Individuation (Adoloszensphase) bedarf es, wie Erikson es bezeichnet, eines psychosozialen Moratoriums, um sich von elterlichen Werten und Vorstellungen zu lösen und zu einer eigenen Identität mit einem eigenen

Werteraum zu finden. Die psychoanalytische Interpretation betont in dem zweiten Individuationsprozess die gesteigerte Verwundbarkeit in der Phase des Aufbaus der Persönlichkeit. Durch die Initiierung von Ablösungsprozessen (Stichworte hierzu: „Affekt- und Objekthunger"; neue Liebesobjekte) durch die Wahrnehmung von Ambivalenz (mit Regressionsneigung und -vermeidung) wird die Unvereinbarkeit von Denken und Handeln gespürt.

- *Jugend als formale Kategorie:*
  Die Weltgesundheitsorganisation (WHO) hat für den Begriff der Adoleszenz die Zeit zwischen dem 11. und 20. Lebensjahr festgelegt (Sieber, 1993). Diese Altersspanne wird noch in eine frühe (bis zum 13. Lebensjahr), eine mittlere (14- bis 16 Jahre) und eine späte (17- bis 20 Jahre) Adoleszenz differenziert (vgl. Seiffge-Krenke, 1992). Eine Altersdefinition ist im Kinder- und Jugendhilfegesetz (KJHG) zu finden. Als Jugend und in der Differenzierung junge Erwachsene, gilt die Altersspanne vom 9. bis zum vollendeten 26. Lebensjahr. Unter zeitlichen Aspekten kann die Jugendphase in Teilphasen zerlegt werden:

  - 13- bis 17-jährige bilden die Jugendlichen im engeren Sinne;
  - 18- bis 20-jährige sind die Heranwachsenden;
  - 21- bis 26-jährige werden als junge Erwachsene bezeichnet.

  Nach dem KJHG (§ 7) ist Kind, wer noch nicht 14 Jahre alt ist, Jugendlicher, wer 14, aber noch nicht 18 Jahre alt ist, junger Erwachsener, wer 18, aber noch nicht 27 Jahre alt ist und junger Mensch, wer noch nicht 27 Jahre alt ist.

  Entsprechend dieser Einteilung ist das Verhältnis zu den Rechtsgütern geregelt: Ab dem 14. Lebensjahr besteht die Möglichkeit der Wahl einer Religionszugehörigkeit; ab dem 18. Lebensjahr das Recht auf Heirat sowie das aktive und ein eingeschränktes passives Wahlrecht. Die Volljährigkeit nach dem Bundesgesetzbuch (BGB) wird mit der Vollendung des 18. Lebensjahres und die volle Straffähigkeit mit der Vollendung des 21. Lebensjahres erreicht.

Die Definitionen von Jugend sind kultur- und zeitabhängig. Sie spiegeln die jeweiligen gesellschaftlichen Situationen wider. Für hoch industrialisierte Gesellschaften existieren keine eindeutigen ritualisierten Formen, die den Übergang vom Kindsein zum Jugendlichen und den nächsten Übergang zum Erwachsensein markieren. Jugend wird in anderen Kulturkreisen auch anders wahrgenommen und interpretiert. Jugend stellt z.B. in China kein umfassendes gesellschaftliches Thema dar (Belardi, 1993, S. 111ff.). In der hoch industrialisierten westlichen Welt haben sich Jugendkulturen etabliert. „Jugendkulturen sind diejenigen Teile einer nationalen oder übernationalen jugendlichen Population, die für das Jugendselbstverständnis einer bestimmten

Epoche, oder eines ungefähr angebbaren Zeitraums, Leitbilder setzen und auch von den Erwachsenen und Erziehungsberechtigten als diejenigen wahrgenommen werden" (Baacke, 1993, S. 95). Jugend ist wie die Kindheit weitgehend ein Thema der hoch entwickelten, differenzierten Gesellschaften des Westens und der Neuzeit. Seit der Jahrhundertwende kennt man, vereinfacht ausgedrückt, zwei Jugendkulturen, die bürgerliche und die proletarische (Belardi, 1993, S. 111). Die Pluralisierung von Lebenslagen hat auch zur Pluralisierung von Milieus geführt, in denen Jugendliche leben. Die Milieus lassen sich weiter differenzieren, nach dem Schulmilieu, Milieu der Auszubildenden, Milieu der bereits Berufstätigen. Ein Drogenmilieu (Subkultur) stellt im Vergleich hierzu ein umfassenderes Milieu dar. Die Milieus repräsentieren spezifische Lebensstile. Lange (1997, S. 128-129) kommt auf Grund seiner Untersuchung zum Jugendkonsum zu *drei* analytisch zu unterscheidenden *Lebensstilen* Jugendlicher:

- Der *kleinbürgerliche*, pflichtbetonte und materialistisch orientierte Lebensstil, in dem man einfaches Leben in gleichmäßigen und geordneten Bahnen führt, sehr viel Wert auf die eigene Familie mit Kindern, aber gleichzeitig auch auf die Berufstätigkeit mit gutem Einkommen und Aufstiegsmöglichkeiten legt.
- Der *hedonistische* Lebensstil. Hier dominieren die hedonistischen Verhaltensweisen, wie „das Leben genießen", „abwechslungsreich leben"; „das Leben in erster Linie nach den eigenen Bedürfnissen gestalten" sowie die hedonistischen Orientierungen, die hier zugleich eine Allianz mit den Selbstentfaltungs- und Selbstverwirklichungswerten eingehen.
- Der *sozial-, politisch und ökologisch* orientierte Lebensstil, in dem man sich verstärkt um soziale und politische Angelegenheiten kümmert, ein hohes Umweltbewusstsein besitzt und sich auch umweltfreundlich verhält.

Überraschend sind sicherlich nicht die Unterschiede in den Freizeitaktivitäten Jugendlicher (z.B. in den Musik-, Fernseh- und Literaturpräferenzen). Diese sind vor allem geschlechts-, alters und bildungsspezifisch bestimmt. Mit zunehmender Höhe der eigenen Schulbildung steigt die Betonung personeller Selbstverwirklichung, d.h. die Selbstbestimmung, Mitbestimmung und Kreativität steigen (Lange, 1997, S. 114).

Was macht „Jugend" aus und wie strukturiert sich diese Lebensphase? Jugendzeit ist zunächst Schulzeit und Familienzeit. Durch verlängerte Schul- und Ausbildungszeiten ist die Jugendphase zeitlich immer mehr verlängert worden. Es kann von einer *Post-Adoleszenz* gesprochen werden, sodass den üblichen Phasen noch eine Phase anschlossen wird. Dies auf Grund einer weiteren Verlängerung speziell der akademischen Jugendphase in den letzten Jahrzehnten. Der Bildungslebenslauf korrespondiert stark mit dem Gesamtlebenslauf. Obwohl seit den 60er-Jahren das Bildungssystem durchlässiger geworden ist, ist die Schule nach wie vor die Agentur zur Verteilung von Lebenschancen (Schelsky, 1957). Die Zeitspanne der Mündigkeit ohne wirtschaftliche Grundlage (Gillis, 1980) ist nicht nur durch eine mögliche akademische Jugendphase größer geworden. Die reduzierten Möglichkeiten des Ausbildungs- und Arbeitsplatzmarktes tragen wesentlich dazu bei. Die Auswirkungen der Verlängerung der Jugendphase wirken sich auch auf die Familien und die Jugendlichen aus. Lange (1997, S. 172-173) legt eine relative Deprivation Jugendlicher in *drei Bereichen* fest:

1. Permanente Leistungsanforderungen, speziell in der Schule;
2. Herrschafts- und Unterordnungsanforderungen in der Familie und in der Schule;
3. permanente Statusdeprivationen in der Familie und in der Schule.

Die Veränderungen der Familie sind seit Mitte der Sechziger Jahre weitreichend. Die bürgerlichen Familien haben sich zu kleinen und störanfälligen sozialen Systemen entwickelt (Belardi, 1996; S. 22ff.). Der Anteil von Familienhaushalten gemessen an allen Haushalten ist gesunken. Lange (1997, S. 21) gibt für den genannten Zeitraum eine Verschiebung von 90 % auf 38 % im Jahr 1992 an. Der Anteil der unvollständigen Familien an allen Familienhaushalten ist auf 18 % (1992) gestiegen. Die Folge ist u.a., dass die biologische und soziale Elternschaft immer häufiger auseinander fallen. Die Zahl der Kinder ist rückläufig: 38 % aller Familien haben 1992 ein Kind; d.h. 5,1 Mio. Kinder und Jugendliche wachsen ohne Geschwister auf (Lange, 1997, S. 21). Für Kinder und Jugendliche bedeuten die unterschiedlichen Gegebenheiten im Prozess des Erwachsenwerdens verschiedenartige Sozialerfahrungen, die mit Statusängsten verbunden sein können. Hurrelmann (1993) spricht von Bindungs- und Beziehungsängsten bei Jugendlichen, den Befürchtungen wichtiger gefühlsmäßiger Bestätigungen und Bestärkungen beraubt zu werden oder sie gar nicht erst zu empfangen.

Erläuterungen

Der Lebenslauf kann als Abfolge und Gestaltung von erworbenen gesellschaftlichen Positionen und Rollen (Statusrollenkonfigurationen) verstanden werden. Das Lebensalter ist eine soziale Dimension, nicht eine biologische Größe. Dies kommt in altersspezifischen Verhaltenserwartungen, die kulturell geformt sind, zum Ausdruck. Spezifische Anpassungsleistungen zur Identitätsentwicklung werden normativ vermittelt. Diese Anpassungsleistungen sind häufig in ihrem Kern von der Argumentationsfigur der aufgeschobenen Belohnung („wenn du mal groß bist“, „erst den Schulabschluss hast“) bestimmt. Der spezifische Status Jugend besteht darin, nicht mehr Kind aber noch nicht erwachsen zu sein. Diese Zeitspanne weist statusinkonsistente Züge auf. Die verlängerten Ausbildungszeiten bei gleichzeitig vorhandener rechtlicher Mündigkeit und finanzieller Abhängigkeit von den Eltern, sind zu nennen. Jugend wird unter dieser Perspektive als sozial strukturierte Phase des Lebenslaufes verstanden. Lebensläufe sind nicht biologisch vorprogrammierte Vorgänge, sondern sozial bestimmte Prozesse. Bildlich gesprochen: Die biologische „Uhr“ liegt auf einer sozialen „Uhr“. Die Entwicklungsphase Jugend ist nicht ein naturgesetzlich fixiertes Ablaufgeschehen, sondern ein kulturell konstituierter und handlungsabhängiger, auf individuelle und soziale Handlungskontexte zu relativierender Prozess. Belardi (1996a, S. 28) skizziert die sozial bestimmte Lebensphase Jugend prägnant: „Die Angehörigen der heranwachsenden Generationen sind die Leid Tragenden der gesellschaftlichen Veränderungsprozesse geworden. Die komplizierten Vorgänge bewirken, dass die Jugendphase den Charakter einer eigenständigen Lebensphase annimmt und, dass die Jugendlichen sich stärker unter ihresgleichen, also der peer-group, orientieren“. Die Eltern als „Vorbilder“ haben immer weniger Bedeutung (Fischer, A. et al., 1997; BD 3, S. 255). Diese Veränderungen haben auch den aus der Vergangenheit bekannten Generationskonflikt entschärft. Die moderne Familie hat sich vielfach von einem „Befehls- in einen Verhandlungshaushalt gewandelt“ (du Bois-Reymond et al., 1993, S. 33). „Schon die 9- bis 11-jährigen tragen ihre ersten Ablösungskonflikte mit den Eltern aus, und viele der 18- bis 20-jährigen wohnen noch bei den Eltern (...). Die Aufgaben zur Lebensbewältigung sind komplexer geworden; ebenso die Ansprüche an gelingendes Leben. Die meisten Menschen leben in Familien, und diese befinden sich oft in isolierter Situation. Hier leben Eltern, die sich nicht sicher sind, wie sie erziehen können oder dürfen. Erhöhte Anforderungen in den Schulen, erschwerter Zugang zu Beruf, wirtschaftlicher und psychosozialer Selbstständigkeit; verstärkte Freizeit-, peer-group- und Medienorientierung bei gleichzeitiger Verfrühung des Jugendalters sind Neuerscheinungen, die zu Krisen und eventuell notwendigen Hilfen von außerhalb führen können oder müssen“ (Belardi, 1996, S. 28-30).

Die hier genannten Definitions- und Interpretationsstränge weisen auf die in der Jugendphase stattfindenden Prozesse aus gesellschaftlicher, sozialpsychologischer, intra- und interpsychischer Sicht hin. Wie die menschliche Existenz allgemein, so ist die Jugendphase von gesellschaftlichen Prägungen bestimmt und mitbestimmt: Mit der Erosion von Familien- und Milieubeziehungen verlieren kollektive „Normalbiografien“ an Bedeutung. Als verbindende Elemente weisen die Interpretationen zum Erwachsenwerden Entwicklungsanforderungen auf. Welche Entwicklungsschritte treten auf und wie werden sie bewältigt? Für die nur bedingt vom biologischen Alter abhängige Lebensphase Jugend sind *drei zentrale Entwicklungsaufgaben* zu nennen (nach Havighurst, 1953). Die Bewältigung ist von personellen und sozialen Ressourcen abhängig:

- Lebensphilosophie (u.a. Wertemuster);
- Aufbau der Geschlechtsrolle und neuer, reiferer Beziehungen zu Gleichaltrigen;
- Persönliche Unabhängigkeit (u.a. Ablösung vom Elternhaus oder Vergleichbares; Ausbildung und Beruf).

Diese Entwicklungsaufgaben werden von dem größten Teil Jugendlicher bewältigt. Der Prozess der konstruktiven Anpassung wird von Coleman (1984, S. 49) als „coping" bezeichnet. Ansetzend an eine Theorie der Normalität kann dieser Prozess der Bewältigung von Entwicklungsaufgaben verdeutlicht werden (Abb.12). Die Häufigkeit, mit der verschiedene Themen von verschiedenen Altersgruppen angesprochen werden, variiert nach Alter und Häufigkeit. Da Coleman von der Häufigkeit, mit der verschiedene Themen von Altersgruppen angesprochen werden, auf die Intensität schließt, ist hier eine Modifikation vorgenommen worden, um einen „Normalitätsverlauf" abzubilden (Schematisch in Anlehnung an Coleman, 1984, S. 66).

Abbildung 12: Schematische Darstellung der Intensität von Entwicklungsaufgaben im Jugendalter (1)

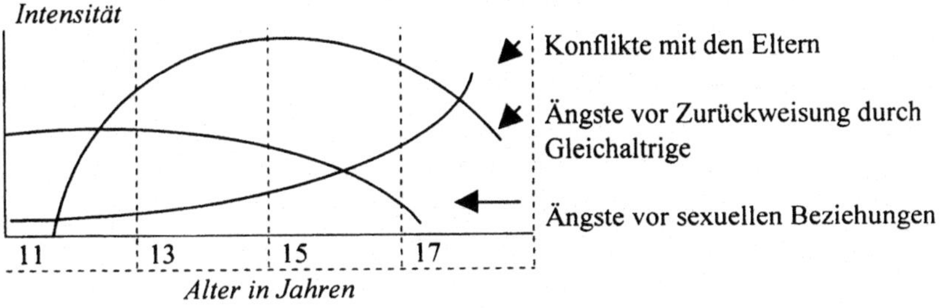

Die hier exemplarisch dargestellten Entwicklungsaufgaben in Form von Konflikten und Ängsten treten zu unterschiedlichen Zeitpunkten in variierenden Intensitäten auf. Dies erhöht die Wahrscheinlichkeit, dass die vorhandenen individuellen und sozialen Ressourcen zur Bewältigung dieser Entwicklungsaufgaben ausreichen. Dass die meisten Übergänge von der Jugendphase in das Erwachsensein als gelungen betrachtet werden können, liegt daran, dass Jugendliche sich nicht gleichzeitig mit allen Entwicklungsaufgaben in ihren Differenzierungen auseinander setzen müssen.

Differenzierung

Die genannten Entwicklungsaufgaben in der Jugendphase können noch näher spezifiziert werden (nach Dreher & Dreher, 1985):

- *Körper:* Es findet eine Auseinandersetzung mit Veränderungen und Umbrüchen des eigenen Körpers statt. Dies sollte möglichst mit der

Akzeptanz der eigenen körperlichen Erscheinung und des Aussehens geschehen.

- *Gleichaltrige* („peers"): Der Aufbau eines Freundeskreises und das Herstellen vertiefter Beziehungen zu Gleichaltrigen findet statt.
- Verselbstständigung/Ablösung: Das Loslösen von der familiären Sphäre und das Unabhängigwerden vom elterlichen Einfluss und anderen Erwachsenen werden zentral.
- *Rollen:* Neben der Aneignung der Verhaltensmuster, die in der gegebenen Gesellschaft von einem Mann bzw. einer Frau erwartet werden, ist die Übernahme anderer Rollen (z.B. Konsument) zu nennen.
- *Risiko:* Der Erwerb von Erfahrungen, Entscheidungs- und Handlungskompetenzen im Umgang mit Risikoverhaltensweisen bzw. Risikosituationen findet verstärkt in der Jugendphase statt.
- *Sexualität/Intimität:* Die Aufnahme und Gestaltung intimer, hetero- bzw. homosexueller Beziehungen steht an.
- Partner/Familie: Vorstellungen, wie Beziehungen bzw. Ehepartner und die zukünftige Familie sein sollen, werden entwickelt.
- *Ausbildung/Beruf:* Vorstellungen und Strategien über das, was man werden will und was man dafür können bzw. lernen muss, werden gebildet.
- *Selbst:* Die Entfaltung eines Selbstkonzeptes beinhaltet die Auseinandersetzung mit den Fragen zu dem, wer man ist und was man will.
- *Werte:* Die eigenen Weltanschauungen und welche Richtschnur für das eigene Verhalten akzeptiert wird, bekommen zunehmend Bedeutung.
- *Zukunftsperspektiven:* Vorstellungen haben, Ziele und Strategien, wie man das Leben plant und wie man die Ziele erreichen kann, nehmen Formen an.

Was führt nun zu Krisen in der Jugendphase? Durch die gleichzeitige Bearbeitung von Entwicklungsaufgaben entsteht Stress. Schematisch könnte dies wie folgt aussehen (Abb. 13).

Abbildung 13: Schematische Darstellung der Intensität von Entwicklungsaufgaben im Jugendalter (2)

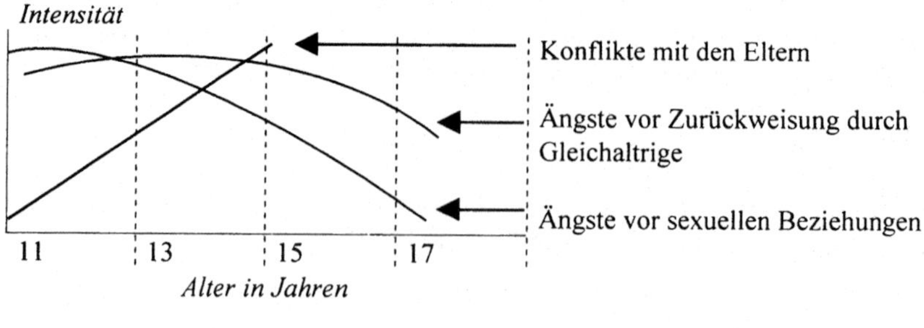

Krisenphänomene treten dann auf, wenn es sich um subjektiv gravierende Einschnitte handelt. Treten mehrere Krisenphänomene gleichzeitig oder in dichter zeitlicher Folge auf, steigt die Wahrscheinlichkeit von Identitätskrisen. Bei Jugendlichen ist darüber hinaus zu berücksichtigen, dass sie sich in einer intensiven Phase ihrer Identitätsentwicklung befinden. Die Intensität der Entwicklungsaufgaben und die Bewältigung werden wesentlich von den individuellen und sozialen Ressourcen bestimmt. Zusätzliche Faktoren können im unmittelbaren Lebenszusammenhang (z.B. Tod; Trennung der Eltern; Geburt eines Geschwisterkindes) als belastend erlebt werden. Die Rolle kumulierter Belastungen in der Entwicklung auf das Entwicklungstempo bei psychosozialen Übergängen ist bekannt (Silbereisen & Wiesner, 1996).

Die gesamtgesellschaftlichen Bedingungen für eine antizipierte Zukunft werden von Kindern und Jugendlichen ebenfalls unmittelbar erlebt. In der Selbsteinschätzung (Befragungen: „Für mich ist ein großes Problem“...) Jugendlicher (8. Schuljahrgang) werden an erster Stelle die Schulleistungen und an vierter Stelle die Arbeitslosigkeit genannt (Engel & Hurrelmann, 1993). Bei einem großen Teil Jugendlicher ist die subjektive Bedeutung von Arbeit und Beruf hoch (66 %), die erlebte Unsicherheit bezogen auf einen Schulabschluss bzw. einen Beruf zu bekommen ebenfalls (Engel & Hurrelmann, 1989, S. 37; 43). Jugendliche reagieren sensibel auf Entwicklungen im ökologischen, wirtschaftlichen, politischen und sozialen Bereich, wenn sie sich dadurch in ihren Lebensperspektiven bedroht fühlen. Zusammenhänge bestehen zwischen der Wahrnehmung und Bewertung makrosozialer Risiken und individuellem Stresserleben. Die Verunsicherung und Beunruhigung durch makrosoziale Risiken kann zu spezifischen Mustern der Verarbeitung führen. Stress und problematische Formen der Belastungsregulation können die Folge sein (ausführlich Mansel, 1994). Besonderen Belastungen sind ostdeutsche Jugendliche und junge Erwachsene durch den politischen und wirtschaftlichen Umbruch ausgesetzt. Die gestiegenen psychosozialen Belastungen in der Jugendphase spiegeln sich in der Inanspruchnahme von Erziehungsberatungsstellen wider. Immer mehr junge Menschen nehmen die Hilfe in Anspruch. Im Jahr 1997 waren dies 248.100 Jugendliche, die wegen Konflikten, die sie oder ihre Familie nicht alleine bewältigen konnten, eine Beratung suchten. Das waren vier Prozent mehr als im Vorjahr. Bei den Beratungen standen mit 39 Prozent Beziehungsprobleme an erster Stelle, bei 29 Prozent der Jugendlichen traten so genannte Entwicklungsauffälligkeiten auf. Schwierigkeiten in der Schule oder in der Ausbildung standen für 25 Prozent im Vordergrund. Bei 25 Prozent waren die Trennung oder Scheidung der Eltern der ausschlaggebende Grund für die Beratungen (Statistisches Bundesamt/Frankfurter Rundschau, 06.03.1999).

Die Bewältigung von Entwicklungsaufgaben und die Auswirkungen vielfältiger gesellschaftlicher Krisen (auch als antizipierte Zukunft im Sinne von

Lebensplanung) lasten nicht gleichermaßen auf allen Jugendlichen. Neben der Schichtzugehörigkeit ist es das Geschlecht „männlich" (Pkt. 4.3), das einen spezifischen „Risikofaktor" bei der Bewältigung der Jugendphase darstellt.

Bedeutung und Bewertung

Das vielfach rezipierte, weiterentwickelte und ergänzte Konzept der Entwicklungsaufgaben ist mehrfach einer Kritik unterzogen worden. Stiksrud (1994, S. 76) merkt an, dass mit dem analytisch schwer entwirrbaren Komplex aus Entwicklungsaufgaben, Generationsaufgaben und epochaltypischen Aufgaben jeder zu jeder Zeit seines Lebens konfrontiert ist. Diese Konfrontation ist nicht „Privileg des Jugendabschnittes". In Abgrenzung zu dem Konzept der Entwicklungsaufgaben verwendet Haberland et al. (1995) den Begriff der „Handlungsaufgaben": Handlungsaufgaben werden als ein System von vernetzten, sich gegenseitig beeinflussenden Anforderungen, die im Wechselspiel von gesellschaftlicher Vorgabe, kollektiver und subjektiver Aneignung stattfinden, definiert. Neben dem Erkennen der Vernetztheit der Einzelaufgaben, wird die Diskrepanz zwischen subjektivem Sinn, den Jugendliche ihrem Handeln geben, und den normativen Kriterien für die Lösung der Entwicklungsaufgaben genannt. Die Sichtweise des Person-Umwelt-Verhältnisses würde dem aktiven Handlungsaspekt des Individuums nicht genügend Rechnung tragen. Durch die ausschließliche Fokussierung auf die entwicklungsdynamischen Aspekte der Übergangsphase „Jugend", droht die Ausblendung der Armut und Unterversorgung, die sich bei der Differenzierung zwischen gelegentlichen und problematischen Drogenkonsumenten zeigt.

Jugend ist eine sozial strukturierte Phase des Lebenslaufes, die sich nicht über das Alter und den biologischen Reifegrad abgrenzen lässt. Es sind die zahlreichen sozialen und sozial vermittelten individuellen Faktoren, die diese Phase auch in ihrer zeitlichen Dimension bestimmen. Jugend ist eine Zeitspanne; wann der Erwachsenenstatus erreicht wird, kann in unserer Gesellschaft nicht eindeutig bestimmt werden. Initiationsriten, in denen die Übergänge zwischen den Lebensbereichen festgelegt sind, gibt es heute nicht mehr. Vielmehr findet dieser Übergang in Teilmündigkeiten statt. Es kann nicht mehr eindeutig bestimmt werden, was das Erwachsensein ausmacht: Muss man verheiratet sein und Kinder haben, oder reicht es, mit oder ohne andere (des eigenen oder anderen Geschlechts) einen eigenen Haushalt zu gründen? Gehört es zum Erwachsenenstatus, dass man seinen Lebensunterhalt unabhängig von den Eltern durch Berufstätigkeit oder Heirat bestimmt? Die Zahlen hierzu geben ein nicht zu differenzierendes Bild: Erst die Hälfte der 25-jährigen hat ein eigenes Einkommen, wohnt selbstständig und lebt in einer Partnerschaft. Die Jugendphase verliert damit den Übergangscharakter zwischen Kindheit und Erwachsensein und wird somit zu einer eigenständigen Lebensphase (MAGS, 1989, S. 24).

In der Jugendphase findet eine verstärkte weitere Identitätsbildung statt. Es gilt *drei zentrale Entwicklungsaufgaben*, auch in ihren weiteren Differenzierungen, vorläufig zu bewerkstelligen. Neben der *Ablösung vom Elternhaus* (oder Vergleichbarem), ist die *Kreation von Partnerschaft* (einschließlich Sexualität) und von *Ausbildung und Beruf* zu nennen. Dieser komplexe, störungsanfällige Prozess erfordert eine Integrationsarbeit. Er ist wesentlich von den personellen und sozialen Ressourcen und den gesellschaftlichen Möglichkeiten zur Umsetzung von Lebensentwürfen abhängig. Bezogen auf die schulischen Qualifikationen und die daran gekoppelten beruflichen Möglichkeiten entsteht eine paradoxe Situation. Durch die Entwertung von Ausbildungsqualifikationen werden noch größere Anstrengungen im Sinne des Erreichens qualifizierterer Abschlüsse als Kompensation der gesellschaftlichen Mangelsituation unternommen. Die weitere Entwertung von Qualifikationen ist die Folge (Böhnisch & Münchmeier,1987, S. 61). Verbesserte Qualifikationen schaffen keine Ausbildungs- und Arbeitsplätze, sondern im Konkurrenzkampf individuelle Vorteile. Durch die Entwertung des Hauptschulabschlusses gehören fast alle Absolventen von Haupt- und Sonderschulen zu den benachteiligten Jugendlichen.

Eine besondere Herabsetzung lastet insbesondere auf ausländischen Jugendlichen. Diese gesellschaftlich tolerierten Bedingungen werden von Kindern und Jugendlichen im Sinne von Chancenreduzierung wahrgenommen. Sie erleben dies als großes Problem im Hinblick auf eine antizipierte Zukunft. Die Bewältigung von Entwicklungsaufgaben und die Auswirkungen vielfältiger gesellschaftlicher Krisen lasten nicht gleichermaßen auf allen Jugendlichen. Es kann hier nicht, wie dies einige Interpretationen von Befunden nahe legen, von einer Jugendgeneration als Problemgeneration gesprochen werden. Neben den zahlreichen Herausforderungen in der Adoleszenz sind es die gesellschaftlichen Probleme, die die Entwicklungsaufgaben in der Jugendphase zum Problem machen können. Bei „knapper" werdenden gesellschaftlichen Ressourcen sind es die sozial benachteiligten Familien und somit auch die Jugendlichen, deren Perspektiven sich reduzieren. Dass sich bei diesen Jugendlichen „alternative" Handlungen etablieren, einschließlich dem problematischen Konsum verbotener Drogen, ist neben der individuellen Aktion auch eine kollektive Reaktion. Obwohl die Zusammenhänge zwischen psychosozialen Belastungen und Drogenkonsum nicht eindeutig sind, da auf gleiche Lebensbedingungen ganz verschiedene Reaktionen folgen können (vgl. Frietsch, 1994, S. 15f.), können hiermit Entwicklungsrichtungen benannt werden.

4.2 Jugend und Drogen

Grundlagen

Der Drogengebrauch Jugendlicher und die Entwicklung Jugendlicher sind eng miteinander verbunden. Bei 90 % der Drogenabhängigen liegt der Einstiegspunkt in den verbotenen Drogenkonsum zwischen dem 12. und dem 18. Lebensjahr, also in der Adoleszenz (Kindermann et al., 1989). Die Entstehung, Aufrechterhaltung und mögliche Entwicklung einer psychischen (und) physischen Abhängigkeit von illegalisierten Drogen liegen in der Entwicklungsphase Jugend. In diesem Lebensabschnitt besteht die Erwartung an Jugendliche, zentrale Aspekte der Identität der Erwachsenen eigenständig auszubilden. Die Zielsetzung ist mehr oder weniger die stufenweise Übernahme von Selbstverantwortung. Als ein zentraler Aspekt kann z.B. Arbeit und Leistung, verbunden mit der Entwicklung von schulischen und beruflichen Perspektiven und deren Umsetzung, sowie der weitere Aufbau sozialer Netzwerke genannt werden. Diese intensive Phase der weiteren Identitätsbildung findet im sozialen Kontext statt. Identität kann nicht aus sich selbst heraus geschehen, sondern kann nur über Interaktion mit anderen erfahren und fortwährend gebildet werden. Die soziale Identität stellt den wesentlichen Bezugspunkt der persönlichen Identität dar (Blumer, 1973; insbesondere S. 84-101). Durch die Fragmentierung, Differenzierung und die Widersprüchlichkeiten der Lebensformen wird das Subjekt zu einem Konstrukteur seiner „patchworkorientierten Bastelbiografie“ (Ferchhoff & Neubauer, 1997, S. 8). Die bislang in der familiären Lebenswelt abgesicherte Identität (z.B. als Sohn, Tochter, Jüngster, Ältester) wird unbedeutender.

Die weitere Entwicklung der Identität muss verstärkt über eine Auseinandersetzung mit gesellschaftlich angebotenen Wertesystemen und Perspektiven ausgearbeitet werden. Dies im Sinne von Lebensplanung. Es bestehen jedoch Ungewissheiten für die Lebensplanung. Diese Verunsicherungen beziehen sich auf die Realisierbarkeit des individuellen Lebensentwurfes, da dieser von den makrosozialen Bedingungen wesentlich bestimmt ist. Die makrosozialen Bedingungen können als Belastungen erlebt werden. In Abbildung 14 fasst Boehnke (1994, S. 37) den Zusammenhang zwischen makrosozialem Stress und psychosozialer Befindlichkeit in einem Wirkmodell zusammen:

Abbildung 14: Zusammenhang zwischen makrosozialem Stress und psychosozialer Befindlichkeit

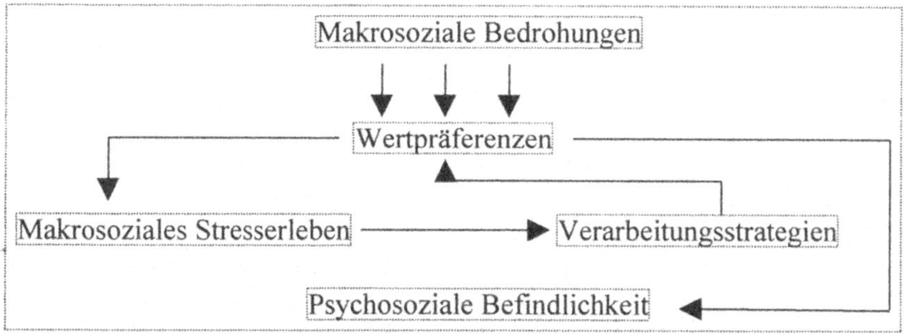

Die makrosozialen Bedrohungen haben hiernach keine unmittelbaren Auswirkungen auf die psychosoziale Befindlichkeit. Vielmehr treffen makrosoziale Bedrohungen auf individuelle Wertpräferenzen, die ihrerseits Determinanten des Stresserlebens sind. Auch dieses Stresserleben hat keine unmittelbare Wirkung auf das psychische Wohlbefinden, sondern wird moderiert von Verarbeitungsstrategien des Einzelnen (ders. S. 37). Mit der wahrgenommenen Bedrohung und den antizipierten Perspektiven befinden sich Jugendliche in einer Situation, die potenziell Stress erzeugt. Nach dem kognitiv-phänomenologischen Stressmodell von R. S. Lazarus (1966, nach Boehnke, 1994) ist Stress nur im Zusammenhang mit einem transaktionalen Modell zu verstehen. Hiernach werden mögliche Stressoren von Individuen eventuell zunächst wahrgenommen (Stressoren können u.a. auch geleugnet werden) und evaluiert („primäres appraisal“) und auf Möglichkeiten der Bewältigung überprüft („sekundäres appraisal“). Anschließend werden vor dem tatsächlichen Versuch der Bewältigung („coping“) gegebenenfalls die Stressoren umdefiniert („reappraisal“). „Es geht um die Frage, wie Jugendliche im Prozess ihrer Sozialisation und Integration in die entscheidenden gesellschaftlichen Mitgliedsrollen objektive gesellschaftliche Rahmenbedingungen individuell wahrnehmen, interpretieren und bewerten, wie als gefährlich wahrgenommene und/oder eingestufte ökologische und wirtschaftliche, soziale und politische Bedingungen verarbeitet werden“ (Mansel, 1994, S. 9).

Für den Sozialisationsprozess ist gerade die produktive Verarbeitung von äußerer und innerer Realität charakteristisch. Stress ist eine besondere Art der Beziehung zwischen einer Person und der Umwelt. Nicht nur kurzfristig eintretende kritische Lebensereignisse (z.B. unerwarteter Verlust einer Bezugsperson) sind Stressoren. Unter einer breiter gefassten Definition von Stressoren werden auch überdauernde soziale und politische, ökonomische und ökologische Lebensbedingungen subsumiert. Die gesellschaftlichen Rahmenbedingungen können subjektiv so erlebt werden, dass sie die individuellen Entwicklungs- und Entfaltungsmöglichkeiten einengen und/oder behindern. Der innere Wunsch und Anspruch nach Realisierung von Lebensentwürfen steht damit in einem permanenten Widerspruch zur äußeren Realität. „In einer solchen Konstellation ist das Erleben von Hilflosigkeit geradezu vorprogrammiert. Da die instrumentelle Veränderung ausfällt, bleibt als Bewältigungsmodus nur die Regulation der Emotionen (...). Scheitert die Regulation der Emotionen, werden Fehlanpassungsleistungen und problematische Formen der Belastungsregulation wahrscheinlich" (Mansel, 1994, S. 14). Abwehr-, Ausweich-, Rückzugs-, Konflikt- und Aggressionstendenzen können die Folge sein.

Ist die Jugendphase von bestimmten z.T. problematischen Erfahrungen bei der Bewältigung von Entwicklungsaufgaben auf dem Weg zum Erwachsenwerden geprägt, so erfahren zunehmend mehr Jugendliche diese Bewältigungsprozesse auf einem schon belasteten familiären und sozialen Hintergrund. Entwicklungsstress kann die Folge sein. Drogenkonsum kann, wie zahlreiches anderes Verhalten auch, als Risikoverhalten interpretiert werden. Unter Risikoverhalten lassen sich Verhaltensweisen zusammenfassen, bei denen die Wahrscheinlichkeit sehr hoch ist, dass unmittelbare Schädigungen oder Schwierigkeiten der sozialen Integration eintreten oder es zu Problemen bei der Weiterentwicklung einer stabilen Persönlichkeit kommt. Risikoverhalten ist jedoch nicht ausschließlich wegen der möglichen negativen Folgen zu interpretieren. Viele der Risikoverhaltensweisen Jugendlicher haben eine positive Funktionalität für die Bewältigung von Entwicklungsaufgaben. Risikoverhalten selbst wird genauso wie der Erwerb von Risikokompetenz als zentrale Entwicklungsaufgabe gesehen (Franzkowiak, 1987; 1996; Helfferich, 1985; 1998).

Drogenkonsum kann der Befriedigung vielschichtiger alters- und entwicklungsbezogener Bedürfnisse Jugendlicher dienen. Es wird der Frage des subjektiven Nutzens und der instrumentellen Funktion des Drogengebrauchs nachgegangen. Silbereisen und Kastner (1984, S. 277) gehen von folgenden Grundannahmen des Drogengebrauchs bei der Bewältigung jugendtypischer Entwicklungsaufgaben aus: Drogengebrauch kann ein übliches, ja sogar normatives Verhalten sein. Es ist ein intendiertes und zielgerichtetes Verhalten. Beim Drogengebrauch können unterschiedliche Bedingungen sozial-ökologischer wie personenbezogener Art wirksam werden. Der Drogengebrauch kann als einzelnes Entwicklungsresultat manifest werden und nach der Bewältigung von Entwicklungsanforderungen, die mit dem Drogenkonsum verbunden wurden, kann dieser wieder ausgesetzt werden. Ebenso kann Drogengebrauch ein stellvertretender Bewältigungsversuch für eine Entwicklungsaufgabe sein.

Die Funktionalität dieses Risikoverhaltens kann genauer bestimmt werden (ders., S. 278-282; Franzkowiak, 1996).

- Statushandlung und Stilbildung:
- Risikoverhalten als symbolischer, demonstrativer Vorgriff auf das Erwachsensein, als Initiationsritus.
- Konformitätsübung und Bewährungsprobe:
- Risikoverhalten zur Anerkennung in zugänglichen oder angestrebten Bezugsgruppen, und als Ausdruck eines alterstypischen Lebensstils bis zu einem exzessiv-ritualisierten Verhalten.
- Bewältigungsversuch:
- Risikoverhalten zur Bewältigung von Entwicklungsstress und zur Regulation von Ängsten oder Versagenserlebnissen auch als Notfallreaktion.
- Kompensation und Betäubung:
- Risikoverhalten als Ausweichhandlung und als Mangel an Selbstkontrolle.
- Normverletzung als Ausdruck der Ablehnung elterlicher und gesellschaftlicher Wertvorstellungen.
- Risikofreudigkeit und Risikobedürftigkeit als intensives Erleben.

Neben epochalen Trends unterliegen die präferierten Substanzen dem Wandel, der Zugänglichkeit und Intention (z.B. Ecstasy). So können die Entwicklungen im Drogengebrauch bei Jugendlichen temporärer Art sein und müssen nicht zu „Drogenkarrieren" im Sinne eines fortgesetzten, dauerhaften Verhaltens führen. Viele Jugendliche bleiben beim Experimentieren mit verbotenen Drogen und stellen dies wieder ein. Sie können phasenweise die Funktionalität nutzen, ohne einen alltäglichen Drogenkonsum aufrechtzuerhalten. Dies setzt andere Ressourcen zur Gestaltung und Bewältigung der Entwicklungsaufgaben voraus.

Die bisherigen Ausführungen können jedoch nicht umfassende Erklärungsmuster für die Entstehung eines dauerhaften problematischen Konsums von illegalisierten Drogen geben. Ihr Fokus liegt auf dem Übergang zwischen jugendlichen „Normalbiografien"; der Bedeutung von Entwicklungsaufgaben und der möglichen Funktionalität von Drogengebrauch in dieser Lebensphase. Die Unterschiedlichkeit der sozialen Herkunft, und der damit verbundenen persönlichen und sozialen Ressourcen findet nur eine schwache Berücksichtigung.

Erläuterungen

Viele soziale, psychische und körperliche Phänomene von Kindern, Jugendlichen und jungen Erwachsenen sind Ausdruck der psychosozialen Belastungen. Desintegrationseffekte in einem Lebensbereich (z.B. Erwerbsarbeit) erhöht die Wahrscheinlichkeit von Desintegrationsprozessen in anderen

Bereichen. Unter dem Stichwort der „neuen Armut“ wird eine zunehmende Heterogenität innerhalb der Armutspopulation gefasst. Vermehrt sind nicht nur Normalhaushalte von Armut bedroht. Etwa jeder fünfte Bundesbürger zählt zu der Gruppe der Niedrigeinkommensbezieher, da weniger als 60 % des Durchschnittseinkommens erzielt werden. Familien mit drei und mehr Kindern gelten zu 46 % in Ostdeutschland und zu 36 % in Westdeutschland als arm (Palentien et al., 1999, S. 34). Die Spaltung der Gesellschaft in Arm und Reich führt zu zahlreichen Anspannungen und Belastungen. Es besteht durchgängig ein Einfluss der sozialen Lage auf die psychosoziale Gesundheit von Kindern und Jugendlichen: Das Risiko der Jugendlichen, den eigenen Gesundheitszustand als sehr schlecht zu bewerten, ist aus den unteren sozialen Schichten gegenüber den Gleichaltrigen aus der obersten Schicht um das 2,48 fache erhöht. Es besteht eine signifikant höhere psychosoziale Morbidität, Ängstlichkeit, Hilflosigkeit und ein geringeres Selbstvertrauen (Palentien et al., 1999, S. 35f.).

Charakteristisch für den Sozialisationprozess ist die produktive Verarbeitung von äußerer und innerer Realität. Persönlichkeit und Identität müssen durch eine flexible biografische Kombination von Verhaltensanforderungen selbstständig erworben und immer wieder weiterentwickelt werden. Die Entwicklungsaufgaben in der Jugendphase verdeutlichen, das Risikoverhalten von Jugendlichen eine Variation von „normalem“ Verhalten ist. Auf dem Hintergrund materieller (u.a. Dauerarbeitslosigkeit) und immaterieller „Deprivation“ (u.a. ungesicherte Familienbeziehungen; Pkt. 4.1) erhöhen sich die Risiken. Durch Arbeit und Leistung kann eine materielle Sicherheit und Unabhängigkeit nicht immer erreicht werden. Sowohl die eigene und familiäre Situation und Entwicklung, als auch die Zukunftsaussichten zeigen sich in der individuellen Biografie. Sie ist der Schnittpunkt von subjektiver Verarbeitung und „objektiven“ Bedingungen. Schwierige Verhältnisse in der Herkunftsfamilie, in Schule und Beruf erhöhen die Bereitschaft zur Übernahme abweichender Verhaltensweisen.

Deviante Jugendliche haben in allen Lebensbereichen bis zum Zeitpunkt der Interventionen offizieller Instanzen sozialer Kontrolle häufiger biografische Brüche und soziale Fehlschläge erfahren. Dies legen empirischen Befunde von Buchmann (1983) nahe. Ihre Untersuchung zur Biografie- und Identitätsentwicklung abweichenden Verhaltens bei Jugendlichen (Kleinkriminalität und Drogendelikte) wurde mit einer konformen Kontrollgruppe als Vergleichsgruppe durchgeführt. Das „Hineinwachsen“ in den alltäglichen Gebrauch von illegalisierten Drogen über „Peer-Beziehungen“ ist somit ein Ergebnis eines durchaus gewöhnlichen Sozialisationsvorgangs. Diese Gestaltung von Alltag wird zu einer biografisch lebbaren Lösung. Die allmähliche Involvierung in einen subkulturellen Kontext (vgl. Pkt. 3.4; 3.5) entspricht den Karriereverläufen von „Normalbiografien“. Durch eine regelhafte, stufenweise Abfolge von individuellen Handlungsabläufen im Zusammenwirken von motivations- und situationsspezifischen Faktoren und der Relevanz vorangegangener Entscheidungen und Erfahrungen gestalten sich Karrieren. Im subkulturellen Kontext „Drogenszene“ erweist sich soziale Abweichung so als Konformität, da der Bezugsrahmen für die eigene Identität ein anderer ist.

Die Übergänge in den Entwicklungsprozessen werden durch Biografieverläufe deutlich. Scheer und Peters (1996) unterzogen die Biografieverläufe von zwei drogenabhängigen Frauen einer Analyse. Die Biografien wurden durch narrative Interviews gewonnen. Beide Biografien wiesen auf unterschiedliche Weise jeweils eine Kindheit und Jugend auf, die von Zerrüttung und Gewalt wie selbstverständlich geprägt war. Beide Frauen waren auf der Suche nach alternativen Lebensformen (S. 257). Die schwierigen Sozialisationsbedingungen und Identitätsfindungsprozesse im Jugendalter wiesen keine Linearität im Sinne lebenspraktischer Lösungen in Richtung Drogenkonsum auf. Der Gebrauch verschiedener Drogen war zunächst an die subkulturellen bzw. von „peer-groups“ geschaffenen Gelegenheiten und den darin enthaltenen Beziehungsstrukturen gebunden. Der Sinn des Konsums von Drogen lag im weiteren Verlauf darin, dass der Gebrauch eine Zerrissenheit vorübergehend abtötete. Die Autoren interpretieren die Biografieverläufe als „Verlaufskurve“, die eine Antwort auf Sozialisationsdefizite und Identitätsprobleme darstellt. Am Ende der „Verlaufskurve“ steht der Zusammenbruch und die Neuorientierung. Der Drogenkonsum ist ein Stabilisierungsversuch. Die Verlaufskurvenentwicklung, an deren Ende der Zusammenbruch und die Neuorientierung stehen, wird durch den Drogenkonsum „stillgelegt“ (Scheer & Peters, 1996, S. 258). Das mögliche Zustandekommen eines Lebensabschnittes einer lebbaren und sozialverträglichen „Lösung“ der Sozialisationsdefizite und Identitätsprobleme verschiebt sich. Der Drogenkonsum verhindert die Lösung der Probleme (Entwicklungsaufgaben) im biografischen Verlauf.

Für die lebenspraktische Lösung Drogenkonsum im Jugendalter gibt es keine linearen Zusammenhänge aus der Biografie. Obwohl ein starker Zusammenhang zwischen problematischem Konsum verbotener Drogen mit einem vorhergehenden starken Konsum legaler Drogen (Alkohol und Tabak) besteht (MAGS, 1987), ist es nicht die pharmakologische Grundlage, die diesen Zusammenhang erklären kann. Die Ergebnisse von Nordlohne (1992, insbesondere S. 158ff.) legen nahe, dass durch empfundene Benachteiligungen in der schulischen Laufbahn oder im Leistungsversagen und dauerhafte Konflikte mit den Eltern ein legaler Drogenkonsum verstärkt wird. Durch den sozialen Kontext wird (gelegentlicher) Drogenkonsum erst zum Alltagshandeln: Es ist nicht ein zielgerichtetes Verhalten, das einen spezifischen Drogenkonsum schafft und zum alltäglichen Gebrauch führt.

Differenzierung

Spätadoleszenten kommt in unserer Kultur die Aufgabe zu, die Identitätsbildungsprozesse der frühen Phasen der Adoleszenz zu einem vorläufigen Abschluss zu bringen und eine persönliche, berufliche und sexuelle Identität zu entwickeln. Die Psychoanalyse steuert Konzepte zur interdisziplinären Identitätsdiskussion bei der Entwicklung eines stabilen Identitätsgefühls bei. Die Identitätsbildung wird als ein komplexer, störungsanfälliger Prozess verstanden, der ein Leben lang eine Integrationsarbeit erfordert. Identität ist nicht etwas, was wir haben, sondern etwas, was wir immer wieder neu erwerben. Die reale Erfahrung des persönlich Erwünschtseins, des Gebrauchtwerdens, wenigstens in einem Sektor der Gesellschaft, ist für den Spätadoleszenten von zentraler Bedeutung in der Identitätsentwicklung.

Werden Jugendliche und junge Erwachsene über Arbeit und Ausbildung nicht in tragende innere und äußere Objektbeziehungen auf Grund fehlender persönlicher und/oder beruflicher Perspektiven, eingebunden, so steigt die Wahrscheinlichkeit der Überflutung durch Ohnmachts- und Insuffizienzgefühle. Die Kultivierung aggressiver Impulse wird erschwert. Anhaltende Arbeitslosigkeit kann zu schweren psychischen und psychosozialen Krisen, vermehrten psychosomatischen Erkrankungen, sozialer Isolation, vermehrter Gewaltbereitschaft und einer Zunahme der Suizidalität führen. Auch die antizipierte und anschließend real eintretende Arbeitslosigkeit wirkt sich prägend auf die spätadoleszente Identitätsbildung im Sinne gravierender Identitätsdiffussionen aus (Leuzinger-Bohleber, 1998; S. 13-48). Auch das Scheitern von Jugendlichen in der Phase der Ausbildung und des Berufsstarts kann in den Zusammenhang des Lebenslaufs von Jugendlichen gestellt werden (vgl. Helsper et al., 1991). Die Marginalisierung ist das Ergebnis der Sozialisation in der Familie, der Schule und der „peer-group“ im Zusammenspiel mit Interventionen der beteiligten Institutionen. Die „Peer-Beziehungen“ müssen oft kompensatorisch die (familiäre) Unterstützung übernehmen.

Bedeutung und Bewertung

Die bisherigen Ursachenanalysen gehen von einer Mischung aus sozialisationstheoretischen und expliziter pharmakologischer Interpretation aus. Werden für den gelegentlichen und phasenweisen Konsum verbotener Drogen sozialisationstheoretische Erklärungsmuster angelegt, so werden diese bei der Entwicklung problematischer Verläufe wieder verlassen. Die eigentliche Problemgruppe wird beschrieben als *traumatisierte Jugendliche* (Helfferich, 1998). Mehrdimensionale Erklärungsmuster werden beim Übergang zu einem problematischen, meist dauerhaften Konsum illegalisierter Drogen, zu Gunsten krankheitsorientierter Erklärungsmuster verlassen. Der Übergang zu einem lebensdominanten und somit problematischen Gebrauch illegalisierter

Drogen muss jedoch ebenso im Zusammenhang mit der jugendlichen Entwicklung und den sozialen Möglichkeiten der Integration interpretiert werden. Der Drogengebrauch enthält regressive und progressive Elemente. Die Ausprägung des Drogenkonsums ist wesentlich durch die sich im Laufe eines Lebens verändernde Statuszugehörigkeit und die soziale Lage der Drogengebraucher bestimmt. Dies kann in einem Modell für den Prozess der Entstehung von Verhaltensauffälligkeiten (nach Hurrelmann, 1988, S. 159) abgebildet werden (Tabelle 12).

Tabelle 12: Modell für den Prozess der Entstehung von Verhaltensauffälligkeiten

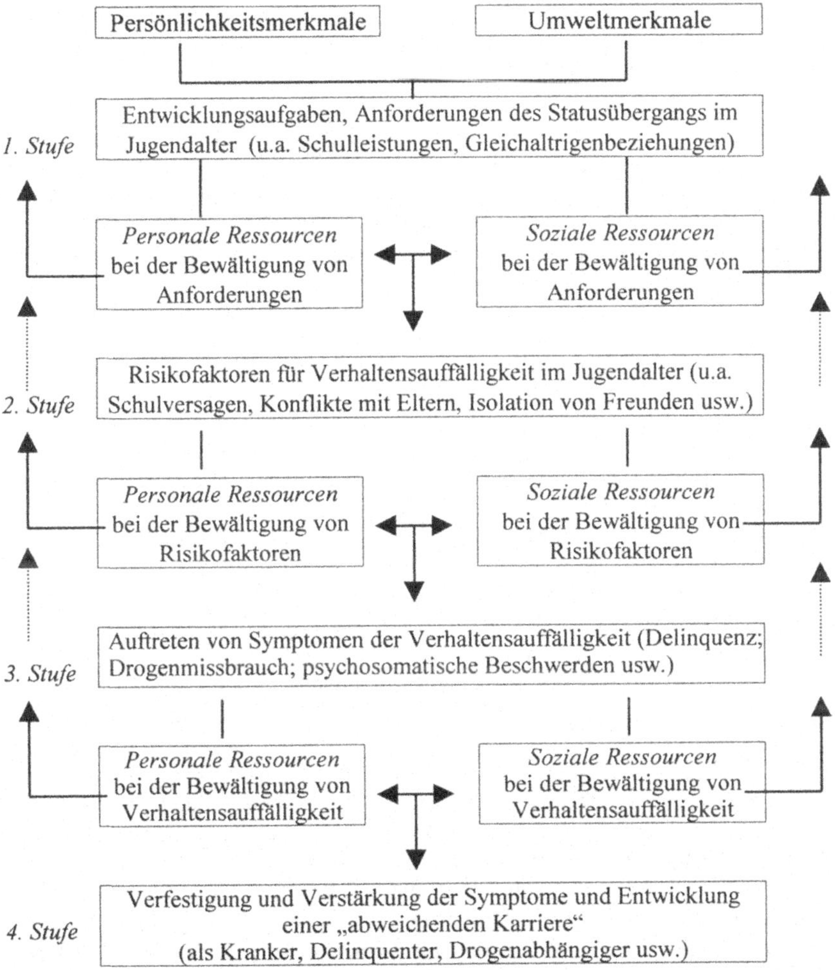

Problematische Entwicklungen bei dem Konsum verbotener Drogen können nicht hinreichend mit einer „Drifthypothese“ erklärt werden. Diese besagt, dass eine Person wegen seines abweichenden Verhaltens und seiner Drogenabhängigkeit sozial absteigt („drifts down“) und deshalb zur Unterschicht gehört. Die „Stresshypothese“ weist eine höhere auch empirische Plausibilität auf. Die schlechteren Lebensbedingungen der Unterschicht fördern abweichendes Verhalten einschließlich problematische Formen des Konsums illegalisierter Drogen. Hier geht es weniger um Ausstieg aus, als um den Einstieg in die Leistungsgesellschaft. Aus einer handlungstheoretischen Perspektive (Schütz, A., 1971) kann der Übergang zu einem problematischen Konsum als Punkt beschrieben werden, an dem das intentionale Prinzip des Lebenslaufes zum Prinzip des Getriebenwerdens wird. Dies in mehrfacher Hinsicht. Denn spätestens hier entsteht eine spezifische Eigendynamik. An diesem Übergang differenziert sich auch der Personenkreis nach sozialen Hintergründen. Der problematische Heroinkonsum als extremste Form wird zum Ausdruck einer mehrfachen Verelendungsproblematik. Diese Verelendung ist an die Sozialisationsbedingungen, an die Entwicklungsphase Jugend und an die gesellschaftlichen Möglichkeiten zur Integration gebunden. Hinzu kommt die spezifische Situation des männlichen Geschlechts. Dies stellt einen weiteren Risikofaktor für die Entwicklung eines problematischen Konsums illegalisierter Drogen dar.

4.3 „Risikofaktor“ männlich

Grundlagen

Im Zusammenhang mit dem problematischen Konsum verbotener Drogen sind den Merkmalen Alter und Geschlecht sowie den sozialen Kennzeichen Schichtzugehörigkeit, Schulbildung und eigener Beruf bislang nur wenig Aufmerksamkeit geschenkt worden. Die empirischen Ergebnisse zu den genannten Aspekten sind umfangreich und eindeutig (siehe oben). Dennoch haben diese Aspekte nur unzureichend Berücksichtigung in der Struktur und den Handlungsansätzen in der Drogen- und Jugendhilfe gefunden (Pkt. 5). Die gängigen Erklärungskonzepte von Abhängigkeit sind geschlechtsneutral. Dies gilt sowohl für lerntheoretische, psychoanalytische und multifaktorielle Erklärungsansätze.

Für den Aspekt Drogenkonsum als geschlechtsspezifisches Phänomen sind die empirischen Grundlagen ebenfalls unmissverständlich. In früheren Untersuchungen wurde eine Unterrepräsentierung von Frauen unter Konsumenten von harten Drogen auf die Verzögerung der Auffälligkeit von Frauen zurückgeführt, obwohl sie früher mit dem Konsum illegalisierter Drogen beginnen als Männer. Frauen scheinen länger in soziale Bezüge (wie Schule oder Beruf) integriert zu bleiben und häufiger Formen der Geldbeschaffung (wie Prostitution) zu betreiben, welche nicht mit strafrechtlicher Sanktionierung einhergehen. Dieser geschlechtsspezifische „Vorsprung“ kann eventuell auch zu dem Effekt eines früheren Ausstiegs führen (vgl. Reuband, 1979). Die spätere Dunkelfeldforschung (Reuband, 1990) zeigt jedoch, dass Männer unter den Heroinkonsumenten mit 77 % tatsächlich die Mehrheit darstellen. Für ein Verständnis muss der Aspekt von Sexualität und sexueller Identität als Entwicklungsaufgabe mit einbezogen werden (Helfferich, 1994). Diese Entwicklungsaufgabe kann als „Querschnittsaufgabe“ (Franzkowiak & Helfferich & Weise, 1997) verstanden werden. Der Kontrollverlust hat in der weiblichen Entwicklung keinen Gewinn für die (sexuelle) Entwicklung. Dies kann erklären, warum Mädchen bezogen auf den exzessiven Drogengebrauch unterrepräsentiert sind (Helfferich 1998, S. 268). Dies ist keine hinreichende Erklärung.

Die empirischen Befunde zu abweichendem Verhalten (einschließlich Kriminalität) verdeutlichen, dass das Phänomen ein geschlechtsspezifisches ist. Es kann von einem „Risikofaktor männlich“ gesprochen werden. Die theoretische und praktische Berücksichtigung z.B. in Handlungs- und Interventionskonzepten ist jedoch weitgehend nicht vorhanden. Obwohl deutlich mehr verbotene Drogen von Männern konsumiert werden, hat diese Tatsache nicht eine breite professionelle, geschweige denn sonstige öffentliche Diskussion ausgelöst. Die Diskussionen werden eher „geschlechtslos“ geführt. Auf den ersten Blick ist die Tatsache, dass problematische Verläufe im Zusammenhang mit Drogenkonsum männerdominant sind, und demnach männliche Jugendliche als gefährdeter betrachtet werden können, banal. Auf den zweiten Blick jedoch, bezogen auf die Struktur, Handlungs- und Interventionskonzepte, fundamental. Neben der Schichtzugehörigkeit ist es das Geschlecht männlich, das einen Risikofaktor für abweichendes Verhalten darstellt.

Eine erste Interpretation für die Sichtbarkeit männlicher Abweichung ergibt sich aus den Ergebnissen der Frauen- und Mädchenforschung. Dort wird bei Frauen und Mädchen von geschlechtsspezifisch nach „Innen“ gerichteten Bewältigungsstrategien als Risiko bei psychosozialen Belastungen gesprochen. Das Kompensationsschema von Frauen sei eine nach „Innen“ gerichtete Form der Bewältigung (Arenz-Greiving, 1994, S. 17). Für Jungen und Männer kann so das „Aussen“ eine Richtung angeben. Beim „Aussen“ geht es um Öffentlichkeit. Einerseits erklärt es das „Wie“ aber nicht das „Warum“. Andererseits liegt dieser Erklärung die Annahme einer mindestens gleichen Verteilung von Belastungen, bei anderen Bewältigungsstrategien, zu Grunde. Dem auffälligen männlichen Risikoverhalten steht ein unauffälliges Verhalten z.B. in Form von Essstörungen gegenüber (Hurrelman, 1993, S. 19). Die empirischen Befunde zu unterschiedlichsten Risiken von Mädchen und Jungen bzw. Frauen und Männern können diese Grundlage nicht bestätigen. Das Schema „Innen“/„Aussen“ erweist sich als zu oberflächlich zu schwarz/weiß (Friedrichs & Jahry & Papierok, 2002). Wenn das Phänomen problematischer Konsum illegalisierter Drogen männerdominant ist, müssen die Grundlagen der „Herstellung von Geschlecht" Berücksichtigung finden. Die Theorien zur „hegemonialen Männlichkeit" („hegemonic masculinity"; Connell, 1998; 1995; 1999) können in besonderer Weise die Risiken bei der „Bewerkstelligung von Männlichkeiten" darstellen. Hegomoniale Männlichkeit reproduziert sich über das Machtgefälle zum weiblichen Geschlecht und zu unterworfenen Männlichkeiten. Nach Kersten (1997, S. 47ff.; 1997a, S. 107) können *drei zentrale Merkmale* zur Bewerkstelligung von Maskulinität genannt werden:

Tabelle 13: Hegemoniale Männlichkeit und die Herstellung von Geschlecht

Merkmale	Kulturelle Ausprägungen
„Provision" Versorgen und Fähigkeiten dazu (Ernährer der Gemeinschaft)	Familienernährer Erwerbstätigkeit Gewinnmaximierung und Konkurrenz
„Protection" Beschützen des Territorium der Nachbarschaft, Nation	Gewaltmonopole öffentliche Rituale „Gartenzaun"
„Procreation" Unterordnung von Frauen Männliche Kontrolle des Nachwuchses	Familiengründung Heterosexualität „Der Mann im Haus"

(in Anlehnung an Kersten, 1998)

Die hier abgebildete Reihenfolge ist keine Rangfolge.

- *„Provision"* meint die kulturelle Darstellung der Fähigkeiten des Mannes, die Gemeinschaft zu versorgen. Die kulturellen Ausprägungen in der modernen Industriegesellschaft westlicher Prägung verdeutlichen dies. Männlichkeit wird in dieser Facette hergestellt: Durch die Erwerbstätigkeit und die dadurch ermöglichte und realisierte Funktion als Ernährer der Familie. Männer sind dadurch in Konkurrenz auf dem Arbeitsmarkt. Statussymbole verdeutlichen den Erfolg: Größe des Autos, Jahreseinkommen und die Aufopferung für die Firma als Aufopferung für die Familie. Gewinnmaximierung ist eine der bedeutendsten Leitbilder.
- *„Protection"* lenkt die Aufmerksamkeit auf den Schutz der Gemeinschaft vor inneren und äußeren Feinden. Dies ist auf ein absteckbares Territorium bezogen: Das Familienhaus, der Wohnraum, die Nachbarschaft oder Nation. Bis auf den heutigen Tag ist „protection" besonders in den (männlichen) Institutionen des Gewaltmonopols Zuhause: Polizei und Justiz, Militär und unter dem Aspekt der Definitionsmacht der „inneren Feinde" in der Medizin. Kampfes- und Beschützerrituale finden sich auch im nicht-institutionellen Bereich, sie

werden aber öffentlich und oft auch gemeinsam vollzogen. Bestimmte Arten zu feiern gehören ebenso dazu, wie der Streit um einen falsch stehenden Zaun mit Rechtsanwalt und Gericht. Zum Ernährer und Beschützer kommt der Erzeuger.

- *„Procreation"* meint nicht nur unmittelbar Sexualität als den Aspekt der männlichen Kontrolle über den Nachwuchs und die damit verbundene Unterordnung von Frauen und abweichenden Männlichkeiten. Die Hartnäckigkeit in der Abwehr von männlicher Homosexualität findet hier ihre entscheidende Triebfeder. Die Gründung einer Familie, also Heirat und Kinder sind weiterhin wesentlich. Im übertragenen Sinne geht es auch darum, sich von Frauen nichts sagen zu lassen, und das nicht nur in der Familie.

In diesen drei Feldern wird Männlichkeit „hergestellt". Wer sich anhand dieser Merkmale nicht öffentlich zeigen kann ist kein Mann, und wird von Mann und Frau (!) nicht als solcher geachtet (Friedrichs & Jahry & Papierok, 2002). Eine entscheidende Entwicklungsaufgabe, die zahlreiche andere Entwicklungsaufgaben beinhaltet (Pkt. 4.1), ist für männliche Jugendliche die Herstellung von Männlichkeit. Zugespitzt formuliert können Jungen ein männliches Selbstbild nur in Abhängigkeit von Frauenverachtung entwickeln, nicht jedoch in der Wertschätzung der eigenen Männlichkeit (Straub, 1999). Die Aufgabe der Adoleszenzphase wäre die Entwicklung einer „Geschlechtsrollen-Ambiguitätstoleranz" als die Fähigkeit, widersprüchliche Rollenanforderungen aushalten und konstruktiv für das Selbstbild und das eigene Lebenskonzept umsetzen zu können (S. 191). Gestaltet sich diese Aufgabe in den Bereichen „procreation", „protection", und „provision" als schwierig oder nicht erreichbar, so wird abweichendes Verhalten einschließlich des problematischen Konsums verbotener Drogen wahrscheinlich. Es entsteht das Paradoxon, dass der Männlichkeitsbeweis gerade dort bedeutsam wird, wo der Ausschluss von männlich besetzten Sphären von Macht, Kontrolle, Status und gesellschaftlich anerkannter Tätigkeit am stärksten erfolgt. Dies ist in marginalisierten Schichten und Ethnien (Kersten, 1995, S. 8) der Fall.

Ausländische männliche Jugendliche müssen häufig mehrfache Widersprüchlichkeiten integrieren, die sich aus der Kultur und der Migration bestimmen. Einerseits ist die Diskrepanz zwischen Elterngeneration und gesellschaftlichem Umfeld zu nennen. Anderseits sind die reduzierten Chancen zur Herstellung von Männlichkeiten insbesondere für ausländische Jugendliche aus der Unterschicht zu betonen. Wenn Jungen z.B. fortfahren, (illegalisierte) Drogen zu konsumieren, so gibt es einen direkten Zusammenhang mit dem Versuch der Herstellung ihrer Männlichkeit. Die Lukrativität einer subkulturellen „peer-group" einschließlich der Drogenszene steigt für männliche Jugendliche. Heroin ist eine Herausforderung, ein Abenteuer, verleiht Prestige und eröffnet Möglichkeiten des materiellen Erfolgs. Die Gratifikation liegt in einem Lebensstil (z.B. „Fixer-Sein" als Beruf), der

Identität als Mann bereitstellt. Dies könnte auch den Einstieg ausländischer Jugendlicher insbesondere in den Drogenkleinhandel plausibler erklären. Auf dem Hintergrund der erlebten kulturellen Brüche und der extrem reduzierten sozialen Möglichkeiten ist in der Drogensubkultur die Herstellung von Männlichkeiten in zentralen Bereichen möglich.

Erläuterungen

Jungen sind besonderen Risiken ausgesetzt. Neben der erhöhten Auffälligkeit in Bezug auf den Konsum erlaubter und verbotener Drogen sind Jungen und junge Männer weiterhin gefährdet. Im Rahmen von Routineuntersuchungen (U7 und U8) für Kleinkinder zeigen Jungen ein erhöhtes Vorhandensein unterschiedlicher Krankheitsbilder und Störungen. Zu nennen sind zum Beispiel: Diabetes mellitus; Hörbehinderungen; Blutkrankheiten; Erkrankungen der Atmungs- und Verdauungsorgane; Erkrankungen der Nieren und Harnwege und Fehlbildungen und Erkrankungen der Geschlechtsorgane. Lediglich bei Hüftgelenksanomalien besteht ein erhöhtes Erkrankungsrisiko bei Mädchen. Ebenfalls psychische und psychosomatische Störungen treten im Jugendalter bei Jungen im Verhältnis zu Mädchen vermehrt auf. Zu nennen sind z.B. hyperaktives Syndrom, Stottern, Bettnässen (ab 7. Lj.), Einkoten und Adipositas (Übergewicht). Mädchen sind im Vergleich zu Jungen lediglich bei einigen psychischen Erkrankungen (Depressionen und Anorexia Nervosa) überrepräsentiert: Auch beim Schulbesuch ergibt sich ein geschlechtsspezifisches Bild: In allen Sonderschulformen ist der Jungenanteil höher als der Mädchenanteil. Mit 79 % an Sonderschulen für Verhaltensauffällige hat der Jungenanteil seinen Höhepunkt. Auch auf Regelschulen ist der Anteil an Jungen in den Kategorien hoch, die sich als sozial benachteiligend herausstellen: So ist der Jungenanteil bei den Hauptschulabsolventen, und erst recht bei den Schülern ohne Hauptschulabschluss, höher. Bei den Schülern mit Realschul- und Fachhochschulreife sind Mädchen mehr vertreten. Lediglich bei der Hochschulreife steht es pari. Der Sitzenbleiberanteil ist in allen Schulformen „fest in männlicher Hand".

Jungen sind im Vergleich zu Mädchen nicht nur krankheitsanfälliger, sie sind im Alltag auch gefährdeter. Das Geschlechterverhältnis in Bezug auf die Todesursachen zeigt, dass Jungen neben Todesfällen durch Krankheit auch vermehrt durch Unfälle ums Leben kommen. Zu nennen sind einerseits Unfälle im Straßenverkehr. Hier beträgt das Verhältnis männlich zu weiblich 1,5 zu 1. Das Verhältnis männlich zu weiblich bei Unfällen durch Stürze 2,2 zu 1 und beim Tod durch Ertrinken 1,9 zu 1. Besonders kommt die massive Alltagsgefährdung für Jungen in der Suizidrate der 10- bis 20-jährigen zum Ausdruck: Über dreimal so viel Jungen begehen einen Suizid im Vergleich zu gleichaltrigen Mädchen. Allerdings taucht der versuchte Selbstmord bei Mädchen etwa viermal so häufig auf wie bei Jungen. Der „kleine Unterschied“ wird in der Kriminalstatistik zu einem Großen. Mehr als fünfmal so viel männliche Kinder und Jugendliche werden polizeilich auffällig im Verhältnis zu Mädchen. Auch diese Quote steigt mit zunehmendem Alter. Vor allem schwerere Delikte werden viel häufiger von Jungen als von Mädchen begangen: Das Verhältnis männlich zu weiblich bei dem Delikt Körperverletzung beträgt 12 zu 1, bei Raub 57 zu 1, und bei Diebstahl 60 zu 1. So verwundert es auch nicht, dass das Verhältnis der Inhaftierten männlichen zu weiblichen Jugendlichen 30 zu 1, der inhaftierten Heranwachsenden sogar 55 zu 1 ist. Die Opfer dieser Delikte sind ebenfalls überwiegend männlich.

Bei dem Konsum legalisierter und illegalisierter Drogen existieren auch Differenzierungen nach dem Geschlecht. Wesentlich mehr männliche Jugendliche trinken häufiger und mehr Alkohol als gleichaltrige Mädchen. Überhaupt spielt der Konsum von Alkohol eine bedeutende Rolle in der männlichen Biografie. Alkohol ist auch die häufigste Verkehrsunfallursache der 21- bis 34-jährigen Männer. An Unfällen mit Personenschäden sind zehnmal mehr männliche alkoholisierte Fahrer als weibliche beteiligt. Repräsentative Umfragen (siehe Pkt. 3.3) geben aktuelle Konsumtrends wieder. So liegt die Zahl der 12- bis 25-jährigen Jugendlichen, die wöchentlich mindestens einmal Bier trinken, bei den Jungen bei ca. 40 %, bei den Mädchen etwa bei 10 %. Diese Zahl ist seit Jahren konstant. Die Erfahrung mit einem Alkoholrausch ist in dieser Altersgruppe bei Jungen fast dreimal so hoch wie bei Mädchen. Mehr männliche Jugendliche in dieser Altersgruppe haben Erfahrungen mit verbotenen Drogen (25 männlich zu 18 weiblich). Mehr männliche Jugendliche haben Drogen angeboten bekommen, aber auch mehr männliche Jugendliche haben angebotene Drogen abgelehnt. Das durchschnittliche Alter beim ersten Konsum ist bei den Geschlechtern gleich.

Cannabis ist nach wie vor die am häufigsten konsumierte illegalisierte Droge. Die Polizei schätzt bundesweit den erweiterten Kreis von Cannabiskonsumenten (mindestens einmal Konsum in den letzten 12 Monaten) auf 2,1 Mio. Menschen. Cannabiserfahrungen haben nach eigenen Angaben in Westdeutschland, in der Altersgruppe der 18- bis 59-jährigen, doppelt so viele Männer wie Frauen: 18,4 % zu 9,4 % (Simon & Tauscher & Gessler, 1997; siehe auch Pkt. 3.3). Die Konsumentengruppe so genannter „harter Drogen“ wird auf 250.000 bis 300.000 Personen geschätzt. Heroin ist mit 36 % der Erstauffälligen bei der Polizei die Hauptdroge. Sie ist nach wie vor eine bevorzugt von Männern konsumierte Droge. Das Verhältnis männlich zu weiblich im Bereich der Heroinkonsumenten ist 4 zu 1 bis hin zu 5 zu 1. Auch bei den polizeilich registrierten 1.501 so genannten Drogentoten im Jahr 1997 gibt es eine Abweichung im Geschlechterverhältnis zu allen Heroinkonsumenten: 16 % sind weiblich, 84 % sind männlich. Diese Zahlen sind seit Jahren in einem ähnlichen Verhältnis. Neben dem Merkmal männlich zu sein besitzen die Drogentoten das Merkmal „sozial schwach“:

65 % waren arbeitslos und fast 30 % waren ohne Ausbildung. Diese hier aufgezeigten bundesweiten Unterschiede werden auch durch eigene Untersuchungen in einer ambulanten Behandlungseinrichtung bei fast 3.000 ambulant behandelten Heroinkonsumenten über einen Zeitraum von 20 Jahren bestätigt (Jugendhilfe, 1994; 1995; 1997, 1999). Neben den spezifischen sozialen Faktoren (siehe Pkt. 3.2) waren 75 % aller behandelten Heroinkonsumenten der letzten 20 Jahre männlich. Wie Tabelle 14 zeigt sind unterschiedliche Auffälligkeiten durch eine männliche „Dominanz" bestimmt.

Tabelle 14: Geschlechterverhältnis bei unterschiedlichen Auffälligkeiten

Diagnostizierte Fälle durch das Krankheitsfrüherkennungsprogramm für Kinder U 1 bis U 8 (Auswahl 1985)	Geschlechterverhältnis pro 100.000	
	Jungen	*Mädchen*
Diabetes Mellitus	2,5	1
Hörbehinderungen	1,3	1
Blutkrankheiten	1,6	1
Erkrankungen der Atmungsorgane	1,5	1
Erkrankungen der Nieren und Harnwege	1,8	1
Fehlbildungen und Erkrankungen der Geschlechtsorgane	16	1
Psychische und psychosomatische Störungen		
hyperaktives Syndrom	8	1
Stottern	4	1
Bettnässen (ab 7. Lj.);	2	1
Adipositas (Übergewicht)	1,4	1
Einkoten	3,5	1
Anorexia nervosa	1	20
Schulbesuch		
Sonderschulen für Verhaltensauffällige	79	21
Todesursachen		
Unfälle im Straßenverkehr	1,5	1
Stürze	2,2	1
Ertrinken	1,9	1
Suizidrate (10- bis 20-jährigen)	3	1
Suizidversuche	1	4
Kriminalität		
Körperverletzung	12	1
Raub	57	1
Diebstahl	60	1
Drogenkonsum		
Heroin	4 (5)	1
Drogentote	21	4

(Zahlen nach Schnack & Neutzling, 1990 und siehe Pkt. 3.3)

Geht man davon aus, dass grundsätzlich Männer in ihren Möglichkeiten der gesellschaftlichen Teilhabe bevorteilt werden, wirken die Zahlen zunächst paradox. Die Interpretation im Sinne von nach „Innen" gerichteten Bewältigungsstrategien bei Mädchen und Frauen und nach „Aussen" gerichteten bei Jungen und Männern gibt eine erste Interpretationsorientierung. Erst in der Öffentlichkeit wird abweichendes Verhalten „auffällig". Die meist männlichen, zumindest männlich geführten, Institutionen der Medizin, Pädagogik und Repression behandeln und bestrafen diese auffälligen Jungen und Männer. Männer, und noch verstärkter die Jungen, agieren ihre Konflikte eher öffentlich aus. Dadurch werden sie als Täter und Opfer eher wahrgenommen und erfüllen eher, zumindest häufiger das Bild von „abweichenden Verhaltensweisen". Dies unterstellt zwar gleiche Konflikte bei Mädchen und Jungen, aber unterschiedliche Bewältigungsstrategien. Dies ist empirisch zunächst nicht haltbar. Damit erweist sich das Schema „Innen"/„Aussen" als zu oberflächlich, schwarz/weiß. Soziale Unterschiede zwischen Männern und Frauen, Armen und Reichen und den ethnischen Herkünften können nicht biologisch bestimmt werden. Die genaueren Umstände werden so nicht entschlüsselt und damit auch kein Schlüssel für den angemesseneren Umgang damit bereitgestellt. Es geht um die Herstellung von Männlichkeiten.

Seit Hunderten, wenn nicht Tausenden von Jahren leben Menschen so zusammen, dass erwachsene, meistens weiße und christliche Männer, die öffentliche Definitionsmacht haben. Diese Kultur ist nicht biologisch bestimmt. Die geschlechtliche Identität entwickelt sich in der gesamten Identität. Ist die Geschlechtszugehörigkeit biologisch bestimmt, so wird die Geschlechtsidentität sozial konstruiert. Die kulturelle Übereinkunft der Kategorisierung und Zuweisung des sozialen Geschlechts (gender) wirkt stärker als die biologische Notwendigkeit und Eindeutigkeit (vgl. Goffman, 1994; Hagemann-White, 1994). Unter Gendering (gender = Geschlecht) wird der gesellschaftliche Prozess der Konstruktion der sozialen Kategorie Geschlecht verstanden. Gendering drückt die interaktiven und prozessualen Dimensionen, in dem sich das soziale Geschlecht im Verlaufe der Biografie entwickelt, aus. Geschlecht wird interaktiv im alltäglichen Handeln hergestellt (doing gender). Es gibt nicht eine „Männlichkeit", sondern immer nur auf die Situation und den Kontext bezogene *Männlichkeiten*, die zum Teil miteinander konkurrieren und widersprüchlich sind. Auch in einer relativ einheitlichen Kultur wie der unseren, muss genauer bestimmt werden, was mit „Männlichkeit" gemeint ist, um nicht den Alltagsvorstellungen und biologischen Erklärungsmodellen zu erliegen. So nehmen bekanntlich nicht alle Männer Heroin, tragen Schusswaffen und vergewaltigen! „Männlichkeiten" haben kulturelle und soziale Wurzeln. Im alltäglichen Verhalten sind Muster eingewebt, die im Handeln „daran erinnern", was denn Mann- bzw. Frausein heißt, was dafür zu tun ist und was passiert, wenn davon abgewichen wird. Diese

Identitätsbildung ist ein geschlechtsspezifischer, lebenslanger Prozess, der eine Integrationsarbeit erfordert. Dabei wird nicht nur etwas Vorgegebenes übernommen, sondern alltäglich wird die eigene und fremde Identität als Mann oder Frau, als Junge oder Mädchen hergestellt. Für die Männer heißt das, möglichst nahe an die Männer heranzukommen, die die öffentliche gesellschaftliche Macht innehaben, am besten sie einzuholen und zu ersetzen. Diese Interpretationen bieten die Möglichkeit, die genannten Phänomene so zu verstehen, dass eine Handlungsperspektive für die Arbeit mit jungen Männern entstehen kann.

Wenn Jungen z.B. fortfahren (illegalisierte) Drogen zu konsumieren, was ist dabei ihr Nutzen für die Bewerkstelligung ihrer Männlichkeit? Der erste Zugang ist, dass Drogenszenen öffentliche, *männlich dominierte Subkulturen* sind. Diese entstehen in Konfrontation mit Normen, die von männlich bestimmten Institutionen gesetzt und durchgesetzt werden. Bei dem Konsum von verbotenen Drogen handelt es sich also um ein abweichendes Verhalten. Wer mit dem Konsum einer illegalisierten Droge beginnen will, muss sich einer Gruppe anschließen, die im Widerspruch zu der Gesellschaft steht. Um Drogen zu nehmen müssen spezielle Techniken erlernt werden, um Dauerkonsument einer verbotenen Droge zu werden bedarf es einer Laufbahn, einer Karriere (vgl. Pkt. 3.4). Die teilkulturelle Gruppe der Drogengebraucher bekommt eine wachsende Bedeutung in der Lebenswelt des Jugendlichen. Die Funktionen der „peer-group" für den Prozess des „Hineinwachsens" sind bekannt. Das relative Eigenleben in den subkulturellen Zusammenhängen ist von bestimmten Werten, Normen, Symbolen und Verhaltensweisen geprägt. Wieso schließen sich insbesondere männliche Jugendliche teilkulturellen Gruppen an?

Für Menschen sind die Möglichkeiten und Chancen spezifische soziale Positionen zu erreichen unterschiedlich verteilt. Dadurch gibt es Ungewissheiten und Verunsicherungen beim individuellen Lebensentwurf. Zahlreiche Belastungen entstehen (vgl. 4.1; 4.2). Die „Peer-Group-Beziehungen" stellen hier zentrale soziale Erfahrungen und Entlastungen für Jugendliche bereit. Die „peer-group" als Bestandteil der Drogensubkultur wird dadurch zu einer Alternative für die Jugendlichen, denen es an den Möglichkeiten und Chancen zur „normalen Integration" mangelt. Insbesondere führen ein (zu erwartender) niedriger Bildungsabschluss und die damit weiter reduzierten gesellschaftlichen Möglichkeiten (u.a. Ausbildungs- und Arbeitsplatzangebot) zu einer gesteigerten Lukrativität einer drogendominierten Lebenswelt. Was hat dies nun mit dem Geschlecht „männlich" zu tun? Für die Lösung der Integrations- und Anpassungsprobleme – Herstellung von Männlichkeiten – stellt die bestehende Kultur keine befriedigenden Lösungen bereit. In der Auseinandersetzung mit den „herrschenden Männlichkeiten" ist eine demzufolge männlich dominierte Subkultur entstanden, Frauen sind von der Zahl und vom Status her unterlegen. Männer sind hier unentbehrlich. Diese Subkultur ist geradezu eine Einladung an die randständigen Jungen, denen die Realisierung „normaler" Männlichkeiten erschwert oder unmöglich ist. Sie sind in der bestehenden Kultur sozial und ökonomisch als Mann entbehrlich. In der Drogensubkultur haben sie die Gelegenheit, das Gegenteil zu beweisen. Mit abweichenden Mitteln, d.h. verbotenem Drogenkonsum und damit zusammenhängender Kriminalität (denn allen ist das Kriminalisierungsrisiko bekannt!) bewerkstelligen sie (vermeintlich) gute Männlichkeiten, die sich im Gegenbild an den Leitbildern orientiert. Auch eine „Junkie-Karriere" kann offensichtlich zu einem Statusgewinn durch Teilhabe an den „richtigen Männlichkeiten" führen. Gerade der Drogenkonsum in der Gruppe ist Entwicklung einer männlicher Gruppenkultur, die Statuskriterien in den Vordergrund stellt. Männliches Risikoverhalten beschleunigt hier auch die Einführung und das Ausprobieren neuer Drogen in der Gruppe. Die drei genannten Funktionen zur Herstellung von Männlichkeiten finden ihre entsprechende Ausformung sowohl in den abweichenden Subkulturen allgemein als auch in der spezifischen Subkultur (Tabelle 15).

Tabelle 15: Hegemoniale Männlichkeit und die Herstellung von Geschlecht in der Subkultur. Die Bewerkstelligung von Maskulinität

Merkmale	Abweichende Subkulturen	Drogen-subkultur
„Provision"		
Versorgen und Fähigkeiten dazu Ernährer (der Gemeinschaft)	„Ersatz-skills" (Fertigkeiten) Autos, gefährliches Fahren Diebstahl, Aktivitäten in der Schattenökonomie, organisierte Kriminalität	Drogenhandel Fixersein als Beruf Risikobereitschaft bei der Beschaffung
„Protection"		
Beschützen des Territorium der Nachbarschaft, Nation Schlagen	Konfrontationen Öffentliche Betonung von Risikoverhalten Kampfesmut und -vermögen	Gemeinschaft der Fixer Helden der Szene Besetzung öffentlicher Räume
„Procreation"		
Unterordnung von Frauen Männliche Kontrolle des Nachwuchses	Öffentliche Betonung von heterosexueller Potenz Frauenfeindlichkeit Homophobie	coolness in und durch Drogenkonsum Beziehungswechsel und Schwängerung Kleidung

Provision (Versorgen)
In der Drogensubkultur besteht die Möglichkeit „Versorgungsfähigkeiten“ einzubringen. Die knappe Ware „illegalisierte Droge“ gilt es auf riskante und dennoch effektive Art und Weise zu besorgen, wichtige Kontakte zu anderen wichtigen Männern zu pflegen und dann die anderen, unterlegenen Männer und natürlich die Frauen in der Clique damit zu versorgen. Drogenkonsum und Drogenhandel (Einfuhr, Verkauf) sind ein Bruch der Strafrechtsnormen. Sie spiegeln allerdings gesamtgesellschaftlich akzeptierte Normen (Selbstständige Tätigkeit und Gewinnmaximierung) wider. Ein Teil der männlichen Jugendlichen weicht durch die hohe Arbeitslosigkeit auf den alternativen „Arbeitsmarkt“ aus. Zu diesem Arbeitsmarkt gehört auch der Drogenhandel. Hier können spezifische Kompetenzen (z.B. geschickter Umgang mit den Kontrollinstanzen) erworben und eingebracht werden (z.B. Verhandlungsgeschick). Dieses Subsystem ermöglicht kurzfristige Erfolge, die nicht über die „üblichen“ Wege zu erzielen sind. Die Gratifikationen können in einem Lebensstil (z.B. Fixersein als Beruf) bestehen, der dem eines Managers vergleichbar sein kann: Schnelle autonome Entscheidungen, hohe Mobilität, Geld-Transfers, An- und Verkauf, Vermittlung von Geschäften mit Provisionsbeteiligung, 16-Stunden-Arbeitstag, Auflösung der etablierten Trennung von Arbeit und Freizeit und Gewinnmaximierung durch Risikobereitschaft. So kann die Autofahrt zum größeren Drogeneinkauf und die damit zur Schau gestellte Risikobereitschaft die Unentbehrlichkeit als männlicher Versorger darstellen.

Protection (Beschützen)
Eine vorhandene Binnendifferenzierung in der Subkultur (u.a. Drogenhandel, Geldbeschaffung durch in der Regel weibliche Prostitution und männliche Beschaffungskriminalität) stellen ein System wechselseitig aufeinander abgestimmter Rollen als geschlechtliche Arbeitsteilung dar. Diese vermitteln auch ein diffuses Gefühl der Gemeinsamkeit auf dem Hintergrund der Ausgrenzung. Wie andere, jugendliche, männlich dominierte Cliquen auch, wird die „gute, männliche“ Funktion des territorialen Schutzes dargestellt durch die Kontrolle des Nahraums, z.B. den Straßenblock oder bestimmte Plätze. Die Auseinandersetzung mit konkurrierenden Männlichkeiten in diesem Nahraum einschließlich der Konfrontation mit den offiziellen Haltern des Gewaltmonopols (Polizei) gehört dazu. Es geht darum, wer der bessere Beschützer ist. Es geht aber auch darum, das Definitionsmonopol an sich zu reißen. Fundamental ist hier, was legal ist oder illegal. So hat der massenhafte Bruch des (Betäubungsmittel-) Gesetztes auch mit dem Anspruch zu tun, selber der Mann zu sein, der bestimmt, was Recht und Gesetz ist. Zudem ist der Konsum verbotener Drogen bekannterweise höchst riskant. Der schon in der „Versorgerfunktion“ notwendige Mut zeigt sich hier in der öffentlichen Betonung von Risikoverhalten. Der männliche Drogenkonsument setzt sich selbst aufs Spiel, nur um zu zeigen, dass er das tut und damit seine Be-

schützermännlichkeit in letzter Konsequenz präsentiert. Kann die erfolgreiche „Karriere“ nicht aufrechterhalten werden, so wird dies heldenhaft als „alles riskiert aber verloren“ schicksalhaft interpretiert. Auch wenn die „Erfolgskarriere“ empirisch gesehen überwiegend nur kurzzeitig stattfindet, stellt dies so männlichen Erfolg dar im Sinne der Überlegenheit über andere. Dass in solchen – auch über Jahre bestehenden – Notsituationen „mütterlich weibliche“ Umsorgung und Unterstützung (z.B. durch die Beschaffungsprostitution der Freundin) erforderlich ist, versteht sich nach den eingegangenen Risiken und den nun hohen Verlusten von selbst. So versteht sich auch die Zusammenkunft von langjährigen exzessiven Drogenkonsumenten. Diese sind nicht weit entfernt von Kameradentreffen ehemaliger Kriegsteilnehmer: Die individuellen Heldentaten in der „guten alten Zeit“ werden ausgetauscht.

Procreation (Erzeugen)
Zugänge zu einer herkömmlichen Familiengründung sind drogenkonsumierenden jungen Männern oft versagt. Dies führt zu einer verschärften Notwendigkeit, auf anderen Wegen heterosexuelle Potenz öffentlich zu betonen. Eine frauen- und schwulenfeindliche Grundhaltung ist anzutreffen. Je risikobeladener die eigene Bewerkstelligung des Geschlechtes ist, desto entwertender muss an dieser Stelle der Umgang mit den Untergeordneten (Frauen wie Männern) sein. Die anfängliche Bewertung, dass es „cool“ ist Heroin zu konsumieren hat hier ihren Platz: Eher mit „links“ die Kontrolle über Frauen und Nachwuchs darzustellen, notfalls auch mit Gewalt. Das die Paarbeziehungen prägende Frauenbild kennt Heilige wie Huren. In der anbetenden Verehrung ist hauptsächlich die Beschützer- und Versorgermännlichkeit (protection und provision) gefragt. Die Abwertung zur „Schlampe“ hingegen sichert die Kontrolle und Überordnung.

Obwohl sämtliche Rahmenbedingungen nicht stimmen, werden Kinder in die Welt gesetzt, um Familiengründung zu versuchen. Die Physiognomie orientiert sich, bei langjährigem Konsum auch drogen- und lebensstilbedingt, sehr selten an einer körperbetonten Männlichkeit. Die eher jungenhaften, oft androgynen Erscheinungsbilder (Modell Jim Morisson) stellen eher den flinken und geschickten Gassenjungen dar, der in einer pupertären Zweideutigkeit verharrt. Hinzu kommt, dass bei dauerhaftem Heroinkonsum nicht nur die Potenz, sondern auch der für die Bewerkstelligung von Männlichkeit wichtige Drang zur allzeit möglichen Penetration gegen Null tendieren. Aber die sexuelle Begierde (Libido) ist auch bei den drogenkonsumierenden Sexualpartnern so. Gerade in langjährigen Beziehungen von Drogenkonsumenten sind viele subkulturelle Momente verbindend. Sexualität gehört oftmals nicht dazu. So stellt sich der Nutzen des Drogenkonsums im Feld der unmittelbaren Sexualität als zwiespältig dar. Umso wichtiger wird die Unterordnung anderer, die „Restmacht“ im Subsystem und andere Möglichkeiten durch abweichendes Verhalten auch „procreation“ darzustellen.

Zusammenfassend stellt sich auch das abweichende Verhalten „Konsum illegalisierter Drogen“ eingebettet in eine männlich dominierte Subkultur als der Versuch junger Männer dar, eine „richtige“ ja „gute“, an den Leitbildern der bestimmenden Männlichkeit orientierte Form von Männlichkeit herzustellen. Es ist ihre letzte Ressource von Selbstwert (vgl. Kersten, 1997, S. 189).

Differenzierung

Männlich zu sein beinhaltet in unserem Kulturkreis spezifische Risiken zu haben. Dies soll nicht darüber hin weg täuschen, dass nach wie vor in unserer Kultur der Zweigeschlechtlichkeit durch patriarchalische und hierarchische Strukturen Mädchen und Frauen eingeschränktere Möglichkeiten zur Verfügung stehen. Die Benachteiligung von Frauen (Mädchen) bedeutet jedoch nicht automatisch die Bevorzugung von Männern (Jungen). Die Entkoppelung von Patriarchat und Mannsein als Horizonte eines anderen Mannseins haben Böhnisch und Winter (1997, insbesondere S. 39ff.) anhand eines deskriptiven Modells männlicher Sozialisation, das soziogene und psychogene Grunddimensionen aufweist, herausgearbeitet.

Die Lebensgeschichten von drogenabhängigen Frauen legen besondere Belastungen durch sexuelle Grenzverletzungen und sexuelle Übergriffe nahe (Voigt, 1996, S. 22). Jungen als Opfer sexueller Gewalt ist bei den Professionellen und in der Forschung hinreichend bekannt, jedoch „ein fast vergessenes Problem“. Von den männlichen Opfern wird dies jedoch weitgehend nicht thematisiert. Bis zum Alter von fünf Jahren sind die Hälfte aller Opfer sexueller Gewalt Jungen (Bange, 1988). Die Täter sexueller Gewalt sind bei Jungen überwiegend gleichgeschlechtlich, sodass sich Besonderheiten ergeben. Die generellen Unsicherheiten gegenüber der eigenen Männlichkeit können hier geprägt werden. Es sind gerade die patriarchalischen und hierarchischen Strukturen, die auf die Männer und Jungen zurück wirken, die nicht in der Lage sind daran teilzunehmen.

Die Herstellung von Männlichkeiten ist ein wesentlicher Faktor für die Entwicklung von abweichenden Karrieren einschließlich problematischem Konsum illegalisierter Drogen. Nimmt zwar Helfferich (1998, S. 267-268) an, dass „bei illegalen Drogen allgemeine und weniger mit Männlichkeit verbundene Motive im Vordergrund stehen“, sondern eher traumatisierende Erfahrungen, so können doch deutliche Zusammenhänge hergestellt werden. Für den problematischen Drogenkonsum männlicher Jugendlicher ist die Herstellung von Männlichkeiten von wesentlicher Bedeutung. Auf Grund der bisherigen mangelnden Berücksichtigung in der Forschung und Praxis können zunächst erste vorläufige Überlegungen, erste Skizzen zu dem Risikofaktor männlich im Zusammenhang mit dem Konsum illegalisierter Drogen gegeben werden. Diese Überlegungen werfen sicherlich mehr Fragen auf, als sie Antworten geben können. Es gibt viele Facetten und auch Varianten von Männlichkeit. Ob Arnold Schwarzenegger oder Woody Allen, Luciano Pavarotti oder Mick Jagger, Präsident der Europäischen Zentralbank oder Heimleiter, ob durch Schönheit oder Kraft, durch Intelligenz oder Cleverness, etwas von dieser Männlichkeit muss jeder Mann herstellen können, erlaubt oder verboten. Er gehört sonst nicht nur nicht dazu, sondern ist eher gar nicht existent. Dies erklärt die oftmals bei männlichen Drogenkonsumenten anzutreffende Leere und Angst, als wenn sie vor einem Abgrund stünden. Sie stehen tatsächlich davor, ihr Aufstieg und Fall waren rasant. (Friedrichs & Jahry & Papierok, 2002).

Die Interpretation frauenspezifischer Aspekte bei den Konsumentinnen (illegalisierter Drogen) sind häufig gewagte, nicht näherer begründete Thesen (vgl. z.B. Stahr et al., 1995): „Frauen, die von illegalen Drogen abhängig sind, haben noch viel deutlicher als Alkoholikerinnen den ihnen zugeschrieben sozialen Raum verlassen. Allgemein gültige Chiffren für Weiblichkeit werden von ihnen radikal außer Kraft gesetzt, indem sie die an sie gestellten Erwartungen geschlechtsadäquater Handlungsorientierungen nicht erfüllen. Sie teilen mit männlichen Drogenabhängigen den Protest gegen familiäre und gemeingesellschaftliche Lebensbedingungen, gegen traditionelle Normen und Konventionen“ (S. 15). Hier wird den drogenabhängigen Frauen ein politisches Moment unterstellt, das sich (leider) jeder empirischen Überprüfung entzieht. Ganz im Gegenteil: Bei der weiteren Differenzierung der teilkulturellen Drogenszene sind Ausprägungsformen anzutreffen, die eher eine konsequente Fortsetzung gesellschaftlicher Rollenstereotype entsprechen. Der soziale Status der Herkunftsfamilien drogenabhängiger Frauen ist durch eine gewisse Überrepräsentation der sozialen Unterschicht bestimmt (Vogt, 1998, S. 198). Die drogenabhängige Frau als Versorgerin ihres ebenfalls drogenabhängigen Freundes, Beschaffungsprostitution mit „zuhälterähnlichen“ Beziehungen und die umfassende Versorgungszuständigkeit für eventuell vorhandene Kinder sind Ausprägungsformen. Diese deuten eher in die Richtung der Herstellung von Rollenstereotypen und Fortführung eines destruktiven Geschlechterverhältnisses. Für die Bereiche Kriminalität und Gewalt bei „Mädchen in der Gang“ arbeitet Messerschmidt (1996) den „ungewöhnlich wendigen Entwurf der Gestaltung von Geschlechtszugehörigkeit“ heraus. Diese Mädchen stellen demnach Weiblichkeit in Form von Handlungsweisen her, die ihrer Geschlechtszugehörigkeit und ihren spezifischen sozialen Situationen entsprechen (S. 31).

Beschaffungsprostitution kann auch als eine Wiederholung der sexuellen Ausbeutung verstanden werden, da etwa 30 bis 50 % der drogenabhängigen Frauen als Kinder oder Jugendliche sexuell ausgebeutet worden sind (vgl. Vogt, 1998). Die meisten drogenabhängigen Frauen wurden in ihrer Kindheit überwiegend durch männliche Familienmitglieder (Vater, Stiefvater, Onkel, Bruder) sexuell missbraucht. Hieraus resultiere später die Ablehnung jeglicher Anpassung und Rollenübernahme und diese Frauen würden teilweise zu Drogenkonsumentinnen, da sie nie vergleichbare Vorbilder hatten (vgl. z.B. Arenz-Greiving & Dilger, 1994).

Nach Helfferich (1998, S. 268) spielt bei Mädchen die Partnerschaft in „Drogenbeziehungen“ eine größere Rolle als bei Jungen. Mädchen werden häufiger „angefixt“ von einem abhängigen Partner. Die Gemeinsamkeit mit dem Partner ist auch das Teilen von Abhängigkeit. Männlichkeit ist damit nicht nur ein Risikofaktor bezogen auf den problematischen Konsum für junge Männer selbst, sondern auch für junge Frauen im Umfeld der Männer. Die empirischen Befunde legen nahe, wenn junge Frauen einen drogendominanten Lebensstil praktizieren, dann beginnen sie in der Regel früher und verelenden auch schneller (vgl. Heckmann, 1993). Die Untersuchungen zu Drogennot- und Drogentodesfällen von A. Franke (1997) legt nahe, dass Frauen nicht risikoärmer applizieren, jedoch stärker belastet als Männer sind, sodass sie schneller psychisch und physisch am Ende sind. Dagegen spricht, dass Frauen frühzeitiger etikettiert und behandelt (Voigt, 1996, S. 21) werden, da die Drogenabhängigkeit in der öffentlichen Bewertung einen größeren Bruch mit ihrer traditionellen Geschlechtsrollenidentität darstellt als für Männer (Dobler-Mikola, 1996, S. 73).

Bedeutung und Bewertung

Geschlecht ist mehr als ein individuelles Merkmal, das mit körperlichen Unterschieden verbunden ist. Es ist ein hoch entwickelter Bereich gesellschaftlicher Praxis. Weil Geschlecht den Charakter einer Strukturkategorie hat, stellt „doing-gender“ einen wesentlichen Faktor menschlichen Handelns und Daseins dar (Brückner, 1998, S. 67).

Jungen und Männer haben besondere Risiken. Diese zeigen sich in vielen Bereichen von Auffälligkeiten und Abweichungen. Für abweichendes Verhalten kann die Interpretation im Sinne von nach „Innen“ gerichteten Bewältigungsstrategien bei Mädchen und Frauen und nach „Aussen“ gerichteten bei Jungen und Männern erste Orientierungen geben. Die empirischen Befunde zu unterschiedlichsten Risiken von Mädchen und Jungen bzw. Frauen und Männern können diese Interpretation gleicher psychosozialer Belastungen, aber unterschiedlicher Bewältigungsstrategien nicht bestätigen.

Das Phänomen problematischer Konsum illegalisierter Drogen ist männerdominant. Die „Herstellung von Geschlecht“ muss berücksichtigt werden. Erste Zugänge sind über das Modell der hegemonialen Männlichkeit und der Herstellung von Geschlecht möglich. Die Herstellung von Männlichkeiten ist an *drei zentrale Funktionen* gebunden. Neben den kulturellen Fähigkeiten (einschließlich Darstellung) des Mannes die Gemeinschaft zu versorgen („Provision“), ist der Schutz der Gemeinschaft vor inneren und äußeren Feinden („Protection“) und die männliche Kontrolle über den Nachwuchs und die damit verbundene Unterordnung von Frauen und abweichenden Männlichkeiten („Procreation") zu Gewähr leisten. In diesen drei Feldern werden Männlichkeiten hergestellt. Wer sich anhand dieser Merkmale nicht öffentlich zeigen kann ist kein Mann, und wird von Mann und Frau (!) nicht als solcher geachtet. Eine entscheidende Entwicklungsaufgabe für männliche Jugendliche, die zahlreiche andere Entwicklungsaufgaben beinhaltet („Querschnittsaufgabe"), ist die Herstellung von Männlichkeiten. Zwischen der Fortsetzung des Konsums von (verbotenen) Drogen und der Herstellung von Männlichkeiten besteht ein direkter Zusammenhang. Das abweichende Verhalten „Konsum illegalisierter Drogen", ist eingebettet in eine männlich dominierte Subkultur. Es ist der Versuch junger Männer eine an den Leitbildern der bestimmenden Männlichkeit orientierte Form von Männlichkeit herzustellen. Männlich zu sein stellt einen Risikofaktor dar (Friedrichs & Jahry & Papierok, 2002). Das Geschlecht „männlich" muss ebenso wie die Schichtzugehörigkeit und die Jugendphase berücksichtigt werden. Dies für die Analyse und die Handlungsstrategien und nicht nur bei dem vorübergehenden, sondern insbesondere bei dem problematischen Konsum von Drogen.

Zusammenfassung

Der Drogengebrauch Jugendlicher und die Entwicklung Jugendlicher sind eng miteinander verbunden; der Konsum verbotener Drogen ist nicht von der Lebensphase Jugend zu trennen. Die Entwicklung der Identität von Jugendlichen und die Bedeutungen des Drogenkonsums sind im Kontext der gesellschaftlichen Situation und Reaktion zu analysieren. Drogenkonsum kann der Befriedigung vielschichtiger alters- und entwicklungsbezogener Bedürfnisse Jugendlicher dienen. Viele der Risikoverhaltensweisen Jugendlicher, einschließlich Drogenkonsum, haben eine positive Funktionalität für die Bewältigung von Entwicklungsaufgaben. Die Analyse der Entwicklungsaufgaben in der Jugendphase verdeutlicht, das Risikoverhalten von Jugendlichen eine Variation von „normalem" Verhalten ist. Viele Jugendliche bleiben beim Experimentieren mit verbotenen Drogen und stellen dies wieder ein. Der Übergang zu einem lebensdominanten und somit problematischen Gebrauch illegalisierter Drogen muss ebenso im Zusammenhang mit der jugendlichen Entwicklung und den sozialen Möglichkeiten der Integration interpretiert werden.

Die Bewältigung von Entwicklungsaufgaben und die Auswirkungen vielfältiger gesellschaftlicher Krisen lasten nicht gleichermaßen auf allen Jugendlichen. Die unterschiedlichen gesellschaftlichen Bedingungen werden von Kindern und Jugendlichen im Sinne von Chancenreduzierung wahrgenommen. Zahlreiche soziale, psychische und körperliche Phänomene von Kindern, Jugendlichen und jungen Erwachsenen sind Ausdruck der psychosozialen Belastungen. Bedeutend für die empirische Sozialforschung und die Praxis Sozialer Arbeit sind die sozialen Merkmale der problematischen Konsumenten verbotener Drogen: Alter und Geschlecht, sowie die sozialen Kennzeichen Schichtzugehörigkeit, Schulbildung und eigener Beruf bilden die empirische Basis. Dass sich bei Jugendlichen aus niedrigeren Schichten „alternative" Handlungen etablieren, einschließlich des problematischen Konsums verbotener Drogen, ist neben der individuellen Aktion auch eine kollektive Reaktion. Die Lukrativität der Zugehörigkeit zu einer subkulturellen „peer-group" steigt für männliche Jugendliche. Die Grundlagen der „Herstellung von Geschlecht" müssen Berücksichtigung finden. Die Herstellung von Männlichkeiten ist ein wesentlicher Faktor für die Entwicklung des problematischen Konsums illegalisierter Drogen und der Entwicklung abweichender Karrieren.

5. Intervenieren – Behandeln – Vorbeugen

Interventionen werden allgemein als Eingriffe und Maßnahmen staatlicher Akteure oder freier Träger der Wohlfahrtspflege bezeichnet, die auf die Steuerung des Verhaltens nichtstaatlicher Akteure gerichtet sind (vgl. z.B. Engel & Hurrelmann, 1989, S. 131). Hörmann und Nestmannn (1988) weisen in ihrer Übersicht auch auf die durchaus kriegerischen Aspekte der Begriffe Intervention und Strategie und die Schwierigkeiten der Begriffsbildung im psychosozialen Bereich hin. Der Begriff der Intervention hat den Begriff der Versorgung weitgehend abgelöst. Intervention ist zu einem Schlagwort im pädagogischen Bereich und in sozialwissenschaftlichen Disziplinen geworden. Das gemeinsame von Versorgung und Intervention ist, dass der Klient in ein *Objektverhältnis* gebracht wird. Die Perspektive ist unterschiedlich. Bei der Intervention ist der Eingreifende der aktive Teil, bei der Versorgung der Klient passiver Empfänger von Maßnahmen (ders. S. 9). Professionelle psychosoziale Interventionsformen können bei Berücksichtigung fließender Übergänge nach ihren Schwerpunkten systematisiert werden:

- *Resozialisation*

Der Begriff der Resozialisation wird nicht nur in der juristischen und sozialpädagogischen Fachsprache, sondern auch im Alltag mit sozial abweichendem Verhalten insbesondere bei Sträflingen gebraucht (Kury, 1988, S. 145). Er ist nicht klar definiert. Im kriminologischen Bereich werden unter Resozialisierung alle Maßnahmen verstanden, die der (Wieder-) Eingliederung eines Straffälligen und der Vermeidung eines Rückfalls dienen. Die Maßnahmen können von der Freizeitgestaltung über soziale Trainingsprogramme bis zu (psycho-) therapeutischer Behandlung reichen. Die Absicht des Eingriffs in die Lebensverhältnisse ist primär, sodass die Resozialisation in Richtung auf eine Sozialtherapie geht (Hörmann, 1988, S. 140).

- *Rehabilitation*

Rehabilitation setzt einen krankhaften Befund (Diagnose) voraus. In der Definition der Weltgesundheitsorganisation (1969; zitiert nach Hörmann, 1988, S. 140) wird Rehabilitation charakterisiert als „die Anwendung einer koordinierten Gesamtheit medizinischer, sozialer, pädagogischer und beruflicher Maßnahmen, die darauf abzielen, den Behinderten eine möglichst vollständige Wiederherstellung einer oder mehrerer beeinträchtigender Funktionen zu sichern". Eine eindeutige Differenzierung nach medizinischen, beruflichen und sozialen Maßnahmen der Rehabilitation ist inhaltlich kaum möglich.

- *Prävention*

Für den Begriff der Prävention hat sich ein zunächst plausibles, aber in der Abgrenzung schwieriges Modell von Caplan und Grunebaum (1977) durchgesetzt. Auf dem Hintergrund der psychiatrischen Versorgung wird zwischen Primär-, Sekundär- und Tertiärprävention differenziert. Die Primärprävention soll das Auftreten von Störungen verhindern. Die Sekundärprävention soll die weitere Ausprägung und Verfestigung und die Tertiärprävention die Verlaufsform und -dauer beeinflussen (vgl. auch Psychiatrie-Enquete, 1975; S. 245ff.).

- *Beratung*

Beratung ist die zentrale Tätigkeit nicht nur für die Soziale Arbeit. Beratungsangebote sind parallel zum gesamtem Lebenslauf etabliert. Anlässe für Beratung können lebenspraktische, soziale, seelische, körperliche und wirtschaftliche Schwierigkeiten sein. Beratung ist neben erziehen, betreuen, organisieren eine zentrale sozialpädagogische Tätigkeit (vgl. Belardi, 1996). Beratung kann als Querschnittsaufgabe verstanden werden. In der Resozialisation, Rehabilitation und Prävention findet je nach Perspektive Beratung statt. Die Grenzen zur Psychotherapie sind fließend (vgl. Belardi, 1996, S. 40; Rahm et. al. 1993; 1985, S. 59-75).

- *Psychotherapie*

Rechtlich betrachtet ist Psychotherapie eine gesetzlich geschützte Krankenbehandlung, die eine Lizenz voraussetzt (siehe Anhang N). In den psychotherapeutischen Behandlungen (siehe Pkt. 2.3; 2.4) erfolgt eine professionelle Einflussnahme auf die psychischen Bedingungen gestörter oder abweichender Subjektivität. Die Psychotherapie ist zu einer zentralen Intervention zur ökonomischen und politischen Integration geworden (vgl. Zygowski, 1987).

Ausgangspunkt zahlreicher Analysen über den Konsumenten illegalisierter Drogen sind die „extrem-problematischen" Drogenkonsumenten. Mit einem beginnenden Konsum verbotener Drogen (insbesondere bei Heroin und Kokain) werden Verläufe antizipiert, die von der Zwangsläufigkeit von Entwicklungsprozessen zum extrem-problematischen Drogenkonsum ausgehen. Hieraus leiten sich überwiegend die Interventionen ab. Die Notwendigkeit des Zwanges zur Resozialisation oder Rehabilitation, mit weitgehend psychotherapeutischen Behandlungselementen in stationärer Form, stehen im Vordergrund. Auf Grund der mangelnden Reichweite der Drogenhilfe (Pkt. 5.2) sollen Versorgungseinrichtungen einerseits Überlebenshilfen geben, anderseits die Zugangswege zu „Behandlungsnetzen" eröffnen.

In der Entwicklung von Mustern des Drogenkonsums gibt es jedoch keine zwangsläufige Abfolge. Der überaus größte Anteil der jugendlichen Drogenprobierer hört von selbst mit dem Konsum von Drogen auf, oder entwickelt kontrollierte Gebrauchsmuster. Ein geringerer Anteil entwickelt eine Drogenabhängigkeit, aus der wiederum ein Teil aus der Drogenabhängigkeit „herauswächst". Auch die Untersuchungen zu Rehabilitationsverläufen von Heroinabhängigen (Pkt. 5.3) weisen darauf hin, dass die Lebenspraxis (soziale Integration) mit der Überwindung des Drogenproblems eng verknüpft ist. Mit der Bewältigung der zentralen Entwicklungsaufgaben kann ein Teil der Drogenabhängigen eine (Re-) Integration erreichen. Es ist der Teil, der nicht durch die Dynamik (u.a. Ausgrenzung und Strafverfolgung) seine letzten Ressourcen verloren hat. Die Grenzen der Behandlung (Eisenbach-Stangl & Stangl, 1984) oder die „unaufhebbaren Grenz- und Kernprobleme" professioneller Arbeit (Schütze, F., 1984, S. 262) werden sichtbar.

5.1 Interventionshandlungen

Grundlagen

Eine Typologiesierung sozialpolitischer Interventionsformen (F.X. Kaufmann, 1979; 1982; siehe auch Pkt. 1.5) stellt eine Metastruktur zur Verfügung. Es bedarf der weiteren Differenzierung und Konkretisierung. Ein Modell von Engel u. Hurrelmann (1989, S. 202; 211) ermöglicht das Erfassen von präventiven und korrektiven als auch von personellen und sozialen Zieldimensionen.

Tabelle 16: Präventive und korrektive Interventionen

	Personelle Ressourcen	*Soziale Ressourcen*
Präventiv	Training individueller Kompetenzen Leistungsförderung	Verbesserung sozialer Lebensbedingungen Chancenstruktur Partizipationsmöglichkeiten
Korrektiv	Systematische Verhaltensmodifikation, (Therapie)	Aufbau von Unterstützungsnetzwerken (Re-) Konstruktion sozialer Netzwerke

Die Maßnahmen werden nach ihrem Ansatzpunkt im Ablauf des Entstehungsprozesses vom Problemverhalten klassifiziert. Hierüber lassen sich Ansatzpunkte für die (Soziale) Arbeit im Sinne der Systematisierung der Eingriffshandlungen als helfende, unterstützende, kontrollierende und korrigierende Maßnahmen vornehmen. Das Drogenhilfesystem lässt sich nicht nach eindeutigen Kriterien differenzieren und definieren. Nach Ansatzpunkten (vgl. Interventionen Pkt. V) organisatorischer Ausrichtung (z.B. ambulant versus stationär) und Finanzierungsgrundlagen (z.B. Krankenversicherung versus Jugendhilfe) ergeben sich unterschiedliche Strukturierungsmöglichkeiten.

- Prävention,
- Suchtberatung, -begleitung und ambulante Versorgung: Beratung; psychosoziale Begleitung bei Substituierten; Betreutes Wohnen Drogenhilfezentrum; street-work
- Akuthilfe: medizinische Ambulanz; qualifizierter Entzug/Entgiftung; Schlafstellen
- Medizinische Rehabilitation: Ambulante medizinische Rehabilitation; stationäre Kurzzeitbehandlung; stationäre Langzeitbehandlung; teilstationäre medizinische Rehabilitation; Adaption
- Integration: Arbeits- und Beschäftigungsprojekte; Freizeit- und Kulturprojekte; Nachsorge (ambulant und stationär); Betreutes Wohnen
- Selbsthilfe.

Aus der Dominanz den Konsum illegalisierter Drogen als individuelle Krankheit zu definieren, liegt das besondere (öffentliche) Interesse auf den korrektiven, individuellen Interventionen. Dieses Interesse korrespondiert mit den institutionellen Arbeitsaufträgen und den eingesetzten Methoden. Die Methoden sind weder zielneutral, noch sind sie institutionen-, zeit- und personalneutral (vgl. C.W. Müller, 1982). Die Arbeitsaufträge werden in der Regel über öffentliche Mittelzuweisungen definiert (siehe Pkt. 1.5). Für die ambulante Drogenhilfe sind dies Mittelzuweisungen aus Bundes- und Landesmitteln und zum größten Teil aus Kommunalmitteln als Pauschalzuweisungen. Für die stationäre Drogenhilfe sind dies einzelfallbezogene Finanzierungen hauptsächlich über Kranken- und Rentenversicherungsträger. Die Aufträge zur Verhaltensmodifikation zielen bei Konsumenten verbotener Drogen, mit der direkten oder indirekten Absicht (über medikamentengestützte Behandlungen; niedrigschwellige Angebote), auf die Drogenabstinenz. Interventionshandlungen, die sich jedoch ausdrücklich oder überwiegend auf die Verhaltensmodifikation beziehen, haben nur eine begrenzte Reichweite bzw. können zur „Symptomverschiebung“ führen. Das oben beschriebene mehrfach determinierte Phänomen kann nicht durch einzelne Maßnahmen gelöst werden. Interventionen müssen sich auf alle Ebenen beziehen, da die Probleme auch hier entstanden sind. Dies gilt nicht nur für die Drogenhilfe. So sind die Dimensionen präventiv und korrektiv als Interventionen in keiner Weise alternativ beziehungsweise in einem hierarchischen Verhältnis zu sehen, sondern komplementär zu fassen.

Die Ausführungen legen analytisch nahe, dass weite Teile der ambulanten Drogenhilfe, einschließlich der Prävention, sich eher als Jugendhilfe verstehen. Unter schichtspezifischen und geschlechtsspezifischen Perspektiven können zentrale Bezugspunkte der Jugendarbeit, wie sie Böhnisch (1992, S. 245ff.) formuliert, unabhängig vom Stand des Drogenkonsums berücksichtigt werden:

- Förderung des Selbstwertgefühls von Jugendlichen;
- Förderung der Arbeit in Gruppen;
- Akzeptanz der jugendkulturellen Gegenwartsorientierung und die Kompetenz für die eigene Zeit und ihre eigenen Zeithorizonte;
- Berücksichtigung der individuellen Biografien der Jugendlichen;
- Akzeptanz der unterschiedlichen soziostrukturellen Ausdrucksformen der Jugendlichen.

Als methodische Elemente könnten die Methoden der Sozialen Arbeit (einschließlich Gemeinwesenarbeit) unter Berücksichtigung der Entwicklungsberatung (Pkt. 5.2) sein. Dass durch die makrosozialen Gegebenheiten auch Grenzen der Bearbeitung gesteckt sind, bedarf keiner näheren Ausführung.

Erläuterungen

Für die Soziale Arbeit weitgehend und die Drogenhilfe insbesondere ist eine einseitige Ausrichtung festzustellen. Personenbezogene Problembearbeitungsformen als individuelle Verhaltensmodifikation stellen den Schwerpunkt dar. Interventionen, die sich auf die präventiven personellen Ressourcen und die sozialen sowie die korrektiven sozialen Ressourcen beziehen, sind nachrangig. Die eher strukturbezogenen Vorgehensweisen werden häufig außerhalb des Einflussbereiches Sozialer Arbeit angesiedelt. Über die Finanzierungsgrundlagen findet eine Reduzierung auf korrektive individuelle Interventionen statt. Dies ist ein Aspekt, der seit Jahrzehnten stattfindenden Therapeutisierung Sozialer Arbeit. Die in der Sozialen Arbeit klassische Methode der „Einzelfallhilfe" (neben der Gruppenarbeit und Gemeinwesenarbeit) passt zur administrativen Arbeitsorganisation von Sozialer Arbeit (vgl. Meinhold, 1988). Eine Erweiterung der Eingriffshandlungen ergibt sich nicht nur aus der theoretischen Analyse, sondern auch aus den tagtäglichen Erfahrungen in den Arbeitsfeldern Sozialer Arbeit. Alle sozialpolitischen, bildungspolitischen und kulturpolitischen Maßnahmen, die zwar nicht ausschließlich, aber auch im speziellen Interesse der Verhütung von Störungen liegen, lassen sich hier anführen. Eine Soziale Arbeit mit präventiven Perspektiven zielt nicht mehr ausschließlich auf Verhaltensauffälligkeiten, sondern auch auf „gestörte Verhältnisse" ab. Die Betroffenen werden auch als „Opfer" ihrer Lebenslagen wahrgenommen. Ihre Probleme werden auch in personenübergreifenden Zusammenhängen gesehen. Ein durchgängiges Prinzip aller Anstrengungen kann die Aktivierung der Betroffenen selbst sein, die Förderung ihrer sozialen Kontakte und die Anregung und Unterstützung zur Selbsthilfe (Sengling,

1984). Denn „Einzelfallhilfe und therapeutische Verfahren finden sehr schnell ihre Grenzen an den subjektiven Lebensentwürfen der Menschen und den Verhältnissen in ihrer Lebenswelt. Tragfähige und alltagswirksame Veränderungen können nur im Alltag selbst, in der Lebenswelt der Betroffenen, erzielt werden“ (Springer, 1994, S. 52). Eine lebensweltorientierte strukturelle Soziale Arbeit orientiert sich an der Betroffenheit und den Bedürfnissen z.B. drogenkonsumierender Jugendlicher selbst. Hier können die Eigeninitiative und das Selbsthilfepotenzial der Jugendlichen und ihrer Bezugspersonen gefördert werden. Die Kommunikation mit den Betroffenen und anderen Personen und Funktionsträgern von Institutionen ihres Stadtteils, sollte auch immer auf die Verbesserung der materiellen Situation im Bereich Wohnen, Arbeit, Ausbildung, Freizeit, Gesundheit usw. gerichtet sein. Die professionelle Hilfe für Menschen kann nicht in der Professionalisierung des Alltags bestehen, sondern die professionelle Hilfe sollte dazu führen den Alltag produktiver leben zu können (Springer, 1995). Gerade gemeinsame Erfahrungsräume von drogenkonsumierenden und anderen Jugendlichen sowie Erwachsenen sind Voraussetzung für Integration und „Normalisierung“.

Der Ausschluss von drogenkonsumierenden Jugendlichen aus „normalen“ sozialen Bezügen fördert die „Verstrickung“ und die Reduzierung der sozialen Teilhabe auf die subkulturelle „Szene“. Die Zuführung zu ambulanten und stationären „speziellen“ Einrichtungen der Drogenhilfe verstärken diese Ausgrenzung. Der Jugendliche ist der Experte seiner Existenz. Er weiß besser als der Professionelle, was ihn in seiner Welt stört oder was ihm als Risiko für seine Entwicklung erscheint (siehe Pkt. 4.1). Hier trifft die Kritik an den Konzepten der Entwicklungsaufgaben im Jugendalter zu. Der subjektive Sinn, den Jugendliche ihrem Handeln geben, muss erschlossen werden. Grundlage der Interventionen sind dann die Definitionen, Interpretationen, Perspektiven und konzipierten Möglichkeiten diese Lebenslagen zu überwinden. Das heißt, die Interventionen orientieren sich an der Alltagswelt der Betroffenen und ihren Sichtweisen. Hier werden individualistische Problemansichten und pluralisierte Normalitätsannahmen zugelassen. In diesem Sinne wird (Drogen-) Prävention u.a. als Förderung von Netzwerken und Stützsystemen verstanden (Franz, 1991). Hier bedarf es der Vernetzung unterschiedlichster Dienste. Die Kooperation, insbesondere der ambulanten Drogenhilfe mit Einrichtungen der Jugend- und Familienhilfe und mit anderen Fachdiensten, erhält dann eine wichtige Bedeutung.

In der Jugendhilfe liegen spezifische Fachkompetenzen zur Aufrechterhaltung oder Wiederherstellung sozialer Bezüge Jugendlicher vor. Den gegebenen, auch institutionellen Ausgrenzungstendenzen bei verbotenem Drogenkonsum, oder abweichendem Verhalten allgemein, kann begegnet werden. Erforderlich ist nicht eine einzelfallbezogene, sondern eine strukturelle Vernetzung und Kooperation. Sie muss die Unterschiedlichkeit in den

Aufgaben und die notwendigen Abgrenzungen (u.a. Schweigepflicht; Zeugnisverweigerungsrecht) berücksichtigen.

Das soziale Netzwerk und der soziale Nahraum sind zunächst die Instanz der Konfliktlösung bei atypischen Verhaltensweisen (einschließlich Drogenkonsum). Erst die Dezentralisierung auf Stadtteilebene kommt den spezifischen Lebensbedingungen Jugendlicher näher. Prävention im sozialen Nahraum und in Ausbildungsbetrieben kann den Ausgrenzungstendenzen entgegenwirken (vgl. Jahry, 1994; Jugendhilfe, 1993). Eine gemeinsame Zielsetzung ist hier die Verbesserung der sozialen Lebensbedingungen auf kommunaler Ebene.

Differenzierung

Die Systematik von Interventionen bei psychosozialen Belastungen benennt keine Methoden (Mittel, Wege, und Verfahren), um definierte Ziele erreichen zu können. Methoden können als systematisches, regelgeleitetes Vorgehen und Verfahren verstanden werden. Sie sind bei der Entwicklung von (wissenschaftlichen) Problemen, Aussagen und Fragen, sowie deren empirischer Überprüfung durch eine Realitätsanalyse erforderlich. In der Sozialen Arbeit werden unter dem Begriff Intervention häufig die Methoden subsumiert. Methoden sind für die Soziale Arbeit die Einzelfallhilfe, die Gruppenarbeit und die Gemeinwesenarbeit. Diese Methoden wurden parallel zum Wandel der Notstände entwickelt (vgl. Belardi, 1992, insbesondere S. 21-99). Sie sind primär adressatenorientiert als methodenorientiert. So sind die theoretischen und methodischen Überlegungen der Einzelfallhilfe, Gruppenarbeit und Gemeinwesenarbeit häufig Praxistheorien und Kompendien aus Praxiserfahrungen und Theorieanteilen verschiedener wissenschaftlicher Disziplinen. Ein einheitliches methodisches Konzept ist daher undenkbar. Dies ist gleichzeitig die „Stärke“ und die „Schwäche“ der Sozialen Arbeit. Die „Stärke“ liegt in den unterschiedlichen wissenschaftlichen Bezugssystemen, die explizit oder implizit hergestellt werden. Die „Schwäche“ liegt in der (notwendigen) selektiven Verarbeitung der Erkenntnisse unterschiedlichster Wissenschaftsdisziplinen.

Es existiert eine kaum überschaubare Fülle von wissenschaftlichen Untersuchungen, organisatorischen und praktischen Ansätzen zum Bereich des „illegalen“ Drogenproblems. Die wissenschaftliche Fachforschung ist hier ambivalent. Eine gigantische Menge von Erkenntnissen, neuen Diagnose- und Bearbeitungsverfahren ist hervorgebracht worden. Durch die wissenschaftlich fundierte Wirksamkeit werden neue Problembestände geschaffen (vgl. Schütze, 1984). Auch in der Drogenhilfe können die Professionellen nicht mehr völlig selbstständig die zu bearbeitenden Probleme mit den üblichen professionellen Denkstrukturen lösen. Die theoretischen und praktischen Probleme des professionellen Handelns sind letztlich nicht mehr bearbeitbar im abgegrenzten Sinnbezirk der Profession. Es besteht die Notwendigkeit über die eigene Fachprofession hinaus Erkenntnisse und Konzepte aufzunehmen.

Die Interventionen in der Drogenhilfe haben eine einseitige Ausrichtung. Einerseits werden die individuellen korrektiven Interventionen in den Vordergrund gestellt. Andererseits wird der Ausgangspunkt der Analysen und Interventionen an den extrem-problematischen Drogenkonsumenten ausgerichtet. In Anlehnung an Schütze (1984, S. 276) werden dadurch zwei analytisch zu trennende „systematische Fehlerquellen professioneller Berufsarbeit" deutlich:

Tendenziell partielle Handlungsprobleme
Die Diagnose- und Bearbeitungsprozeduren der Profession treffen auf Handlungsprobleme von Klienten. Diese Klientenprobleme können so komplex sein, dass die Leistungsfähigkeit und Zuverlässigkeit des Professionellen beeinträchtigt wird. Hier können sich Professionelle in zunächst unerwartete komplexe Bearbeitungsprobleme verstricken. Organisations-, Interaktions- und Beziehungsschwierigkeiten sind hiermit verbundenen. Die Standard- und Routinemittel der Profession reichen nicht mehr aus und können die Lebenssituation des Klienten sekundär destabilisieren.

Tendenziell totalisierende Verlaufskurvenprobleme
Der Klient ist in einer destabilisierten Erleidenssituation, die für ihn nicht mehr aushaltbar ist. Der Professionelle gerät unter Aktivitätsdruck. Die Interventionen reduzieren zunächst die Risiken eines negativen Ausgangs der Verlaufskurvenproblematik. Die Interventionsmittel für die Bearbeitung können sich gerade für die vorliegende Problematik als unwirksam herausstellen. Sie halten Klienten davon ab, andere Hilfsquellen und Hilfsmittel in Anspruch zu nehmen. Eine Chronifizierung von Problemlagen entsteht. Eine immer tiefer gehende Verlaufskurvenverstrickung ist die Folge.

Die vielfältige Bestimmung des problematischen oder extrem-problematischen Konsums verbotener Drogen führt die ambulante und stationäre Drogenhilfe immer wieder an unaufhebbare Grenzbereiche der Bearbeitung. Gerade die enge Verknüpfung von Therapie und Strafe, Verfolgen und Helfen hat gigantische neue Problembereiche geschaffen. Neben den möglichen körperlichen (u.a. Hepatitis, HIV, schlechter Ernährungszustand) sind die sozialen Folgeerscheinungen zu nennen (u.a. Kriminalisierung, Verwahrlosung). Diese führen auf Grund der Illegalisierung zu strukturellen und methodischen Formen der Versorgung, die denen der Armenfürsorge nahe kommen. Diese Formen der primären Versorgung sind z.B. die so genannten „niedrigschwelligen" Angebote (siehe Pkt. 5.2). Aus der Dynamik der Ausgrenzungen sind diese Angebote folgerichtig. Mit der Bereitstellung von Möglichkeiten der Befriedigung elementarer menschlicher Bedürfnisse

(Essen und Schlafen) wird jedoch eine Chronifizierung der Ausgrenzung stabilisiert.

Bedeutung und Bewertung

Konsumieren Jugendliche illegalisierte Drogen, so wird dies häufig zu einem Ausschlusskriterium nicht nur in der Ausbildung (Schule, Betrieb), sondern auch in vielen Feldern Sozialer Arbeit. Ein geringer Teil von Jugendlichen entwickelt einen überdurchschnittlich riskanten Drogenkonsum. Er ist Bestandteil ihres Lebensstils und somit Bestandteil der Jugendhilfe. Jugendliche befinden sich in diesen Übergängen in komplizierten Situationen. Diese Situationen sind von vielschichtigen Handlungsaufgaben und faktisch reduzierten Möglichkeiten bestimmt (Pkt. 4). An diesen Übergängen verlässt die Soziale Arbeit häufig ihr Methodeninventar, die Jugendhilfe verlässt oftmalig ihr Klientel und die Drogenhilfe spezialisiert sich auf die eingetretene Verelendung von Drogenkonsumenten. Die Beteiligten erliegen dem Drogenmythos, in welchem der Fokus auf die systematische Verhaltensänderung gelegt wird. Wie ist mit Jugendlichen umzugehen, die Drogen konsumieren? Hier wird (fast) ein „Niemandsland“ zwischen den Bereichen Jugendhilfe und Drogenhilfe betreten. Die Jugendhilfe lehnt es (noch) weiterhin ab sich mit drogenauffälligen Jugendlichen zu befassen, die (klassische) Drogenhilfe ist nicht in der Lage angemessene Zugangswege anzubieten (Quensel & Westphal, 1996). Die außerschulische Jugendarbeit verfügt jedoch weder über die rechtlichen noch über die materiellen Rahmenbedingungen für einen sozialintegrativen und sozialpädagogisch aktiven Umgang mit dem Drogenthema.

Werden die schichtspezifischen, jugendspezifischen und geschlechtsspezifischen Dimensionen des problematischen Konsums verbotener Drogen berücksichtigt, so sind keine „drogenspezifischen“ Interventionen erforderlich. Massen- und personalkommunikative Maßnahmen (Pkt. 5.4) zur Risikominimierung beim Gebrauch verbotener (und erlaubter) Drogen stellen hinreichende „drogenspezifische“ Interventionen dar. Aus der Dynamik des Problems des Drogenproblems hat sich jedoch ein hochspezialisiertes, differenziertes und „drogenspezifisches“ Hilfesystem entwickelt.

5.2 Ambulante Interventionen

Grundlagen

Viele Ausrichtungen und Methoden der ambulanten Drogenhilfe haben sich aus der zunehmenden psychischen, somatischen und sozialen Verelendung der Drogenkonsumenten entwickelt. Der Fachverband Drogen und Rauschmittel (FDR) hat „Standards im Verbundsystem der Suchtkrankenhilfe/Schwerpunkt Drogenarbeit" vorgelegt (1997). Die Interventionsziele werden hierarchisch gegliedert:

- Sicherung des Überlebens
- Verhinderung von körperlichen Folgeschäden
- Sicherung der sozialen Umgebung
- Verhinderung der sozialen Desintegration
- Erreichen längerer Abstinenzphasen
- Einsicht in die Grunderkrankung gewinnen; Veränderungsbereitschaft formulieren
- Entwicklung von Behandlungsmotivation
- Akzeptanz des Abstinenzzieles
- Individuelle therapeutische Behandlung.

Nach wie vor sollen Drogenberatungsstellen Konsumenten illegalisierter Drogen den ersten Kontakt zur Drogenhilfe ermöglichen. Beratung wird überwiegend als Vorstufe zur eigentlichen stationären Behandlung verstanden. Die Beratung soll die erste Diagnostik und Motivierung zur stationären Therapie vornehmen. Versicherungsrechtliche und strafrechtliche Fragen sollen geklärt werden. Nicht nur die stationäre, sondern auch die ambulante Drogenhilfe ist in einen verfolgenden Regelkreis geraten. Dieser Regelkreis ist aus der entwickelten Doppelstrategie des „Verfolgens und Helfens" entstanden (Raschke, 1986; vgl. Pkt. 1.6). Die Strategie des Verfolgens hat die des Helfens eingeholt. Mit dem novellierten Betäubungsmittelgesetz in der Bundesrepublik Deutschland (1982) ist nicht nur die stationäre Drogentherapie in einen „Therapieverbund" mit der Justiz getreten. Auch die ambulante Drogenhilfe konnte sich größtenteils den veränderten Bedingungen (Therapie statt/als/oder/und Strafe) nicht entziehen. Es nehmen vor allem die Drogenkonsumenten die ambulante und stationäre Drogenhilfe in Anspruch, die einem hohen Problemdruck ausgesetzt sind.

Die Drogenhilfe ist von widersprüchlichen Aspekten und Rahmenbedingungen geprägt. In der Praxis wird deutlich, dass die strukturelle Ausrichtung und die methodischen Ansätze sich in einem Spannungsverhältnis bewegen. Diese Problemzonen der ambulanten Drogenhilfe können in Anlehnung an Raschke (1986) transparent gemacht werden.

Tabelle 17: Problemzonen der ambulanten Drogenhilfe

Beratung / Behandlung / Prävention	Inanspruchnahme Reichweite	Lebenskontext und soziales Umfeld der Klienten
Struktur Angebote (z.B. Beratung; niedrigschwellige Angebote)	Wahrnehmung des Angebots und Bewertung der Angemessenheit	Eigene Problemwahrnehmung Akzeptanz der Angebote

Die eigene Problemwahrnehmung (*Perzeption*) von Konsumenten illegalisierter Drogen ist in mehreren Dimensionen zu sehen. Sie kann primär als Erkenntnis des eigenen Problems aus einem Interaktionsprozess erfolgen, oder durch eingrenzende Maßnahmen (u.a. soziale Ächtung, strafrechtliche Verfolgung). Diese Prozesse können zur individuellen Problemdefinition führen. Sie enthalten immer die gesellschaftlichen Aspekte der Definitionen dieser Form von Auffälligkeit. Die Selbstwahrnehmung in der teilkulturellen Drogenszene stimmt häufig nicht mit den Definitionen und Handlungsmaßnahmen der „Verfolgungsbehörden“ überein. Auch die angebotenen Hilfen der Behandlungseinrichtungen müssen individuell und kollektiv wahrgenommen werden. Die eigenen Problemdefinitionen werden mit denen in der „peer-group“ und denen der Behandlungseinrichtungen abgeglichen. Dies kann zur Akzeptanz oder zur Ablehnung der angebotenen Hilfen führen. Die Wahrnehmung der eigenen Situation, der eigenen Verantwortlichkeit, der Fähigkeiten und Möglichkeiten zum Ausstieg (Kindermann et al., [Amselstudie] 1989) reichen nicht aus, sie müssen um den Aspekt der Akzeptanz ergänzt werden. Die Inanspruchnahme sagt noch nichts zu der Angemessenheit (*Adäquanz*) der Hilfeleistungen aus. Diese lässt sich als erlebte Angemessenheit zur Bewältigung der persönlichen Problemsituation ausdrücken. Mit den *vier Dimensionen* Problem-Perzeption, Angebots-Perzeption, Akzeptanz und Adäquanz lassen sich die Bedingungen der Inanspruchnahme der Drogenhilfe ausdrücken (Raschke, 1986, S. 12).

Die Struktur und die Angebote der ambulanten Drogenhilfe wirken sich auf die Akzeptanz und somit auf die Inanspruchnahme aus. Die als zu gering eingeschätzte Reichweite und „Haltekraft“ von Angeboten führte zur Wiederentdeckung so genannter „niedrigschwelliger Angebote“. Ob diese Inanspruchnahme zu Problemlösungen beiträgt oder zur „Chronifizierung von Problemlagen“ (Schütze, F., 1984; Pkt. 5.1) führt, kann damit nicht ausgedrückt werden.

Erläuterungen

Bis etwa Ende der 80er-Jahre wurden die Drogenberatungsstellen auf die Funktion der Transformation in stationäre Behandlungen und eine „Verwaltung“ des Drogenelends reduziert. Stationäre Behandlungen galten als Standardverfahren bei der Therapie Heroinabhängiger. Ambulante Behandlungen wurden als nicht möglich (Rittmarnsberger et al., 1985, S. 69) bzw. als „Kunstfehler“ (Berauer et al., 1983, S. 60) eingeschätzt. Die Orientierung erfolgte an der Einteilung der Verlaufsphasen des Alkoholismus nach Jellinek (vgl. Schulz et al., 1992) bzw. am Suchtkarrieremodell (Pkt. 2.2). Der Leidensdruck könnte erst die Motivation zur (stationären) Behandlung herstellen. Die fortschreitende soziale und berufliche Desintegration und die reduzierten Rationalisierungs- und Verdrängungsmöglichkeiten sowie die

Folgeschäden seien notwendige Bedingungen (vgl. Kleiner, 1979; 1982; Täschner, 1983; Heckmann, 1980).

Nicht nur in der Politik („War on Drugs"; „Keine Macht den Drogen"), sondern auch in Teilen der Drogenhilfe schien man sich in einem „Kriegszustand" zu befinden: Die Drogenarbeit befand sich „An der Front" der aufsuchenden und begleitenden Arbeit in der Drogenszene (Krauss & Steffan, 1985, S. 23), oder „Im Kampf gegen die Drogensucht" (Bäuerle, 1991). Stationäre Abstinenzbehandlungen stellten die einzige Behandlungsform dar. Die hohe Zahl der so genannten Drogentoten (siehe 3.3), die zunehmende soziale und körperliche Verelendung und die damit verbundene öffentliche Sichtbarkeit, ermöglichten den Erfahrungen entsprechende Versorgungsangebote zu konstituieren. Mit den steigenden Möglichkeiten von medikamentengestützten Behandlungen (psychosoziale Begleitbehandlung; siehe Pkt. 2.1.2) gewannen ambulante Behandlungen und Versorgungsangeboten an Bedeutung. Der Drogenabhängige wurde öffentlich als Kranker etabliert. Die (ambulante) Drogenhilfe „entdeckte" eine Grundlage nicht nur aus der Sozialen Arbeit, sondern auch aus den Anfängen der Drogenhilfe wieder. Aufsuchende und begleitende Arbeit in der Drogenszene (street work) führte zu Entwürfen einer „Drogenarbeit die nicht bevormundet" (Krauss & Steffan, 1985). Die bisherige Zielsetzung (Drogenabstinenz) wurde nicht mehr als Voraussetzung von Unterstützungsmaßnahmen gesetzt. Eine lebensweltorientierte und von „Anerkennung" getragene Drogenhilfe musste sich jedoch zunächst etablieren. Der Begriff der „akzeptierenden Drogenarbeit" („Suchtbegleitung") wurde zum Manifest. Ein „Grundverständnis akzeptanzorientierter Drogenarbeit" (Gerlach & Engemann & Indro e.V., 1994) musste in vielen Facetten erarbeitet werden. Konzepte und Kompendien zur „Akzeptierenden Drogenarbeit als Gegenentwurf zur traditionellen Drogenhilfe" (Schuller & Stöver, 1990), als „selbst gestaltete Sekundärprävention" (Schneider, 1993) und als akzeptierende Drogenarbeit in der Jugendhilfe (Eckert & Bathen, 1995) wurden entwickelt. Niedrigschwellige Modellprojekte als akzeptierende Drogenarbeit wurden eingerichtet und wissenschaftlich begleitet (vgl. z.B. Hentschel, 1995).

Strategien zur Reduzierung von Folgeerscheinungen unter den Begriffen der „harm reduction", des Monitoring (Trendüberwachung) und der Trendforschung oder der Politik der Schadensminimierung wurden favorisiert und nun zum Teil finanzierbar. In der Techo- und Partykultur konnte sich Drugchecking (Identifikation und Testung der Schwarzmarktprodukte) als Maßnahme der Gesundheitsvorsorge zum Teil (Berlin, Hannover) etablieren. Gesundheit, die vor allem als soziale Gesundheit definiert wird, bezieht jene Begleitumstände des Drogenkonsums ein, welche die soziale Integration gefährden. Neben der Kriminalisierung und der künstlichen Verteuerung des Drogenkonsums sind die Stigmatisierung der Konsumenten und die Gefahren, die von der schlechten und schwankenden Qualität der Droge herrühren, zu nennen. Es geht um die Verbesserung der Lebensqualität durch die Schaffung günstiger Konsumbedingungen. Diese reichen vom „Drogennotruf" (vergleichbar der Telefonseelsorge) über die kostenlose Abgabe steriler Spritzen und Kondome (zur u.a. HIV- und Hepatieden- Prävention), Einweisungen in einen risikoärmeren Gebrauch von Drogen („safer use"), niedrigschwelliger medizinischer Behandlungen, Einrichtung von Treffpunkten (Cafés), Gesundheitsräumen („Druckräume") und Notschlafstellen. Entsprechende methodische Varianten wurden wieder entdeckt. Der mobile Einsatz von Versorgungsangeboten an Szenetreffpunkten und „street-work" sind zu nennen. Durch die staatliche Finanzierung wurde eine Modifizierung der Zugangswege zur Drogenhilfe erreicht. Neue Zielgruppen können gefunden werden und führen zur Differenzierung der Drogenhilfe. Zu dem bisherigen Alleinanspruch der Elternselbsthilfe in dem „Bundesverband der Elternkreise drogengefährdeter und drogenabhängiger Jugendlicher" (1987) sind Gegenentwürfe entstanden. Auf Landes- und Bundesebene gründeten sich Elterninitiativen für akzeptierende Drogenarbeit. Dabei war die Elternarbeit polarisiert zwischen Abstinenzdogma und akzeptierender Drogenhilfe (vgl. Kneider, 1993; 1992). Den bisherigen ausschließlich abstinenzorientierten (politischen) Einstellungen wurden u.a. Forderungen nach medikamentengestützten Behandlungen und nach Entkriminalisierung gegenübergestellt. Die unterschiedlich organisierten Eltern von Drogenkonsumenten bewegen sich nicht nur zwischen Selbsthilfe und Expertenorientierung (vgl. Dembach, 1990; Hentschel, 1989), sondern haben auch unvereinbare Positionen. Diese Entwicklung ist auf die mangelnde Einbeziehung von Eltern/Angehörigen in die ambulante und stationäre Drogenhilfe zurückzuführen.

Die Familienarbeit in der Sozialen Arbeit hat neben der Einzelfallhilfe („case-work") eine lange Tradition (vgl. Belardi, 1980; 1980a). Die ambulante und stationäre Drogenhilfe nahm jedoch zunächst eine strikte Abgrenzung zwischen den (jugendlichen) Drogenkonsumenten und ihren Eltern oder Angehörigen vor, obwohl hierzu vielfältige Thematisierungen vorlagen. Exemplarisch zu nennen sind die Zusammenhänge von „Familie und Suchterkrankung" (Bundesminister für Jugend, Familie und Gesundheit; MAGS, 1976), die „Familienarbeit mit Drogenabhängigen" (Welter-Enderlin, 1982), die Prozesse der Identitätsstörung bei opiatabhängigen Jugendlichen im Kontext der Familienumwelt (Siegert, 1979). Es wurden ebenso die Zusammenhänge von „Inzest und Drogenabhängigkeit" (Holmann, 1986) thematisiert. Die „objektive und subjektive Familienstruktur von Drogenkonsumenten" (H. Lazarus, 1980) führten nicht zur Etablierung von Familienarbeit oder „Familientherapie bei Drogenabhängigen" (Kaufmann, E. & Kaufmann, P. N., 1986).

Sozialpsychologische und therapeutische Aspekte der Familien von Drogenabhängigen (Uchtenhagen, 1982) und Strukturanalysen der familiären

Rollen von Drogenabhängigen (Cleveland, 1982) sowie die „Co-Abhängigkeit" und ihre Bedeutung für die Familie (Rennert, 1989) führten nicht bei dem Phänomen Konsum verbotener Drogen zum „Patient Familie" (Richter, H. E., 1990) oder zu strukturellen Familientherapien (Minuchin & Fishman, 1983). Erst seit wenigen Jahren hat aus professionellem Verständnis im ambulanten und stationären Bereich die Einbeziehung von Eltern und Angehörigen an Bedeutung gewonnen. Die Fokussierung auf den Einzel-Patienten (Klienten) ist jedoch weitgehend bis zum heutigen Tage anzutreffen. Die Entwicklungsdynamik des Konsums verbotener Drogen im Jugendalter in Verbindung mit den Entwicklungsaufgaben (Ablösung) und die Bedeutung der Familie als soziale Ressource werden zum Teil unzureichend berücksichtigt. Die Funktionen von „Auffälligkeiten" eines Familienmitgliedes für die gesamte Familie, z.B. zur Stabilisierung des Systems, sind bekannt.

Sind die meist Jugendlichen und jungen Erwachsenen noch im Kontext ihrer Ursprungsfamilie eingebunden, so gründet ein Teil von ihnen bei bestehendem Drogenkonsum eigene Familien. Nur wenige Publikationen setzen sich mit dieser besonderen Situation einschließlich der Kinder Drogenabhängiger auseinander (Brakhoff, 1987; Soer, 1991). Es sind die „vergessenen Kinder" (Arenz-Greiving, 1993). Für Drogenabhängige stellt die häufig unbeabsichtigte Schwangerschaft ein Versuch dar, die Drogenabhängigkeit mittels Kind zu überwinden und dem Leben einen Sinn zu geben. Die Tatsache der Elternschaft wirkt sich zwar tatsächlich, im Sinne des Versuchs der Herstellung von „Normalität" positiv auf das Inanspruchnahmeverhalten von abstinenzorientierten Therapieformen aus (Grube & Harwich, 1995). Die häufig „zufällig" entstandenen Schwangerschaften basieren jedoch auf einer unzureichenden Schwangerschaftsverhütung, oder auf dem fälschlicherweise bestehenden Eindruck, dass wegen der ausbleibenden Menstruation keine Schwangerschaft möglich wäre.

Nach internationalen Schätzungen haben ein Viertel der Heroinkonsumenten Kinder (IGLU, 1994). Bei einer angenommenen Gesamtzahl von 300.000 Konsumenten harter Drogen (siehe Pkt. 3.3) könnte auf eine Anzahl von 75.000 Kindern Drogenabhängiger geschlossen werden. Neben den besonderen Risiken während der Schwangerschaft, bezogen auf mögliche Schäden für das Kind, sind die Entwicklungsrisiken zu nennen. Aus den Studien geht nicht deutlich hervor, welches Entwicklungsrisiko für die Kinder drogenabhängiger Eltern besteht. Für die Niederlande existieren weitergehende Forschungen. Leenders (1988;1994) nennt die Zahl von 2.000 bis 3.000 offiziell bekannten und 3.000 bis 4.000 unbekannten Kindern, bei insgesamt 20.000 Abhängigen harter Drogen. Von den offiziell bekannten Kindern würden etwa 30-50 % im ersten Lebensjahr woanders untergebracht. Ein Drittel der übrigen Gruppe entwickelte sich Zuhause eher gut, ein Drittel wechselnd und ein Drittel schlecht. Für diese Teilgruppe von Drogenabhängigen besteht die besondere Notwendigkeit der Abstimmung zwischen Drogen- und Jugendhilfe.

Über das Steuerungsinstrument Finanzierung wird die ambulante Drogenhilfe in den 90er-Jahren, nachdem dies in dem stationären Bereich in den 80er-Jahren vollzogen wurde, zunehmend einer Differenzierung und Strukturierung unterzogen. Es zeichnen sich vier von einander zum Teil getrennte Differenzierungen ab:

- Versorgungsangebote („niedrigschwellige Angebote“)
- Beratung zur Überleitung in stationäre Behandlungen (einschließlich Justizvollzugsanstalten)
- Psychosoziale Begleitbehandlungen bei Substituierten
- Psychotherapeutische ambulante Behandlungen (einschl. Nachsorge; Strafaussetzung gemäß der §§ 35 ff, BtMG, siehe Anhang B)
- Prophylaxe (Prävention).

Differenzierung

„Niedrigschwellige“ Angebote haben die Reichweite bzw. Inanspruchnahme der ambulanten Drogenhilfe erhöht. Eine Effizienz und Angemessenheit (Adäquanz) ist zumindest auf dem Hintergrund der bisherigen Entwicklungen fragwürdig. Das derzeitige (öffentliche) Erscheinungsbild von einem Teil von Konsumenten illegalisierter Drogen ist geprägt von Verwahrlosung, Beschaffungskriminalität und Notprostitution. Street -work bewegt sich hier im Spannungsfeld ordnungspolitischer Vereinnahmung und stetig wachsender Armut (Bodenmüller & Piepel, 1998). Dies ist nicht nur Ausdruck einer gescheiterten „Drogenpolitik“ und unaufhebbarer Grenz- und Kernprobleme professioneller Arbeit, sondern auch der Ausrichtungen, Strukturen und Methoden der ambulanten Drogenhilfe selbst (Friedrichs, 1995).

Die institutionelle Verankerung der Drogenhilfe war mit einer Spezialisierung und Professionalisierung verbunden. Die eher lebensweltorientierten Perspektiven wurden durch therapeutische Verfahren „ersetzt“. Die mangelnde Reichweite erfuhr eine Interpretation als mangelnde „Motivation“ der Drogenkonsumenten. Die ambulante Drogenhilfe entfernte und grenzte sich zunehmend von der Jugendhilfe ab. Ursprünglich entwickelte sozialpädagogische Konzepte wurden zu Gunsten von Krankheitskonzepten aufgegeben. Eine zunehmende Psychologisierung und Medizinalisierung des Arbeitsfeldes wurde betrieben. In der Drogenhilfe und auch in der Sozialen Arbeit, ist durch die Psychologisierung („Psychoboom“) das Bild der Sozialen Arbeit so verändert worden, dass es sich von ihrem Ursprung fasst vollständig entfernt hat. Die an therapeutischen Verfahren orientierten Methoden haben die Zielgruppenorientierung in den Hintergrund gedrängt. Für die Soziale Arbeit in der Drogenhilfe ist dies einerseits auf „externe“ (siehe u.a. Pkt. 5.3), aber auch auf „interne“ Entwicklungen zurückzuführen.

„Der Rückgriff auf Hilfswissenschaften, die rezepthaft Arbeitstechniken anbieten, welche im Sortiment des Psycho- und Gruppenmarktes bereitstehen“ (B. Müller, 1990, S. 41), schienen der Sozialen Arbeit Auf- und Ausstiegsperspektiven zu eröffnen. Für die Berufsgruppe der Psychologen und Mediziner trifft dies zu: Das Arbeitsfeld Drogenhilfe ist für sie häufig nur eine berufliche „Vorbereitung“ auf dem Weg in die freiberufliche Selbstständigkeit. Mit der Neufassung der Psychotherapie-Richtlinien (vgl. Bundesausschuss der Ärzte und Krankenkassen, 1996) kam es zur Selektion nicht nur von Methoden, sondern auch von Berufsgruppen. Die geänderten Psychotherapie-Richtlinien setzen eine „ätiologisch orientierte Diagnostik voraus, welche die jeweiligen Krankheitserscheinungen erklärt und zuordnet“ (Teil A: Allgemeines). Als Behandlungsformen (Teil B) werden psychoanalytisch begründete Verfahren und die Verhaltenstherapie genannt. Die Erfordernisse der Psychotherapie-Richtlinien werden z.B. nicht von der Gesprächspsychotherapie, der Gestalttherapie und dem Psychodrama erfüllt (vgl. ebd. Anlage 1). Die verhaltenstherapeutisch orientierten Therapien haben und werden beträchtlich zunehmen. Der Anteil an gestalttherapeutisch orientierten Therapieverfahren wird folglich erheblich zurückgehen. Sozialarbeiter und Sozialpädagogen mit „therapeutischer“ Zusatzausbildung wurden desillusioniert. Ein Ausstieg aus der Sozialen Arbeit über psychotherapeutische Qualifikationen ist für die Berufsgruppe der Sozialarbeiter und Sozialpädagogen nicht (mehr) möglich (siehe auch Anhang N, Pkt. V).

Der mangelnden, und im Karriereverlauf späten Inanspruchnahme der Drogenhilfe musste auch unter diesen Aspekten Rechnung getragen werden. „Niedrigschwellig“ ist somit eine Anwort auf „hochschwellig“ und könnte noch von „tiefschwellig“ abgelöst werden. Die Bereitstellung von Ressourcen zur Befriedigung elementarer Bedürfnisse wird unter den Begriff der „niedrigschwelligen Angebote“ gefasst. Hierunter wird die zielgruppenspezifische bedingungslose Bereitstellung z.B. von Essen, Schlafen, Waschen und sich aufhalten verstanden. Auch die Einrichtung von „Druckräumen“ („Fixerstuben“ oder „Gesundheitsräumen“) kann zu diesen Angeboten der unmittelbaren Überlebenshilfe gehören. Die Begleitstudien legen das Erreichen der Zielsetzung nahe. Es konnten insbesondere langjährige, stark verelendete Drogenabhängige der offenen Drogenszene im hohen Maße erreicht werden (Ostermann, 1999). Die Inanspruchnahme von „niedrigschwelligen Angeboten“ durch überwiegend langjährig Abhängige mit einem Altersdurchschnitt von 29 Jahren, einer Heroinabhängigkeit von zehn und mehr Jahren und polytoxikomane Konsummuster (Henschel, 1993; 1995) drücken die hohe selektive Inanspruchnahme durch extrem-problematische Drogenkonsumenten aus. Versorgung, Schutz und Betreuung werden in den Einrichtungen für diese Zielgruppe geleistet. Die Zielgruppe ist geprägt durch hohe und lange Arbeitslosigkeit, strafrechtliche Verfolgung und Obdachlosigkeit. Die Angemessenheit dieser Maßnahmen ist jedoch kritisch zu reflektieren. Ihre Nähe zur klassischen Armenfürsorge ist offensichtlich. Die erneute Einrichtung von Angeboten (Cafés, Druckräume) stellt einen zweifelhaften Kompromiss mit gravierenden Folgeproblemen dar. Unbeabsichtigt wird die Ausgrenzung dieser Teilgruppe institutionalisiert vorangetrieben (Friedrichs, 1995). Die Lebenswelt zwischen Szene, Justiz, und Therapie wird um weitere spezifische Einrichtungen erweitert. Auch Restbestände von Möglichkeiten der „Normalisierung“ gehen hier verloren. Es entstehen „Zentren“ mit (überregionaler) Bedeutung in deren Umfeld u.a. ein florierender (Drogen-) Handel und Beschaffungskriminalität stattfindet. Zur Verbesserung der Gesamtsituation von extrem-problematischen Drogenkonsumenten bedarf es anderer Strategien; es darf nicht um eine weitere Ausgrenzung gehen. Die begrenzten Möglichkeiten der Problemlösung oder -milderung auf dem Hintergrund gesellschaftlicher Wertentscheidungen werden an dieser Teilgruppe deutlich.

Bedeutung und Bewertung

Der Ursprung der Drogenhilfe ist in der Selbsthilfe und der Jugendhilfe zu finden. Rudimentäre Verbindungen sind hier noch anzutreffen. Eine Professionalisierung und Differenzierung dieses Bereiches Sozialer Arbeit hat stattgefunden. Es ist Kreativität und Vielfältigkeit in der Entwicklung von Angeboten festzustellen. Die Verankerung von „drogenspezifischen“ Arbeits- und Handlungsbegriffen (z.B. „niedrigschwellig“, „akzeptierende Drogenarbeit“) sind nicht präzise und stellen keine geschichtlichen Bezüge zu ansonsten verankerten Grundlagen Sozialer Arbeit her. Neben der Orientierung an psychotherapeutischen Handlungsstrategien ist die Entwicklung von Versorgungsbereichen zu nennen. Die Soziale Arbeit hat sich in ihren vielfältigen Handlungsstrategien über das Krankheitskonzept selbst reduziert. Ansätze von Familienarbeit etablieren sich schwerlich. Die Entwicklung von gemeinwesenorientierter Sozialer Arbeit ist nur vereinzelt anzutreffen.

Die ambulante Drogenhilfe ist nicht nur in den verfolgenden Regelkreis (Therapie statt Strafe) geraten, sondern es droht auch Reduzierung auf die Versorgung extrem-problematischer Drogenkonsumenten. Hier stehen die Minimierung der individuellen Schäden im Vordergrund, die durch den Drogenkonsum und deren Begleitumstände entstehen. Wird der (problematische) Konsum von (verbotenen) Drogen als eine mögliche Form der „Bewältigung“ von Entwicklungsaufgaben im Jugendalter verstanden, so bedarf es unspezifischer Angebote, die unter den Begriff der „Entwicklungsberatung“ (Pkt. 6) gefasst werden können. Hierzu müsste auch das Lernziel „kontrollierter Drogenkonsum“, und „selbstbestimmter Drogenausstieg“ (Schmidt, T., 1999) gehören. Die Inanspruchnahme der Institution Drogenberatung setzt eine notwendige Selbstwahrnehmung und Definition (Selbstbild/Identität) voraus. Neben dem Konsum einer verbotenen Droge muss dieser zumindest in der Selbstdefinition als problematisch angesehen werden. Unklare Selbstdefinitionen führen in der Regel nicht zur Inanspruchnahme einer Drogenberatung. Hingegen kann der bei Jugendlichen aufgedeckte Konsum einer verbotenen Droge z.B. in der Schule oder einer stationären Jugendhilfeeinrichtung (zwangsweise) zur Drogenberatung führen. Die Interpretationen, Diagnosen und Methoden zur Bearbeitung sind auch hier weder zielneutral, noch sind sie institutions- und personalneutral (vgl. 5.1). Drogenberatung ist oft auf das Problem von Drogen und Drogenkarrieren bezogen und grenzt darin leicht die Einbettung dieser Probleme in die Schwierigkeiten von Lebensverhältnissen aus (Thiersch, 1992, S. 137). Dies kann durch die Bestimmung des Verhaltens als jugendspezifisches, schichtspezifisches und männlich dominantes Verhalten überwunden werden. Dies gilt nicht nur für die Personengruppe der experimentellen und integrierten, sondern auch für die meist schon älteren Jugendlichen und jungen Erwachsenen mit einem problematischen und extrem-problematischen Drogenkonsum.

Solange die ambulante Drogenhilfe Suchtkonzepten verhaftet bleibt, wird sie sich jedoch an therapeutischen Verfahren als „mainstream“ orientieren. Konzepte einer „Lebensweltorientierten Beratung“ als soziale allgemeine Beratung in Lebensschwierigkeiten, die in der Flächigkeit des Alltags agiert (Thiersch, 1992), oder „Entwicklungsberatung unter dem Aspekt der Lebensspanne“ (Brandstädter, 1985) könnten eine Reduktion überwinden. Diese Konzepte stellen die Stützung der Normalität des Lebens und seine Bewältigungsmuster im Alltag in den Vordergrund.

5.3 Stationäre Behandlungen

Grundlagen

Obwohl zahlreiche Differenzierungen stattgefunden haben, ist die Abstinenzorientierung die zentrale handlungsleitende Maxime in den stationären Behandlungen. Die vollständige Abstinenz von zahlreichen erlaubten und generell von verbotenen Drogen ist das Therapieziel. Die Wiederherstellung der Arbeitsfähigkeit soll erzielt werden. Die Psychotherapie als systematische Verhaltensmodifikation ist der zentrale Ansatz in der stationären Behandlung. Durch das Betäubungsmittelgesetz (Pkt. 1.6) ist die stationäre Behandlung die zentrale Instanz. Nach dem Betäubungsmittelgesetz müssen die Behandlungseinrichtungen für Drogenabhängige, wenn sie Patienten gemäß der §§ 35 und 36 BtMG (siehe Anhang B) behandeln wollen, eine entsprechende Anerkennung von Modalitäten (u.a. Rückmeldung an die Staatsanwaltschaft bei Therapiebeendigung) mit berücksichtigen. Die anerkannten stationären Behandlungseinrichtungen werden namentlich im BtMG (siehe Landesrecht zum BtMG; Anhang D. des BtMG) aufgeführt. Durch die Verbindung von justitiellen und therapeutischen Maßnahmen werden immer mehr Probleme produziert, die zu gravierenden Beeinträchtigungen der therapeutischen Arbeit führen.

Die Verfahren der Behandlung in den Fachkliniken basieren weitgehend auf Konzepten der humanistischen Psychologie und beinhalten eine Kombination von psychotherapeutischen und soziotherapeutischen Maßnahmen. Die Behandlung in Form der Gruppentherapie steht in der Tradition der therapeutischen Gemeinschaft, wie sie von Maxwell Jones (1952) für die Sozialpsychiatrie formuliert wurde. Die stationäre Drogentherapie ist, wie viele andere Einrichtungen auch (z.B. Gefängnisse, psychiatrische Einrichtungen), eine „totale Institution" (Goffman, 1977). Hier findet, wie in vielen Bereichen Sozialer Arbeit auch (z.B. Jugendgerichtshilfe, Bewährungshilfe), eine „Zwangskommunikation" statt. Die anfänglich langen stationären Behandlungszeiten (bis zu 18 Monaten) wurden einerseits aus finanziellen Gründen, andererseits unter dem Aspekt von effektiven Ergebnissen in der Regel auf 6 Monate reduziert (vgl. Bühringer, 1983; 1981). Die Kürzung der Behandlungsdauer von stationären Behandlungen wird gestützt durch Längsschnittuntersuchungen zu Lebensverläufen von Drogenkonsumenten. Diese dokumentieren die bisherige Überbewertung von stationären Behandlungen. Therapie erhält ihren Stellenwert im Rahmen eines lebensgeschichtlichen Prozesses.

Die Phase im Anschluss an eine stationäre Therapie ist von der individuellen Lebensbewältigung bestimmt. Drogenfreiheit stellt für sich genommen kein selbsttragendes Handlungsziel dar, wenn dieses nicht in eine umfassende Lebensperspektive integriert wird. Die empirischen Ergebnisse von Biografieverläufen legen anhand der Parameter Drogenkonsum, Grad erreichter beruflicher und sozialer Integration und Prozessverlauf *vier typische Problemkonfigurationen des Rehabilitationsprozesses* nahe (Raschke & Schliehe, 1985):

- *Erfolgsabsolventen* der stationären Therapie (etwa 20 %):

Dies sind Therapieabsolventen, die sich nahezu unmittelbar nach Therapieabschluss aus dem Drogenkontext gelöst haben. Sie gehen sozial und beruflich erfolgreiche Entwicklungen und Beziehungen ein, bzw. sie knüpfen an bereits vorhandene Strukturen an. Diese Patienten wiesen meist ein intaktes soziales Umfeld, eine bessere schulische und berufliche Qualifikation oder eine kurze Drogenkarriere auf.

- *Bewusste Weitermacher* (ca. 30 %):

Die Drogenfreiheit wird nicht als Ziel interpretiert und meist werden integrierte Drogenkonsummuster im Anschluss an die stationäre Behandlung praktiziert. Hier werden unterschiedliche Formen des kontrollierten Drogenkonsums, die sich mit der sozialen und beruflichen Integration vereinbaren lassen, eingegangen.

- *Perspektivlose Weitermacher* (ca. 25 %):

Hier handelt es sich meist um langjährig Abhängige, die sich in der Problemspirale (Therapie, Haft etc.) ohne nennenswerte Veränderungen weiter bewegen. Diese Patienten stellen die problematischsten dar, da in ihrem weiteren Verlauf Inhaftierungen, Psychiatrieaufenthalte etc. stattfinden.

- *Herauswachsen* aus der Abhängigkeit/maturing out (ca. 25 %):

Die Lebenspraxis und Unterstützungsnetze führen bei dieser Gruppe zur Drogenfreiheit. Eine Ablösung aus dem Drogenkontext erfolgt therapieunabhängig. Der Drogenkonsum wird parallel zu einer erfolgreich verlaufenden sozialen und beruflichen Entwicklung reduziert und eingestellt (vgl. auch Bohnert, 1988, S. 51ff.). Die Lebenspraxis und die Unterstützungsnetze ermöglichen Drogenkonsumenten ein „Herauswachsen“ aus der Abhängigkeit.

Zu vergleichbaren Ergebnissen kommen niederländische Längsschnittstudien (Cramer & Schippers, 1994, S. 32). Nach einer zehnjährigen Zeitspanne hat sich die Gruppe der Konsumenten ungefähr gedrittelt: Ein Drittel lebt nach zehn Jahren wieder abstinent, ein Drittel praktiziert einen Konsum, der ihre soziale Integrität nicht gefährdet und ein Drittel ist weiterhin problematisch abhängig oder bereits gestorben. Nach weiteren zehn Jahren hat sich dieses Verhältnis weiter ins Positive verschoben.

Die komplizierte Verschmelzung von justitiellem Zwang und Therapie und umfassender Kontrolle bei weit gehenden Sanktionsmöglichkeiten, kann in wesentlichen Aspekten auch die hohen Abbruchquoten von stationären Behandlungen erklären: 45 % der Männer und 56 % der Frauen brechen vorzeitig die Behandlung in Fachkliniken für Drogenabhängige ab. Diese Werte sind rund doppelt so hoch wie der Vergleichswert bei den Fachkliniken für Alkoholabhängige (DHS, 1998, S. 189). In den ersten vier Monaten der stationären Therapie (zu diesem Zeitpunkt betrug die Therapiezeit noch 9 Monate) brechen 65 % der Drogenabhängigen die Behandlung ab (Becker & Lück, 1990, S. 201). Nach dem stationären einrichtungsbezogenen Dokumentationssystem (SEDOS) lag der Anteil der vorzeitigen Beendigung der stationären Therapie bei Opiatabhängigen bei den beteiligten Einrichtungen im Jahr 1998 bei 45 % (Simon & Palazzetti, 1999, S. 62).

Die vorzeitige Therapiebeendigung wird über die Motivation erklärt. Analytisch lässt sich eine *extrinsische* und *intrinsische Motivation* (Heckhausen, 1980, S. 610 f.) zur Therapieaufnahme unterscheiden. Extrinsisch ist die Motivation, wenn das erzielte Ergebnis externalen Ursachen zugeschrieben wird, oder (und) wenn man die Handlung weniger aus freien Stücken als wegen der externalen Handlungsfolgen, wie Belohnung und Bestrafung unternimmt. Eine intrinsische Motivation wird als Übereinstimmung zwischen Mittel, Handlung und Zweck definiert. Das Handlungsziel stimmt mit dem Handeln thematisch überein. Auf dem Hintergrund der

Rechtskonstruktion (Therapie statt Strafe; BtMG; Pkt. 1.6) ist ein großer Teil von Therapieaufnahmen extrinsisch motiviert. Die dichotome Konstruktion von Motivation ist jedoch nicht unproblematisch. Sie legt nahe, dass Menschen nur nach einem Grundprinzip handeln. Menschen suchen die Lust, das persönliche Glück und den individuellen Vorteil. Schmerz und unangenehme Gefühle werden vermieden. Diese Hedonismustheorien („Lustprinzip") haben eine zentrale Bedeutung in den Lerntheorien und in der Psychoanalyse. Attributionstheorien versuchen soziales Verhalten auf der Grundlage interner psychischer Prozesse und der interpretierenden Wahrnehmung von Umweltereignissen im sozialen Kontext zu erklären. Die Theorie über die Rolle von Attributionen in Motivationsprozessen kann nach Weiner (1979, zitiert nach Hewstone & Antaki, 1992, S. 138) besser in drei Dimensionen erfasst werden: Internalität-Externalität, Stabilität-Instabilität und Kontrollierbarkeit-Unkontrollierbarkeit. Stabilität-Instabilität meint, wie flüchtig oder überdauernd die Ursache ist. Kontrollierbarkeit-Unkontrollierbarkeit soll den Umfang ausdrücken, in dem man in der Lage ist, die Ursachen zu beeinflussen. Für Drogenkonsumenten in totalen Institutionen (Justizvollzugsanstalten oder stationären Behandlungseinrichtungen) ergibt sich überwiegend eine Kombination aus externen Faktoren (u.a. Strafverfolgung), die eine durch Haftstrafen oder Bewährungsstrafen hohe Stabilität aufweisen. In der Strafvollstreckung oder Behandlung erweist sich die Situation für die Betreffenden weitgehend als unkontrollierbar. Sind die Rechte und Pflichten im Strafvollzug durch Rechtsnormen geregelt (siehe Strafvollstreckungsordnung), unterliegen sie in stationären Behandlungen der „therapeutischen" Interpretation. Diese ermöglicht die Einschränkung von Grundrechten.

Der „Erfolg" der Behandlungen von Konsumenten illegalisierter Drogen lässt sich nicht (allein) über die planmäßige Beendigung von Maßnahmen bestimmen. Behandlungen müssen in den bisherigen und anschließenden weiteren Lebensverlauf integriert werden. Es existieren nur wenige Verlaufsstudien zu Lebensverläufen von Drogenabhängigen. Die so genannte „Amsel-Studie" (Kindermann et al., 1989) ist eine prospektive Längsschnittstudie über 4 Jahre (324 Drogenabhängige). Sie basiert auf einem entwicklungstheoretischen Konzept, der Entwicklungsaufgaben im Jugendalter (siehe Pkt. 4.1). Die Ergebnisse widersprechen den eher pessimistischen Einschätzungen zu Ausstiegschancen von Drogenabhängigen: Von den ursprünglich Befragten waren 45 % weiter drogenabhängig, 6,5 % inhaftiert, 8,3 % waren bis zum Zeitpunkt der Abschlussbefragung verstorben und 8 % in stationärer Therapie. Insgesamt führten somit mehr als ein Drittel ein drogenunabhängiges Leben.

Die Geschichte der Beratung, Unterstützung und Behandlung von Konsumenten illegalisierter Drogen ist gekennzeichnet durch die Entwicklung von der Selbsthilfe zur Profession, und von der (therapeutischen) Wohngemeinschaft zur Fachklinik. Zunächst polar, dann parallel verlief eine Verknüpfung von Behandeln und Strafen. Die erste Entwicklungsphase war durch die Selbsthilfe bestimmt. Diese wurde kontinuierlich durch professionelle Hilfe ergänzt, und schließlich von ihr weitgehend abgelöst. Es bestanden zunächst in Deutschland massive Widerstände gegen die Verknüpfung von Therapie und Strafe (siehe Pkt. 1.6), dennoch ist diese Verbindung zu einem festen Bestandteil der Drogenhilfe geworden.

Die ersten (therapeutischen) Gemeinschaften gehen auf die Tradition ehemaliger Mitglieder der *Anonymen Alkoholiker* (AA ab 1935) in den USA zurück. Die Prinzipien der Anonymen Alkoholiker (siehe Anhang O) wurden auf Opiatabhängige übertragen (Synanon). Die Anonymen Alkoholiker als auch die gegründete Selbsthilfeorganisation Synanon, die Drogenabhängige aufnimmt, haben ein christliches Verständnis in ihren Grundprinzipien verankert. Diese Prinzipien finden sich in der Selbsthilfegruppe der *Narcotics Anonymous* wieder. Die erste alternative Lebensgemeinschaft (Synanon) als reine Selbsthilfe wurde 1958 von Charles Dederich gegründet. Synanon-Häuser und Dörfer entstanden (vgl. Heckmann, 1990; Yablonsky, 1990). In den 80er-Jahren ist Synanon für die Drogenhilfe in den USA bedeutungslos geworden. Der Name basiert auf einem Versprecher, in dem die Begriffe Symposium und Seminar zusammengefasst wurden (Yablonsky, 1981, S. 96). Angelehnt an diese ersten Entwicklungen entstanden erweiterte Modelle (Daytop 1964; Phönix Haus 1967), die eine Mischform von Selbsthilfe („Exuser") und Profession darstellten. In Europa entstand als erste Selbsthilfegruppe „Release" (1967). Die heute bedeutungslose Release-Bewegung stellte eine politische Antwort auf die gesellschaftliche Reaktion der Strafverfolgung dar: Drogenarbeit sollte (auch) durch alternative Beratungs-, Therapie- und Lebensformen von repressiven Zusammenhängen befreien (vgl. Sollmann, 1974). Die Funktion einer eher politischen Antwort übernehmen heute die Junkie-Exuser-Substituierte (JES) als bundesweite Selbsthilfe.

Anfang der 70er-Jahre wurde in der Bundesrepublik Deutschland mit den stetig steigenden Zahlen von Konsumenten verbotener Drogen ein Versagen der offiziellen medizinischen Institutionen (u.a. Krankenhäuser; Psychiatrie) prägnant. Ein verstärktes gesellschaftlich-soziales Engagement war erforderlich, da auch unter ökonomischen Aspekten die Behandlung von Drogenkonsumenten für den medizinischen Bereich wenig bis gar nicht lukrativ war und sich die Behandlung als schwierig herausstellte. In dieser Zeit etablierten sich zahlreiche ambulante und stationäre Einrichtungen. Ihre Entstehung und ihre Etablierung ist weitgehend auf die Initiative und das Engagement von Betroffenen oder von Professionellen aus der Sozialen Arbeit zurückzuführen. Viele methodische und strukturelle Ansätze entwickelten sich aus dem „Versuch und Irrtum-Prinzip". Entsprechend wurden sie auch von ideologischen Kulturmustern bestimmt. Zahlreiche stationäre Einrichtungen wurden insbesondere durch die Wohlfahrtsverbände und zahlreiche private Träger gegründet. Vielfältige auf unterschiedlichen Grundlagen basierende Therapieeinrichtungen und Wohngemeinschaften entstanden. Hier waren und sind u.a. an der Anthroposophie orientierte als auch freie christliche Jugendgemeinschaften für Drogenabhängige zu finden. Therapieketten, von der Beratung über die Entgiftung zur stationären Behandlung mit anschließender Nachsorge, wurden konzipiert, ausgebaut, abgestuft und differenziert. Ebenso wie im ambulanten Bereich entwickelten sich im stationären Bereich zahlreiche Konzepte aus den Alltagserfahrungen. „Abweichende" Modelle stationärer Behandlungen existieren zwar noch, sie bewegen sich jedoch häufig am Rande des stationären Behandlungsangebotes und werden z.B. von Renten- und Krankenversicherungsträgern nicht anerkannt. Ihre Finanzierung erfolgt auch patientenbezogen, jedoch (nachrangig) über die Sozialhilfeträger (vgl. BSHG: § 39 Eingliederungshilfe und § 40/Anhang P).

In dem „Angebotsvakuum" der 70er bis Anfang der 80er-Jahre wurden noch zahlreiche sozialpädagogische Entwicklungen von den Kostenträgern über die Pflegesätze finanziert. Mit dem Ausbau und der Etablierung von stationären Behandlungsangeboten nahmen die Kostenträger verstärkt Einfluss auf die stationären Einrichtungen. Eine medizinische Ausrichtung und Leitung sowie sukzessive Angleichung der Therapiekonzeptionen und die Reduzierung von Therapiezeiten waren die Folge. Ein direktes Steuerungsinstrument haben die Kostenträger (Renten- und Krankenversicherung) über die Belegung und die Pflegesätze in den stationären Einrichtungen. Regional und von einzelnen Kostenträgern unterschiedlich, werden diese Steuerungsinstrumente bis einschließlich in die konkrete Personalbesetzung „genutzt". Das Bundessozialgericht hatte bereits 1968 Sucht (Alkoholismus) als Krankheit im versicherungsrechtlichen Sinn anerkannt und die Grundlagen für die primär medizinische Behandlung bei Drogenabhängigkeit geschaffen. Die entstandenen therapeutischen Wohngemeinschaften für Drogenabhängige erhielten jedoch dadurch nicht automatisch eine Anerkennung und Finanzierung als Rehabilitationseinrichtung im Sinne der Rentenversicherungsträger (Maßnahmen der medizinischen Rehabilitation; SGB VI § 9; siehe Anhang Q). Erst mit der Empfehlungsvereinbarung Sucht (1978) wurden klare Finanzierungsgrundlagen für die bestehenden stationären Drogenbehandlungen als Maßnahme der medizinischen Rehabilitation zur Wiederherstellung der Arbeitsfähigkeit geschaffen.

Mit den traditionellen Kriterien des Gesundheitssystems konnte Drogenabhängigkeit zunächst schwer erfasst werden (vgl. Bader, 1996). Dass sich hier medizinische und psychiatrische Diagnosekriterien durchgesetzt haben, hat einerseits eine stabile Finanzierungsgrundlage geschaffen, andererseits aber zu Umstrukturierungen in den 80er-Jahren geführt. Es wurde ein Wandel von sozialpädagogischen zu medizinisch-psychiatrischen Fachklinikkonzepten mit einer Angleichung der Behandlungskonzepte vollzogen. Die reine Selbsthilfe wurde marginal zur parallel vollzogenen Angleichung der stationären Behandlungen. Obwohl zahlreiche Unterschiede in den Ausrichtungen und Zielgruppen zum Beispiel in Form von frauenspezifischen, altersspezifischen, herkunftsspezifischen Einrichtungen bestehen, basieren zahlreiche Konzepte auf den Prinzipien der therapeutischen Gemeinschaft und einem *Vierstufenmodell* (Petzold, 1980):

(1) *Initialphase*: Es soll eine allmähliche Involvierung in den therapeutischen Prozess erfolgen. „Ein totales therapeutisches Setting“ (S. 251) wurde und wird u.a. in einigen Einrichtungen durch eine Kontaktsperre „unterstützt“. In einigen Einrichtungen (z.B. Daytop) wurde diese Phase als „Babyphase“ deklariert. Die starken Restriktionen und die völlige Auslieferung an die Gruppe soll archaische Gefühle fördern. Die Gruppe soll zur Familie werden. Ein „Suchttransfer“ auf die Gruppe soll erfolgen. Die Förderung der Regression zielt auf das 0. bis 7. Lebensjahr und wird durch die Übertragung auf die Gruppe, die Bezugstherapeuten und die Örtlichkeit gefördert. Diese Regressionsförderung wird durch eine stufenweise Strukturierung von Rechten und Pflichten begleitet.

(2) *Aktionsphase* (Stammphase): Die zunehmende therapeutische Tiefung soll einer Identitätsphase des 7. – 12. Lebensjahres entsprechen. Eine stärkere Entwicklung der sozialen Orientierung erfolgt. Die Mitpatienten werden zur „peer-group“, sodass Sozialisationsakte möglich werden.

(3) *Integrationsphase*: Diese ist durch die vermehrte Übernahme von Verantwortung für sich selbst und die Gruppe bestimmt. Diese Entwicklungsphase entspricht etwa der Lebensphase ab dem 12. Lebensjahr und älter. Der Patient übernimmt die Rolle der älteren Schwester beziehungsweise des älteren Bruders. Das Leben in der Institution tritt verbunden mit einer stärkeren Mitverantwortung in den Vordergrund.

(4) *Kontaktphase*: Mit der Außenorientierung und der Planung von Nachsorge ist die Neuorientierung des Lebens (Eigenverantwortung) verbunden.

Das Vierstufenmodell ist in seiner Grundstruktur auf eine biografische Rekonstruktion auslegt. Die biografische Rekonstruktion wird in der Behandlung Drogenabhängiger um die Reorganisation adoleszenter Konflikte zentriert (vgl. ausführlich mit umfangreichen Falldarstellungen: Baudis, 1995, insbesondere S. 504ff.). Die Lebensorganisation als totales therapeutisches Setting wird in der stationären Therapie durch die Selbstversorgung (u.a.

durch Arbeitstherapie in den Bereichen Küche, Haus, Garten) und durch die therapeutische Gemeinschaft als zentrale Instanz zur Regulierung bestimmt. Die Gruppentherapie hat folglich gegenüber der Einzeltherapie die höhere Bedeutung. Verstöße gegen eine „Kardinalregel" (Verbot des Drogenkonsums, der Gewaltanwendung oder -androhung, Sexualitätsverbot) oder gegen sonstige Normen (z.B. „Gespräche über Drogen"; Pünktlichkeit) führen in der Regel zur Abmahnung bis zum Ausschluss aus der Behandlung. Eine weit gehende Tages- und Wochenstrukturierung soll eine Orientierung und Unterstützung zur drogenfreien Lebensgestaltung und zur Ablösung aus dem subkulturellen Kontext geben.

Das die Unterbindung spezifischer in der Subkultur erworbener Ausdrucksformen „kontraindiziert" sein kann, macht Kampe et al. (1997) deutlich. Das Bewusstseins bei Drogenabhängigen ist durch das sondersprachlich verschlüsselte Drogenwissen durch den aktiven Gebrauch von Wörtern aus der Sondersprache Drogenabhängiger besetzt. Oft wird ein unmittelbarer Sinnzusammenhang auf der Grundlage von drogenspezifischen Erfahrungen hergestellt. Dies kann dazu führen, dass in der (therapeutischen) Kommunikation von Professionellen mit Drogenabhängigen zwar die gleichen Wörter gebraucht werden, aber dennoch verschiedene Sprachen gesprochen und somit unterschiedliche Inhalte gemeint sind. Für die Praxis der Behandlung Drogenabhängiger haben die Ergebnisse folgende Bedeutung (Kampe et al., 1997a, S. 409):

- Da sich die gedanklichen Fähigkeiten, die zur Lösung von abhängigkeitsspezifischen Problemen notwendig sind, nicht von allein entwickeln, ist das Verbot der Drogensprache nicht hilfreich.
- Der therapeutische Gebrauch sondersprachlicher Ausdrücke kann zu antitherapeutischen Effekten führen, ein Drogenverlangen kann ausgelöst werden.

Die standardsprachliche Ausdrucks- und Verstehensfähigkeit muss erst wieder hergestellt werden, ehe tief greifende psychische Probleme bearbeitet werden können.

Die folgende organisationswissenschaftliche Erörterung kann die bisherige Betrachtungsweise ergänzen. In der Entwicklung der Drogenhilfe spiegeln sich spezifische Entwicklungsprozesse von Organisation, wie sie Lievegoed (1974) formuliert hat, wider:

(1) *Pionierphase:* Der Führungsstil ist direkt, autoritär und improvisierend. Die innerorganisatorischen Beziehungen sind familiär. Die Organisation ist meist unterformalisiert und es besteht ein hohes persönliches Engagement der Gründungsmitglieder. In der Organisation sind Abgrenzungsprobleme zwischen Mitarbeitern und Klienten oder Patienten zentral.

(2) *Differenzierungsphase:* Es findet eine Systematisierung und Formalisierung der innerorganisatorischen Abläufe, der Arbeitsteilung und Delegation statt. Hier sind verstärkt Abgrenzungskonflikte zwischen den Mitarbeitern (Berufsgruppen) anzutreffen.

(3) *Integrationsphase:* Im Idealfall wird durch geplanten organisatorischen Wandel eine weniger starre kollegiale Führungsstruktur mit neuen Delegations- und Weisungssystemen etabliert.

Jede dieser Phasen zieht typische Konflikte im Binnensystem mit entsprechenden Auswirkungen auf den Behandlungserfolg nach sich. Die Situation lässt sich demnach als Ergebnis von Interaktionen zwischen planmäßigen und nicht-planmäßigen organisatorischen Variablen betrachten. Unterschiedliche therapeutische Schulen und Professionen konkurrieren personifiziert durch einzelne Mitarbeiter um Geltung innerhalb des Systems. Kontroversen und Konkurrenzen entstehen. Die ökonomischen Grundlagen (z.B. Belegung) haben die therapeutischen eingeholt und dominieren diese. Verständigungsprobleme zwischen Verwaltung und therapeutischen Mitarbeitern treten auf.

Unter einer organisationsanalytischen Perspektive unterliegen stationäre Behandlungseinrichtungen einer besonderen Problematik. Das Heilungsziel und die Behandlungsstrategie sind relativ genau definiert. Im Bereich des psychischen Heilwesens gibt es jedoch keine umfassenden und verbindlichen Methoden für die empirische Überprüfung des Erfolges. Eine Vielzahl von konkurrierenden Ansätzen ist zu finden. Dies bedeutet einen großen Entscheidungsspielraum für die Organisationsmitglieder und daraus resultieren zahlreiche Konflikte. Beispielhaft lassen sich die nicht eindeutig umrissenen Positionen, die ungeklärten Kompetenzen, die unterschiedlichen Normen, Standards und Professionalisierungsgrade, sowie die berufsgruppenspezifischen Hierarchien nennen. Kliniken mit psychologischen Zielsetzungen neigen eher dazu auch organisatorische Phänomene zu psychologisieren und beziehungsorientierte Kulturen zu etablieren. Die „Suchtkrankenklinik als Gefangene ihrer eigenen Struktur“ (Schreyögg, 1991; 1990) stellt ein System der Kompensation spezifischer negativer Nebeneffekte einer organisierten Gesellschaft dar. Die Klinik soll die dysfunktionalen Nebeneffekte auffangen und stellt ihrerseits ebenso ein rational geplantes und organisiertes System dar. Veränderte Anforderungen übergeordneter (Supra-) Systeme (z.B. Renten- und Krankenversicherer) führen zu Veränderungen im Kliniksystem. Diese Veränderungen beziehen sich nicht nur auf die Behandlungsdauer, sondern auch auf die Behandlungsinhalte und ihre Ausformungen. Die Fachkliniken, wie auch zahlreiche andere Institutionen der sozialen Dienste, werden vor Aufgaben gestellt, denen sie in personeller und organisatorischer Hinsicht nicht gewachsen sind. „Sie stehen unter einem Druck des Marktes ähnlicher Dienstleistungsunternehmen und weisen eine Binnenkultur auf, welche die Erfüllung des Organisationsziels behindert" (Belardi, 1992, S. 162).

Differenzierung

Die ersten Entwicklungen in der stationären Behandlung waren durch eine möglichst vollständige Ablösung des Drogenkonsumenten aus dem drogenbezogenen Milieu, aus dem Heimatort und der Isolierung in der therapeutischen Gemeinschaft bestimmt. Die Zielsetzung bestand in der vollständigen Neukonstruktion von sozialen Bezugssystemen, die eine Rückkehr des Patienten an den Heimatort weitgehend konzeptionell ausschloss. Überwiegend fand eine möglichst heimatferne Behandlung, bei Ausschluss der bisherigen sozialen Kontakte (einschließlich Eltern), statt. Ritualisierte Aufnahmemodalitäten als Motivationsprüfung von den „Neuankömmlingen", sind nach wie vor Bestandteil des stationären therapeutischen „Settings". Das Kahlscheren des Kopfes (z.B. bei „Synanon" praktiziert) oder das Ablegen von „Szenekleidung" und Tragen von „Babykleidung" einschließlich eines Schnullers (z.B. in einigen Daytop-Einrichtungen) sind zu nennen. Einschränkungen und Verletzungen der grundlegenden Menschenrechte werden über das Diktat der therapeutischen Notwendigkeit legitimiert. Psychologisch verfeinerte Aufnahmerituale als Motivationsprüfungen sind genauso zu nennen wie die zum Teil vollständige Postkontrolle, das Verbot von drogenverherrlichender Literatur, Musik und Gespräche über Drogen (Sprachgebrauch). Die therapeutische Kreativität bei der Entwicklung von Sanktionen bei Regelverstößen durch Drogenkonsumenten ist ebenso zu nennen. Dass „spezielle" Methoden in der Behandlung von Drogenkonsumenten keine singulären Phänomene waren (sind), kommt auch durch eine 1993 vom Bundesverband für akzeptierende Drogenarbeit und humane Drogenpolitik eingerichtete Dokumentationsstelle zur Erfassung von Menschenrechtsverletzungen in der Behandlung von Drogenkonsumenten zum Ausdruck.

Durch die vollzogene Professionalisierung, die stärkere Angleichung und Standardisierung von stationären Behandlungen durch die Kostenträger findet eine erhöhte externe Kontrolle statt, die die beschriebenen Auswüchse einer nicht reflektierten therapeutischen Macht zurückdrängen. Die direkte ökonomische Abhängigkeit von der Belegung der Einrichtungen, eine Konkurrenzsituation zwischen den Einrichtungen und ein hoher „Erfolgsdruck" führen auch zur „flexiblen" Gestaltung „spezieller" therapeutischer Standards.

Die stationäre Behandlung von Konsumenten illegalisierter Drogen befindet sich im Wandel. Sie ist auf dem Weg von der therapeutischen Gemeinschaft zur medizinischen Fachklinik. Die verschiedenen Typen therapeutischer Gemeinschaften orientieren sich an unterschiedlichen Gemeinschaftskonzepten. Meyer-Fehr (1987; insbesondere S. 255f.) differenziert analytisch *vier Typen:*

(1) *Religiöse*: Die individuelle Selbstbehauptung ist völlig unwichtig. Die Integration in die Gemeinschaft wird als höchst relevant gesehen, religiöse, altruistische und subordinative Werte haben ein sehr hohes Gewicht.

(2) *Hierarchische*: Hedonismus, Leistung und rationale Selbstkontrolle sind hier wichtiger. Transzendenz, Subordination und Altruismus sind unbedeutend.

(3) *Demokratische*: Die persönliche Autonomie wird ebenso wie offene, kreative und affektive menschliche Beziehungen hoch bewertet.

(4) *Familiäre*: Die gemeinschaftliche Integration wird relativ hoch und die individuelle Selbstbehauptung eher gering bewertet.

Organisationsspezifisch betrachtet sind unterschiedliche Formen stationärer Einrichtungen der Drogenhilfe anzutreffen. Neben Formen der gemeinnützigen Gesellschaft mit beschränkter Haftung (GmbH), sind die großen Wohlfahrtsverbände (Arbeiterwohlfahrt, Caritas, Deutsches Rotes Kreuz, Diakonie), eingetragene Vereine mit und ohne eine Mitgliedschaft in einem Dachverband (z.B. Deutscher Paritätischer Wohlfahrtsverband) als Träger anzutreffen. Häufig stellen stationäre Therapieeinrichtungen, auch wenn sie sich in größeren Organisationseinheiten befinden (z.B. Deutscher Orden), separierte Wirtschaftsbereiche dar. Wird die Bereitstellung und Ersteinrichtung von stationären Therapieplätzen durch Landesmittel gefördert und ermöglicht, so erfolgt die fortlaufende Finanzierung patientengebunden über Tagespflegesätze. Diese werden mit den Kostenträgern (Kranken- und Rentenversicherungsträgern) der einzelnen Einrichtungen „ausgehandelt“. Die Arbeit in den stationären Einrichtungen wird somit nicht – wie zum großen Teil in der ambulanten Arbeit – pauschal, sondern über die Belegung finanziert. Spezifisch für diese Finanzierungsform ist dauerhafte Präsenz der ökonomischen Grundlage „Pflegesatz“. Beide Aspekte lassen sich auf der Grundlage einer möglichen kostendeckenden Arbeit bei nahezu 100 %-iger Belegung nicht voneinander trennen. Hieraus leitet sich auch die konzeptionelle und inhaltliche Flexibilität vieler Einrichtungen ab. Diese Flexibilität hat unterschiedliche Ausprägungen je nach Marktsituation gefunden:

- In der Phase eines geringen Behandlungsplatzangebotes und einer Monopolstellung der stationären Therapien (sie galten als einzig mögliche Behandlungsform), standen die spezifischen konzeptionellen „Auswahlkriterien“(„Motivationsprüfung“) im Vordergrund. Vergleichbar der Strategie von Wirtschaftsunternehmen bei einem Überangebot von Arbeitskräften, fanden hohe Selektionsstrategien in der Patientenauswahl statt. Die direkte Einflussnahme von Kostenträgern (u.a. Rentenversicherungsträgern) war gering.

- Mit der Novellierung des Betäubungsmittelgesetzes (1981) wurden stationären Einrichtungen Drogenkonsumenten über den gesetzlichen Grundsatz „Therapie statt Strafe“ zugeführt. Der parallele Ausbau der Angebotskapazität griff erst Jahre später, sodass eine Bestandssicherung gegeben war. Eine zunehmende direkte Einflussnahme der Kostenträger war zu verzeichnen.
- Für den jetzigen Zeitpunkt zeichnet sich eine gravierende z.T. existenzielle Krise der stationären Therapieeinrichtungen ab. Zunehmend sind in den letzten Jahren ambulante Behandlungskonzepte (einschließlich medikamentengestützter Rehabilitation) entwickelt worden. Die „Motivationshilfe“ („Therapie statt Strafe“) durch die strafrechtliche Verfolgung von Konsumenten verbotener Drogen, weicht zunehmend auf Grund der mangelnden Effizienz auf. Auch hier setzen sich differenzierte Analysen und somit flexiblere Handlungsstrategien (u.a. Entkriminalisierung) durch. Diese reduzieren straffällig gewordene Drogenkonsumenten nicht mehr ausschließlich auf stationäre Abstinenztherapie. Entsprechende Auswirkungen auf der Nachfrageseite schlagen sich auf der Angebotsseite nieder. Kostenträger nehmen über ihre gesetzlichen Grundlagen über die Belegung und die Pflegesätze direkt Einfluss.
- Systemeingreifende Maßnahmen durch Sparzwänge zeichnen sich ab. Unterschiedliche Strategien der Träger von Drogenhilfeeinrichtungen ergeben sich als Reaktion hierauf. Zunächst im stationären und zunehmend im ambulanten Bereich zeichnet sich eine Gefährdung von gewachsenen Strukturen ab (vgl. Hille, 1995).

Bedeutung und Bewertung

Ein Herauswachsen aus der Abhängigkeit ist unmittelbar an ein Hineinwachsen in soziale Zusammenhänge, die ökonomische und soziale Teilhabe (u.a. Schulausbildung/Beruf) bedeuten, gebunden. Es ist somit erforderlich, ein (Therapie-) „Netz“ mit unterschiedlichen Zugangsmöglichkeiten zu schaffen. Die Alternative ist nicht eine (Therapie-) „Kette“ zur Erweiterung der selektiven Reichweite der Drogenhilfe. Konsumbegleitende Angebote sind hier Bestandteile zur Risikominimierung. Durch die „stigmatisierende Überbewertung an Behandlungsbedarf“ (Bossong, 1988, S. 290) mit der Fokussierung auf psychotherapeutische Behandlungsverfahren, konstruiert sich die Drogenhilfe ihren eigenständigen „Sinnbereich“. Durch die Remedizinierung der Drogentherapie wurde das Krankheitsverständnis der Drogenabhängigkeit neu entdeckt und durchgesetzt.

Der Sprachgebrauch beinhaltet wichtige Deutungsmuster der Wirklichkeit. Innerhalb der Drogensubkultur hat sich ebenfalls eine Sondersprache etabliert (siehe Pkt. 3.4). Ausgehend von Grundannahmen der Systemtheorie, des Konstruktivismus und des Strukturdeterminismus deckt Erbach (1992) die Konstruktion von Beziehungswirklichkeiten im Drogenhilfesystem durch die Verwendung von bestimmten sprachlichen Beschreibungen auf. Die Verwendung des Krankheitsbegriffs und die damit verbundene Unfähigkeit zur Abstinenz, implizieren defizitorientierte Erklärungsmuster, die langfristig eher Abhängigkeit und Kontrolle durch Professionelle, als dass sie Autonomie bei den Adressaten der Drogenhilfe fördern. Auch Krauss (1985a, S. 30-31) plädiert daher aus einer handlungstheoretischen Perspektive für einen Verzicht von Krankheitsbegriffen wie Sucht oder Abhängigkeit. Es greifen jedoch die kumulativen Wirkungen von Interventionen des Drogenhilfesystems. Verlaufsanalysen, die die Abhängigkeit als Manifestation einer Krankheit verstehen, greifen zu kurz und sind nicht hilfreich.

Die Kategorie „Drogenabhängiger", definiert durch die gängigen Attribute und Verläufe, ist viel zu grob. „Art und Intensität drogenfreier Bezüge, Variabilität der Drogengebrauchsmotivation, konsumierte Droge, Länge von selbstinitiierten Clean-Phasen und kontrollierter Gebrauchsvarianten, bewusste Risikoabschätzungen bezüglich Applikationsweise, -menge, und -häufigkeit und Bedeutung von Driftingphasen (Einstieg – Verlauf – Ausstieg)" finden in empirischen Untersuchungen wenig Berücksichtigung (Weber & Schneider, 1992, S. 22). Die älteren angloamerikanischen (u.a. Harding, 1981) als auch die neueren Untersuchungen im deutschsprachigen Raum (Haves & Schneider, 1992; Weber & Schneider, 1992) zeigen, dass die Hypothese der automatischen Progression zum Status der Drogenabhängigkeit („Stepping-Stone Hypothese") nicht der Realität entspricht. Vermutlich 40 % und mehr der Gruppe der Heroinkonsumenten konsumieren gelegentlich und kontrolliert (Harding, 1981). Ein großer Teil von Heroinkonsumenten „wächst" aus der Drogenabhängigkeit auch oder gerade ohne professionelle Behandlung heraus (vgl. Projektgruppe Tudrop, 1984). Diesen Prozess als „Selbstheilung" zu interpretieren (vgl. z.B. Kampe, 1989) unterstellt eine Erkrankung, sodass eher von einem „Herauswachsen" gesprochen werden sollte. In der Praxis der Drogenhilfe werden diese Erkenntnisse bis heute nur eingeschränkt zur Kenntnis genommen. Happel hatte bereits 1988 dies mit den „monopolisierten Verbands- und Trägerstrukturen (...), die ein großes Interesse am status quo unserer auf kurative Maßnahmen angelegten Gesundheitsversorgung haben", erklärt. Werden die erweiterten Erkenntnisse zum problematischen Konsum illegalisierter Drogen in der Ausprägung als schicht- und geschlechtsspezifisch männliches Phänomen berücksichtigt, so wird die mangelnde Berücksichtigung in den Interventionsstrategien prägnant. Abstinenz kann keinen Wert an sich darstellen, sie ist eingebettet in den konkreten und antizipierten möglichen Lebenskontext.

5.4 Prävention

Grundlagen

Es lassen sich *drei Strategien* der gesellschaftlichen Reaktion auf den Konsum illegalisierter Drogen nennen. Sie sind z.B. in den Grundsätzen und Leitlinien des Landesprogramms gegen die Sucht (NRW, 1999) zu finden:

(1) *Repression*: Bei illegalisierten Drogen erfolgt die Strafandrohung und Bestrafung bei Produktion, Handel und Konsum (eingeschränkt vgl. Pkt. 1.5; 1.6).
(2) *Behandlung*: Minimierung der individuellen Schäden, die durch den Drogenkonsum und deren Begleitumstände entstehen (vgl. Pkt. 2.1.2; 2.3; 2.4; 5.2; 5.3).
(3) *Prävention*: Verringerung der Nachfrage.
Als allgemeine Zielsetzung der Prävention kann die Reduzierung der Prävalenz des Drogengebrauchs genannt werden (Künzel-Böhmer & Bühringer & Janik-Konecny, 1993).

Der Nationale Rauschgiftbekämpfungsplan (Bundesminister, 1990) nimmt eine deutliche Differenzierung der „Prävention des Suchtmittelmissbrauchs" vor:

- Verbotene Stoffe: totale Abstinenz;
- Erlaubte Stoffe: selbst kontrollierter Umgang;
- Medikamente: bestimmungsmäßiger Gebrauch.

Doch welche Maßnahmen sind hierzu geeignet und wie sind sie zu gestalten? Es bestehen wesentliche Schwierigkeiten in der (Drogen-) Prävention. Soll die Prävention eine spezifische (stoffgebundene) Drogenprävention oder unspezifische Prävention verfolgen? Soll sie personen- oder umweltorientiert sein? Soll die Prävention populationsorientiert oder risikogruppenorientiert sein? Durch die Kombination von spezifischen sucht- und drogenpräventiven Maßnahmen und unspezifischer Gesundheitsförderung wird versucht, dieser Widersprüchlichkeit zu begegnen. Welche protektiven Faktoren (schützende Ressourcen und Quellen von Unterstützung) können in Belastungssituationen aktiviert werden? Wie wird der Mensch mehr gesund und weniger krank? Hier bietet das Konzept der Salutogenese (Salus, lat.: Unverletztheit, Heil, Glück; Genese; griech.: Entstehung) nach Antonovsky Ansatzpunkte. Die Kritik am Risikomodell ist hier zentral: Im Gegensatz zur Pathogenese versucht die Salutogenese die Fixierung auf krank machende Faktoren zu überwinden. Das Konzept der Salutogenese fragt umkehrt: Warum bleiben Menschen trotz gesundheitsgefährdender Einflüsse und Belastungen gesund? Was erhält den Menschen gesund? Die Salutogenese dient als Metatheorie für die Gesundheitsförderung/Prävention, die ressourcenorientiert, kompetenzsteigernde und unspezifische Präventionsmaßnahmen stützt (vgl. Bengel & Strittmatter & Willmann, 1998). Ist dies jedoch nicht nur „Wunsch und Wahn der Gesundheitsförderung für alle?“ (Gut, 1997). Die Gesundheitsförderung müsste „sich aus ihrem selbstgewählten Elfenbeinturm der klinisch-wissenschaftlichen Ist-Soll-Vergleichsmanie hinaus mitten in das zuweilen höchst ungesunde Alltagsleben“ begeben, und auch nicht davor zurückschrecken, „im Glashaus ruhig einmal mit Steinen zu werfen“ (Gut, 1997, S. 128).

Suchtprävention wird zunehmend als ein Teilgebiet von Gesundheitserziehung und -förderung verstanden. Sie legitimiert sich zum Teil über die Betonung der Handlungskompetenz, der Erlebnisfähigkeit, der Beziehungs- und Konfliktfähigkeit auf der individuellen Ebene und der Auseinandersetzung mit den Widersprüchen, die diesen Autonomieprozess auf der gesellschaftlichen Ebene behindern oder fördern. Konzepte präventiver Interventionen bei Individuen reichen u.a. von der Drogenerziehung (vgl. z.B. Feser, 1981) in der Familie (vgl. z.B. Bäuerle, 1996), der Gesundheitserziehung und -förderung in der Schule (vgl. z.B. Israel & Priebe, 1996) bis zur Erlebnispädagogik (vgl. z.B. Hallmann, 1996). Hier finden sozialpädagogische Konzepte u.a. der Gruppenarbeit mit drogenspezifischen Anreicherungen ihre Anwendung. Interventionen, die auf sozialstrukturelle Ebenen zur Verbesserung der sozialen Ressourcen zielen (z.B. Prävention als Gestaltung von Lebensräumen, Stark, 1989), gewinnen an Bedeutung, ebenso Netzwerkkonzepte zur Gesundheitsförderung (vgl. z.B. Trojan & Hildebrandt, 1989; Bäuerle, 1996a) und Prävention als Aufgabe der Jugendhilfe (vgl. z.B. Bundesarbeitsgemeinschaft Kinder- und Jugendschutz, 1995; Kammerer & Riemann, 1997).

In der Prävention spiegeln sich die unterschiedlichen Annahmen zur Entwicklung des Phänomens des (verbotenen) Drogenkonsums wider. Die Wirksamkeit einer drogenspezifischen oder drogenunspezifischen Prävention entzieht sich auch auf Grund der Unterschiedlichkeiten und der Komplexität einer unmittelbaren empirischen Überprüfung. Löcherbach (1992) spricht vom Mythos der Suchtprävention. Erfolge in der Prävention seien nicht auszuschließen. Abgeleitet vom Zeitpunkt des Einsetzens präventiver Maßnahmen hat sich ein Modell von Caplan und Grunebaum (1977) durchgesetzt (vgl. Pkt. V). Es wird zwischen Primär-, Sekundär- und Tertiärprävention differenziert. Die Primärprävention soll das Auftreten von Störungen verhindern. Die Sekundärprävention soll die weitere Ausprägung und Verfestigung verhindern und die Tertiärprävention die Verlaufsform und -dauer positiv beeinflussen. Dieses umfassende Präventionsverständnis schließt Teile der Behandlung und Repression mit ein. Analytisch können nach Nowlis (1975) *vier verschiedene Perspektiven* differenziert werden (Tabelle 18). Diese spiegeln die jeweilige Auffassung von den Ursachen des Problems des Drogenproblems wider.

Tabelle 18: Präventionsperspektiven

Präventionsgrundlage	Orientierungen	Perspektive	Maßnahmen	Arbeitsfelder (exemplarisch)
ethisch-juristische	Abstinenz			Kindergarten
		primär	Massenkommunikative	
	Drogenspezifisch			Schule
medizinische		sekundär		
	Suchtspezifisch		Personalkommunikative	Jugendarbeit
psycho-soziale		tertiär		Betriebe
	sozio-ökonomische Lebensbedingungen			
sozio-kulturelle				

Die Notwendigkeit einer drogenspezifischen Prävention wird sowohl aus einer ethisch-juristischen als auch einer medizinischen Perspektive (Krankheitsmodell) betont, da der Droge die zentrale Bedeutung beigemessen wird. Aus psycho-sozialer Perspektive wird der individuellen Krisenbewältigung Wichtigkeit beigemessen und man begegnet ihr mit einer drogenunspezifischen Prävention. Aus sozio-kultureller Perspektive sind die sozioökonomischen Lebensbedingungen (Wohnen, Arbeiten, Freizeit) der Ausgangspunkt.
Die spezifischen Beiträge der (Drogen-) Prävention lassen sich aus den Grundlagen zum Phänomen des illegalisierten Drogenkonsums entwickeln:

- Der Beginn, die Fortsetzung und Aufrechterhaltung des Konsums verbotener Drogen findet in der Adoleszenz nach vorherigem Konsum legaler Drogen statt und ist männlich dominiert. Die Jugendphase ist durch Entwicklungsaufgaben (gegebenenfalls kritischen Lebensereignissen) geprägt. Die Bewältigung der Entwicklungsaufgaben hängt von den personellen und sozialen Ressourcen einschließlich sozialer Netzwerke und sozialer Unterstützung ab (vgl. Pkt. IV).
- Die klassische Drogenaufklärung als Abschreckung transportiert (sachlich falsche) Informationen, die z.T. konträr zu den subjektiven Erfahrungen der drogenerfahrenen Adressaten stehen, bzw. auch neugierig machen können. Durch substanzgebundene Absolutheit wird eine Dramatisierung und Mystifizierung vorangetrieben. Das Ideal eines drogenfreien Lebens wird vermittelt, obwohl es sich um ein kulturfremdes Ideal handelt (vgl. Pkt. 1.3).
- Prävention kann nur dann wirksam werden, wenn die sozialen Widersprüche in der Bewertung und im Umgang in unserer Gesellschaft von Rausch, Drogen, Genuss, Missbrauch und Abhängigkeit offen diskutiert werden können (vgl. Pkt. 3.5).

- Prävention muss sich mit den Wertesystemen und Perspektiven der inneren und äußeren Situation Jugendlicher dort, wo sie leben, auseinander setzen, will sie zu einem gelungenen Leben beitragen.
- Prävention sollte Ansätze wählen, die nicht den Bezug zu Stoffen oder isolierten Verhaltensweisen in den Vordergrund stellen, sondern Kategorien wie z.B. Ich-Stärke und Konflikt- und Problemlösungsfähigkeit bearbeiten. Unterstützend sind Angebote, die möglichst „gleichwertigen" Ersatz für die Erlebnisqualitäten des Drogenkonsums bieten können. Abenteuerpädagogik kann hier funktionale Äquivalente bereitstellen.
- Probieren, vergleichen, aussondern, Grenzen überschreiten, um sie künftig respektieren zu können, tragen zur Genussfähigkeit als Verhaltenskompetenz bei. Das heißt, den Umgang mit Risiken in die professionelle Arbeit mit einem Gegenwartsbezug integrieren. Franzkowiak (1996) spricht von einer pädagogischen Risikobegleitung zum Erwerb von Risikokompetenz.
- Primär-Prävention kann nur dann wirksam sein, wenn sich die konkreten Verhältnisse ändern, die Menschen dazu bewegt durch Drogen das Außerordentliche, das Ungewöhnliche auf Dauer herzustellen, es seiner Vergänglichkeit zu entreißen.

Erläuterungen

Neben den individuellen Schicksalen, die kollektive Verläufe aufweisen, wird die Bedeutung und Notwendigkeit präventiver Maßnahmen deutlich. Doch wo sollte Prävention ansetzen, und wie sollte sie inhaltlich gestaltet sein? Es bedarf einer normativen Entscheidung: Geht es um die Zielrichtung einer völligen Abstinenz; einer Abstinenz von einzelnen Substanzen oder/und um das Erlernen des Umgangs mit einzelnen Drogen. Für legale Drogen liegen per gesellschaftlicher Definition bereits Zielperspektiven vor, die zumindest auf einen unproblematischen Konsum ausgerichtet sind. Was als unproblematischer Drogenkonsum gilt, verändert sich. Es können die unterschiedlichen Grundlagen der Drogenprävention anhand von drei massenkommunikativen Beispielen problematisiert werden.

- „Keine Macht den Drogen" (Bundeskampagne bis 1998)
- „Sucht hat immer eine Geschichte" (Landeskampagne NRW, seit 1991)
- „Sucht beginnt im Alltag. Prävention auch" (Kampagne des Kanton Zürich/Schweiz seit 1995).

Das Präventionsmodell des Bundes *(„Keine Macht den Drogen")* weist folgende Grundpositionen auf: Es handelt sich um ein Prohibitionsmodell mit einer traditionell ethisch-juristischen Grundhaltung: Drogen haben zerstörerische Macht, sind (lebens-) gefährlich und der Mensch ist unfreiwilliges Opfer. Weiterhin beinhaltet dieses Modell eine traditionelle medizinische

Betrachtungsweise analog zu Infektionskrankheiten. Drogen sind gefährliche Erreger, die den potenziellen Krankheitsträger (Risikopersonen) befallen. Als Strategien werden gesetzliche Maßnahmen zum Schutz für die bedrohten Individuen durch Abschreckung, durch drastische Darstellungen der Drogeneffekte, Aufklärung und medizinische Informationen gegeben, um den Einzelnen zu immunisieren, analog einer Schutzimpfung.

Die Primärpräventionskampagne des Bundes kann auch unter anderen Aspekten analysiert werden. Bekannte Spitzensportler agieren unter dem Motto „Keine Macht den Drogen". Es brauchen nicht die Doping-Skandale der letzten Jahre, die im Zusammenhang mit Spitzensportlern stehen, ausgeführt werden. Der Einsatz unterschiedlicher Substanzen zur Leistungssteigerung ist hier ein Dauerthema. Neben Beruhigungsmitteln (Narkotika) z.B. im Golfsport kommen Aufputschmittel (Stimulanzien) z.B. bei Radrennfahrern zur Anwendung. Neben der allgemeinen Glaubwürdigkeit ist die persönliche Glaubwürdigkeit der mit diesem Slogan in Verbindung gebrachten Spitzensportler zu betrachten. Inhaltlich greift der Slogan den pharmakologischen Mythos auf: Die Droge hat die Macht, der Konsument wird ihr, der Droge, durch den Konsum ausgeliefert sein. Dass die Realität komplexer ist, als die durch führende Industrieunternehmen gesponserte Werbeaktion vermitteln will, ist offensichtlich. Dass diese Bundeskampagne nichts mit der Lebenswirklichkeit von Jugendlichen und jungen Erwachsenen zu tun hat, ist offensichtlich. Amendt (1998) fragt treffend, warum sollte man einen von Politikern in Auftrag gegebenen und von Werbetextern ausgedachten Sinnspruch befolgen, der zum Konsumverzicht auffordert, wo doch alle Signale auf Konsumbereitschaft gestellt sind: „Just do it".

Die klassische Drogenaufklärung, die als Abschreckung konzipiert ist, transportiert z.T. sachlich falsche Informationen (z.B. Christiane F.: Wir Kinder vom Bahnhof Zoo, 1979). Die substanzgebundene Absolutheit schafft eine Dramatisierung und Mystifizierung. Das Ideal eines drogenfreien Lebens wird vermittelt, obwohl es sich um ein kulturfremdes Ideal handelt. Substanzbezogene Prävention, die ausschließlich auf die Vermeidung der Aktualisierung eines gegebenen Störungspotenzials setzt, also hier auf Abstinenz, hat eine äußerst geringe Reichweite, da nicht der Lebenskontext Berücksichtigung findet. Anders als in Deutschland standen schon in den 80er-Jahren differenzierte Elternratgeber in der Schweiz zu Verfügung. „Versuchen Sie zu verstehen, was Haschischkonsum für Ihr Kind bedeutet. Wird es als Genussmittel, wie z.B. hier und da ein Glas Wein, gebraucht, sind weitere Schritte nicht nötig" (Baumann, 1983, S. 25). „Falls Ihr Kind Opiate konsumiert, wird es vermutlich früher oder später gezwungen sein, ein total verändertes Leben führen zu müssen; es gibt aber auch recht viele Jugendliche, die nach einer Probierphase ohne Hilfe wieder mit diesen Drogen aufhören" (S. 26). In Deutschland war die Entwicklung angemessener Informationen erst in den 90er-Jahren möglich.

Das Präventionsmodell des Landes NRW *(„Sucht hat immer eine Geschichte")* beinhaltet ein Gesundheitsförderungsmodell. Die Funktion des Drogenkonsums wird in einem Kontext eingeordnet, der verschiedene Entwicklungsaufgaben (Geschlechterrolle, Sexualität...) beinhaltet, mit dem Schwerpunkt einer persönlichkeitsorientierten Ausrichtung. Die Verfügbarkeit von Bewältigungsstrategien für unterschiedliche Belastungen wird berücksichtigt. Die Einstellungen Jugendlicher zu Themen wie Gesundheit, Lebensweisen, Chancen persönlicher Entwicklungen werden mit einbezogen. Die Strategie besteht in einer drogenunspezifischen Konzeption. Sie soll die persönlichen Kompetenzen unterstützen und soziale Netze fördern. Diese Konzeption beinhaltet alltagsnahe, handlungsorientierte Angebote zur Erweiterung von Gestaltungsräumen und -möglichkeiten von Einzelnen und Gruppen. Jede Abhängigkeit trägt eine eigene Geschichte in sich. Erst das Wissen über mögliche Ursachen ermöglicht ein Präventionsverständnis, das an den Bedürfnissen der Menschen orientiert ist. So sollte Prävention, neben der Vermittlung von Impulsen zur Verbesserung der gesellschaftlichen Lebensbedingungen auch bei der Förderung von Persönlichkeitswerten ansetzen (Leitfaden zur Öffentlichkeitskampagne). Die Ziele der Kampagne sind:

- Sensibilisierung der Gesamtbevölkerung für das Thema;
- Förderung von Persönlichkeitswerten, die dem problematischen Drogengebrauch entgegenwirken;
- Intensivierung der vorbeugenden Arbeit in den Städten.

Die Methoden der Kampagne beinhalten sowohl massenkommunikative als auch personalkommunikative Maßnahmen. Die personalkommunikativen Maßnahmen sind das Kernstück der jeweiligen kommunalen Umsetzung der Öffentlichkeitskampagne. Die Medien (u.a. kommunale Großflächenplakate und Zeitungsanzeigen) sollen die allgemeine Öffentlichkeit für das Thema sensibilisieren und die öffentliche Diskussion und den Dialog anregen. Neben der Darstellung von Hilfsangeboten ist die Entwicklung von Alternativen von zentraler Bedeutung. Das Thema soll in unterschiedlichen Facetten und unterschiedlichen Formen öffentlich gemacht werden. Praktische Prävention soll in vielen Veranstaltungen stattfinden. Die präventiven personellen Ressourcen (Training individueller Kompetenzen) und der Aufbau von Unterstützungsnetzwerken wird betont (vgl. Tabelle 16). Neben der Verstärkung, der Koordinierung und Vernetzung der personalen, fachlichen und konzeptionellen Angebote im regionalen Bereich ist die Verbindung unterschiedlicher Systeme unter Aufrechterhaltung ihrer Selbstständigkeit zu nennen, sodass ein Transfer präventiver Inhalte in die einzelnen Felder von Erziehungs-, Bildungs- und Sozialarbeit stattfinden kann. Bundesweit und europaweit hat die Kampagne viel Beachtung im Sinne der Nachahmung gefunden. Gerade die Kombination von massenkommunikativen und personalkommunikativen

Maßnahmen, die auf die jeweilige kommunale Situation abgestimmt sind, wird als Erfolg interpretiert.

Die Kampagne „Sucht hat immer eine Geschichte" stellt das Individuum in den Mittelpunkt. *„Sucht beginnt im Alltag. Prävention auch"* des Kantons Zürich/Schweiz betont die gesellschaftlichen Fakten. „Fakten, die erstaunen, bei denen es aber nicht erstaunt, dass viele Menschen in irgendeiner Form von irgendetwas abhängig werden" (Stadt Zürich, 1995, S. 3):

- Jede zweite heroinabhängige Frau musste als Kind sexuelle Gewalt erleiden.
- Wenn sich 11-16 jährige in der Schule wohl fühlen, konsumieren sie massiv weniger Alkohol und Tabak.
- 45 % aller Arbeitslosen wachen Nachts mit Angstzuständen auf.
- Ein Drittel der Erwerbstätigen klagt über Erschöpfungszustände.

Die Schweizer Kampagne ist in drei Phasen gegliedert (Gnädinger, 1995): (1) Anzeigen und Plakate sprechen die breite Bevölkerung an. (2) Die erste Phase läuft noch weiter und findet durch regionale Themen der Präventionsstellen ihre Ergänzung. (3) Die angeschnittenen Themen der Kampagne aus (1) und (2) werden durch gemeinde-, stadtteil- und problembezogene Themen mit einzelnen Gruppen vertieft. Eine Zielsetzung ist eine breite Vernetzung von z.B. Arbeitslosenämtern, Gewerkschaften und Arbeitgebern, Beratungsstellen etc. Im Mittelpunkt der Thematisierung stehen neben der Entwicklungsgeschichte die sozioökonomischen Lebensbedingungen, um die präventiven sozialen Ressourcen zu betonen (siehe Tabelle 16).

Differenzierung

Suchtprävention ist zu einem integralen Bestandteil einer allgemeinen Gesundheitsförderung geworden. Sie stellt eine Querschnittsaufgabe von Erziehung und Bildung, Jugend- und Sozialhilfe, Gesundheits- und Altenhilfe dar. Ist der allerbeste Schutz gegen Drogenkonsum ein gutes Selbstwertgefühl von Jugendlichen, so müssen die Hauptansatzpunkte der Prävention bei den Jugendlichen und jungen Erwachsenen liegen. Jugendzeit ist Schulzeit und Familienzeit. Junge Menschen, denen es psychisch, sozial und körperlich gut geht, sind gegen den Konsum von Drogen besser gewappnet als diejenigen, denen es schlecht geht (vgl. Hurrelmann, 1994). Ein gutes Selbstwertgefühl ist jedoch nicht isoliert von der jeweiligen sozialen Lebenslage zu sehen. Als unmittelbarer Kontext ist die Familie zu nennen. Um Familien in problematischen Lebenssituationen zu entlasten und die Entwicklung von „Notsignalen" zu vermeiden, müssen lebensweltbezogene Konzepte der Abhängigkeitsprophylaxe erarbeitet werden, die die Familien in ihrem umfassenden Lebenszusammenhang betrachten (Voß & Durek, 1995).

Dass der (problematische) Konsum verbotener Drogen bei Jugendlichen mit (antizipierten) Zukunftsperspektiven verbunden ist, legen zahlreiche Untersuchungen nahe. Anhand eines Depressionstestes und der Erhebung zur Drogennähe bei 13- und 14-jährigen Jugendlichen eines Gymnasialzweigs (470 Jugendliche) kommt Vockrodt-Scholz (1995) zu dem Ergebnis, dass depressive Verstimmungen in einem gewissen Maß drogennahes Verhalten bei Jugendlichen verursacht. Depressive Verstimmungen werden als Risikofaktor für einen möglichen (problematischen) Drogenkonsum interpretiert. Als Ursache werden äußere Bedingungen (u.a. Jugendarbeitslosigkeit) und die jeweilige Persönlichkeitsstruktur genannt.

Dass der Konsum illegalisierter Drogen ein vorübergehendes Phänomen sein kann, das wesentlich vom sozialen Kontext geprägt ist, verdeutlicht z.B. die Untersuchung von Krankenpflegeschülern/innen (Dulz & Stark, 1995). Die zu Beginn der Ausbildung zunächst präferierten illegalisierten Substanzen treten mit zunehmender beruflicher Integration in den Hintergrund, oder werden von einem Zugriff auf Medikamente abgelöst. Angesichts der psychosozialen Belastungen Jugendlicher ist der Förderung von Lebenskompetenz besondere Aufmerksamkeit zu schenken. Müller und Kersch (1995) betonen die psychosozialen Problembelastungen der Heranwachsenden (Forschungsprojekt mit Leipziger Schülern) als bedeutungsvoll für die sich abzeichnende Angleichung des Substanzgebrauchs zwischen den neuen und alten Bundesländern. Hieraus werden drogenunspezifische Präventionsmaßnahmen in langfristig angelegten Programmen für erforderlich gehalten.

Auch die Untersuchung von Kirschner (1996) unterstreicht, dass in der späten Adoleszenz die Attraktivität in Bezug auf verbotene Drogen sinkt, und das sich dementsprechend die Präventionsanstrengungen auf das Jugendalter konzentrieren sollten. Etwa die Hälfte der 1990 cannabiserfahrenen Jugendlichen hatte drei Jahre später den Konsum wieder eingestellt. Auch die Ergebnisse der Untersuchung von Lachnit und Kampe (1996) favorisieren eine drogenunspezifische Prävention. Inhalte der Prävention sind die Stärkung der sozialen Kompetenzen und der individuellen Problemlösungsfähigkeiten, sowie die Vermittlung einer verantwortungsbewussten Haltung. Obwohl durch einen primärpräventiven und personenbezogenen Ansatz, der die Förderung von Lebenskompetenz als Zielstellung bei Schuljugendlichen im Alter von 12 bis 16 Jahren hatte, Präventionserfolge nachweisbar sind (S. 165), dürfen diese Ergebnisse nicht darüber hinwegtäuschen, dass die Chancen gering sind, Schüler im Rahmen schulischer Prävention zu beeinflussen (Petermann et al., 1997).

Wenn die Entstehung und Aufrechterhaltung eines problematischen Drogenkonsums wesentlich von Lebenslagen bestimmt wird, so ist Prävention auch nur sinnvoll, wenn sie sich an der Lebenswelt der Adressaten orientiert (vgl. Friedrichs, 1996). Dies heißt, dass sie primär geschlechtsspezifisch männlich, an der Unterschicht orientiert und drogenunspezifisch sein müsste.

Ihre zentrale Ausrichtung orientiert sich an den wahrscheinlichen, zukünftigen, problematischen Drogenkonsumenten und betont hier den Aufbau von sozialen Ressourcen. Ein Verständnis von „Prävention als Bildungsaufgabe" (Sting, 1999) umfasst das gesamte Entstehungsspektrum von der lebensweltbezogenen Problembewältigung bis hin zur Drogenkultur der Gesellschaft. „Ihren Ansatzpunkt findet sie in der Selbstbildung und in der Lebensweltgestaltung im Kontext. In neueren Ansätzen zur Gesundheitsbildung wird dieser Subjektbezug, der schon die klassische Bildungstheorie kennzeichnet, gegen rein wissensgestützte Bildungsmodelle erneutert" (Sting, 1999, S. 496). Dies ist jedoch mit einem Krankheitsmodell der Sucht (siehe Pkt. 1.1) nicht möglich, da hier eine Fokussierung präventiver Interventionen auf die (Risiko-) Zielgruppen eine Stigmatisierung von „Gefährdeten" impliziert.

In der Jugendhilfe hat sich eine paradoxe Situation entwickelt. „Da in den 80er-Jahren wesentliche Teile der Jugendarbeit über die staatlichen Drogenpräventionsprogramme bezahlt wurden, und die Zuwendungsgeber von den Zuwendungsempfängern den öffentlichen Schwur auf das staatlich gestützte Abstinenzparadigma und die drogenfreien Räume verlangten, konnte eine realistische und sachliche Auseinandersetzung mit der Bedeutung von Drogenkonsum für Jugendliche, seiner tatsächlichen Verbreitung, differenziert nach Drogenarten, über gescheiterte Präventionsstrategien und so weiter nicht geführt werden" (Kappeler, 1995, S. 180-181). Diese Ausgrenzung von Themen und somit von Jugendlichen in schulischen und außerschulischen Bereichen wird nur zögerlich aufgeweicht. Zu tief ist die Verankerung von Krankeitskonzepten beim Phänomen des Konsums illegalisierter Drogen. Die Schule und die Jugendhilfe sollte sich mit den vorhandenen pädagogischen Möglichkeiten diesem Personenkreis zuwenden, anstatt sich mit dem Verweis auf die Drogenhilfe von diesem Personenkreis zu trennen. Die drogenunspezifische Prävention ist in diesen pädagogischen Feldern schwierig. Die Begleitung Jugendlicher, die verbotene Drogen konsumieren, etabliert sich in diesen Einrichtungen nur schwerlich und konzentriert sich weitgehend auf cannabiskonsumierende Jugendliche (vgl. z.B. Thimm, 1991). Entsprechende (pädagogische) Konzepte des Umgangs mit drogenkonsumierenden Jugendlichen sind weitgehend noch von repressiven Maßnahmen bestimmt.

Integrative Konzepte entwickeln sich nur zögerlich und sind kaum öffentlich zu diskutierten, obwohl sie bereits vielfältig in der Intensiven sozialpädagogischen Einzelfallbetreuung (INSPE) nach dem Kinder- und Jugendhilfegesetz (§§ 27, 35, 41) existent sind. Ausnahmen stellen Quensel und Westphal (1996) anhand eines Projektes der Jugendhilfe (gemäß §§ 35a, 41 KJHG siehe Anhang L), das mit qualitativen Methoden der empirischen Sozialforschung begleitet wurde, vor. Illegalisierte Drogen werden in Gesprächen unter Jugendlichen auf eine andere Art und Weise thematisiert als in Gesprächen zwischen Jugendlichen und Erwachsenen. Im Rahmen dieser verschiedenen Kommunikationszusammenhänge werden konträre Wahrheiten verhandelt und unterschiedliches Wissen und unterschiedliche Bewertungen bezüglich illegalisierter Drogen vermittelt. Einer bei Jugendlichen eher „faszinativ-positiven“ Sicht steht eine „abschreckend-negative“ Darstellung durch Erwachsene gegenüber (Kappeler et al., 1999, S. 351). Prävention als auch Jugendhilfe könnten für Jugendliche hier als Beratungsinstanz über Drogen fungieren, wenn sie in die Lage versetzt werden, eine sachbezogene Kommunikation mit Jugendlichen und Erwachsenen einzugehen. Eine Integration des Drogenthemas in eine alltägliche Erziehungspraxis wäre anzustreben.

Prävention, die aus der Drogenhilfe initiiert und gestaltet wird, sollte sich auf die Verhinderung von Ausgrenzungsprozessen durch Institutionen und die Förderung sozialer Ressourcen Jugendlicher, der Verbesserung der Lebensbedingungen und dem Aufbau von Unterstützungsnetzwerken, richten. Umfassend ist das Netzwerkkonzept bzw. das Konzept der Steuerung formeller und informeller Unterstützungssysteme formuliert worden (vgl. Springer, 1995). Ihr Eingang in die Praxis ist jedoch noch nicht hinreichend erfolgt. Um Handlungskompetenzen für alltägliche Lebenssituationen zu fördern bedarf es auch struktureller Interventionen. Prävention und Jugendarbeit könnten ihre Tätigkeiten erweitern und auch als Initiierung, Förderung und Steuerung von kommunalen Netzwerken zur Verbesserung von Lebenslagen Jugendlicher verstehen.

Bedeutung und Bewertung

Der (Sucht-) Prävention wurde in den letzten Jahren eine besondere Bedeutung beigemessen. Neben der möglichen Verhinderung von problematischen Einzelverläufen sind auch die ökonomischen Aspekte (u.a. Kosten der Behandlung, Inhaftierung) zu nennen (vgl. Pkt. 1.4). Investitionen z.B. in den Bereichen der Jugendhilfe und der Prävention allgemein, reduzieren zukünftige Ausgaben, die insbesondere von den Kommunen in Form von Geldtransferleistungen (u.a. Sozialhilfe) getragen werden müssen. Verlässt die in der Drogenhilfe entwickelte spezifische Prävention jedoch eine substanzbezogene und allgemein suchtspezifische Orientierung, wird sie einerseits dem Phänomen des Konsums illegalisierter Drogen gerecht, andererseits verliert sie ihr organisatorisch konzipiertes Spezifisches und wird zu einem Aspekt allgemeiner Sozialer Arbeit.

Prävention kann potenziell zur inhaltlosen Formel werden, die als Schlagwort benutzt wird für Veränderung und Innovation im Bereich sozialer Arbeit. Das Motto heißt häufig Prävention statt Intervention, ohne eine weitere Klärung und Spezifizierung vorzunehmen. Prävention und Intervention sind jedoch für die Soziale Arbeit nicht zwei sich ausschließende Reaktionsweisen mit je unterschiedlichen Aufgabenbereichen. Denn präventive Orientierung sollte nicht als ein Konzept zur Strukturierung von Jugendhilfe, Sozialer Arbeit überhaupt verstanden werden, sondern als ein Moment in ihr (Böllert, 1995). Für die Soziale Arbeit einschließlich der Drogenhilfe sind Modelle erforderlich, die sinnvolle präventive als auch korrektive Interventionen beinhalten. Interventionshandlungen sozialer Arbeit, die sich ausdrücklich nur auf die Verhaltensmodifikation beziehen, haben nur eine begrenzte Reichweite bzw. können zur Symptomverschiebung führen. Interventionen sollten sich möglichst auf alle Ebenen beziehen, da die Probleme auch hier entstanden sind. Präventive und korrektive Interventionen sind in keiner Weise alternativ beziehungsweise in einem hierarchischen Verhältnis zu sehen, sondern komplementär zu fassen. Für die Soziale Arbeit ist jedoch eine Schieflage bezogen auf personenbezogene Problembearbeitungsformen festzustellen. Obwohl strukturbezogene Vorgehensweisen übereinstimmend außerhalb des Einflussbereiches sozialer Arbeit angesiedelt werden, sind diese zu betonen.

Zusammenfassung

Die Entwicklung der Beratung, Unterstützung und Behandlung von Konsumenten illegalisierter Drogen verläuft von der Selbsthilfe zur Profession und in der professionellen Bearbeitung von der Pädagogik zur Psychotherapie, Medizin und Psychiatrie. Eine Psychologisierung und Medizinisierung des Arbeitsfeldes, und damit verbunden eine Individualisierung des Phänomens, hat stattgefunden. Lebensweltorientierte Verfahren wurden durch therapeutische Verfahren „ersetzt“. Die organisatorischen Ausrichtungen und die Methoden in der Drogenhilfe sind durch die gesellschaftlichen Konstruktion der Kombination von „Therapie statt/oder/und Strafe bestimmt. Die stationäre und auch die ambulante Drogenhilfe ist in einem verfolgenden Regelkreis geraten. Neben der Verbindung von Therapie und Strafe steht die Minimierung der individuellen Schäden, die durch den illegalisierten Drogenkonsum und deren Begleitumstände entstehen, im Vordergrund.

In den „Diskursen“ über den Konsum illegalisierter Drogen hat sich ein facettenreiches „Krankheitskonzept“ als Basisannahme „durchgesetzt“. Dies nicht nur in der Beratung und Behandlung, sondern auch in der Prävention. Folglich richtet sich das (öffentliche) Interesse auf die korrektiven, individuellen Interventionen bei Drogenkonsumenten. Über die Finanzierungsgrundlagen findet ebenfalls eine Reduzierung auf diese Interventionsebenen statt. Die Verhaltensveränderung des Einzelnen ist der zentrale Ansatz. Die überwiegend medizinischen und psychotherapeutischen Grundlagen der Verhaltensmodifikation zielen bei Konsumenten illegalisierter Drogen – mit der direkten oder indirekten Absicht – auf die (vollständige) Drogenabstinenz. Sowohl in der Beratung und Behandlung, als auch in weiten Teilen der Prävention wird ein kulturfremdes Ideal („Abstinenz“) vermittelt. Darüber hinaus stellt Drogenfreiheit für sich genommen kein selbsttragendes Handlungsziel dar, wenn dieses nicht in eine umfassende Lebensperspektive integriert ist. Einzelfallhilfe und therapeutische Verfahren finden schnell ihre Grenzen an den subjektiven Lebensentwürfen der Menschen und den Verhältnissen in ihrer Lebenswelt. Die Lebensverläufe von Drogenkonsumenten verdeutlichen, dass ein Herauswachsen aus dem problematischen Drogenkonsum in direktem Zusammenhang mit den sozialen (Re-) Integrationsmöglichkeiten steht.

Es wurden zahlreiche Differenzierungen von der starren Behandlungskette zum flexibleren Behandlungsnetz vorgenommen. Obwohl eine eindeutige Differenzierung nach medizinischen, psychotherapeutischen, beruflichen und sozialen Maßnahmen der Rehabilitation inhaltlich kaum möglich ist, findet eine hierarchische Differenzierung der Bearbeitung des Drogenproblems über die Grundannahmen statt. Eine Überbewertung von stationären Behandlungen ist anzutreffen. Interventionen, die sich auf die präventiven personellen und sozialen Ressourcen beziehen, sind nachrangig. Die eher strukturbezogenen Vorgehensweisen werden häufig außerhalb des Einflussbereiches Sozialer Arbeit angesiedelt. Für die anderen beteiligten Berufsgruppen (Psychologie, Medizin) sind strukturelle Interventionen in der Regel nicht Gegenstand ihrer Profession. Die Soziale Arbeit hat sich auch in diesem Arbeitsfeld selbst reduziert, indem die vielfältigen Handlungsstrategien zu Gunsten des Krankheitskonzeptes aufgegeben wurden. Für die Soziale Arbeit in der Drogenhilfe ist dies auf „externe“ (Finanzierungsgrundlagen), aber auch auf „interne“ Entwicklungen zurückzuführen. Psychotherapeutische Qualifikationen sollen zum individuellen Statusgewinn innerhalb der Sozialen Arbeit führen und Möglichkeiten des „Ausstiegs“ aus der Profession Soziale Arbeit eröffnen.

Der Beginn, die Fortsetzung und Aufrechterhaltung des Konsums illegalisierter Drogen findet in der Adoleszenz statt und ist männlich dominiert. Wenn Jugendliche verbotene Drogen konsumieren, so wird dies häufig zu einem Ausschlusskriterium aus sozialen Alltagsbezügen, und in vielen Feldern Sozialer Arbeit findet eine „Weiterleitung“ drogenkonsumierender Jugendlicher an spezielle Einrichtungen statt. Nur ein geringer Teil von Jugendlichen entwickelt jedoch einen überdurchschnittlich riskanten Drogenkonsum. Der überaus größte Teil der jugendlichen Drogenprobierer hört von selbst mit dem Konsum von Drogen auf, oder entwickelt kontrollierte Gebrauchsmuster. Die Zuführung zu ambulanten und stationären „speziellen“ Einrichtungen der Drogenhilfe verstärkt die Ausgrenzung. Hier kommt der Jugendhilfe eine besondere Bedeutung zu, denn in der Jugendhilfe liegen spezifische lebensweltbezogene Fachkompetenzen zur Aufrechterhaltung oder Wiederherstellung sozialer Bezüge Jugendlicher. Die Begleitung Jugendlicher, die verbotene Drogen konsumieren, etabliert sich in der Jugendhilfe nur schwerlich. Entsprechende (pädagogische) Konzepte des Umgangs mit drogenkonsumierenden Jugendlichen sind häufig von repressiven Maßnahmen auf der Grundlage eines Krankheitskonzeptes bestimmt.

Ist der allerbeste Schutz gegen Drogenkonsum ein gutes Selbstwertgefühl von Jugendlichen, so müssen die Hauptansatzpunkte der Prävention bei den Jugendlichen und jungen Erwachsenen und den Multiplikatoren (u.a. Lehrer, Pädagogen, Eltern) liegen. Dass der (problematische) Konsum illegalisierter Drogen bei Jugendlichen mit (antizipierten) Zukunftsperspektiven verbunden ist, legen zahlreiche Untersuchungen nahe. Werden die schichtspezifischen, jugendspezifischen und geschlechtsspezifischen Dimensionen des problematischen Konsums verbotener Drogen berücksichtigt, so sind keine „drogenspezifischen" Interventionen erforderlich. Verlässt die in der Drogenhilfe entwickelte spezifische Prävention jedoch eine substanzbezogene und allgemein suchtspezifische Orientierung, wird sie einerseits dem Phänomen des Konsums illegalisierter Drogen gerecht, anderseits verliert sie ihr organisatorisch konzipiertes Spezifisches und wird zu einem Aspekt allgemeiner Sozialer Arbeit. Die Betroffenen würden auch als „Opfer" der strafrechtlichen Konstruktion und ihrer sozialen Lebenslagen wahrgenommen. Weite Teile der Drogenhilfe, einschließlich der Prävention, erfordern eher eine Jugendhilfe und allgemeine Soziale Arbeit, als eine medizinische Behandlung und/oder Psychotherapie und Gesundheitsfürsorge.

VI Integrieren – Resümieren – Projektieren

Charakteristikum der menschlichen Kultur ist auch der Gebrauch von Drogen. Als ein Teil der alltäglichen Auseinandersetzung des Menschen mit seiner Umwelt waren und sind Drogen sozial und kulturell verankert. Diesem kulturellen Phänomen kann nicht mit Theorien und Strategien begegnet werden, die aus einer Abstinenzvorstellung abgeleitet werden. Darüber hinaus weisen wissenschaftliche Kriterien zur Beurteilung der Risiken einzelner Drogen nicht eindeutige Unterschiede zwischen erlaubten und verbotenen Drogen hin. Die mit jedem Drogenkonsum verbundenen Risiken sind wesentlich von den Gebrauchsregeln und somit von dem sozialen Kontext abhängig. Sie sind somit normativ und unterliegen dem gesellschaftlichen Wandel. Bezogen auf den Konsum verbotener Drogen sind kaum andere als pathologisierende und kriminalisierende Interpretationen möglich. Es wird ein linearer Zusammenhang zwischen dem Konsum illegalisierter Drogen und Drogenabhängigkeit konstruiert, obwohl es keinen kausalen Zusammenhang gibt. Ein Zusammenhang zwischen der Höhe der Gesamtzahl der Personen, die zu einem definierten Zeitpunkt oder in einem Zeitraum illegalisierte Drogen konsumieren (Prävalenz) und dem Umfang des problematischen Konsums lässt sich ebenfalls nicht nachweisen.

Als gesellschaftlicher Konsens wird der problematische Konsum (verbotener) Drogen primär als Disposition des Individuums interpretiert und als Symptom einer zu Grunde liegenden Störung (Drogenkonsum als Selbstheilungsversuch) verstanden. Hiermit soll das scheinbar irrationale Verhalten (naturwissenschaftlich) erklärt werden. Den verbotenen Drogen werden in ihren Wirkmechanismen mystifiziert. Entsprechend sind die Erwartungen an die pharmakologischen Behandlungen (z.B. mit Methadon) von Drogenabhängigen. Die Aufrechterhaltung des Verbotes von bestimmten Drogen, die strafrechtliche Verfolgung und der pharmakologische Mythos verschleiern den sozialen Gehalt dieses Problembereichs. Der Konsum verbotener Drogen stellt nicht an sich ein soziales Problem dar. Denn erst durch die Art der gesellschaftlichen Definition und Reaktion („Verfolgung als Kranker“) wird der Konsum illegalisierter Drogen zu einem abweichenden Verhalten, zu einer Normverletzung, obwohl es sich zunächst um eine Verhaltensvariation eines ansonsten tolerierten oder gewünschten Verhaltens handelt. Neben dem

Vorhandensein verbotener Drogen (u.a. internationaler Handel) ist die Entwicklung subkultureller Systeme für die Verbereitung illegalisierter Drogen erforderlich. In den teilkulturellen Gruppen konstituieren sich auch die Gebrauchsregeln für verbotene Drogen, da diese sind nicht öffentlich kommunizierbar sind. Die Weiterführung des Konsums einer verbotenen Droge steht im Zusammenhang mit der sozialen Wirkung der Droge in der teilkulturellen Gruppe. In sozialen Lernprozessen werden die Erlebnisqulitäten interaktiv vermittelt. Der regelmäßige Konsum einer verbotenen Droge muss auf Grund seiner Illegalität für Einzelne und Gruppen auch zur Reduzierung der sozialen Teilhabe auf die teilkulturelle Gruppe der Drogengebraucher führen.

Für die Analyse des Phänomens sind die kulturellen Blickwinkel des Konsums von Drogen generell von Bedeutung, für die illegalisierten Drogen vor allem die jugendkulturellen Aspekte. Der Konsum von Drogen in der Jugendphase kann, wie zahlreiches anderes Verhalten auch, als Risikoverhalten interpretiert werden. Die positive Funktionalität von Risikoverhaltensweisen Jugendlicher, einschließlich Drogenkonsum, ist für die Bewältigung von Entwicklungsaufgaben hervorzuheben, denn der überaus größte Anteil der Jugendlichen die verbotene Drogen konsumieren hört von selbst mit dem Konsum von Drogen auf. Die soziale Dimension der Entwicklungsphase Jugend, in der Kombination mit der Dynamik der strafrechtlichen Verfolgung, „entscheidet" über die Entstehung, Aufrechterhaltung und mögliche Entwicklung einer psychischen und physischen Abhängigkeit von verbotenen Drogen. Es bedarf eines durchaus gewöhnlichen Sozialisationsvorgangs um über „Peer-Beziehungen" in den alltäglichen Gebrauch von verbotenen Drogen „Hineinwachsen". Erst durch den sozialen Kontext wird (gelegentlicher) Drogenkonsum zum Alltagshandeln. Der Übergang zu einem lebensdominanten und somit problematischen Gebrauch illegalisierter Drogen steht im Zusammenhang mit der jugendlichen Entwicklung und den sozialen Möglichkeiten der Integration.

Das Auftreten von abweichendem Verhalten – des problematischen Konsums illegalisierter Drogen – variiert in verschiedenen sozialen Strukturen und nimmt unterschiedliche Formen und Muster annimmt. In diesem Zusammenhang sind den Merkmalen Alter und Geschlecht, sowie den sozialen Kennzeichen Schichtzugehörigkeit, Schulbildung und eigener Beruf bislang nur wenig Beachtung geschenkt worden. Die Reduzierung gesellschaftlicher Ressourcen lastet insbesondere auf die schon sozial benachteiligten Familien. Die Integrationsmöglichkeiten der Familien mit ihren (jugendlichen) Kindern reduzieren sich. Ausdruck finden diese psychosozialen Belastungen in zahlreichen sozialen, psychischen und körperliche Phänomenen bei Kindern, Jugendlichen und jungen Erwachsenen. Die Etablierung „alternativer" Handlungen, einschließlich des problematischen Konsums illegalisierter Drogen, bei Jugendlichen aus niedrigeren

Schichten, ist neben der individuellen Aktion auch eine kollektive Reaktion. So sind die zentralen Merkmale von problematischen Opiatabhängigen die Zugehörigkeit zu unteren sozialen Schichten (Heroin als „Looser-Droge") und das Geschlecht männlich („Herstellung von Männlichkeiten"). Beide „Merkmale" stellen wesentliche Ursachen für die Entwicklung des problematischen Konsums verbotener Drogen und der Entwicklung abweichender Karrieren dar. Nicht primär durch abweichendes Verhaltens, beziehungsweise eine Drogenabhängigkeit, kommt es zum sozialen Abstieg („drift down"), sondern die soziale Situation („Stresshypothese") „führt" zu einem problematischen und extrem-problematischen Drogenkonsum. Die Lebensbedingungen der Unterschicht fördern abweichendes Verhalten einschließlich problematischer Formen des Konsums illegalisierter Drogen. Es geht hier nicht um Ausstieg aus, sondern um Einstieg in die Leistungsgesellschaft. Auf diesem Hintergrund bedarf es einer Neubestimmung des Verhältnisses der Sozialen Arbeit zum Phänomenbereich des Konsums illegalisierter Drogen.

Soziale Arbeit und Forschung
Bei den Forschungsergebnissen zum Themenbereich des Konsums illegalisierter Drogen haben wir es weitgehend mit einer sozialpädagogisch zu nutzenden „Importforschung" zu tun. Thole (1999, S. 240) fasst unter „Importforschung" ein von der Sozialpädagogik rezipierbares empirisches Wissen zusammen, das aber keineswegs genuin sozialpädagogisch verfasst ist. Die Eigenständigkeit sozialpädagogischer Forschung kann im thematischen Zugriff und in der Verknüpfung unterschiedlicher Perspektiven liegen. „Ein Design sozialpädagogischer Forschung kann demnach Fragen nach den subjektiven und objektiven Lebenslagen der Adressat/innen – unter Beachtung von ökonomisch-materiellen, generativen, ethnischen und geschlechtsrollentypischen Ungleichheiten –, nach den Handlungsmethoden und den Theorien Sozialer Arbeit, nach dem Personal und den sozialstaatlichen Rahmenbedingungen, nach den Handlungsfeldern, Einrichtungen und der Organisation..." (ders., S. 235).

Für die Soziale Arbeit ist nicht ein eigenständiger thematischer Gegenstandsbereich erforderlich, sondern durch die Verknüpfung unterschiedlicher Perspektiven werden andere Fragen aufgeworfen und andere Antworten gegeben. Soziale Arbeit als eigenständige Profession zwischen den traditionellen Disziplinen (u.a. Psychologie, Medizin) könnte die dringend notwendige Integrationsleistung einbringen, wenn sie sich nicht in ihren Analyseebenen und Interventionen an die traditionellen Professionen anhängt, sondern ihre Eigenständigkeit demonstriert und nicht zum Erfüllungsgehilfen der Medizin wird.

Soziale Arbeit und Drogen

Für die Struktur und die Interventionen Sozialer Arbeit bei dem Phänomen des Konsums verbotener Drogen sind klinische Deutungsmuster als „Import" vorherrschend. Die Soziale Arbeit ist dem Mythos erlegen und ist durch Spezialisierung den klinischen Deutungsmustern gefolgt. Sie hat zu einer Pathologisierung sozialer Lebenslagen und folglich zu einer Therapeutisierung ihrer Methoden beigetragen. Obwohl mehrdimensionale Modelle von Drogenkonsum und -abhängigkeit formuliert werden, ist das Problemmodell Abhängigkeit gleich Krankheit und das Lösungsmodell Abstinenz dominant.

In der Praxis der Drogenhilfe und bei dem Konsum illegalisierter Drogen wird die Multikausalität formuliert, die Interventionen sind jedoch primär an Monokausalität orientiert. Statt medizinischer Rehabilitation ist jedoch weitgehend die soziale (Re-) Habilitation angezeigt. Obwohl Krankheitskonzepte bei dem Phänomen des Konsums verbotener Drogen in der Sozialen Arbeit tief internalisiert sind, ist ein Paradigmenwechsel erforderlich. Wird der problematische Konsum illegalisierter, oder sozial missbilligter Drogen einschließlich möglicher problematischer Verläufe, als ein jugendspezifisches, schichtspezifisches und geschlechtsspezifisches Phänomen verstanden, so wird es auch zum Gegenstandsbereich aller Felder Sozialer Arbeit. Die Konzepte lassen sich hier aus den vorhandenen Zusammenhängen zwischen Jugend, Drogen, Geschlecht und Schichtzugehörigkeit entwickeln. Wird das Phänomen Konsum verbotener Drogen als soziales Phänomen verstanden, findet die Erklärung durch soziale Prozesse statt.

Soziale Arbeit und Interventionen

Der Blick auf die kulturellen und sozialen Bedingungen der Handlungsvollzüge sowie auf die gesamtgesellschaftlichen Handlungskontexte ist eine genuine Aufgabe der Sozialen Arbeit und spiegelt sich in den Methoden Sozialer Arbeit wider. Methoden sind eine planvolle, nachvollziehbare und damit kontrollierbare Gestaltung von Hilfsprozessen, die dahingehend zu reflektieren und zu überprüfen sind, inwieweit sie dem Gegenstand, den gesellschaftlichen Rahmenbedingungen, den Interventionszielen, den Erfordernissen des Arbeitsfeldes, den Institutionen sowie den beteiligten Personen gerecht werden (Galuske, 1998, S. 25). Methoden sind immer abhängig von den Problemlagen, den Zielsetzungen und Rahmenbedingungen. Es gibt nicht „die" Methode Sozialer Arbeit, sondern Methoden haben sich an der Vielfalt des Alltags und der Phänomene zu orientieren und einer situativen Offenheit. Wenn die Entwicklung des (problematischen) Konsums verbotener Drogen im Jugendalter in einem sozioökologischen Kontext analysiert wird, sind Interventionen erforderlich, die personelle und soziale Dimensionen unter präventiven und korrektiven Ausprägungen (vgl.

Pkt. 5.1) einschließt. Drogenproblematik als Jugendphänomen (-problematik) und (Drogen-) Beratung im Rahmenkonzept von „Entwicklungsberatung unter dem Aspekt der Lebensspanne“ (Brandstädter, 1985; siehe Exkurs 5) könnten drogenfixierte Interventionen überwinden. Hier finden die sozialen Lebenslagen Berücksichtigung. Der kollektiven Institutionalisierung von Konsumenten illegalisierter Drogen kann eine Differenzierung und ein „Normalisierungskonzept“ gegenüber gestellt werden. Es bedarf sozialpädagogischer Handlungsperspektiven, die wider einer Kriminalisierung, Medizinisierung und Psychiatriesierung sind. Es sind aus der Sozialen Arbeit eigenständige Deutungen der sozialen Wirklichkeit auch für diesen Bereich Sozialer Arbeit erforderlich. Denn präventive und therapeutische Ansätze haben nur eine begrenzte Effektivität, wenn sie sich nicht zugleich auf die sozialen Verhältnisse beziehen, in denen das Phänomen entstanden ist. Eine ungleiche Verteilung gesellschaftlicher Ressourcen von Arbeit, Einkommen und sozialer Sicherheit stellen primär die Problemlagen her, denen mit individualisierten Konzepten begegnet wird. Der Zusammenhang zwischen problematischem Konsum erlaubter oder verbotener Drogen und Armut besteht. Angesichts der massenhaften Verarmungsprozesse auch bei Heranwachsenden sind Strategien gegen Armut erforderlich (vgl. z.B. U. Otto, 1997). Die Bemühungen, diese Zusammenhänge wissenschaftlich zu dokumentieren und praxisrelevante Interventionen zu entwickeln, sind bescheiden. Ein wesentlicher Grund liegt darin, dass Armut keine politische Lobby hat und aus dem öffentlichen Bewusstsein weitgehend verdrängt wird.

Es bedarf eines sozialstrukturell entgrenzten Begriffes sozialer Problemlagen, um damit die Randgruppensicht auch im Armutsbereich zu erweitern (Leisering, 1997, S. 249ff.). Auf diesem Hintergrund müsste ein Schwerpunkt Sozialer Arbeit auch in der Drogenhilfe auf die Aufrechterhaltung oder Herstellung der sozialen Integration und die Reduzierung der gesellschaftlichen Marginalisierung und Exklusionen aus den ökonomischen, sozialen und kulturellen Teilsystemen gerichtet sein. Diese Orientierung richtet sich auch gegen eine Pathologisierung und Kriminalisierung von sozialen Problembeständen.

Exkurs 5: Entwicklungsberatung

Das Grundanliegen von Entwicklungsberatung ist die Verhinderung und Bewältigung von Entwicklungsproblemen auf verschiedenen Stufen der Lebensspanne. „Entwicklungsberatung soll hier nicht verstanden werden als eine weitere Variante innerhalb des heterogenen Spektrums von Beratungstechniken (...), sondern eher als ein Rahmenkonzept, in dem verschiedene spezifische Beratungsbereiche wie Erziehungsberatung, Schulberatung, Eheberatung, Familienberatung, Drogenberatung usf. aufgehoben und aufeinander bezogen werden können. Dieser integrative

Anspruch gründet sich auf der Annahme, dass sich die Problemstellungen der angesprochenen spezifischen Beratungsfelder sinnvoll als Entwicklungsprobleme bzw. als Probleme des Aufbaus oder Neuaufbaus von Entwicklungsorientierungen (...) rekonstruieren lassen“ (Brandstädter, 1985, S. 1).

Die Entwicklung wird nicht als ein naturgesetzlich fixiertes Ablaufgeschehen, sondern als ein kulturell konstituierter und handlungsabhängiger, auf individuelle und soziale Handlungskontexte zu relativierender Prozess verstanden (Brandstädter, 1985, S. 6). Die Analyse von Entwicklungsproblemen setzt die Systematisierung von individuellen relevanten Entwicklungsorientierungen und Entwicklungsmöglichkeiten und der Realisierbarkeits- und Konsistenzprobleme voraus.

Entwicklungsprobleme	Realisierbarkeits- u. Konsistenzproblem
Persönlich normative *Entwicklungsorientierungen* - Entwicklungsziele - Entwicklungsinteressen - Individualbiografische Leitvorstellungen, Lebensthemen	Intraindividuelle Konflikte zwischen persönlichen Entwicklungszielen
Individuelle *Entwicklungspotenziale* und Entwicklungs-möglichkeiten - Dispositionen, Kompetenzen - Entwicklungsbezogene Handlungspotenziale	Diskrepanzen zwischen individuellen Entwicklungszeiten und institutionellen Entwicklungsanforderungen
Entwicklungsanforderungen - sozialmaterielle Entwicklungsumwelt	Unvereinbarkeit sozialkultureller Entwicklungsanforderungen und Entwicklungsangeboten (Anomie)
Entwicklungsangebote - Lernangebote, Hilfspotenziale, Ressourcen (faktische u. subjektive)	Probleme der „Passung“ von individuellen Entwicklungszielen und Entwicklungspotenzialen

(nach Brandstädter, 1985, S. 1-15)

Soziale Arbeit und Organisation

Das Phänomen des Konsums illegalisierter Drogen wird institutionalisiert durch den Übergang vom Menschen zum Klienten, vom Klienten zum Patienten. Alle werden jetzt zu Kunden und die Träger der Sozialen Arbeit degenerieren zu Wirtschaftsunternehmen (Butterwegge, 1999, S. 439). Auch für das Phänomen des Konsums verbotener Drogen gilt der fundamentale Satz von Durkheim (1965; [1895]), dass Soziales nur durch Soziales zu erklären sei.

Die Allzuständigkeit der Sozialen Arbeit, die fehlende Monopolisierung von Tätigkeitsfeldern der Sozialen Arbeit, die Schwierigkeit der Durchsetzung von Kompetenzansprüchen und die rechtliche und bürokratische Einbettung der Sozialen Arbeit sind erschwerende, aber nicht gänzlich hindernde

Grundlagen der Sozialen Arbeit. Denn die Soziale Arbeit kann für die sozialdiagnostisch und auch präventive Tätigkeit berufliche Autonomie beanspruchen. Das Verhältnis der Drogenhilfe zu einzelnen sozialen Diensten (u.a. Allgemeiner Sozialdienst/ASD, Erziehungs-, Ehe- und Familienarbeit) ist noch ein ungeregeltes Nebeneinander auch in rechtlicher Hinsicht. Neben der maximalen Flexibilisierung vorhandener Angebote und Einrichtungen wären Stadtteilzentren mit breit gefächerten Dienstleistungsangeboten hilfreich.

Eine radikale Antwort auf die gegenwärtige Situation ist die Neuorganisation sozialer Dienste in Form der Auflösung der traditionellen Ämter und deren Ersetzung durch zielgruppenorientierte Dienste. Die neue Organisation orientiert sich an den Lebensphasen und Problemlagen der Bevölkerung, das einem integrativen Handlungsprinzip folgt und Bürgernähe ermöglicht. Ein sozialer Dienst als Ansprechpartner, Vernetzung sozialer Dienste, ihre Koordination und Kooperation unter Stärkung der Jugendhilfe und der Abbau der Spezialisierung unter Aufrechterhaltung des Subsidiaritätsprinzips (siehe u.a. KJHG) könnten strukturelle Antworten auf die komplexen Problemlagen geben. Allgemein gilt jedoch, dass der Anspruch von Stadtteilarbeit oder auch Gemeinwesenarbeit und sozialer Netzwerkarbeit kaum in die Realität umgesetzt wird. Diese Arbeit ist im Gegenteil zu Gunsten nachsorgender Einzelfallarbeit reduziert oder ganz gestrichen worden (Buer, 1988, S. 261).

Soziale Arbeit in der Drogenhilfe

Die stationäre und insbesondere die ambulante Drogenhilfe weisen unterschiedlichste Strukturen, Konzepte und Methoden auf. Diese sind wesentlich von den kommunal- und bundeslandspezifischen Besonderheiten geprägt. Da die Art und Weise sowie der Inhalt der Drogenkultur insbesondere von denjenigen mitbestimmt werden, die sich beruflich mit Drogenfragen beschäftigen, sind aus diesem Bereich richtungsweisende Impulse erforderlich.

Ausgangspunkt der ambulanten Drogenhilfe kann weder ein „Suchtkonzept“ noch die Versorgung der „extrem-problematischen“ Konsumenten und den hieraus abgeleiteten strukturellen und methodischen Notwendigkeiten sein. Der Abschied von der drogenspezifischen, pathologisierenden Spezialisierung, hin zu einer sozialen Verortung des Phänomens ist erforderlich. Dies ist für die Drogenhilfe mit weit gehenden strukturellen Veränderungen und einem Statuswechsel (-verlust) verbunden. Die Akzeptanz und Adäquanz (siehe Pkt. 5.2) der ambulanten Angebote sollte sich in der frühzeitigen Inanspruchnahme ausdrücken. Diese ermöglicht die Verhinderung von extrem-problematischen Lebensverläufen. Die ambulante Drogenhilfe kann sich als ein Element in der kommunalen Vernetzung sozialer und medizinischer Dienste verstehen. Gerade die strukturelle Kooperation mit Einrichtungen der Jugend- und Familienhilfe und mit anderen Fachdiensten ist erforderlich, da dort die spezifischen Fachkompetenzen zur Aufrechterhaltung und Wiederherstellung von sozialen Bezügen vorhanden sind. Den gegebenen auch institutionellen Ausgrenzungstendenzen bei illegalisiertem Drogenkonsum (Zuführung zu spezialisierten Institutionen) kann durch präventive Ansätze (Information, Praxis- und Organisationsberatung in Betrieben, Schulen, Heimen, sozialen Diensten usf.) begegnet werden. Prävention aus der ambulanten Drogenhilfe heraus kann sich u.a. als Förderung von Netzwerken und Stützsystemen verstehen (ausführlich Franz, 1991). Da zunächst das soziale Netzwerk die Instanz der Konfliktlösung bei atypischen Verhaltensweisen (einschließlich Drogenkonsum) ist, kommt der Dezentralisierung auf Stadtteilebene, bei Einbeziehung der spezifischen Lebensbedingungen von Jugendlichen im sozialen Nahraum, eine zentrale Bedeutung zu. Für die Drogenhilfe muss die sozio-ökonomische Perspektive betont werden. Zielsetzung ist hier die Verbesserung der sozialen Lebensbedingungen von Jugendlichen und jungen Erwachsenen auf kommunaler Ebene. Die Institution Drogenberatung, ambulante Drogenhilfe, kann hier spezifische Aspekte z.B. im Rahmen der Jugendhilfeplanung leisten.

Soziale Arbeit und Jugendhilfe

Der Konsum verbotener Drogen ist zunächst eine Verhaltensvariation eines ansonsten tolerierten oder gewünschten Verhaltens (siehe Pkt. 3.4; 4.2; 4.3). Jugendhilfe muss in eigenständiger Weise die „Drogensprache" als expressives Mittel, Symptom oder Hilferuf der Jugendlichen erlernen, um zureichend helfen zu können.

Der überaus größte Anteil der jugendlichen Drogenprobierer hört von selbst mit dem Konsum von Drogen auf, oder entwickelt kontrollierte Gebrauchsmuster. Bei nur 10 % der jugendlichen Drogengebraucher manifestiert sich ein Problemverhalten (Silbereisen, 1995, S. 1063). Auch schwer wiegende Drogenprobleme von Jugendlichen sind primär typische Jugendprobleme, die durch ein drogenorientiertes Eingreifen im Zweifel eher verstärkt als beseitigt wird (Quensel 1996, S. 72). Es geht um institutionell angetriebene Abstiegskarrieren und Ausgrenzungsprozesse auch durch (soziale) Diagnosen. Die Zusammenhänge zwischen Armut und Randgruppenproblematik sind hier vorrangig. Die grundlegenden sozialwissenschaftlichen Ansätze zur Verlaufsproblematik, die zur Professionalisierung der Sozialen Arbeit wesentlich beigetragen haben, sind zu nennen (vgl. Leisering 1993).

Die eigene Problemwahrnehmung (Perzeption) von Konsumenten illegalisierter Drogen ist unter mehreren Dimensionen zu sehen (vgl. 5.2). Die Instanzen sozialer Kontrolle (u.a. Polizei, Sozialarbeit, Psychiatrie) prägen die Verlaufsdynamik individueller Problemlagen nachhaltig. Ergänzend wirkt die Eigendynamik sozialer Deprivation, die eingebettet ist in eine soziale „Vererbung" von Armut und Deprivation. Die gegenwärtige Situation von Konsumenten verbotener Drogen wird jedoch eher zementiert, die Lebenslage für die Verarmten wird fortgeschrieben. Das Kinder- und Jugendhilfegesetz bietet mit dem Instrumentarium der Jugendhilfeplanung (vgl. KJHG §§ 79 und 80) auch die Möglichkeit, Drogengebrauch mit einzuschließen und entsprechend umzusetzen. Nach der Begründung zum Regierungsentwurf des KJHG soll durch intensive sozialpädagogische Einzelbetreuung (vgl. § 35 KJHG, siehe Anhang L) vor allem jungen Menschen aus dem Punker-, Nichtsesshaften-, Drogen- oder Prostituiertenmilieu Hilfe geleistet werden, denn viele soziale, psychische und körperliche Phänomene von Kindern, Jugendlichen und jungen Erwachsenen sind Ausdruck der psychosozialen Belastungen. In der Regel handelt es sich um mehrfache, gebündelt auftretende Auffälligkeiten, die eine eindeutige Bestimmung der Klientel ausschließen und deshalb ein offenes Betreuungsangebot erfordern (vgl. Seiser & Schmidhofer-Stieren, 1992, S. 179). Wenn jedoch Schul-, Wohn- und Ausbildungsangebote der Jugendhilfe Drogenfreiheit voraussetzen, dann zielen sie an den aktuellen Bedürfnissen und Überlebensstrategien vorbei und provozieren ein erneutes Scheitern.

Um spezifische Fachdienste in Anspruch zu nehmen, muss der Konsum einer illegalisierten Droge in der Selbstdefinition von Jugendlichen als problematisch angesehen werden. Hingegen kann der bei Jugendlichen aufgedeckte Konsum von verbotenen Drogen z.B. in der Schule oder einer Jugendhilfeeinrichtung (zwangsweise) zur Drogenberatung führen. Bei beiden Zugangswegen besteht das Risiko durch spezifische Diagnose- und Behandlungsverfahren auf den Teilaspekt des Drogenkonsums reduziert zu werden. Hilfe suchende Minderjährige, junge Erwachsene und ihre Eltern stehen vor einem für den Laien kaum überschaubarem System psychosozialer, schulischer und medizinischer Dienste. Nach Textor (1992, S. 219-220) sind verschiedene Folgen denkbar:

- Sie werden an andere Fachleute verwiesen und durchlaufen mehrere Stationen, bis sie an der richtigen Stelle angekommen sind. Auf diesem Weg können sie einen Teil ihrer Motivation verlieren oder sogar die Hilfe abbrechen.
- Die Betroffenen durchlaufen mehrere Stationen und werden immer wieder unangemessen behandelt. Es wird nur ein Teilproblem bearbeitet. Die Klienten werden mit anderen Fachleuten in Kontakt gebracht, die weitere Aspekte der Gesamtproblematik angehen. Bei unzureichender Abstimmung der Maßnahmen können diese kontraproduktiv sein.

Jugendliche haben ein vitales Interesse daran, nicht ständig gesondert und speziell behandelt zu werden. Es muss vermieden werden sie immer wieder an andere noch spezialisiertere Einrichtungen abzuschieben. Insbesondere sind die Allgemeinen Sozialen Dienste (ASD) gefordert, die häufig schon im Vorfeld Kontakte zu den Jugendlichen und ihren Familien haben. Durch die Vielfältigkeit der Sozialen Arbeit könnte die Einseitigkeit bisheriger Erklärungs- und Handlungsmodelle zu Gunsten mehrdimensionaler Problemdefinitionen überwunden werden.

Der Jugendhilfe kommt hier eine entscheidende Rolle zu. Neben der Familie, der Schule, der Arbeitswelt und Gleichaltrigengruppe ist die Jugendhilfe ein eigenständiges Sozialisations- und Erziehungsfeld, das prinzipiell der ganzen Generation offen steht. Die Hilfsmaßnahmen nach dem Kinder- und Jugendhilfegesetz dürfen gerade den Jugendlichen und jungen Erwachsenen, mit einer wie auch immer ausgeprägten Drogenproblematik, mit dem Verweis auf medizinisch-rehabilitative Maßnahmen, nicht verschlossen sein. In der Jugendhilfe sind die Ressourcen für die Vermeidung von Stigmatisierungseffekten (Ausgrenzung und Aussonderung sollen verhindert werden), z.B. durch Partizipation, Demokratisierung statt Bevormundung bei Jugendlichen und jungen Erwachsenen, gegeben. Auch die Schaffung entwicklungsfördernder Lebensbedingungen ist festgelegt (vgl. § 1 KJHG, siehe Anhang L). Eine Differenzierung in eine „therapierende Jugendhilfe" im Sinne der Nachreifung, daneben den kurativen Bereich für Drogenkonsumenten mit manifesten schweren somatischen und psychischen Schäden, wäre hier notwendig (Franke, 1991, S. 47).

Soziale Arbeit und Prävention

Der Konsument illegalisierter Drogen wird zwischen strafrechtlicher Verfolgung und unterstellter Behandlungsbedürftigkeit gesehen. Ein großer Teil der aktuellen Probleme von und mit Konsumenten illegalisierter Drogen (psychische, physische und soziale) sind Folge einer repressiven Drogenpolitik. Hieran ist auch die unterschiedliche Drogenpolitik (Bund, Land, Kommune) zu messen: Welche Beiträge liefern sie, um die Begleitumstände des Drogenkonsums zu eliminieren? Welche Maßnahmen erfolgen gegen die Kriminalisierung und die moralische Diskreditierung der Konsumenten? Welche Grundlagen werden zur Förderung der sozialen Integration bereitgestellt?

Wird Prävention als Leitlinie genommen, lässt sich bei einer Differenzierung zwischen strukturbezogenen und personenbezogenen Präventionsansätzen deutlich feststellen, dass mehrheitlich nur Bezüge auf letztere zu finden sind. Priorität haben personenbezogene Interventionen, die sich auf Probleme wie Identitätsbildungsprozesse, Vermittlung von Handlungskompetenzen, dem Einüben von Krisenbewältigungsstrategien beziehen. Ansätze einer strukturbezogenen Prävention, mit denen versucht werden müsste, strukturell festgeschriebene Ungleichheiten und Ungleichverteilungen sozialer Lebenschancen qualitativ zu verändern, fasst Sünker (1998, S. 499) in drei Bereiche zusammen:

(1) *Jugendpolitik:* Die Schwierigkeiten junger Menschen bei der Entwicklung eines sinnstiftenden Lebensentwurfs als auch deren Verunsicherung ob ihrer Zukunftsperspektiven muss ernst genommen werden;
(2) *Arbeitsmarktpolitik:* Jungen Menschen muss ein Recht auf einen Ausbildungs- bzw. Arbeitsplatz zugesprochen werden;

(3) *Familienpolitik:* Die Förderung von Bildungsprozessen in und außerhalb von Familien und ihren Netzwerken ist erforderlich.

Es besteht die Befürchtung, dass die stattfindenden Differenzierungen in den unterschiedlichen Fachdisziplinen, einschließlich Sozialer Arbeit, fortschreiten. Eine weitere Differenzierung im Sinne von spezifischen und substanzbezogenen (u.a. illegalisierte versus legalisierte; stoffgebundene versus stoffspezifische Ausprägungen) „Suchtexperten“ auf der Grundlage eines gemeinsamen individualisierten Suchtkonzeptes kann den Phänomenen nicht gerecht werden. Die Fachlichkeit erfordert umfangreiches Orientierungswissen und nicht allein spezialisiertes Wissen für spezialisierte Arbeit. Es sind Kenntnisse der relevanten Gesetze der Strukturen der psychosozialen, medizinischen Dienste und Justizeinrichtungen mit ihren jeweiligen Interventionsgrundlagen (theoretisches Verständnis, Erklärungsmodelle) erforderlich: Wer interveniert, in wessen Auftrag, mit welchem Ziel und in welcher rechtlichen und institutionellen Einbindung, wo, wann, in welcher Form und bezüglich welcher Personen, Gruppen, Organisationen, Lebensräume etc.?

Die verstreuten Diskussions- und Theoriefragmente aufzunehmen und weiterzuverarbeiten und theoretisch zu verdichten könnte ein Diskurs der Sozialen Arbeit sein. Bezogen auf das Phänomen des Konsums verbotener Drogen existieren eine Vielzahl gänzlich unüberschaubarer höchst divergierender, aber auch zum Teil sich ergänzender begrenzter Erklärungsmodelle. Auf dem Hintergrund widersprüchlicher Modelle ist die professionelle Sehnsucht nach einem widerspruchsfreien, umfassenden Erklärungsansatz als Handlungsgrundlage verständlich. Widerspruchsfreie umfassende Erklärungsansätze versperren jedoch den aufklärerisch-kritischen Blick auf das gesellschaftliche Leben mit seinen Strukturen, den Bedingungen des Aufwachsens, den gesellschaftlichen Ungleichheiten und Mechanismen. Hier besteht die Hoffnung, dass ein Abschied vom Expertentum stattfindet. Wenn sich das Denken zum Phänomen des Konsums illegalisierter Drogen verändert, nützt es wenig die selben Fragen zu stellen wie früher.

Anhang

Anhang A

Grundgesetz für die Bundesrepublik Deutschland
Art. 28. Verfassung der Länder.

(1) (...)

(2) Den Gemeinden muß das Recht gewährleistet sein, alle Angelegenheiten der örtlichen Gemeinschaft im Rahmen der Gesetze in eigener Verantwortung zu regeln. Auch die Gemeindeverbände haben im Rahmen ihres gesetzlichen Aufgabenbereiches nach Maßgabe der Gesetze das Recht der Selbstverwaltung. Die Gewährleistung umfaßt auch die Grundlagen der finanziellen Eigenverantwortung; zu diesen Grundlagen gehört eine den Gemeinden mit Hebesatzrecht zustehende wirtschaftlichkeitsbezogenen Steuerquelle.(...)

Anhang B

Betäubungsmittelgesetz (nach Lundt; Schiwy 1999)
Sechster Abschnitt: Straftaten und Ordnungswidrigkeiten
§ 29 Straftaten.

(1) Mit Freiheitsstrafe bis zu fünf Jahren oder mit einer Geldstrafe wird bestraft, wer

1. Betäubungsmittel unerlaubt anbaut, hergestellt, mit ihnen Handel treibt, sie, ohne Handel zu treiben, einführt, ausführt, veräußert, abgibt, sonst in den Verkehr bringt, erwirbt oder sich in sonstiger Weise verschafft,
2. Eine ausgenommene Zubereitung (§ 2 Abs. 1 Nr. 3) ohne Erlaubnis nach § 3 Abs. 1 Nr. 2 herstellt,
3. Betäubungsmittel besitzt, ohne zugleich im Besitz einer schriftlichen Erlaubnis für den Erwerb zu sein,
4. (weggefallen)
5. entgegen § 11 Abs. 1 Satz 2 Betäubungsmittel durchführt,
6. entgegen § 13 Abs. 1 Betäubungsmittel
   a) verschreibt,
   b) verabreicht oder zum unmittelbaren Verbrauch überläßt,
7. entgegen § 13 Abs. 2 Betäubungsmittel in einer Apotheke oder tierärztlichen Hausapotheke abgibt,
8. entgegen § 14 Abs. 5 für Betäubungsmittel wirbt,
9. unrichtige oder unvollständige Angaben macht, um sich oder einen anderen oder für ein Tier die Verschreibung eines Betäubungsmittels zu erlangen,
10. eine Gelegenheit zum unbefugten Verbrauch, Erwerb oder zur unbefugten Abgabe von Betäubungsmitteln öffentlich oder eigennützlich mitteilt, eine

solche Gelegenheit verschafft oder gewährt oder ihn zum unbefugten Verbrauch von Betäubungsmitteln verleitet,

11. (gestrichen)
12. öffentlich in einer Versammlung oder durch Verbreiten von Schriften (§ 11 Abs. 3 des Strafgesetzbuches) dazu auffordert, Betäubungsmittel zu verbrauchen, die nicht zulässigerweise verschrieben worden sind,
13. Geldmittel oder andere Vermögensgegenstände einem anderen für eine rechtswidrige Tat nach Nr. 1 , 5, 6, 7, 10 oder 12 bereitstellt oder
14. eine Rechtsverordnung nach § 11 Abs. 2 Satz 2 Nr. 1 oder § 13 Abs. 3 Satz 2 Nr. 1 oder 3 zuwiderhandelt, soweit sie für einen bestimmten Tatbestand auf diese Strafvorschrift verweist.

Die Abgabe von sterilen Einmalspritzen an Betäubungsmittelabhängige stellt kein Verschaffen von Gelegenheiten zum Verbrauch im Sinne des Satzes 1 Nr. 10 dar.

(2) In den Fällen des Absatzes 1 Nr. 1, 2, 5 und 6 Buchstabe b ist der Versuch strafbar.

(3) In besonders schweren Fällen ist die Strafe Freiheitsstrafe nicht unter einem Jahr. Ein besonders schwerer Fall liegt in der Regel vor, wenn der Täter

1. in den Fällen des Absatzes 1 Nr. 1, 5, 6, 10 oder 13 gewerbsmäßig handelt,
2. durch eine der in Absatz 1 Nr. 1, 6 oder 7 bezeichneten Handlung die Gesundheit mehrerer Menschen gefährdet,

(4) Handelt der Täter in den Fällen des Absatzes 1 Satz 1 Nr. 1, 2, 5, 6 Buchstabe b oder Nr. 10 fahrlässig, so ist die Strafe Freiheitsstrafe bis zu einem Jahr oder Geldstrafe.

(5) Das Gericht kann von einer Bestrafung nach den Absätzen 1, 2 und 4 absehen, wenn der Täter die Betäubungsmittel lediglich zum Eigenverbrauch in geringer Menge anbaut, herstellt, einführt, ausführt, durchführt, erwirbt, sich in sonstiger Weise verschafft oder besitzt.

(6) Die Vorschriften des Absatzes 1 Satz 1 Nr. 1 sind, soweit sie das Handeltreiben, Abgeben oder Veräußern betreffen, auch anzuwenden, wenn sich die Handlung auf Stoffe oder Zubereitungen bezieht, die nicht Betäubungsmittel sind, aber als solche ausgegeben werden.

§ 29 a Straftaten

(1) Mit Freiheitsstrafe nicht unter einem Jahr wird bestraft, wer

1. als Person über 21 Jahre Betäubungsmittel unerlaubt an eine Person unter 18 Jahren abgibt oder sie ihr entgegen § 13 Abs. 1 verabreicht oder zum unmittelbaren Verbrauch überläßt oder
2. mit Betäubungsmitteln in nicht geringer Menge ohne Erlaubnis nach § 3 Abs. 1 Nr. 1 Handel treibt, sie in nicht geringer Menge herstellt oder abgibt oder sie besitzt, ohne sie auf Grund einer Erlaubnis nach § 3 Abs. 1 erlangt zu haben.

(2) In minder schweren Fällen ist die Strafe Freiheitsstrafe von drei Monaten bis zu fünf Jahren.

§ 30 Straftaten

(1) Mit Freiheitsstrafe nicht unter zwei Jahren wird bestraft, wer

1. Betäubungsmittel unerlaubt anbaut, herstellt oder mit ihnen Handel treibt (§ 29 Abs. 1 Satz 1 Nr. 1) und dabei als Mitglied einer Bande handelt, die sich zur fortgesetzten Begehung solcher Taten verbunden hat,
2. im Falle des § 29 a Abs. 1 Nr. 1 gewerbsmäßig handelt,

3. Betäubungsmittel abgibt, einem anderen verabreicht oder zum unmittelbaren Verbrauch überläßt und dadurch leichtfertig dessen Tod verursacht oder
4. Betäubungsmittel in nicht geringer Menge ohne Erlaubnis nach § 3 Abs. 1 Nr. 1 einführt.

(2) In minder schweren Fällen ist die Strafe Freiheitsstrafe von drei Monaten bis zu fünf Jahren.

§ 30 a Straftaten

(1) Mit Freiheitsstrafe nicht unter fünf Jahren wird bestraft, wer Betäubungsmittel in nicht geringer Menge unerlaubt anbaut, herstellt, mit ihnen Handel treibt, sie ein- oder ausführt (§ 29 Abs. 1 Satz 1 Nr. 1) und dabei als Mitglied einer Bande handelt, die sich zur fortgesetzten Begehung solcher Taten verbunden hat.

(2) Ebenso wird bestraft wer

1. als Person über 21 Jahre eine Person unter 18 Jahren bestimmt, mit Betäubungsmitteln unerlaubt Handel zu treiben, sie, ohne Handel zu treiben, einzuführen, auszuführen, zu veräußern, abzugeben oder sonst in den Verkehr zu bringen oder eine dieser Handlungen zu fördern, oder
2. mit Betäubungsmitteln in nicht geringer Menge unerlaubt Handel treibt oder sie, ohne Handel zu treiben, einführt, ausführt oder sich verschafft und dabei eine Schußwaffe oder sonstige Gegenstände mit sich führt, die ihrer Art nach zur Verletzung von Personen geeignet und bestimmt sind.

(3) in minder schweren Fällen ist die Strafe Freiheitsstrafe von sechs Monaten bis zu fünf Jahren.

§ 30 b Straftaten

§ 129 des Strafgesetzbuches gilt auch dann, wenn eine Vereinigung, deren Zwecke oder deren Tätigkeit auf dem unbefugten Vertrieb von Betäubungsmitteln im Sinne des § 6 Nr. 5 des Strafgesetzbuches gerichtet sind, nicht oder nicht nur im Inland besteht.

§ 31 Strafmilderung oder Absehen von Strafe

Das Gericht kann die Strafe nach seinem Ermessen mildern (§ 49 Abs. 2 des Strafgesetzbuches) oder von einer Bestrafung nach § 29 Abs. 1, 2 4 oder 6 absehen, wenn der Täter

1. durch freiwillige Offenbarung seines Wissens wesentlich dazu beigetragen hat, dass die Tat über seinen eigenen Tatbeitrag hinaus aufgedeckt werden konnte, oder
2. freiwillig sein Wissen so rechtzeitig einer Dienststelle offenbart, dass Straftaten nach § 29 Abs. 3, § 29 a Abs. 1, § 30 Abs. 1, § 30 a Abs. 1, von deren Planung er weiß, noch verhindert werden können.

§ 31 a Absehen von der Verfolgung

(1) Hat das Verfahren ein Vergehen nach § 29 Abs. 1, 2 oder 4 zum Gegenstand, so kann die Staatsanwaltschaft von der Verfolgung absehen, wenn die Schuld des Täters als gering anzusehen wäre, kein öffentliches Interesse an der Strafverfolgung besteht und der Täter die Betäubungsmittel lediglich zum Eigenverbrauch in geringer Menge anbaut, herstellt, einführt, ausführt, durchführt, erwirbt, sich in sonstiger weise verschafft oder besitzt.

(2) Ist die Anklage bereits erhoben, so kann das Gericht in jeder Lage des Verfahrens unter den Voraussetzungen des Absatzes 1 mit Zustimmung der Staatsanwaltschaft und des Angeschuldigten das Verfahren einstellen. (...)
(siehe Zusammenhang mit Anlage G)

Siebter Abschnitt: Betäubungsmittelabhängige Straftäter

§ 35 Zurückstellung der Strafvollstreckung

(1) Ist jemand wegen einer Straftat zu einer Strafhaft von nicht mehr als zwei Jahren verurteilt worden und ergibt sich aus den Urteilsgründen oder steht sonst fest, daß er die Tat auf Grund einer Betäubungsmittelabhängigkeit begangen hat, so kann die Vollstreckungsbehörde mit Zustimmung des Gerichtes des ersten Rechtszuges die Vollstreckung der Strafe, eines Strafrestes oder der Maßregel der Unterbringung in einer Entziehungsanstalt für längstens zwei Jahre zurückstellen, wenn der Verurteilte sich wegen seiner Abhängigkeit in einer seiner Rehabilitation dienenden Behandlung befindet oder zusagt sich einer solchen zu unterziehen, und deren Beginn gewährleistet ist. Als Behandlung gilt auch der Aufenthalt in einer staatlich anerkannten Einrichtung, die dazu dient, die Abhängigkeit zu beheben oder einer erneuten Abhängigkeit entgegenzuwirken.

(2) Gegen die Verweigerung durch das Gericht des ersten Rechtszuges steht der Vollstreckungsbehörde die Beschwerde nach dem Zweiten Abschnitt des Dritten Buches der Strafprozeßordnung zu. Der Verurteilte kann die Verweigerung dieser Zustimmung nur zusammen mit der Ablehnung der Zurückstellung durch die Vollstreckungsbehörde nach den §§ 23 bis 30 des Einführungsgesetzes zum Gerichtsverfassungsgesetz anfechten. Das Oberlandesgericht entscheidet in diesem Falle auch über die Verweigerung der Zurückstellung; es kann die Zustimmung selbst erteilen.

(3) Absatz 1 gilt entsprechend, wenn
1. auf eine Gesamtfreiheitsstrafe von nicht mehr als zwei Jahren erkannt worden ist oder
2. auf eine Freiheitsstrafe oder Gesamtfreiheitsstrafe von mehr als zwei Jahren erkannt worden ist und ein zu vollstreckender Rest der Freiheitsstrafe oder der Gesamtfreiheitsstrafe zwei Jahre nicht übersteigt und im übrigen die Voraussetzungen des Absatzes 1 für den ihrer Bedeutung nach überwiegenden Teil der abgeurteilten Straftaten erfüllt sind.
(...)

§ 36 Anrechnung und Strafaussetzung zur Bewährung

(1) Ist die Vollstreckung zurückgestellt worden und hat sich der Verurteilte in einer staatlich anerkannten Einrichtung behandeln lassen, so wird die vom Verurteilten nachgewiesene Zeit seines Aufenthalts in dieser Einrichtung auf die Strafe angerechnet, bis infolge der Anrechnung zwei Drittel der Strafe erledigt sind. (...)

Anhang C

Maßregel der Besserung und Sicherung
Freiheitsentziehende Maßregel

§ 63 Unterbringung in einem psychiatrischen Krankenhaus.

Hat jemand eine rechtswidrige Tat im Zustand der Schuldunfähigkeit (§ 20) oder der verminderten Schuldfähigkeit (§ 21) begangen, so ordnet das Gericht die Unterbringung in einem psychiatrischen Krankenhaus an, wenn die Gesamtwürdigung des Täters und seiner Tat ergibt, daß von ihm infolge seines Zustandes erhebliche rechtswidrige Taten zu erwarten sind und er deshalb für die Allgemeinheit gefährlich ist.

§ 64 Unterbringung in einer Entziehungsanstalt.

(1) Hat jemand den Hang, alkoholische Getränke oder andere berauschende Mittel im Übermaß zu sich zu nehmen, und wird er wegen einer rechtswidrigen Tat, die er im Rausch begangen hat oder die auf seinen Hang zurückgeht, verurteilt oder deshalb nicht verurteilt, weil seine Schuldunfähigkeit erwiesen oder nicht erwiesen oder nicht auszuschließen ist, so ordnet das Gericht die Unterbringung in einer Entziehungsanstalt an, wenn die Gefahr besteht, daß er infolge seines Hanges erhebliche rechtswidrige Taten begehen wird.

(2) Die Anordnung unterbleibt, wenn eine Entziehungskur von vornherein aussichtslos erscheint.

Jugendgerichtsgesetz (JGG)

§ 93 a. Unterbringung in einer Entziehungsanstalt.

(1) Die Maßregel nach § 61 Nr. 2 des Strafgesetzbuches wird in einer Einrichtung vollzogen, in der die für die Behandlung suchtkranker Jugendlicher erforderlichen besonderen therapeutischen Mittel und sozialen Hilfen zur Verfügung stehen.

(2) Um das angestrebte Behandlungsziel zu erreichen, kann der Vollzug aufgelockert und weitgehend in freien Formen durchgeführt werden.

Anhang D

Strafgesetzbuch

§ 56 Strafaussetzung.

(1) Bei der Verurteilung zu Freiheitsstrafe von nicht mehr als einem Jahr setzt das Gericht die Vollstreckung der Strafe zur Bewährung aus, wenn zu erwarten ist, daß der Verurteilte sich schon die Verurteilung zur Warnung dienen lassen und künftig auch ohne die Einwirkung des Strafvollzugs keine Straftaten mehr begehen wird. Dabei sind namentlich die Persönlichkeit des Verurteilten, sein Vorleben, die Umstände seiner Tat, sein Verhalten nach der Tat, seine Lebensverhältnisse und die Wirkungen zu berücksichtigen, die von der Aussetzung für ihn zu erwarten sind.

(2) Das Gericht kann unter den Voraussetzungen des Absatzes 1 auch die Vollstreckung einer höheren Freiheitsstrafe, die zwei Jahre nicht übersteigt, zur Bewährung aussetzen, wenn nach der Gesamtwürdigung von Tat und Persönlichkeit des Verurteilten besondere Umstände vorliegen. Bei der Entscheidung ist namentlich auch das Bemühen des Verurteilten, den durch die Tat verursachten Schaden wiedergutzumachen, zu berücksichtigen.

(...)

§ 56 a Bewährungszeit.

(1) Das Gericht bestimmt die Dauer der Bewährungszeit. Sie darf fünf Jahre nicht überschreiten und zwei Jahre nicht unterschreiten.
(...)

§ 56 b Auflagen. (...)

§ 56 c Weisungen. (...)

§ 56 d Bewährungshilfe.

(1) Das Gericht unterstellt den Verurteilten für die Dauer oder einen Teil der Bewährungszeit der Aufsicht und Leitung eines Bewährungshelfers, wenn dies angezeigt ist, um ihn von Straftaten abzuhalten.

(...)

§ 56 f Widerruf der Strafaussetzung.

(1) Das Gericht widerruft die Strafaussetzung, wenn der Verurteilte

1. in der Bewährungszeit eine Straftat begeht und dadurch zeigt, daß die Erwartung, die der Strafaussetzung zugrunde lag, sich nicht erfüllt hat,
2. gegen Weisungen gröblich oder beharrlich verstößt oder sich der Aufsicht und Leitung eines Bewährungshelfers beharrlich entzieht und dadurch Anlaß zu der Besorgnis gibt, daß er erneut Straftaten begehen wird, oder
3. gegen Auflagen gröblich oder beharrlich verstößt.

Satz 1 Nr. 1 gilt entsprechend, wenn die Tat in der Zeit zwischen der Entscheidung über die Strafaussetzung und deren Rechtskraft begangen worden ist.

(...)

§ 57 Aussetzung des Strafrestes zur Bewährung bei zeitiger Freiheitsstrafe.

(1) Das Gericht setzt die Vollstreckung des Restes einer Freiheitsstrafe zur Bewährung aus, wenn

1. zwei Drittel der verhängten Strafe, mindestens jedoch zwei Monate, verbüßt sind,
2. dies unter Berücksichtigung des Sicherheitsinteresses der Allgemeinheit verantwortet werden kann, und
3. der Verurteilte einwilligt.

Bei der Entscheidung sind namentlich die Persönlichkeit des Verurteilten, sein Vorleben, die Umstände seiner Tat, das Gewicht des bei einem Rückfall bedrohten Rechtsguts, das Verhalten des Verurteilten im Vollzug, seine Lebensverhältnisse und die Wirkungen zu berücksichtigen, die von der Aussetzung für ihn zu erwarten sind.

(2) Schon nach Verbüßung der Hälfte einer zeitigen Freiheitsstrafe, mindestens jedoch von sechs Monaten, kann das Gericht die Vollstreckung des Restes zur Bewährung aussetzen, wenn

4. der Verurteilte erstmals eine Freiheitsstrafe verbüßt und diese zwei Jahre nicht übersteigt oder
5. die Gesamtwürdigung von Tat, Persönlichkeit des Verurteilten und seiner Entwicklung während des Strafvollzugs ergibt, daß besondere Umstände vorliegen,
6. und die übrigen Voraussetzungen des Absatzes 1 erfüllt sind.

(3) Die §§ 56 a bis 56 g gelten entsprechend; (...).

Jugendgerichtsgesetz

§ 21 Strafaussetzung.

(1) Bei der Verurteilung zu einer Jugendstrafe von nicht mehr als einem Jahr setzt der Richter die Vollstreckung der Strafe zur Bewährung aus, wenn zu erwarten ist, daß der Jugendliche sich schon die Verurteilung zur Warnung dienen lassen und auch ohne die Einwirkung des Strafvollzugs unter der erzieherischen Einwirkung in der Bewährungszeit künftig einen rechtschaffenden Lebenswandel führen wird. Dabei sind namentlich die Persönlichkeit des Jugendlichen, sein Vorleben, die Umstände

seiner Tat, sein Verhalten nach der Tat, seine Lebensverhältnisse und die Wirkungen zu berücksichtigen, die von der Aussetzung für ihn zu erwarten sind.

(2)Der Richter setzt unter den Voraussetzungen des Absatzes 1 auch die Vollstreckung einer höheren Jugendstrafe, die zwei Jahre nicht übersteigt, zur Bewährung aus, wenn nicht die Vollstreckung im Hinblick auf die Entwicklung des Jugendlichen geboten ist.

(...)

§ 22 Bewährungszeit.

(1) Der Richter bestimmt die Dauer der Bewährungszeit. Sie darf drei Jahre nicht überschreiten und zwei Jahre nicht unterschreiten. (...)

§ 23 Weisungen und Auflagen.

(1) Der Richter soll für die Dauer der Bewährungszeit die Lebensführung des Jugendlichen durch Weisungen erzieherisch beeinflussen. Er kann dem Jugendlichen auch Auflagen erteilen.(...)

§ 24 Bewährungshilfe.

(1) Der Richter unterstellt den Jugendlichen in der Bewährungszeit für höchstens zwei Jahre der Aufsicht und Leitung eines Bewährungshelfers. Er kann ihn auch einem ehrenamtlichen Bewährungshelfer unterstellen, wenn dies aus Gründen der Erziehung zweckmäßig erscheint. (...)

(...)

§ 25 Bestellung und Pflichten des Bewährungshelfers.

Der Bewährungshelfer wird vom Richter bestellt. Der Richter kann ihm für seine Tätigkeit nach § 24 Abs. 3 Anweisungen erteilen. Der Bewährungshelfer berichtet über die Lebensführung des Jugendlichen in Zeitabständen, die der Richter bestimmt. Gröbliche oder beharrliche Verstöße gegen Weisungen, Auflagen, Zusagen oder Anerbieten teilt er dem Richter mit.

§ 26 Widerruf der Strafaussetzung. (...)

(...)

§ 38 Jugendgerichtshilfe.

(1) Die Jugendgerichtshilfe wird von den Jugendämtern im Zusammenwirken mit den Vereinigungen für Jugendhilfe ausgeübt. (...)

Anhang E

§ 203 Strafgesetzbuch (StGB)

Verletzung von Privatgeheimnissen

(1) Wer unbefugt ein fremdes Geheimnis, namentlich ein zum persönlichen Lebensbereich gehörendes Geheimnis oder ein Betriebs- oder Geschäftsgeheimnis, offenbart, das

1. Arzt, Zahnarzt, Tierarzt, Apotheker oder Angehöriger eines anderen Heilberufs, ...
2. Berufspsychologen mit staatlich anerkannter wissenschaftlicher Abschlußprüfung,
3. Rechtsanwalt, Patentanwalt, Notar, Verteidiger...

4. Ehe-, Familien-, Erziehungs- oder Jugendberater sowie Berater für Suchtfragen in einer Beratungsstelle, die von einer Behörde oder Körperschaft, Anstalt oder Stiftung des öffentlichen Rechts anerkannt ist,

4a. Mitglied oder Beauftragten einer anerkannten Beratungsstelle nach den §§ 3 und 8 des Schwangerschaftskonfliktgesetzes,

5. staatlich anerkanntem Sozialarbeiter oder staatlich anerkanntem Sozialpädagogen oder

6. Angehörigen eines Unternehmens der privaten Kranken-, Unfall oder Lebensversicherung oder einer privatärztlichen Versicherungsstelle anvertraut worden oder sonst bekanntgeworden ist, wird mit Freiheitsstrafe bis zu einem Jahr oder mit Geldstrafe bestraft.

§ 53 Strafprozeßordnung (StPO)
Zeugnisverweigerungsrecht der Berufsgeheimnisträger

(1) Zur Verweigerung des Zeugnisses sind ferner berechtigt

1. Geistliche über das, was ihnen in ihrer Eigenschaft als Seelsorger anvertraut worden oder bekanntgeworden ist;

2. Verteidiger des Beschuldigten über das, was Ihnen in dieser Eigenschaft anvertraut worden oder bekanntgeworden ist;

3. Rechtsanwälte, Patentanwälte, Notare, Wirtschaftsprüfer, vereidigte Buchprüfer, Steuerberater und Steuerbevollmächtigte, Ärzte, Zahnärzte, Apotheker und Hebammen über das, was ihnen in dieser Eigenschaft anvertraut worden oder bekanntgeworden ist;

3a. Mitglieder oder Beauftragte einer anerkannten Beratungsstelle nach § 3 des Gesetzes über Aufklärung, Verhütung, Familienplanung und Beratung vom 27. Juli 1992 (BGBL I S. 1398) über das, was Ihnen in dieser Eigenschaft anvertraut worden oder bekanntgeworden ist;

3.b. Berater für Fragen der Betäubungsmittelabhängigkeit in einer Beratungsstelle, die eine Behörde oder eine Körperschaft, Anstalt oder Stiftung des öffentlichen Rechts anerkannt oder bei sich eingerichtet hat, über das, was ihnen in dieser Eigenschaft anvertraut worden oder bekanntgeworden ist;

4. Mitglieder des Bundestages, eincs Landtages oder ...Personen, die bei der Vorbereitung, Herstellung oder Verbreitung von periodischen Druckwerken oder Rundfunksendungen berufsmäßig mitwirken oder mitgewirkt haben, ...

(2) Die in Absatz 1 Nr. 2 bis 3 b Genannten dürfen das Zeugnis nicht verweigern, wenn sie von der Verpflichtung zur Verschwiegenheit entbunden sind. (...)

§ 53 a Zeugnisverweigerungsrecht der Berufshelfer

(1) den in § 53 Abs. 1 Nr. bis 4 Genannten stehen ihre Gehilfen und die Personen gleich, die zur Vorbereitung auf den Beruf an den berufsmäßigen Tätigkeiten teilnehmen. (...)

Anhang F

Grundgesetz für die Bundesrepublik Deutschland
Art. 2 Freiheitsrechte

(1) Jeder hat das Recht auf die freie Entfaltung der Persönlichkeit, soweit er nicht die Rechte anderer verletzt und nicht gegen die verfassungsmäßige Ordnung oder das Sittengesetz verstößt.

(2) Jeder hat das Recht auf Leben und körperliche Unversehrtheit. Die Freiheit der Person ist unverletzlich. In diese Rechte darf nur auf Grund eines Gesetzes eingegriffen werden.

Anhang G

JMBI 1994

Allgemeine Verfügungen: Nr. 19. Vorläufige Richtlinien zur Anwendung des § 31 a Abs. 1 (siehe Anhang B) des Betäubungsmittelgesetzes. Gem. RdErl. des Justizministeriums – 4630 - III A.IMA – und des Innenministeriums – IV D 1 -6507.1 – vom 13. Mai 1994 – JMBI. NW S.133

Nach § 31 a Abs. 1 des Betäubungsmittelgesetzes (BtMG) kann die Staatsanwaltschaft ohne Zustimmung des Gerichtes von der Verfolgung eines Vergehens nach § 29 Abs. 1, 2 oder 4 BtMG unter bestimmten Bedingungen (u.a. Eigenverbrauch, geringe Schuld des Täters...) absehen. (...)

§ 31 a BtMG läßt ein Absehen von der Verfolgung nur zu, wenn die Tat sich auf geringe Mengen bezieht, die zum Eigenverbrauch bestimmt sind. Danach erscheint die Anwendung der Vorschrift in der Regel dann nicht mehr vertretbar, wenn die Tat eine größere als die nachfolgend aufgeführte Menge des jeweiligen Betäubungsmittels betrifft:

Haschisch (ohne Haschischöl) und Marihuana: 10 Gramm
Heroin: 0,5 Gramm
Kokain: 0,5 Gramm
Amphetamin: 0,5 Gramm

Da diese Angaben von durchschnittlichen Reinheitsgehalten (bei Haschisch und Marihuana: 6 Gewichtsprozent Tetrahydrochlorid; bei Heroin 10 Gewichtsprozent Heroin-Hydrochlorid; bei Kokain 30 Gewichtsprozent Kokain-Hydrochlorid; bei Amphetamin: 25 Gewichtsprozent) bezogen auf im Handel vertriebene Kleinmengen ausgehen, können sie nur Anhaltspunkte für die Feststellung einer noch gering anzusehenden Menge darstellen. (...) Bei anderen unerlaubten Betäubungsmitteln kann eine geringe Menge in der Regel dann nicht mehr angenommen werden, wenn sie mehr als 3 Konsumeinheiten ausmacht.

Für die Anwendung der Vorschrift ist - auch bei Auffinden von geringeren als den vorstehend aufgeführten Mengen - kein Raum, wenn zureichende tatsächliche Anhaltspunkte für ein Handeltreiben mit oder die Abgabe von Betäubungsmitteln vorliegen; hierfür kann das wiederholte Antreffen mit unerlaubten Betäubungsmitteln ein Anhaltspunkt sein. (...)

Bei nicht betäubungsmittelabhängigen Tätern kann eine geringe Schuld in der Regel bei Erst- (und Zweit-) Tätern angenommen werden, während bei wiederholtem Antreffen mit unerlaubten Betäubungsmitteln eine Einstellung nach § 31 a BtMG nur im Einzelfall - etwa bei Vorliegen eines größeren Tatzwischenraumes - in Betracht kommt.

Die Anwendung des § 31 a BtMG unter dem Gesichtspunkt der geringen Schuld kommt auch in Betracht, wenn der Täter betäubungsmittelabhängig ist und mehrfach wegen Verstoßes gegen das Betäubungsmittelgesetz aufgefallen ist oder auffällt.
Die Annahme einer geringen Schuld stellt letztlich - unter Beachtung der in § 153 StPO entwickelten Kriterien - eine Einzelfallentscheidung dar, die bei dem in Be-

tracht stehenden Personenkreis - eventuell in Zusammenarbeit mit der Drogenberatung und den Therapieeinrichtungen - vornehmlich auf die Persönlichkeit des Täters sein Suchtverhalten und seine Therapiewilligkeit abstellt. Dabei können die persönlichen und sozialen Verhältnisse des Täters wie insbesondere eine ernsthafte Therapiebereitschaft oder die Dauer des Tatzwischenraumes bzw. die Rückfallgeschwindigkeit von Bedeutung sein. Eine größere Schuld kann insbesondere vorliegen, wenn die Tat von einem Erzieher oder einem mit dem Vollzug des Betäubungsmittelgesetzes beauftragten Amtsträgers begangen wird.“

Anhang H

Gesetz über die Unterbringung psychisch Kranker (PsychKG)

Die Gesetze über Hilfen und Schutzmaßnahmen bei psychischen Krankheiten, u.a. die Einweisung in geschlossene psychiatrische Einrichtungen basieren auf Artikel 104 des Grundgesetzes und werden durch Landesgesetze geregelt.

Grundgesetz der Bundesrepublik Deutschland

Art. 104. Rechtsgarantien bei Freiheitsentziehung.

(1) Die Freiheit der Person kann nur auf Grund eines förmlichen Gesetzes und nur unter Beachtung der darin beschrieben Formen beschränkt werden. Festgehaltene Personen dürfen weder seelisch noch körperlich mißhandelt werden.

(2) Über die Zulässigkeit und Fortdauer einer Freiheitsentziehung hat nur der Richter zu entscheiden. Bei jeder nicht auf richterliche Anordnung beruhenden Freiheitsentziehung ist unverzüglich eine richterliche Entscheidung herbeizuführen. (...)

Zum Beispiel Nordrhein Westfalen:
Gesetz über Hilfen und Schutzmaßnahmen bei psychischen Krankheiten (PsychKG) vom 2. Dezember 1969 (GV. NW. S.872)

§ 10 Begriff und Unterbringung.

(1) Unterbringung im Sinne dieses Gesetzes liegt vor, wenn eine Person gegen ihren Willen oder im Zustand der Willenlosigkeit in ein abgeschlossenes psychiatrisches Krankenhaus, einen abgeschlossenen Teil eines Krankenhauses oder einer Entziehungsanstalt für Suchtkranke eingewiesen wird und dort verbleibt.

(2) (...)

§11 Voraussetzungen der Unterbringung

(1) Die Unterbringung von Personen, die an einer Psychose, einer psychischen Störung, die in ihrer Auswirkung einer Psychose gleichkommt, einer Suchtkrankheit oder an Schwachsinn leiden, ist nur zulässig, wenn und solange durch ihr krankhaftes Verhalten gegen sich oder andere eine gegenwärtige Gefahr für die öffentliche Sicherheit oder Ordnung besteht, die nicht anders abgewendet werden kann. Die Unterbringung ist auch dann zulässig, wenn nach dem krankhaften Verhalten eine nicht anders abwendbare gegenwärtige Gefahr besteht, dass die betroffene Person Selbstmord begeht oder sich selbst erheblichen gesundheitlichen Schaden zufügt. Die fehlende Bereitschaft, sich behandeln zu lassen, rechtfertigt für sich allein keine Unterbringung.

(2) Eine gegenwärtige Gefahr im Sinne von Absatz 1 besteht dann, wenn sich die Krankheit so auswirkt, dass ein schadenstiftendes Ereignis unmittelbar bevor-

steht oder sein Eintritt wegen der Unberechenbarkeit des Kranken zwar unvorhersehbar, wegen besonderer Umstände jedoch zu erwarten ist.

(3) (...)

Anhang I

Gesetz über das Zentralregister und das Erziehungsregister (Bundeszentralregister – BZRG) – Auszug –

§ 3

In das Register werden eingetragen

1. strafrechtliche Verurteilungen (§§ 4 bis 8),
2. aufgehoben
3. Entscheidungen von Verwaltungsbehörden und Gerichten (§ 10),
4. Vermerke über Schuldunfähigkeit (§ 11)
5. gerichtliche Feststellungen nach § 17 Abs. 2; § 18,
6. nachträgliche Entscheidungen und Tatsachen, die sich auf eine der Nummern 1 bis 4 genannten Eintragungen beziehen (§§ 12 bis 16, § 17 Abs. 1).

   (...)

§32

(1) In das Führungszeugnis werden die in §§ 4 bis 16 bezeichneten Eintragungen aufgenommen.

(2) Nicht aufgenommen werden

1. die Verwarnung mit Strafvorbehalt nach § 59 des Strafgesetzbuchs,
2. der Schuldspruch nach § 27 des Jugendgerichtsgesetzes,
3. Verurteilungen, durch die auf Jugendstrafe von nicht mehr als zwei Jahren erkannt worden ist, wenn die Vollstreckung der Strafe oder eines Strafrestes gerichtlich oder im Gnadenwege zur Bewährung ausgesetzt oder nach § 35 des Betäubungsmittelgesetzes zurückgestellt und diese Entscheidung nicht widerrufen worden ist,

(...)

6. Verurteilungen, durch die auf Freiheitsstrafe von nicht mehr als zwei Jahren erkannt worden ist, wenn die Vollstreckung der Strafe oder eines Strafrechtes
   a) nach § 35 oder § 36 des Betäubungsmittelgesetzes zurückgestellt oder zur Bewährung ausgesetzt oder
   b) nach § 56 oder § 57 des Strafgesetzbuchs zur Bewährung ausgesetzt worden ist und sich aus dem Register ergibt, daß der Verurteilte die Tat oder bei Gesamtstrafen alle oder den ihrer Bedeutung nach überwiegenden Teil der Taten auf Grund einer Betäubungsmittelabhängigkeit begangen hat, diese Entscheidungen nicht widerrufen worden sind und im Register keine weitere Strafe eingetragen ist,
7. Verurteilungen, durch die neben der Jugendstrafe oder Freiheitsstrafe von nicht mehr als zwei Jahren die Unterbringung in einer Entziehungsanstalt angeordnet worden ist, wenn die Vollstreckung der Strafe, des Strafrestes oder der Maßregel nach § 35 des Betäubungsmittelgesetzes zurückgestellt worden ist und im übrigen die Voraussetzungen der Nummer 3 und 6 erfüllt sind,

(...)

§ 34

(1) Die Frist, nach deren Ablauf eine Verurteilung nicht mehr in das Führungszeugnis aufgenommen wird, beträgt

1. drei Jahre bei Verurteilungen zu

a) Geldstrafe und Freiheitsstrafe oder Strafarrest von nicht mehr als drei Monaten, wenn die Voraussetzungen des § 32 Abs. 2 nicht vorliegen,

b) Freiheitsstrafe oder Strafarrest von mehr als drei Monaten, aber nicht mehr als einem Jahr, wenn die Vollstreckung der Strafe oder eines Strafrestes gerichtlich oder im Gnadenwege zur Bewährung ausgesetzt, diese Entscheidung nicht widerrufen worden und im Register nicht außerdem Freiheitsstrafe, Strafarrest oder Jugendstrafe eingetragen sind,

c) Jugendstrafe von nicht mehr als einem Jahr, wenn die Voraussetzungen des § 32 Abs. 2 nicht vorliegen,

d) Jugendstrafe von nicht mehr als zwei Jahren, wenn ein Strafrest nach Ablauf der Bewährungszeit gerichtlich oder im Gnadenwege erlassen worden ist,

2. fünf Jahre in den übrigen Fällen.

(...)

Anhang J

Ausländergesetz (Stand 06.02.1998)

§ 45 Ausweisung

(1) Ein Ausländer kann ausgewiesen werden, wenn sein Aufenthalt die öffentliche Sicherheit und Ordnung oder sonstige erhebliche Interessen der Bundesrepublik Deutschland beeinträchtigt.

(2) (...)

(3) (...)

§ 46 Einzelne Ausweisgründe

Nach § 45 Abs. 1 kann insbesondere ausgewiesen werden, wer

1. die freiheitliche demokratische Grundordnung oder die Sicherheit der Bundesrepublik Deutschland gefährdet oder sich bei der Verfolgung politischer Ziele an Gewalttätigkeiten beteiligt oder öffentlich zur Gewaltanwendung aufruft oder mit Gewaltanwendung droht,
2. (...)
3. (...)
4. Heroin, Cocain oder ein vergleichbar gefährliches Betäubungsmittel verbraucht und nicht zu einer erforderlichen seiner Rehabilitation dienenden Behandlung bereit ist oder sich ihr entzieht,
5. durch sein Verhalten die öffentliche Gesundheit gefährdet oder längerfristig obdachlos ist,
6. (...)
7. (...)

§ 47 Ausweisung wegen besonderer Gefährlichkeit

(1) Ein Ausländer wird ausgewiesen, wenn er

1. wegen einer oder mehrerer vorsätzlicher Straftaten rechtskräftig zu einer Freiheits- oder Jugendstrafe von mindestens drei Jahren verurteilt worden ist oder wegen vorsätzlicher Straftaten innerhalb von fünf Jahren zu mehreren Freiheits-

oder Jugendstrafen von zusammen mindestens drei Jahren rechtskräftig verurteilt oder bei der letzten rechtskräftigen Verurteilung Sicherheitsverwahrung angeordnet worden ist oder

2. wegen einer vorsätzlichen Straftat nach dem Betäubungsmittelgesetz, wegen Landfriedensbruches unter den in § 125 a Satz 2 des Strafgesetzbuches genannten Voraussetzungen oder wegen eines im Rahmen einer verbotenen öffentlichen Versammlung oder eines verbotenen Aufzugs begangenen Landfriedensbruchs gemäß § 125 des Strafgesetzbuches rechtskräftig zu einer Jugendstrafe von mindestens zwei Jahren oder zu einer Freiheitsstrafe verurteilt und die Vollstreckung der Strafe nicht zur Bewährung ausgesetzt worden ist.

(2) Ein Ausländer wird in der Regel ausgewiesen, wenn er

1. wegen einer oder mehrerer vorsätzlicher Straftaten rechtskräftig zu einer Jugendstrafe von mindestens zwei Jahren oder zu einer Freiheitsstrafe verurteilt und die Vollstreckung der Strafe nicht zur Bewährung ausgesetzt worden ist,
2. den Vorschriften des Betäubungsmittelgesetzes zuwider ohne Erlaubnis Betäubungsmittel anbaut, herstellt, einführt, durchführt oder ausführt, veräußert, an einen anderen abgibt oder in sonstiger Weise in den Verkehr bringt oder mit ihnen handelt oder wenn er zu einer solchen Handlung anstiftet oder Beihilfe leistet oder
3. (...)

(3) Ein Ausländer, der nach § 48 Abs. 1 erhöhten Ausweisungsschutz genießt, wird in den Fällen des Absatzes 1 in der Regel ausgewiesen. In den Fällen des Absatzes 2 wird über seine Ausweisung nach Ermessen entschieden. Über die Ausweisung eines heranwachsenden Ausländers, der im Bundesgebiet aufgewachsen ist und eine unbefristete Aufenthaltserlaubnis oder eine Aufenthaltsberechtigung besitzt, wird in den Fällen der Absätze 1 und 2 nach Ermessen entschieden. Auf minderjährige Ausländer finden Absatz 1 und Absatz 2 Nr. 1 keine Anwendung.

§ 48 Besonderer Ausweisungsschutz (...)

Anhang K

Richtlinien über die Einführung neuer Untersuchungs- und Behandlungsmethoden und über die Überprüfung erbrachter vertragsärztlicher Leistungen

Der Bundesausschuß der Ärzte und Krankenkassen hat in seiner Sitzung am 26. April 1999 beschlossen, in der Anlage A der Richtlinien des Bundesausschusses der Ärzte und Krankenkassen über die Einführung neuer Untersuchungs- und Behandlungsmethoden und über die Überprüfung erbrachter vertragsärztlicher Leistungen gemäß § 135 Abs. 1 i. V. m. § 92 Abs. 1 Satz 2 Nr. 5 SGB V in der Fassung vom 01.10.1997 (BAnz. S. 15232), zuletzt geändert am 24. April 1998 (BAnz. 10507) die folgenden Richtlinien aufzunehmen.

Anlage A: Anerkannte Untersuchungs- und Behandlungsmethoden
2. Richtlinien zur substitutionsgestützten Behandlung Opiatabhängiger
Präambel
Krankenbehandlung im Sinne des § 27 SGB V umfaßt auch die Behandlung von Suchterkrankungen. Das alleinige Auswechseln des Opiats durch ein Substitutions-

mittel stellt jedoch keine geeignete Behandlungsmethode dar und ist von der Leistungspflicht der Gesetzlichen Krankenversicherung nicht umfaßt.

Oberstes Ziel der Behandlung ist die Suchtmittelfreiheit. Ist dieses Ziel nicht unmittelbar und zeitnah erreichbar, so ist im Rahmen eines umfassenden Behandlungskonzeptes, das erforderliche begleitende psychiatrische und/oder psychotherapeutische Behandlungs- oder psychosoziale Betreuungsmaßnahmen mit einbezieht, eine Substitution zulässig. Eine Leitungspflicht der Krankenkassen für die begleitende psychiatrische und/oder psychotherapeutische Betreuung besteht nur insoweit, als diese Krankenbehandlung erforderlich ist. Die nach der Betäubungsmittel-Verschreibungsverordnung (BtmVV) vorgesehene psychosoziale Betreuung fällt nicht unter die Leistungspflicht der GKV.

A Allgemeine Bestimmungen

(...)

B Medizinische Indikationen, Bewilligung der Substitution, zugelassene Substitutionsmittel, Dokumentation

§ 3 Indikationen

Die Substitution kann Bestandteil eines Therapiekonzeptes zur ärztlichen Behandlung der Opiatabhängigkeit mit dem Ziel der Betäubungsmittelabstinenz sein. Ist bei einem manifest Opiatabhängigen im Einzelfall eine drogenfreie Therapie nicht durchführbar, so stellt der zur Substitution berechtigte Vertragsarzt unter Berücksichtigung der Regeln der ärztlichen Kunst und unter Einbeziehung der Substitution in ein weiters Behandlungskonzept die medizinische Indikation für eine Substitution nach folgenden Voraussetzungen:

1. Indikationen für eine unbefristete Substitution sind:
   1. Opiatabhängigkeit mit malignen Tumoren
   2. Opiatabhängigkeit bei HIV-Infektion
   3. Opiatabhängigkeit bei chronischer Hepatitis (B+C)
2. Indikationen für eine zunächst bis zu 12 Monate befristete Substitution sind:
   1. Opiatabhängigkeit bei rezidivierender Abzeßerkrankung
   2. Opiatabhängigkeit bei wiederholten (Broncho-) Pneumonien
   3. Opiatabhängigkeit bei behandlungsbedürftiger Tuberkulose
   4. Opiatabhängigkeit bei vergleichbar schweren behandlungsbedürftigen
   5. Suchtbegleit- oder Suchtfolgeerkrankungen (auch psychiatrische Erkrankungen)
   6. Opiatabhängigkeit in der Schwangerschaft und bis zu 6 Monaten nach der Geburt.
3. Indikationen für eine bis zu sechs Monaten befristete Substitution sind:
   1. Herstellung einer stationären Behandlungsfähigkeit bei Opiatabhängigkeit
   2. Überbrückung (auch nach stationärer Behandlung unter Substitution) bei zugesagtem Therapieplatz zur Entgiftung und anschließender Entwöhnung bei Opiatabhängigkeit.

§ 3 a Weitergehende Zulässigkeit der Substitutionsbehandlung

(1) Über die in § 3 geregelten Indikatoren hinaus ist eine Substitutionsbehandlung auch dann zulässig, wenn
   1. eine drogenfreie Therapie aus medizinischen Gründen nicht durchgeführt werden kann, und
   2. Aussichten bestehen, daß

a) durch die Behandlung eine Stabilisierung und Besserung des Gesundheitszustandes sowie

b) durch allmähliches Herunterdosieren schrittweise eine Drogenfreiheit erreicht werden kann.

§ 4 Ausschlußkriterien

Bei folgenden Ausschlußkriterien kann eine Substitution nicht durchgeführt werden:

1. Anfangsstadium der Opiatabhängigkeit (weniger als zwei Jahre)
2. Fehlende Vorbehandlung eines schwerwiegenden Beigebrauchs von Alkohol, Bezodiazepinen oder anderen Stoffen, soweit dieser Beigebrauch der Aufnahme der Substitution entgegensteht.

§ 5 Bewilligung der Substitution beim einzelnen Patienten (...)

§ 6 Zugelassene Substitutionsmittel (...)

§ 7 Dokumentation der substitutionsgestützten Behandlung (...)

§ 8 Abbruchkriterien der Substitution (...)

§ 9 Überprüfung der Einzelfallindikation durch Beratungskommissionen der KVen (...)

Anhang L

SGB VIII/2. Kapitel: Leistungen der Jugendhilfe (KJHG)

§ 1 Recht auf Erziehung, Elternverantwortung, Jugendhilfe

(1) Jeder junge Mensch hat ein Recht auf Förderung seiner Entwicklung und auf Erziehung zu einer eigenverantwortlichen und gemeinschaftsfähigen Persönlichkeit.

(2) Pflege und Erziehung der Kinder sind das natürliche Recht der Eltern und die zuvörderst ihnen obliegende Pflicht. Über ihre Betätigung wacht die staatliche Gemeinschaft.

(3) Jugendhilfe soll zur Verwirklichung des Rechts nach Absatz 1 insbesondere

1. junge Menschen in ihrer individuellen und sozialen Entwicklung fördern und dazu beitragen, Benachteiligungen zu vermeiden oder abzubauen.
2. Eltern und andere Erziehungsberechtigte bei der Erziehung beraten und unterstützen,
3. Kinder und Jugendliche vor Gefahren für ihr Wohl schützen,
4. Dazu beitragen, positive Lebensbedingungen für junge Menschen und ihre Familien sowie eine kinder- und familienfreundliche Umwelt zu erhalten oder zu schaffen.

§ 14 Erzieherischer Kinder- und Jugendschutz.

(1) Jungen Menschen und Erziehungsberechtigten sollen Angebote des erzieherischen Kinder- und Jugendschutzes gemacht werden.

(2) Die Maßnahmen sollen

1. junge Menschen befähigen, sich vor gefährdenden Einflüssen zu schützen und sie zur Kritikfähigkeit, Entscheidungsfähigkeit und Eigenverantwortlichkeit sowie zur Verantwortung gegenüber ihren Mitmenschen führen,
2. Eltern und andere Erziehungsberechtigte besser befähigen, Kinder und Jugendliche vor gefährdenden Einflüssen zu schützen.

(...)

§ 35 Intensive sozialpädagogische Einzelbetreuung
Intensive sozialpädagogische Einzelfallbetreuung soll Jugendlichen gewährt werden, die einer intensiven Unterstützung zur sozialen Integration und zu einer eigenverantwortlichen Lebensführung bedürfen. Die Hilfe ist in der Regel auf längere Zeit angelegt und soll den individuellen Bedürfnissen des Jugendlichen Rechnung tragen.

§ 35 a. Eingliederungshilfe für seelisch behinderte Kinder und Jugendliche.
Kinder und Jugendliche, die seelische behindert oder von einer solchen Behinderung bedroht sind, haben Anspruch auf Eingliederungshilfe. Die Hilfe wird nach dem Bedarf im Einzelfall

1. in ambulanter Form,
2. in Tageseinrichtungen für Kinder oder in anderen teilstationären Einrichtungen,
3. durch geeignete Pflegepersonen und in Einrichtungen über Tag und Nacht sowie sonstigen Wohnformen geleistet.(...)

(...)

Anhang M

Typologie der Alkoholiker (Jellinek, nach Feuerlein 1975, S. 100ff.)

Art des Alkoholismus	Suchtkennzeichen	Abhängigkeit	Typisierung
ALPHA	Kein Kontrollverlust undiszipliniertes Trinken	nur psychisch	Konflikttrinker
BETA	Kein Kontrollverlust	keine, außer soziokulturelle	Gelegenheitstrinker (Wochenendtrinker)
GAMMA	Kontrollverlust; jedoch Fähigkeit zur Abstinenz	zuerst psychische, später physische Abhängigkeit	Süchtige Trinker
DELTA	Unfähigkeit zur Abstinenz aber kein Kontrollverlust	physische Abhängigkeit	Gewohnheitstrinker
EPSILON	episodisches Trinken		Quartalstrinker

Verlaufsphasen:

0. Präalkoholische Phase: Belohnende Effekte des Alkoholkonsums für den Konsumenten

(A) Prodromal Phase: 6 Monate bis 4-5 Jahre. Symptome, die dem eigentlichem Krankheitsbeginn vorausgehen

(B) Kritische Phase

(C) Chronische Phase

Gamma und Delta-Alkoholismus wird als Krankheit im eigentlichen Sinn aufgefasst.

Anhang N

Gesetz über die Berufe des Psychologischen Psychotherapeuten
§ 1, 2
Psychotherapie...ist .. jede mittels wissenschaftlich anerkannter psychotherapeutischer Verfahren vorgenommene Tätigkeit zur Feststellung, Heilung oder Linderung von Störungen mit Krankheitswert.

Anhang O

Die zwölf Leitsätze/Schritte der Anonymen Alkoholiker

1. Wir geben zu, dass wir Alkohol gegenüber machtlos sind und unser Leben nicht mehr meistern können.
2. Wir glauben, dass nur eine Macht – größer als wir selbst – uns unsere geistige Gesundheit wiedergeben kann.
3. Wir entschließen uns, unseren Willen und unser ganzes Leben der Sorge Gottes – wie wir ihn verstehen – anzuvertrauen.
4. Wir machen gewissenhaft und furchtlos Inventur in unserem Innern.
5. Wir gestehen Gott, uns selbst und einem anderen Menschen die genaue Art unserer Fehler ein.
6. Wir sind vorbehaltlos bereit, unsere Charakterfehler von Gott ausmerzen zu lassen.
7. Demütig bitten wir ihn, uns von unseren Mängeln zu befreien.
8. Wir machen eine Liste aller Personen, denen wir Unrecht zugefügt haben, und nehmen uns vor, es an ihnen allen wiedergutzumachen.
9. Wenn immer möglich, bemühen wir uns aufrichtig um direkte Wiedergutmachung an ihnen, ausgenommen, sie oder andere würden dadurch verletzt.
10. Wir machen täglich Gewissens-Inventur, und wenn wir Unrecht haben, geben wir es sofort zu.
11. Durch Gebet und Meditation versuchen wir, die bewußte Verbindung zu Gott – wie wir ihn verstehen – zu vertiefen und bitten ihn um die Fähigkeit, seinen Willen für uns zu erkennen und um die Kraft, ihn auszuführen.
12. Nachdem wir durch diese Schritte ein inneres Erwachen erlebt haben, versuchen wir, diese Botschaft an andere weiterzugeben, und uns in allen unseren Angelegenheiten nach diesen Grundsätzen zu richten.

Als Grundlagen und Verhaltensregeln werden ebenfalls vermittelt:
Alkoholiker bleiben lebenslang gefährdet und können sich nicht mehr alleine helfen. Der Weg zur Abstinenz vollzieht sich in kleinen Schritten (Abstinenzzusage für den jeweiligen Tag).

Anhang P

Bundessozialhilfegesetz

§ 39 Personenkreis und Aufgabe.

(1) Personen, die nicht nur vorübergehend körperlich, geistig oder seelisch wesentlich behindert sind, ist Eingliederungshilfe zu gewähren. (...)

(2) Den Behinderten stehen den von einer Behinderung Bedrohten gleich. (...).

§ 40 Maßnahmen der Hilfe.

(1) Maßnahmen der Eingliederungshilfe sind vor allem

1. ambulante oder stationäre Behandlung oder sonstige ärztliche oder ärztlich verordnete Maßnahmen zur Verhütung, Beseitigung oder Milderung der Behinderung.

(...)

§ 72

(1) Personen, bei denen besondere soziale Schwierigkeiten der Teilnahme am Leben in der Gemeinschaft entgegenstehen, ist Hilfe zur Überwindung dieser Schwierigkeiten zu gewähren, wenn sie aus eigener Kraft hierzu nicht fähig sind. Andere Bestimmungen dieses Gesetzes und die Bestimmungen des Achten Buches Sozialgesetzbuch gehen der Regelung des Satzes 1 vor. (...)

Anhang Q

Medizinische Leistungen der Rehabilitation werden gem. § 15, Abs. 2 SGB VI Medizinische Maßnahmen gem. §§ 1 und 10 Rehabilitations - Angleichungsgesetz in Verbindung mit § 29, Abs. 1 SGB I. Die Zuständigkeit liegt gem. § 29, Abs. 2 SGB I in Verbindung mit §§ 2 und 6 Reha - Angleichungsgesetz vorrangig bei den Trägern der Sozialversicherung.

SGB VI

§ 9 Aufgabe der Rehabilitation.

(1) Die Rentenversicherung erbringt medizinische, berufsfördernde und ergänzende Leistungen zur Rehabilitation, um

1. den Auswirkungen einer Krankheit oder einer körperlichen, geistigen oder seelischen Behinderung auf die Erwerbsfähigkeit der Versicherten entgegenzuwirken oder sie zu überwinden und
2. dadurch Beeinträchtigungen der Erwerbsfähigkeit der Versicherten oder ihr vorzeitiges Ausscheiden aus dem Erwerbsleben zu verhindern oder sie möglichst in das Erwerbsleben wiedereinzugliedern.

Literaturverzeichnis

Adams, M. (1991). Wie zerstört man den Markt für Rauschgifte. Zeitschrift für Rechtspolitik, (6), 202-204.

Albert, H. (1964). Probleme der Theoriebildung. Entwicklung, Struktur und Anwendung sozialwissenschaftlicher Theorien. In H. Albert (Hrsg.), Theorie und Realität (S. 3-73). Tübingen.

Albert, H. (1973). Probleme der Wissenschaftslehre in der Sozialforschung. In R. König (Hrsg.), Handbuch der empirischen Sozialforschung (3. Aufl.), (S. 57-102). Stuttgart.

Alemann, H. V. (1977). Der Forschungsprozeß. Eine Einführung in die Praxis der empirischen Sozialforschung. (1. Aufl.). Stuttgart.

Allerbeck, K.; Hoag, W. (1985). Jugend ohne Zukunft? Einstellungen, Umwelt, Lebensperspektiven (2. Aufl.). München und Zürich.

Andritzky, W. (1993). Kulturintegrativer Gebrauch halluzinogener Drogen. In K. Böllert & H.-U. Otto (Hrsg.), Umgang mit Drogen. Sozialpädagogische Handlungs- und Interventionsstrategien (S. 10-26). Bielefeld.

Arbeitsgruppe CMA (1999). Chronisch mehrfachbeeinträchtigte Abhängige. Sucht (Schwerpunktthema CMA), 45, (1), 6-13.

Arenz-Greiving, I.; Dilger, H. (Hrsg.). (1994). Elternsüchte - Kindernöte. Berichte aus der Praxis. Freiburg im Breisgau.

Arenz-Greiving, I. (1993). Die vergessenen Kinder. Kinder von Suchtkranken (3. Aufl.). Hamm.

Armbruster, C. L.; Müller, U.; Stein-Hilbers, M. (Hrsg.). (1995). Neue Horizonte? Sozialwissenschaftliche Forschung über Geschlechter und Geschlechterverhältnisse. Opladen.

Armendt, G. (1986). Die Droge, der Staat, der Tod. Hamburg.

Armendt, G. (1986a). Sucht, Profit, Sucht. Frankfurt am Main.

Armendt, G. (1998, 16.04.). Kicks, Koks, Kohl. Die verlogene Kampagne „Keine Macht den Drogen". Die Zeit, (Nr. 17), 51.

Austin, G. (1981). Die europäische Drogenkrise des 16. und 17. Jahrhunderts. In G. Völger (Hrsg.), Rausch und Realität. Drogen im Kulturvergleich (S. 64-72). Köln.

Avermaet, E. v. (1992). Sozialer Einfluß in Kleingruppen. In W. Stroebe & M. Hewstone & J. P. Codol & G. Stephenson (Hrsg.), Sozialpsychologie. Eine Einführung (2. korrigierte Aufl.), (S. 369-399). Berlin.

Baacke, D. (1993). Jugend und Jugendkulturen. Darstellung und Deutung (2. Aufl.). Weinheim und München.

Bader, T. (1996). Drogenabhängigkeit zwischen Abstinenz und Substitution. In G. Längle & K. Mann & G. Buchkremer (Hrsg.), Sucht: die Lebenswelten Abhängiger (S. 208-222). Tübingen.

Bandura, A. (1979). Sozial-kognitive Lerntheorie. Stuttgart.

Bange, D. (1988). Die Mauer des Schweigens. Sexuelle Ausbeutung von Jungen: Ein fast vergessenes Problem. Sozial Extra, (10).

Barsch, G.; Kappeler, M. (1993). Wahrheiten und Mythen um „Drogenwellen" in Ostdeutschland. In K. Böllert & K.-U. Otto (Hrsg.), Umgang mit Drogen. Sozialpädagogische Handlungs- und Interventionsstrategien (S. 113-125). Bielefeld.

Basaglia, F.; Basaglia Ongaro, F.; Gianichedda; Maria Grazia (1979). Gesundheit, Krankheit und Gesellschaft. Die Mehrdeutigkeit des Gesundheitskonzeptes in der industriellen Gesellschaft. In H. Keupp (Hrsg.), Normalität und Abweichung. Fortsetzung einer notwendigen Kontroverse (1. Aufl.), (S. 317-335). München, Wien, Baltimore.

Bathen, R. (1996). Stadtteilintegrierte Jugend- und Drogenarbeit im Hammer Norden. In H. Wegehaupt & N. Wieland (Hrsg.), In Kontakt bleiben. Kinder - Drogen - Jugendliche - Pädagogen: In Kontakt bleiben. Dokumentation des 1. Europäischen Drogenkongresses in Münster (S. 264-271). Münster.

Bätz, B.; Reymann, G. (1997). Die Serologie der Virus-Hepatitis A, B und C in der qualifizierten Drogenentgiftung. Sucht, (4), 264-266.

Baudis, R. (1995). Psychotherapie von Sucht und Drogenabhängigkeit oder Der goldene Vogel (2. Aufl.). Rudersberg.

Bauer, C.; Bossong, H. (1992). Am Ende werden wir noch legalisieren: Plädoyer für eine effektive Drogenkontrolle. Neue Praxis, (1), 1-14.

Bäuerle, D. (1991). Im Kampf gegen die Drogensucht. Hilfe für Eltern und ihre Kinder. Frankfurt am Main.

Bäuerle, D. (1996). Suchtvorbeugung in der Familienerziehung. In R. Knapp (Hrsg.), Vorbeugen gegenüber Suchtgefahren. Aufgabe einer Gesundheitserziehung im Kindes- und Jugendalter (2., überarb. Aufl.), (S. 165-178). Neuwied.

Bäuerle, D. (1996a). Zusammenarbeit von Schule, Schulpsychologischer Dienst und Jugendhilfe. In R. Knapp (Hrsg.), Vorbeugen gegenüber Suchtgefahren. Aufgabe einer Gesundheitserziehung im Kindes- und Jugendalter (2., überarb. Aufl.), (S. 227-236). Neuwied.

Baumann, A. (1983). Was sollen wir tun, wenn unser Kind Drogen nimmt?. In K. Biener & W. Canziana & G. Mugglin (Hrsg.), Hilfe unser Kind nimmt Drogen (S. 17-30). Zürich.

Beck, U. (1986). Risikogesellschaft. Auf dem Weg in eine andere Moderne. Frankfurt am Main.

Becker, H. S. (1973). Außenseiter. Zur Soziologie abweichenden Verhaltens. Frankfurt am Main.

Becker, M.; van Lück, W. G. (1990). Die Therapievorschriften des Betäubungsmittelgesetzes. Eine Effektivitätsanalyse. Freibug im Breisgau.

Behr, H.-G. (1984). Weltmacht Droge. Das Geschäft mit der Sucht. Wien und Düsseldorf.

Behr, H.-G.; Juhnke, A. (1985). Drogenpolitik in der Bundesrepublik. Reinbek bei Hamburg.

Bejerot, N. (1983). Sucht nach Lust. Eine biologische und sozialpsychologische Theorie der Sucht. In D. J. Lettieri & R. Welz (Hrsg.), Drogenabhängigkeit - Ursachen und Verlaufsformen. Ein Handbuch (S. 269-279). Weinheim und Basel.

Belardi, N. (Hrsg.). (1980). Soziale Arbeit I. Pädagogik, sozialpädagogische Arbeitsfelder. Frankfurt am Main.

Belardi, N. (Hrsg.). (1980a). Soziale Arbeit II: Psychologische Grundlagen. Psychoanalyse, Psychiatrie, Sozial- und Entwicklungspsychologie. Frankfurt am Main.

Belardi, N. (Hrsg.) (1980b). Soziale Arbeit III: Gesellschaftsentwicklung und Soziologische Grundlagen. Frankfurt am Main.

Belardi, N. (1990). Integrative Gruppentherapie im Feld Sozialer Arbeit. Brennpunkte sozialer Arbeit: Soziale Gruppenarbeit, 65-92.

Belardi, N. (1992). Supervision. Von der Praxisberatung zur Organisationsentwicklung. Paderborn.

Belardi, N. (1993). China Sozial. Modernisierung und Sozialwesen in der Volksrepublik China und Hongkong. Eine vergleichende Untersuchung zur Sozialen Arbeit. Marburg.

Belardi, N. (1996). Supervision. Eine Einführung. Freiburg im Breisgau.

Belardi, N. (Hrsg.). (1996a). Beratung. Eine sozialpädagogische Einführung. Weinheim und Basel.

Bender, S.; Scherbaum, N. (1993). Rechtliche Grundlagen und erste Erfahrungen. Substitutionstherapie mit Methadon. Therapiewoche , 43, (11), 598-602.

Bengel, J.; Strittmatter, R.; Willmann, H. (1998). Was erhält den Menschen gesund? Antonovskys Modell der Salutogene - Diskussion und Stellenwert. In Bundeszentrale für gesundheitliche Aufklärung (BZgA). Köln.

Berauer, A. (1983). Ambulante Therapie mit Heroinabhängigen. Suchtgefahren (Sucht), (29), 60-71.

Berger, H.; Reuband, K. H.; Widlizek, U. (1980). Wege in die Heroinabhängigkeit. Zur Entwicklung abweichender Karrieren. München.

Berger, P. L.; Luckmann, T. (1980). Die gesellschaftliche Konstruktion der Wirklichkeit. Eine Theorie der Wissenssoziologie. Frankfurt am Main.

Bibra, E. F. v. (1855). Die narkotischen Genussmittel und der Mensch (Reprint). Holzminden.

Blumer, H. (1973). Der methodologische Standort des Symbolischen Interaktionismus. In Arbeitsgruppe Bielefelder Soziologen (Hrsg.), Alltagswissen, Interaktion und Ethnomethodologie (S. 80-146). Reinbek bei Hamburg.

Bodenmüller, M.; Piepel, G. (1998). Streetwork im Spannungsfeld ordnungspolitischer Vereinnahmung und stetig wachsender Armut. Neue Praxis, (6), 604-608.

Boehnke, K. (1994). Auswirkungen von makrosozialem Stress auf die psychische Gesundheit. In J. Mansel (Hrsg.), Reaktionen Jugendlicher auf gesellschaftliche Bedrohungen. Untersuchungen zu ökologischen Krisen, internationalen Konflikten und politischen Umbrüchen als Stressoren (2. Aufl.), (S. 24 – 37). Weinheim und München.

Bohnert, W.; Groenemeyer, A.; Raschke, P.; Schliehe, F. (1988). Lebenspraxis und Unterstützungsnetze von Drogenkonsumenten. Abschlußbericht zum Forschungsprojekt „Therapieerfolg und Nachsorge am Beispiel der Therapieeinrichtungen für Drogenkonsumenten in Hamm". In Ministerium für Arbeit, Gesundheit und Soziales NRW (Hrsg.). Düsseldorf.

Böhnisch, L. (1992). Sozialpädagogik des Kinder und Jugendalters. München.

Böhnisch, L.; Münchmeier, R. (1987). Wozu Jugendarbeit ? Weinheim.

Böhnisch, L.; Winter, R. (1997). Männliche Sozialisation. Bewältigungsprobleme männlicher Geschlechtsidentität im Lebenslauf (3., überarb. Aufl.). Weinheim.

Bois-Reymond, d. M.; Büchner, P.; Krüger, H.-H. (1993). Die moderne Familie als Verhandlungshaushalt. Zum Wandel des Generationsverhältnisses im interkulturellen Vergleich. Neue Praxis, (1/2), 32-42.

Böllert, K. (1995). Zwischen Intervention und Prävention: Eine andere Funktionsbestimmung sozialer Arbeit. Berlin.

Bonß, W. (1989). Zwischen Methodologie und Gesellschaftstheorie - Interpretationen von Fromm bis Habermas. In Psychoanalytisches Seminar Zürich (Hrsg.), Die Gesellschaft auf der Couch. Psychoanalyse als sozialwissenschaftliche Methode (S. 33-69). Frankfurt am Main.

Bossong H. (Hrsg.). (1983). Sucht und Ordnung. Frankfurt am Main.

Bossong, H. (1988). Drogen und Alkohol. In G. Hörmann & F. Nestmann (Hrsg.), Handbuch der psychosozialen Intervention (S. 286-303). Opladen.

Brakhoff, J. (Hrsg.). (1987). Kinder von Suchtkranken. Situation, Prävention, Beratung und Therapie. Freiburg im Breisgau.

Brandstädter, J. (1985). Entwicklungsberatung unter dem Aspekt der Lebensspanne. Zum Aufbau eines entwicklungspsychologischen Anwendungskonzeptes. In J. Brandstädter & H. Gräser (Hrsg.), Entwicklungsberatung unter dem Aspekt der Lebensspanne (S. 1-15). Göttingen.

Bremer, H.-H. (1999, 27.10.). König Alkohol kommt den Franzosen teuer zu stehen. Untersuchung: Die sozialen Folgekosten des Missbrauchs liegen höher als die des Rauchens/Steuereinnahmen nicht eingerechnet. Frankfurter Rundschau.

Brengelmann, J. C.; Bühringer, G. (1981). Planung, Steuerung und Bewertung von Therapieeinrichtungen für junge Drogen- und Alkoholabhängige. Ergebnisse einer Modellförderung des Bundesministeriums für Jugend, Familie und Gesundheit (IFT-Texte). München.

Brückner, M. (1998). Wenn Forschende und Beforschte ein Geschlecht haben: epistemologische, theoretische und methodologische Überlegungen. Sozialwissenschaftliche Literatur Rundschau, (1), 55-69.

Buchmann, M. (1983). Konformität und Abweichung im Jugendalter. Eine empirische Untersuchung zur Biographie- und Identitätsentwicklung und abweichendem Verhalten Jugendlicher. Diessenhofen (Schweiz).

Buer, F. (1988). Armut. In G. Hörmann & F. Nestmann (Hrsg.), Handbuch der psychosozialen Intervention (S. 251-267). Opladen.

Bühringer, G. (1981). Planung, Steuerung und Bewertung von Therapieeinrichtungen für junge Drogen- und Alkoholabhängige. Ergebnisse einer Modellförderung des Bundesministeriums für Jugend, Familie und Gesundheit (IFT-Texte), (1. Aufl.). München.

Bühringer, G. (1983). Argumente zur Neuorientierung der Therapiedauer bei Abhängigen. Suchtgefahren (Sucht), 29-38.

Bühringer, G. (1989). Die Ausübung von justiziellen Zwang bei der Behandlung von Drogenabhängigkeit. In W. Feuerlein & G. Bühringer & R. Wille (Hrsg.), Therapieverläufe bei Drogenabhängigen. Kann es eine Lehrmeinung geben? (S. 43-74). Berlin.

Bühringer, G. (1991). Therapie von Drogenabhängigen unter Bedingungen äußeren Zwangs. In R. Egg (Hrsg.), Brennpunkte der Rechtspsychologie. Polizei - Justiz - Drogen (S. 119-137). Bonn.

Bühringer, G.; Künzel, J.; Spies, G. (1995). Methadon-Expertise. Expertise zum Einsatz von Methadon bei der Behandlung von Drogenabhängigen in Deutschland. Schriftenreihe des Bundesministeriums für Gesundheit (Hrsg.). Baden-Baden.

Bühringer, G.; Adelsberger, F.; Heinemann; A.; Kirschner, J.; Knauß, I.; Kraus, L.; Püschel, K.; Simon, R. (1997). Schätzverfahren und Schätzungen 1997 zum Umfang der Drogenproblematik . Sucht, 43, (Sonderheft 2).

Bundesarbeitsgemeinschaft Kinder- und Jugendschutz (Hrsg.). (1995). Suchtprävention - (k)eine Aufgabe der Jugendhilfe (1. Aufl.). Freiburg im Breisgau.

Bundesarbeitsgemeinschaft Kritischer Polizistinnen und Polizisten (Hrsg.). (1989). Die Drogenpolitik hat versagt. Hamburg.

Bundesausschuss der Ärzte und Krankenkassen (1996). Richtlinien des Bundesausschuss der Ärzte und Krankenkassen über die Durchführung der Psychotherapie in der kassenärztlichen Versorgung (Psychotherapie-Richtlinien). Änd. v. 17.12.1996. Deutsches Ärzteblatt, 72.

Bundesausschuß der Ärzte und Krankenkassen (1999, 26.4.). Richtlinien über die Einführung neuer Untersuchungs- und Behandlungsmethoden und über die Überprüfung erbrachter vertragsärztlicher Leistungen.

Bundeskriminalamt (BKA) (Hrsg.). (1994). Rauschgiftbericht 1996. Wiesbaden.

Bundesminister des Inneren; Bundesminister für Jugend, Familie, Frauen, Gesundheit (Hrsg.). (1990). Nationaler Rauschmittelbekämfungsplan. Maßnahmen der Rauschgiftbekämpfung und der Hilfe für Gefährdete und Abhängige. (1. Aufl.). Wolfenbüttel.

Bundesminister für Jugend, Familie und Gesundheit; Der Minister für Arbeit, Gesundheit und Soziales des Landes Nordrhein-Westfalen (Hrsg.), Idis (Institut für medizinische Dokumentation und Information); DIMDI (Institut für Dokumentation und Information über Sozialmedizin und öffentliches Gesundheitswesen. Dokumentation. Familie und Suchterkrankung. Bielefeld.

Bundesministerium für Frauen und Jugend (1993). Kinder und Jugendhilfegesetz (5. Aufl.). Bonn.

Bundesministerium für Gesundheit (1990). Repräsentativerhebung 1990 zum Konsum und Mißbrauch von illegalen Drogen, alkoholischen Getränken, Medikamenten und Tabakwaren. Bonn.

Bundesministerium für Gesundheit; Nickels, C. (Parlamentarische Staatssekretärin), (1999). Drogen- und Suchtbericht 1998 der Drogenbeauftragten der Bundesregierung (Stand 1.03.1999).

Bundesregierung (1992). Auszug aus der Antwort der Bundesregierung vom 09.12.1992 auf eine Große Anfrage der SPD. Deutscher Bundestag - 12. Wahlperiode (Drucksache 12/3956), 19-22.

Bundesregierung; Innenminister und Innensenatoren des Bundes und der Länder (Hrsg.). (1997). Die Kriminalität in der Bundesrepublik Deutschland. Polizeiliche Kriminalitätsstatistik für das Jahr 1996. Bulletin. Presse und Informationsamt der Bundesregierung, (Nr. 48), 509-543.

Bundesverband der Elternkreise drogengefährdeter und drogenabhängiger Jugendlicher e.V. (Hrsg.). (1987). Sind Eltern machtlos? Gibt es Schutz vor Verführung und Abhängigkeit? Ein Angebot für Eltern. Hamm.

Bundeszentrale für gesundheitliche Aufklärung (1998). Die Drogenaffinität Jugendlicher in der Bundesrepublik Deutschland 1997. Eine Wiederholungsbefragung der Bundeszentrale für gesundheitliche Aufklärung, Endbericht. Köln.

Buning, E. (1987). Erfahrungen in Amsterdam. 2. Teil. In Minister für Arbeit, Gesundheit und Soziales des Landes NRW (Hrsg.), Medikamentengestützte Rehabilitation bei Drogenabhängigen. Dokumentation über ein internationales Drogensymposium in Düsseldorf (S. 189-193). Düsseldorf.

Butterwegge, C. (1999). Sozialstatt in der Globalisierungsfalle? Die neoliberale Ideologie und die Realität. Neue Praxis, (5), 435-447.

Caplan, G.; Grunebaum, H. (1977). Perspektiven Primärer Prävention. In G. Sommer & H. Ernst (Hrsg.), Gemeindepsychologie. Therapie und Prävention in der sozialen Umwelt (S. 51-98). München, Wien, Baltimore.

Cashman, J. (1967). LSD. „Die Wunderdroge". Frankfurt am Main und Berlin.

Catton, K.; Shain, M. (1976). Heroin Users in the Community: A Review of the Drug Use and Life-Styles of Addicts and User not in Treatment. Addictive Diseases, (2), 421-440.

Christiane F. (1979). Wir Kinder vom Bahnhof Zoo (10. Aufl.). Hamburg.

Cleveland, M. (1982). Familien und Drogenabhängigkeit von Jugendlichen: Strukturanalyse der familiären Rollen von Kindern. Familiendynamik, (7), 265-283.

Coleman, J. (1984). Die neuen Theorien der Adoleszenz. In E. Olbrich & E. Todt (Hrsg.), Probleme des Jugendalters (S. 49-67). Berlin.

Collins, J. J.; Allison, M. (1983). Legal coercion and retention in drug abuse treatment. Hosp. Community Psychiatry, 34,(12), 1145-1149.

Connell, R. W. (1995). Neue Richtungen für Geschlechtertheorie, Männlichkeitsforschung und Geschlechterpolitik. In Ch. L. Armbruster & U. Müller & M. Stein-Hilbers (Hrsg.), Neue Horizonte? Sozialwissenschaftliche Forschung über Geschlechter und Geschlechterverhältnisse (S. 61-83). Opladen.

Connell, R. W. (1995). Masculinities. Cambridge.

Connell, R. W. (1998). Männer in der Welt: Männlichkeiten und Globalisierung. Widersprüche: Multioptionale Männlichkeiten?, (67), 91-105.

Connell, R. W. (1999). Der gemachte Mann. Konstruktion und Krise von Männlichkeiten. Opladen.

Cramer, E.; Schippers, G. M. (1994). Zelfkontrolle en ontwenning van harddrugs. Nijmgen.

Dammann, B. (1985). Drogentherapie als privatrechtlich ausgestaltete Form des Strafvollzugs? Kriminologisches Journal, 97-112.

Dauth, J. (1999, 26.02.). Wenn der Drogenhandel blüht, profitiert auch Burmas Staatskasse. Wichtige Länder blieben einer internationalen Interpol-Konferenz in Rangun fern, weil sie die Junta nicht aufwerten wollen. Frankfurter Rundschau, (48), 32.

de Quincey, T. (1992). Bekenntnisse eines englischen Opiumessers (zuerst erschienen 1822), (1. Aufl.). Leipzig und Weimar.

Degkwitz, R.; Helmchen, H.; Kockott, G.; Mombour, W.; im Auftrag der Deutschen Gesellschaft für Psychiatrie und Nervenheilkunde (DGPN) (1975). Diagnosenschlüssel und Glossar psychiatrischer Krankheiten. Deutsche Ausgabe der internationalen Klassifikation der WHO: ICD (ICD = International Classification of Diseases), 8. Revision, und des internationalen Glossars (4. korrigierte und erweiterte Aufl.). Berlin, Heidelberg, New York.

Dehmel, S. (1989). Therapieergebnisse sowie Unterschiede zwischen planmäßigen Therapiebeendern und -abbrechern bei der ambulanten Behandlung von Drogenabhängigen. In W. Feuerlein & G. Bühringer & G. Wille (Hrsg.), Therapieverläufe bei Drogenabhängigen (S. 75-101). Berlin.

Dembach, B. (1990). Zwischen Selbsthilfe und Expertenorientierung. Angehörigenarbeit im Vergleich. Opladen.

Deutschc Hauptstelle gegen die Suchtgefahren (Hrsg.). (1985). Süchtiges Verhalten. Grenzen und Grauzonen im Alltag (Schriftenreihe zum Problem der Suchtgefahren). Hamm.

Deutsche Hauptstelle gegen die Suchtgefahren (Hrsg.). (1997). Jahrbuch Sucht 1997. Hamm.

Deutsche Hauptstelle gegen die Suchtgefahren (Hrsg.). (1998). Jahrbuch Sucht 1998. Hamm.

Deutsche Hauptstelle gegen die Suchtgefahren e.V. (DHS) (1999). Jahrbuch Sucht 2000. Geesthacht.

Deutscher Bundestag (1983). Bericht der Bundesregierung über Erfahrungen mit dem Gesetz zur Neuordnung des Betäubungsmittelrechts. Drucksache 10/843, (29.12.1983).

Deutscher Bundestag (1989). Bericht der Deutschen Bundesregierung über die Rechtsprechung nach den strafrechtlichen Vorschriften des BtMG in den Jahren 1985-1987. Drucksache 11/4329, (11.04.1989).

Dieckhoff, R. (1981). Rausch und Realität - Literarische Avantgarde und Drogenkonsum von der Romantik bis zur Surrealismus. In G. Völger (Hrsg.), Rausch und Realität. Drogen im Kulturvergleich (S. 404-425). Köln.

Dilling, H.; Mombour, W.; Schmidt, M. H; Weltgesundheitsorganisation (Hrsg.). (2000). Internationale Klassifikation psychischer Störungen. ICD-10 Kapitel V (F), (4. durchges. und erg. Aufl.). Bern; Göttingen; Toronto und Seattle.

Dobler-Mikola, A. (1996). Wie groß ist der „kleine Unterschied" in der Therapie? Geschlechtsspezifische Unterschiede beim Eintritt in eine therapeutische Gemeinschaft und ein Jahr nach dem Austritt. In I. Vogt & K. Winkler (Hrsg.), Beratung süchtiger Frauen. Konzepte und Methoden (S. 52-78). Freiburg im Breisgau.

Dörner, K. (1975). Diagnosen der Psychiatrie. Frankfurt am Main.

Dreher, E.; Dreher, M. (1985). Wahrnehmung und Bewältigung von Entwicklungsaufgaben im Jugendalter. In R. Oerter (Hrsg.), Lebensbewältigung im Jugendalter (S. 30-61). Weinheim.

Dulz, B.; Stark, F. M. (1995). Drogenkonsum bei Krankenpflegepersonal. Sucht, (5), 418-424.

Durkheim, E. (1965). Die Regeln der soziologischen Methode. R. König (Hrsg.). Neuwied und Berlin.

Eckert, D.; Bathen, R. (Hrsg.). (1995). Jugendhilfe und akzeptierende Drogenarbeit. Freiburg im Breisgau.
Egg, R. (Hrsg.). (1991). Brennpunkte der Rechtspsychologie. Polizei - Justiz - Drogen. Bonn.
Eisenbach-Stangl, I. (1984). Jugend und Rausch. Wien.
Eisenbach-Stangl, I.; Pilgram, A. (1983). Das Problem des Drogenproblems. In F. W. Stallberg & W. Springer (Hrsg.), Soziale Probleme - Grundlegende Beiträge zu ihrer Theorie und Analyse (S. 131-148). Neuwied.
Eisenbach-Stangl, I.; Stangl, W. (1984). Grenzen der Behandlung. Soziale Kontrolle und Psychiatrie. Opladen.
Eisenstadt, S. N. (1966). Von Generation zu Generation. Altersgruppen und Sozialstruktur. München.
Elbert, T.; Rockstroh, B. (1990). Psychopharmakologie. Eine Einführung in die Wirkungsweise und Anwendung von Psychopharmaka und Drogen. Heidelberg.
Engel, U.; Hurrelmann, K. (1989). Psychosoziale Belastungen im Jugendalter (1. Aufl.). Berlin und New York.
Engel, U.; Hurrelmann, K. (1993). Was Jugendliche wagen. Eine Längsschnittstudie über Drogenkonsum, Streßreaktionen und Delinquenz im Jugendalter (1. Aufl.). Weinheim.
Engst, R.; Ring, J. (1997). HIV-Infektion - Aids Stand der Epidemiologie, Diagnostik, Verfahrensweise und therapeutische Möglichkeiten. (Technische Universität), München.
Erbach, F. (1992). Sein oder Schein - das ist hier die Frage. „Süchte" und „Systeme" als sprachliche Konstrukte. In K. Richelshagen, Süchte und Systeme (S. 73-89). Freiburg im Breisgau.
Erikson, E. H. (1971). Kindheit und Gesellschaft (4. Aufl.). Stuttgart.
Estermann, J. (1996). Sozialepidemiologie des Drogenkonsums: Zu Prävalenz und Inzidenz des Heroin- und Kokaingebrauchs. Studien zur qualifizierten Drogenforschung und akzeptierenden Drogenarbeit. Berlin.
Etzold, S. (1994, 15.04.). Von der Konsum- in die Entzugsgesellschaft. Sucht nach Sucht. Die Zeit, (16), 41.
Europäische Gemeinschaft (1997). Die europäische Union und die Drogenbekämpfung.(CM-06-052-DE-C). Luxenburg.
Europäische Gemeinschaft (1998). Die Europäische Union im Kampf gegen Drogen. Luxemburg.
Fachverband Drogen und Rauschmittel (FDR) (1997). Standards im Verbundsystem der Suchtkrankenhilfe. Schwerpunkt Drogenarbeit. Geesthacht.
Fahrenkrug, W. H.; Quack, W. (1985). Überlegungen zur Geschichte des Sucht-Begriffes am Beispiel der „Modellsucht Alkoholismus" (1). In Deutsche Hauptstelle gegen die Suchtgefahren (Hrsg.), Süchtiges Verhalten. Grenzen und Grauzonen im Alltag (S. 345-353). Hamm.
Fahrenberg, H.; Rehm, J.; Müller, R.; Klingemann, H.; Lindner, R. (1995). Illegale Drogen in der Schweiz: 1990-1993; die Situation in den Kantonen und der Schweiz. Schweizerische Fachstelle für Alkohol- und andere Drogenprobleme (SFA) im Auft. des Bundesamtes für Gesundheitswesen. Zürich.
Fenichel, O. (1975). Psychoanalystische Neurosenlehre. Olten.
Ferchhoff, W.; Neubauer, G. (1997). Patchwork - Jugend. Eine Einführung in postmoderne Sichtweisen. Opladen.

Feser, H. (Hrsg.). (1981). Drogenerziehung. Handbuch für pädagogische und soziale Berufe, Eltern, Studenten (2. Aufl.). Langenau-Albeck.

Feser, H. (Hrsg.). (1990). Gesundheitliche Prävention durch Sozialarbeiter und Sozialpädagogen (1. Aufl.). Dortmund.

Feuerlein, W. (1975). Alkoholismus - Mißbrauch und Abhängigkeit. Eine Einführung für Ärzte, Psychologen und Sozialpädagogen. Stuttgart.

Feuerlein W. (Hrsg.). (1981). Sozialisationsstörungen und Sucht. Wiesbaden.

Feuerlein W. (Hrsg.). (1986). Theorie der Sucht. Berlin.

Feuerlein, W.; Bühringer, G.; Wille, R. (Hrsg.). (1989). Therapieverläufe bei Drogenabhängigen. Kann es eine Lehrmeinung geben? Berlin.

Finkbeiner, T. (1999). LAAM in der Substitutionsbehandlung Opiatabhängiger. subletter (addiCare Arzneimittel GmbH/Holzkirchen), (3), 6.

Fischer, A.; Münchmeier, R. (1997). Jugend 97. Zukunftsperspektiven - Gesellschaftliches Engagement - Politische Orientierungen. In Jugendwerk der Deutschen Shell, 12. Shell Jugendstudie. Leverkusen.

Fischer, R. (1970). Über das Rhythmisch–Ornamentale im Halluzinatorisch–Schöpferischen. Confinia Psychiatrica, (13), 1-25.

Forth, W.; Henscher, D.; Rummel, W.; Starke, K. (Hrsg.). (1992). Allgemeine und spezielle Pharmakologie und Toxikologie. (6., völlig neu bearbeitete Aufl.). Mannheim, Leipzig, Wien, Zürich.

Foucault, M. (1974a). Die Ordnung der Dinge. Frankfurt am Main.

Foucault, M. (1974b). Die Ordnung des Diskurses. München.

Franke, A. (1997). Zusammenhänge zwischen Drogennot- und Drogentodesfall. In Landschaftsverband Westfalen Lippe; Koordinationsstelle für Drogenfragen und Fortbildung (Hrsg.), Praxisrelevante Suchtforschung 19. Münster .

Franke, M. (1992). Drogenpolitik im Umbruch? Sucht, (1), 43-48.

Frankfurter Rundschau (1999, 27.02.). Strikte Drogenpolitik läßt Konsumenten kalt. (49), 28.

Frankfurter Rundschau (1999; 24.07.). Neues Mittel könnte Sucht stoppen. (169), 28.

Franz, H. J. (1991). Gesundheitsförderung - Prävention und soziale Unterstützung. In Minister für Arbeit, Gesundheit und Soziales des Landes NRW (MAGS), (Hrsg.), Prävention zwischen Genuß und Sucht (S. 143-156).

Franzkowiak, P. (1987). Risikoverhalten als Entwicklungsaufgabe. In U. Laaser (Hrsg.), Prävention und Gesundheitserziehung (S. 63-83). Berlin.

Franzkowiak, P. (1996). Risikokompetenz - Eine neue Leitorientierung für primäre Suchtprävention? Neue Praxis, (5), 409-425.

Franzkowiak, P.; Helfferich, C.; Weise, E. (1997). Geschlechtsbezogene Suchtprävention - Praxisansätze, Theorieentwicklung, Definitionen. Bundeszentrale für gesundheitliche Aufklärung, Schriftenreihe zur Forschung und Praxis der Gesundheitsförderung. Köln.

Franzkowiak, P. (1998). Gesundheitsbezogene Soziale Arbeit zwischen Public Health und Gesundheitswissenschaft. Neue Praxis, (2), 171-179.

Freud, S. (1972). Abriß der Psychoanalyse. Das Unbehagen in der Kultur (zuerst erschienen London 1941). Frankfurt am Main.

Friedrichs, J. (1980). Zur Soziologie psychischer Störungen. Unveröff. Dipl. Arbeit, Universität-Gesamthochschule Essen.

Friedrichs, J. (1995). Jugend und Drogenberatung. Aufbau und Strukturelemente eines abgestuften ambulanten Behandlungssystems. Gestalt und Integration, (1), 130-146.
Friedrichs, J. (1996). Drogen - Jugend - Kultur. Grundlagen und Ansätze einer lebensweltorientierten Prävention. fakt. Aktion Jugendschutz Sachsen, 4-14.
Friedrichs, J. (1998). Industriemanagement als Grundlage für Klinikmanagement. Organisationsberatung Supervision Clinical Management, (2), S.135-150.
Friedrichs, J.; Jahry, J.; Papierok, M. (2002). Risikofaktor männlich. Der problematische Konsum illegaler Drogen als männlich dominiertes Phänomen. (in Vorbereitung).
Frietsch, R. (1994). Grundsätzliches zur (Sucht-) Prävention. Sozialmagazin, (19), 14-19.
Galuske, M. (1998). Methoden der Sozialen Arbeit. Eine Einführung. Weinheim und München.
Gängler, H.; Rauschenbach, T. (1996). „Sozialarbeitswissenschaft" ist die Antwort. Was ist aber die Frage? In K. Grunwald u.a., Alltag, Nicht-Alltägliches und Lebenswelt. Beiträge zur lebensweltorientierten Sozialpädagogik (S. 157-178). Weinheim und München.
Gerlach, R.; Engemann, S.; Indro e. V. (1994). Zum Grundverständnis akzeptanzorientierter Drogenarbeit. Erläuterungen kulturhistorischer, drogenpolitischer und drogenhilfepraktischer Zusammenhänge. Münster.
Gillis, J. R. (1980). Geschichte der Jugend. Weinheim.
Glauert, M. (1994). Verschreiben statt Vertreiben. Erfahrungen mit der kontrollierten Abgabe von Drogen an Abhängige in England. Neue Praxis, (3), 274-282.
Gnädinger, C. (1995). Sucht beginnt im Alltag. Prävention auch. Quattro Stagnioni. Suchtpräventionsstelle der Stadt Zürich, (3), 2-4.
Goffman, E. (1977). Asyle. Über die soziale Situation psychiatrischer Patienten und anderen Insassen (3. Aufl.). Frankfurt am Main.
Goffman, E. (1994). Interaktion und Gesellschaft. Frankfurt am Main und New York.
Gold, S. R. (1983). Kognitiv-affektiv-pharmakologische (KAP) Kontrolltheorie des Drogenmißbrauchs. In D. J. Lettieri & R. Welz (Hrsg.), Drogenabhängigkeit - Ursachen und Verlaufsformen (S. 28-32). Weinheim und Basel.
Gölz, J. (Hrsg.). (1995). Der drogenabhängige Patient. München und Wien.
Gordon, T. (1993). Die neue Familienkonferenz. Kinder erziehen ohne zu strafen. München.
Grawe, K.; Donati, R.; Bernauer, F. (1994) Psychotherapie im Wandel. Von der Konfession zur Profession (3. Aufl.). Göttingen.
Griese, H. M. (1982). Sozialwissenschaftliche Jugendtheorien. Weinheim.
Grimm, G. (1985). Die Lösung des Drogenproblems. Fakten statt Drogen! Wissenschaftlich gesicherte Antworten zu den Fragen der Abstinenz- und Medikamentenbehandlung der Drogensucht. Kiel.
Grimm, G. (1992). Drogen gegen Drogen. Kiel.
Grönbladh, L. (1987). Untersuchungen zum schwedischen Methadonprojekt. In D. Kleiner,. im Auftr. d. Vorstands d. Dt. Ges. für Suchtforschung und Suchttherapie (Hrsg.), Langzeitverläufe bei Suchtkrankheiten (S. 151-161). Berlin und Heidelberg.
Gross, W. (1992). Was ist das Süchtige an der Sucht? Geesthacht.

Grube, M.; Harwich, P. (1995). Zum Einfluß der Elternschaft auf das Therapieverhalten HIV-poitiver i.v. Drogenabhängiger. Sucht, (5), 425-430.

Gsellhofer, B.; Bühringer, G. (1995). HIV-Infektionen bei Drogenabhängigen: Aktuelle Situation und zukünftige präventive Maßnahmen. Sucht, (5), 355-361.

Gut, P. (1997). Von Wunsch und Wahn oder Gesundheitsförderung für alle. Prävention, 20,(4), 125-128.

Haberland, M. (1995). Risiken und Chancen der Entwicklung im Jugendalter. In P. Kolip & K. Hurrelmann & P. E. Schnabel (Hrsg.), Jugend und Gesundheit. Weinheim u. München.

Hafeneger, B. (1998, 22.12.). Zyklisch wiederkehrender Dauerbrenner. Anlage oder Umwelt: Was bestimmt das Verhalten von Kindern und Jugendlichen? Frankfurter Rundschau, 7.

Hafeneger, B. (1998a). Anlage oder Umwelt. Anmerkungen zu einem „neuen" Streit. Neue Praxis, (6), 537-539.

Hagemann-White, C. (1994). Sozialisation: Weiblich - männlich? Opladen.

Hallmann, H.-J. (1996). Konzepte und Erfahrungen zur Suchtvorbeugung aus der Jugendarbeit. In R. Knapp (Hrsg.), Vorbeugen gegenüber Suchtgefahren. Aufgabe einer Gesundheitserziehung im Kindes- und Jugendalter (2., überarb. Aufl.), (S. 201-225). Neuwied.

Hansbauer, P.; Permien, H.; Zink, G. (1997). Gestern „TrebegängerInnen" - heute „Straßenkinder"? Gemeinsamkeiten und Unterschiede. Neue Praxis, (5), 395-412.

Happel, H.-V. (1988). Selbstheilung bei Drogenabhängigkeit. Bildung und Erziehung, (1), (Manuskript).

Harding, W. H. (1981). Kontrollierter Heroinkonsum - Ein Widerspruch aus der Subkultur gegenüber herkömmlichen kulturellen Denken. In G. Völger (Hrsg.), Rausch und Realität (S. 694-701). Köln.

Hartmann, H. (1972). Empirische Sozialforschung. Probleme und Entwicklungen (2. Aufl.). München.

Hartwig, K.-H.; Pries, I. (1995). Rationale Drogenpolitik in der Demokratie. Wirtschaftswissenschaftliche und wirtschaftsethische Perspektiven einer Heroinvergabe. Tübingen.

Hass, S. (1983). Psychopharmakologische Ursachen der Drogenabhängigkeit und pharmakologische Behandlungsmöglichkeiten. In D. J. Lettieri & R. Welz (Hrsg.), Drogenabhängigkeit - Ursachen und Verlaufsformen. Ein Handbuch (S. 280-291). Weinheim und Basel.

Haves, W.; Schneider, W. (1992). Kontrollierter Gebrauch illegaler Drogen: Forschungsstand und Konsequenzen. Wiener Zeitschrift für Suchtforschung, 15,(1), 29-36.

Havighurst, R. J. (1953). Human development and education. New York.

Heckhausen, H. (1980). Motivation und Handeln. Berlin, Heidelberg, New York.

Heckmann, W. (1980). Was Hänschen nicht lernt, kann Hans doch noch einmal lernen (Grete auch): Resozialisierung bei der Drogenhilfe Tübingen e.V.. In W. Heckmann (Hrsg.), Vielleicht kommt es auf uns selber an. Therapeutische Gemeinschaften für Drogenabhängige (S. 129-199). Frankfurt am Main .

Heckmann, W. (1986). Abstinence or Maintenance? Warum es in Deutschland kein Methadon-Programm geben wird. Wiener Zeitschrift für Suchtforschung, 9,(1/2), 3-7.

Heckmann, W. (1987). Selbsthilfe und Therapeutische Gemeinschaft in der BRD. Wiener Zeitschrift für Suchtforschung, 10, (3/4), 47-54.
Heckmann, W. (1990). Geschichte der therapeutischen Gemeinschaften in Europa. In L. Yablonski, Die Therapeutische Gemeinschaft. Ein erfolgreicher Weg aus der Drogenabhängigkeit (S. 11-28). Weinheim und Basel.
Heckmann, W. (1993). Drogennot- und - Todesfälle. Schriftenreihe des BMG. Bonn.
Heffferich, C. (1998). Mädchen, Jungen, Drogen und Jugendhilfe - Der Geschlechteraspekt als Begründungszusammenhang für den Konsum von Drogen. Forum Erziehungshilfen, (5), 266-274.
Heinemann, A. (1998). Rauschgifttodesfälle mit Methadonbeteiligung (Hamburg 1990-1996). Rechtsmedizin, (8), 55-60.
Helfferich, C. (1994). Jugend, Körper und Geschlecht. Die Suche nach sexueller Identität. Opladen.
Helsper, W.; Müller, H. J.; Nölke, E.; Combe, A. (1991). Jugendliche Aussenseiter. Zur Rekonstruktion gescheiterter Bildungs- und Ausbildungsverläufe. Opladen.
Henkel, D. (Hrsg.). (1998). Sucht und Armut. Alkohol, Tabak, illegale Drogen. Opladen.
Hentschel, U. (Hrsg.) (1989). Drogenprobleme und Elternhilfe. Ergebnisse einer Fachtagung von Angehörigen Drogengefährdeter und Mitarbeitern in der Drogenhilfe. Hückeswagen
Hentschel, U. (1995). Niedrigschwellige und akzeptierende Drogenarbeit - Erfahrungen aus „Modellprojekten". Gestalt und Integration, 1,(1), 147-158.
Herbst, K.; Hanel, E. (1989). Verlauf der stationären Entwöhnungsbehandlung bei Drogenabhängigen. Suchtgefahren (Sucht), (35), 235-251.
Herbst, K.; Schumann, J.; Wiblishauser, P. M. (Hrsg.). (1993). Repräsentativerhebung 1992 zum Konsum und Mißbrauch von illegalen Drogen, alkoholischen Getränken, Medikamenten und Tabakwaren in den neuen Ländern. Bundesministerium für Gesundheit. München.
Heudtlass, J.-H.; Stöver, H.; Winkler, P. (Hrsg.). (1995). Risiko mindern beim Drogengebrauch. Drogenwirkungen - Safer Use - Notfallhilfe - Safe Sex - Prävention - Peer Support. Frankfurt am Main.
Hewstone, M.; Antaki, C. (1992). Attributionstheorie und soziale Erklärungen. In W. Stroebe & M. Hewstone & J.-P. Codol & G. Stephenson (Hrsg.), Sozialpsychologie. Eine Einführung (2. korrigierte Aufl.). (S. 112-143). Berlin.
Hilbert, M.; Friedrichs, J. (1996). Metatheoretische Grundlagen von Supervision(2): Soziale Rollen/Rollentheorie. Unveröff. Dipl. Arbeit, Freie Universität Amsterdam.
Hille, J. (1995). Gefährdung von gewachsenen Strukturen? Vorläufige unkorrigierte Fassung des Vortrages bei der Tagung der Landesstelle gegen die Suchtgefahren vom 20.01.1995.
Hitzler, R.; Honer, A. (Hrsg.). (1997). Sozialwissenschaftliche Hermeneutik. Eine Einführung. Opladen.
Hochhauer, M. (1983). Chronobiologische Kontrolltheorie des Drogenmißbrauchs. In D. J. Lettieri & R. Welz (Hrsg.), Drogenabhängigkeit - Ursachen und Verlaufsformen (S. 292-297). Weinheim und Basel.

Hoekstra, M. (1987). Methadonbehandlungen in den Niederlanden. In Minister für Arbeit, Gesundheit und Soziales des Landes NRW (Hrsg.), Medikamentengestützte Rehabilitation bei Drogenabhängigen. Dokumentation über ein internationales Drogensymposium in Düsseldorf (S. 175-182). Düsseldorf.
Holmann, P. L. (1986). Inzest, Alkoholismus, Drogenabhängigkeit. In L. Backe & N. Leik & J. Merrick & N. Michelsen (Hrsg.), Sexueller Mißbrauch von Kindern in Familien. Köln.
Hörmann, G. (1988). Rehabilitation. In G. Hörmann & F. Nestmann (Hrsg.), Handbuch der psychosozialen Intervention (S. 128-139). Opladen.
Hörmann, G.; Nestmann, F. (Hrsg.). (1988). Psychosoziale Interventionen: Einführung. In G. Hörmann & F. Nestmann (Hrsg.), Handbuch der Psychosozialen Intervention (S. 9-12). Opladen.
Hörmann, G.; Nestmann, F. (Hrsg.). (1988). Handbuch der psychosozialen Intervention. Opladen.
Hurrelmann, K.; Rosewitz, B.; Wolf, H. (1985). Lebensphase Jugend. Eine Einführung in die sozialwissenschaftliche Jugendforschung (1. Aufl.). Weinheim und München.
Hurrelmann, K. (1994). Familienstreß, Schulstreß, Freizeitstreß. Gesundheitsförderung für Kinder und Jugendliche (2. Aufl.). Weinheim und Basel.
IGLU Hamburg (1994). Entwicklung, Stand und Perspektiven von Hilfen für Kinder und ihre Drogenabhängigen Eltern in Hamburg. Vortrag (4.11.1994) anläßlich der Öffentlichkeitskampagne „Sucht hat immer eine Geschichte“ (Bottrop).
Institut für Jugendforschung (IFT) (1991). Die Entwicklung der Drogenaffinität Jugendlicher. München.
Israel, G.; Priebe, B. (1996). Sucht- und Drogenvorbeugung im Kontext schulischer Gesundheitserziehung und Gesundheitsförderung: Das Beispiel Nordrhein-Westfalen. In R. Knapp (Hrsg.), Vorbeugen gegenüber Suchtgefahren. Aufgabe einer Gesundheitserziehung im Kindes- und Jugendalter (2., überarb. Aufl.). (S. 179-200). Neuwied.
Jahry, J. (1994). (Illegale) Drogen in der Ausbildung. In Deutsche Hauptstelle gegen die Suchtgefahren (DHS). (Hrsg.), Suchtprävention. Schriftenreihe zum Problem der Suchtgefahren (S. 164-168). Hamm.
John, U.; Hapke, U.; Rumpf, H.-J.; Hill, A.; Dilling, H. (Hrsg.). (1996). Prävalenz und Sekundärprävention von Alkoholmißbrauch und -abhängigkeit in der medizinischen Versorgung. In Bundesministerium für Gesundheit (BMG), Schriftenreihe des Bundesministeriums für Gesundheit. Baden-Baden.
Jones, M. (1952). Sozial Psychiatry. A Study of Therapeutic Communities. London.
Jugendhilfe Bottrop e.V.; Fachstelle für Prävention der Jugend- und Drogenberatungsstelle (Hrsg.). (1993). Dokumentation des Seminars „Auszubildende und Drogenkonsum“. Ein Leitfaden. Bottrop.
Jugendhilfe Bottrop e.V. (1994). 20. Jahre Jugendhilfe Bottrop e.V.. Bottrop.
Jugendhilfe Bottrop e.V. (1999). Jahresberichte der Jahre 1995; 1977; 1999. Bottrop.
Jugendhilfe Bottrop e.V. (2001). Wirksamkeit und Qualität von lebensweltorientierten Präventionsmaßnahmen an Schulen (Arbeitstitel), (in Vorbereitung). Bottrop.
Jung, M. (1996). Abhängigkeit als gelerntes Verhalten - die Sicht der Verhaltenstherapie. In G. Längle & K. Mann & G. Buchkremer (Hrsg.), Sucht: die Lebenswelten Abhängiger (S. 99-108). Tübingen.

Kammerer, B.; Riemann, K. (Hrsg.). (1997). Jump. Ein Brückenschlag zwischen Suchtprävention und Jugendhilfe. Freiburg im Breisgau.

Kampe, H. (1989). Der periodische Suchtanfall im Therapieverlauf. In W. Feuerlein & G. Bühringer & R. Wille (Hrsg.), Therapieverläufe bei Drogenabhängigen. Kann es eine Lehrmeinung geben? (S. 203-223). Berlin.

Kampe, H. (1989a). Drogentherapie und Selbstheilung. Anmerkungen zu W. Schneider. Suchtgefahren (Sucht), 125-129.

Kampe, H.; Kunz, D.; Overbeck-Larisch, M.; Steiner, M.; Schuchmann, M. (1997). Die Bedeutung des Sondersprachgebrauches Drogenabhängiger für das Erleben und Verhalten. Sucht, (1), 18-36.

Kampe, H.; Kunz, D.; Overbeck-Larisch, M.; Steiner, M.; Schiechel, M.; Schuhmann, M. (1997a). Sondersprachengebrauch und Problemlösen bei Drogenabhängigen. Sucht, (6), 393-413.

Kandel, D. B. (1981). Entwicklungsstadien beim Drogengebrauch Jugendlicher. In G. Völger (Hrsg.), Rausch und Realität. Drogen im Kulturvergleich (S. 636-641). Köln.

Kappeler, M. (1991). Drogen und Kolonialismus. Zur Ideologiegeschichte des Drogenkonsums (2. verbesserte Auflage). Frankfurt am Main.

Kappeler, M. (1993). Die Würde des Menschen ist unantastbar! - Aber wer sich berauscht... In akzept, Menschenwürde in der Drogenpolitik. Ohne Legalisierung geht es nicht! (S. 15-24). Hamburg.

Kappeler, M. (1995). Plädoyer für das umherschweifende Leben. Sozialpädagogische Essays zu Jugend, Drogen und Gewalt. Frankfurt am Main.

Kappeler, M. (1996). Drogenkultur und Recht - Ideologiekritik am Beispiel des Betäubungsmittelgesetzes. In H. Wegehaupt; N. Wieland (Hrsg.), In Kontakt bleiben. Kinder - Drogen - Jugendliche - Pädagogen: in Kontakt bleiben. Dokumentation des 1. Europäischen Drogenkongresses in Münster 1996 (S. 94-105). Münster.

Kappeler, M.; Barsch, G.; Gaffron, K.; Hayner, E.; Leinen, P.; Ulbricht, S. (1999). Jugendliche und Drogen: Ergebnisse einer Längsschnittuntersuchung in Ost-Berlin nach der Maueröffnung. Opladen.

Kappeler, M. (1999). Rückblicke auf ein sozialpädagogisches Jahrhundert. Essays zur Dialektik von Herrschaft und Emanzipation im sozialpädagogischen Handeln. Frankfurt am Main .

Kaufmann, E.; Kaufmann, P. N. (1986). Familientherapie bei Alkohol- und Drogenabhängigen (2 .Aufl.). Freiburg im Breigau.

Kaufmann, F. X. (Hrsg.). (1979). Bürgernahe Sozialpolitik. Frankfurt am Main.

Kaufmann, F. X. (1982). Elemente einer soziologischen Theorie sozialpolitischer Intervention. In F.X. Kaufmann (Hrsg.), Staatliche Sozialpolitik und Familie (S. 49-86). München und Oldenburg.

Keller, R. (1997). Diskursanalyse. In R. Hitzler & A. Honer (Hrsg.), Sozialwissenschaftliche Hermeneutik. Eine Einführung (S. 309-333). Opladen.

Kersten, J. (1995). Männlichkeit als Konfrontation: Kulturelle und historische Aspekte von Feindbildkonstruktionen und Gewaltbereitschaft als öffentlicher Darstellung von sozialer Geschlechtszugehörigkeit. Schriftenreihe des Diözesan-Caritasverbandes Köln, 5, (20).

Kersten, J. (1997). Gut und (Ge)schlecht. Männlichkeit, Kultur und Kriminalität. Berlin und New York.

Kersten, J. (1997a). Risiken und Nebenwirkungen: Gewaltorientierung und die Bewerkstelligung von „Männlichkeit“ und „Weiblichkeit“ bei Jugendlichen der underclass. Kriminologisches Journal, (6. Beiheft), 103-114.

Keupp, H. (Hrsg.). (1979). Normalität und Abweichung. Fortsetzung einer notwendigen Kontroverse. München, Wien, Baltimore.

Keup, W. (1993). Mißbrauchsmuster bei Abhängigkeit von Alkohol, Medikamenten und Drogen. Frühwarnsystem-Daten für die Bundesrepublik Deutschland 1976-1990. Freiburg im Breisgau.

Keup, W. (1995). Flunitrazepam (Rohypnol) erreicht Spitzenplatz als Drogen-Ersatzmittel. Sucht, (5), 362-366.

Khantzian; E. J. (1985). The self-medication hypothesis of addictive disorders: Focus on heroin and cocaine dependence. American J. Psychiatry, (142), 1259-1264.

Kielholz, P.; Ladewig, D. (1972). Die Drogenabhängigkeit des modernen Menschen. München.

Kindermann W. (Hrsg.). (1989). Lebenswelten zwischen Szene, Justiz, Therapie und Drogenfreiheit. Freiburg im Breisgau.

Kirschner, R. (1996). Jugend und illegale Drogen in Ostdeutschland. Eine bevölkerungsrepräsentative Längsschnittuntersuchung. Prävention und psychosoziale Gesundheitsforschung: Forschungsberichte. München, Wien.

Klee, E. (1983). „Euthanasie“ im NS-Staat. Die „Vernichtung lebensunwerten Lebens“. Frankfurt am Main.

Kleiner, D. (1979). Über Motivationsarbeit mit Drogenabhängigen zur Therapieaufnahme. Zentralblatt für Jugendrecht und Jugendwohlfahrt, (66), S. 245-249.

Kleiner, D. (1982). Zu Begriff und Praxis von „Motiv“ und „Motivation“ in der Suchtkrankentherapie. Soziale Arbeit, (31), 49-57.

Kleve, H. (1999). Soziale Arbeit und Ambivalenz. Neue Praxis, (4), 368-382.

Kluge, F. (1989). Etymologisches Wörterbuch der deutschen Sprache (22. Aufl.). Berlin und New York.

Knapp, R. (Hrsg.). (1996). Vorbeugen gegenüber Suchtgefahren. Aufgabe einer Gesundheitserziehung im Kindes- und Jugendalter (2., überarb. Aufl.). Neuwied.

Kneider, H. (1992). Niedrigschwellige Drogenhilfe - was bedeutet das für die Elternkreise? (unveröffentlichtes Manuskript). 1-6.

Kneider, H. (1993). Elternarbeit im illegalen Drogenbereich zwischen Abstinenzdogma und akzeptierender Drogenhilfe. Diplomarbeit im Studiengang Sozialpädagogik der Universität Gesamthochschule. Essen.

Korell, J.; Liebel, U. (1997). Wie mit der Angst vor Kriminalität Politik gemacht wird. Über die Umwandlung des öffentlichen Raums in ein Desneyland und soziale Ausgrenzung. In G. Dreher & Th. Feltes (Hrsg.), Das Modell New York - Kriminalitätsprävention durch „Zerro Tolerance“. Holzkirchen.

Korf, D. J. (1986). „Heroin Touristen“: Eine explorative Feldstudie über ausländische tägliche Opiatgebraucher in Amsterdam. Wiener Zeitschrift für Suchtforschung, (3), 3-13.

Körner, H. (1980). Heroin. Die süchtige Gesellschaft (1. Aufl.). Stuttgart.

Kraus, L. (1997). Prävalenzschätzungen zum Konsum illegaler Drogen in Europa. Sucht, (5), 329-341.

Kraus, L.; Bauernfeind, R. (1998). Konsumtrends illegaler Drogen in Deutschland: Daten aus Bevölkerungssurveys 1990-1995. Sucht, 44, (3), 169-182.

Krauss, G. M.; Steffan, W. (Hrsg.). (1985). ...nichts mehr reindrücken. Drogenarbeit die nicht bevormundet. Basel.

Krausz, M.; Haasen, C. (Hrsg.). (1996). Langzeitperspektiven süchtigen Verhaltens. Freiburg im Breisgau.

Kreutz, H. (1974). Soziologie der Jugend. München.

Kreuzer, A. (1982). Drogenabhängigkeit in kriminologischer Sicht. Bewährungshilfe, 29,(3), 232-244.

Kryspin-Exner, K. (1971). Drogen. Psychotrope Stoffe als Sucht- und Heilmittel. Wien und München.

Kuntze, M. F.; Ladewig, D.; Stohler, R. (1998). Art und Häufigkeit der Komorbidität bei methadonsubstituierten Opiatabhängigen in der ambulanten Versorgung. Sucht, (2), 95-103.

Künzel-Böhmer, J.; Bühringer, G.; Janik-Konecny, T. (1993). Expertise zur Primärprävention des Substanzmißbrauchs. In Bundesministerium für Gesundheit (BMfG) (Hrsg.), Schriftenreihe des Bundesministeriums für Gesundheit (1. Aufl.). Bayreuth.

Kury, H. (1988). Resozialisation. In G. Hörmann & F. Nestmann (Hrsg.), Handbuch der psychosozialen Intervention (S. 147-159). Opladen.

Lachnit, G.; Kampe, H. (1996). Konsumorientierung und Suchtgefährdung. Sucht, 42,(1), 6-19.

Ladewig, D. (1987). Psychiatrisches Krankheitsmodell der Sucht. Wiener Zeitschrift für Suchtforschung., (3/4), 19-23.

Ladewig, D.; Simoni, H. (1996). Baseler Befragung von Opiatabhängigen zur Medikamentengruppe der Benzodiazepine. Sucht, (3), 167-175.

Land Nordrhein-Westfalen (Hrsg.). (1997; 17.12.). Gesetz über den öffentlichen Gesundheitsdienst (ÖGDG). Gesetz- und Verordnungsblatt. Für das Land Nordrhein-Westfalen (51. Jg.), (Nr. 58). Düsseldorf.

Landschaftsverband Westfalen Lippe (LWL) im Auftrag des Ministers für Arbeit Gesundheit und Soziales des Landes Nordrhein-Westfalen (Hrsg.). (1996). Modellprojekt „Therapie sofort" - Abschlußbericht. Münster.

Lang, K. J.; Günther, E. (1983). Zur Frage des Herauswachsens aus der Sucht bei Opiatabhängigen. Suchtgefahren (Sucht), (29), 175-180.

Lange, E. (1997). Jugendkonsum im Wandel. Konsummuster, Freizeitverhalten, soziale Milieus und Kaufsucht 1990 und 1996. Opladen.

Laufer, M.; Eglé Laufer, M. (1994). Adoleszenz und Entwicklungskrise. (2. Aufl.). Stuttgart.

Lazarus, A. (1977). Multimodale Verhaltenstherapie. Frankfurt am Main.

Lazarus, H. (1980). Objektive und subjektive Familienstruktur von Drogenkonsumenten. In G. Wiswede & Th. Kutsch (Hrsg.), Drogenkonsum. Einstieg, Abhängigkeit, Sucht (S. 116-125). Köln.

Lazarus, R. S. (1966). Psychological stress and the coping process. New York.

Leenders, F. H. R.; Groeneweg, B. F.; Lechner-Van de Noort, H. J. (1988). Drugsverslaafe ouders en hun kinderen (Drogenabhängige Eltern und ihre Kinder), Abschlußbericht, Fachgruppe Entwicklung und Sozialisierung. Utrecht.

Leenders, F. H. R. (1994). Drogenabhängige Mütter und ihre Kinder: Epidemiologische Daten und Hilfeleistungsprogramme in den Niederlanden. Vortrag (4.11.1994) anläßlich der Öffentlichkeitskampagne „Sucht hat immer eine Geschichte" in Bottrop.

Legnaro, A. (1981). Ansätze zu einer Soziologie des Rausches - zur Sozialgeschichte von Rausch und Ekstase in Europa. In G. Völger (Hrsg.), Rausch und Realität. Drogen im Kulturvergleich (S. S.52-63). Köln.

Leisering, L. (1993). Zwischen Verdrängung und Dramatisierung. Zur Wissenssoziologie der Armut in der bundesrepublikanischen Gesellschaft. Soziale Welt, (44), 486-511.

Leuzinger-Bohleber, M. (1998; 08.12.). Wissenschaft zwischen den Wissenschaften. Psychoanalytische Forschung im interdisziplinären Diskurs: Arbeitslosigkeit und Identitätsbildung. Frankfurter Rundschau, 10.

Lievegoed, R. (1974). Organisationen im Wandel. Bern und Stuttgart.

Lippmann, E. D. (1990). Drogenabhängigkeit: Familientherapie und Prävention. Berlin.

Löcherbach, P. (1992). Der Mythos Suchtprävention - Erfolge sind nicht auszuschließen. Koblenz.

Löhrer, F. (1997). Biogene Suchtmittel. Aachen.

Loviscach, P. (1996). Soziale Arbeit im Arbeitsfeld Sucht. Eine Einführung. Freiburg im Breigau.

Lundt, P. V.; Schiwy, P. (1993). Betäubungsmittelrecht mit Kommentar zum Betäubungsmittelgesetz. Suchtbekämpfung. Sammlung des gesamten Betäubungsmittelrechts des Bundes und der Länder einschließlich internationalen Bestimmungen. (61. Ergänzungslieferung; Stand: 1.05.1999), (35). Starnberg.

Lürssen, E. (1974). Psychoanalytische Theorien über die Suchtstrukturen. Suchtgefahren (Sucht), (20), 145-151.

Malchau, J. F. A. (1987). Drogen und Suizid als Überlebensoption. Untersuchung zur Affinität von direkt und indirekt selbstdestruktiven Handlungen Jugendlicher. Weinheim.

Mannheim, K. (1964). Das Problem der Generation (zuerst erschienen 1928). Neuwied.

Mansel, J. (Hrsg.). (1994). Reaktionen Jugendlicher auf gesellschaftliche Bedrohung. Untersuchungen zu ökologischen Krisen, internationalen Konflikten und politischen Umbrüchen als Stressoren (2. Aufl.). Weinheim und München.

Matakas, F. (1992). Neue Psychiatrie. Göttingen.

McCoy, A. W. (1981). Eine drogenabhängige Gesellschaft entsteht - das Beispiel Australien. In G. Völger (Hrsg.), Rausch und Realität. Drogen im Kulturvergleich (S. 590-618). Köln.

Mead, G. H. (1968). Geist, Identität und Gesellschaft (zuerst erschienen Chicago 1934). Frankfurt am Main.

Melchinger, H. (1991). Compulsory therapy - Results of a follow-up study on drug-dependent clients. In G. Bühringer & J.J. Platt (Hrsg.), Drug addiction and AIDS research: American and German perspectives. Malabar (Florida).

Meinhold, M. (1988). Interventionen in der Sozialarbeit. In G. Hörmann & F. Nestmann (Hrsg.), Handbuch der psychosozialen Intervention (S. 70-80). Opladen.

Merton, R. K. (1974). Sozialstruktur und Anomie. In F. Sack & R. König (Hrsg.), Kriminalsoziologie (2. Aufl.). (S. 283-313). Frankfurt am Main.

Messerschmidt, J. (1996). Von der Analyse der Männerherrschaft zur Forschung über Geschlechterverhältnisse: Unterschiede und Vielfalt bei der Bewerkstelligung von Geschlecht. Am Beispiel der „Mädchen in der Gang". Jahrbuch für Kriminalsoziologie: Starke Typen, 13-36.

Meyer-Fehr, P. (1987). Drogentherapie und Wertwandel: Orientierungsmuster in therapeutischen Gemeinschaften. Weinheim.

Mieth, D. (1996). Anthropologie und Ethik der Sucht. In G. Längle & K. Mann & G. Buchkremer (Hrsg.), Sucht: die Lebenswelten Abhängiger (S. 70-86). Tübingen.

Ministerium für Arbeit, Gesundheit und Soziales des Landes Nordrhein Westfalen (Hrsg.). (1989). Jugend in NRW. 5. Jugendbericht der Landesregierung NRW. Düsseldorf.

Ministerium für Frauen, Jugend, Familie und; Gesundheit des Landes; Nordrhein - Westfalen (Hrsg.). (2/1999). NRW-Landesprogramm gegen die Sucht - Eine Gemeinschaftsinitiative - In Umsetzung des Ziels 4 der „Zehn vorrangigen Gesundheitsziele für NRW" (Landesgesundheitskonferenz 1995). Düsseldorf.

Minuchin, S.; Fishman, H. C. (1983). Praxis struktureller Familientherapie. Freiburg im Breisgau.

Möbus, M.; Franz, P. (1995). Suchtprävention im Kindergarten. Sucht, (3), S.194-202.

Moll, S. (1990). Strafrechtliche Aspekte der Behandlung Opiatabhängiger mit Methadon und Codein. Frankfurt am Main, Bern, New York.

Mollenhauer, K. (1998). Was heißt „Sozialpädagogik". Neue Praxis, (5), 429-435.

Mulder, W. G. (1987). Erfahrungen in Amsterdam. 1. Teil. In Minister für Arbeit, Gesundheit und Soziales des Landes NRW (Hrsg.), Medikamentengestützte Rehabilitation bei Drogenabhängigen. Dokumentation über ein internationales Drogensymposium in Düsseldorf (S. 183-188). Düsseldorf.

Müller, A. (1972). Psychoanalyse und Drogenkonsum. In A. Schwendtke (Hrsg.), Drogen - Gesellschaft - Pädagogik (S. 13-54). Frankfurt am Main.

Müller, C. W. (1982). Wie helfen zum Beruf wurde. Weinheim.

Müller, H.; Kersch, B. (1995). Erwachsenwerden ohne Drogen - Schulische Drogenprävention. Sucht, (5), S.431-438.

Neubauer, R. (1999; 01.07.). Drogen bleiben in Mexiko. Wandel vom Transit- zum Konsumentenland/Pakt mit den USA. Frankfurter Rundschau.

Neumann, J. (1996). Sucht als gesellschaftliches Phänomen. In G. Längle & K. Mann & G. Buchkremer (Hrsg.), Sucht: die Lebenswelten Abhängiger (S. 14-36). Tübingen.

Newman, R. (1987). Erfahrungen mit Drogenabhängigen am Beth Israel Medical Center New York. In Minister für Arbeit, Gesundheit und Soziales des Landes Nordrhein-Westfalen (Hrsg.), Medikamentengestützte Rehabilitation bei Drogenabhängigen. Dokumentation über ein internationales Drogensymposium in Düsseldorf (S. 127-139). Düsseldorf.

Newman, R. (1995). Methadon - nicht „Ersatzdroge" sondern Medikament. In J. Gölz (Hrsg.), Der drogenabhängige Patient, (S. 35-38). München und Wien.

Nöcker, G. (1990). Von der Drogen- zur Suchtprävention. Eine Analyse praxisrelevanter Präventionsansätze am Beispiel der Nordrhein-Westfälischen Drogenarbeit. Minister für Arbeit, Gesundheit und Soziales des Landes NRW (Hrsg.). Herford.

Nordlohne, E. (1992). Die Kosten jugendlicher Problembewältigung. Alkohol-, Zigaretten- und Arzneimittelkonsum im Jugendalter. Weinheim und München.

Nowlis, H. (1975). Drogen ohne Mythos. Bundeszentrale für gesundheitliche Aufklärung (BZGH) (Hrsg.), 41-54.

Ostermann, D. (1999, 29.01.). Brücke hilft Junkies. Forscher bescheinigen Nutzen von Fixerstuben. Frankfurter Rundschau, (24), 32.

Otto, H. U. (1998). Die Zukunftsfähigkeit der sozialpädagogischen Forschung. In Th. Rauschenbach & W. Thole (Hrsg.), Sozialpädagogische Forschung. Gegenstand und Funktionen, Bereiche und Methoden (S. 133-139). Weinheim und München.

Otto, U. (Hrsg.). (1997). Aufwachsen in Armut. Erfahrungswelten und soziale Lagen von Kindern armer Familien. Opladen.

Paetzold, W.; Eronat, V.; Holze, I.; Emrich, H. M.; Schneider, U. (2000). Detoxifiklation polytoxikomaner Patienten mit Buprenorphin. Auswirkungen auf Affektivität, Angst und Entzugssymptomatik. Nervenarzt, (9), 722-729.

Palentien, C.; Klocke, A.; Hurrelmann, K. (1999). Armut im Kindes- und Jugendalter. Aus Politik und Zeitgeschichte. Beilage zur Wochenzeitung Das Parlament, (B18/99), 33-38.

Papierok, M. (1993). Zusammenhänge von illegalen Drogenkonsum Jugendlicher und strukturellen Bedingungen im Lebensraum Stadtteil. Diplomarbeit im Studiengang Sozialpädagogik der Universität Gesamthochschule. Essen.

Petermann, H.; Müller, H.; Kresch, B.; Röhr, M. (1997). Erwachsen werden ohne Drogen. Ergebnisse schulischer Suchtprävention. Weinheim.

Peters, U. H. (1977). Wörterbuch der Psychiatrie und medizinischen Psychologie (2., neubearbeitete und erweiterte Aufl.). München, Wien, Baltimore.

Petzold, H. (1980). Ablösung und Trauerarbeit im Four-Steps-Modell der gestalttherapeutischen Wohngemeinschaft für Drogenabhängige. In H. Petzold & H. Vormann (Hrsg.), Therapeutische Wohngemeinschaften (S. 250-283). München.

Petzold, H.; Vormann, H. (Hrsg.). (1980). Therapeutische Wohngemeinschaften. München.

Petzold, H. (Hrsg.). (1981). Drogentherapie. Modelle, Methoden, Erfahrungen (3., unveränd. Aufl.). Frankfurt am Main.

Pfeiffer, W. M. (1986). Transkulturelle Aspekte zur Theorie von Mißbrauch und Abhängigkeit. In W. Feuerlein (Hrsg.), Theorie der Sucht (S. 71-93). Berlin.

Poehlke, T. (1999a). Methadonsubstitution in der Praxis. subletter (addiCare Arzneimittel GmbH/Holzkirchen), (4), 1-2.

Poehlke, T. (1999b). Substitution in der Praxis. Teil I: Medizinische und organisatorische Voraussetzungen. In A. Günthner (Hrsg.), Drogensucht: Substitutionstherapie in der Praxis (S. 21-31). München.

Prescott, J. W. (1983). Somatosensorisch-affektive Deprivationstheorie des Drogen- und Alkoholkonsums. In D. J. von Lettieri & R. Welz (Hrsg.), Drogenabhängigkeit - Ursachen und Verlaufsformen. Ein Handbuch (S. 298-310). Weinheim und Basel.

Piest, B. (1999). Ambulanter Entzug von Opiaten. Eine Praxisstudie mit Katamnese. Sucht, 45, (4), 263-268.

Projektgruppe Tudrop (1984). Heroinabhängigkeit unbetreuter Jugendlicher. W. Heckmann. Im Auftrag des Senators für Schulwesen, Jugend und Sport, Berlin Arbeitsergebnisse aus der Suchtforschung (Hrsg.). Weinheim und Basel.

Psychiatrie-Enquête (1975). Bericht über die Lage der Psychiatrie in der Bundesrepublik Deutschland. Deutscher Bundestag 7. Wahlperiode, Drucksache 7/4200 (25.11.1975). Bonn.

Quensel, S. (1982). Drogenelend - für eine neue Drogenpolitik. New York.

Quensel, S.; Westphal, H. (1996). Drogen in der Heimerziehung. Grenzen sozialer Arbeit. Hamburg.

Quensel, S. (1996a). Wie steht Jugendhilfe dem Thema Drogen gegenüber? In H. Wegehaupt & N. Wieland (Hrsg.), In Kontakt bleiben. Kinder - Drogen - Jugendliche - Pädagogen. Dokumentation des 1. Europäischen Drogenkongresses in Münster 1996 (S. 62-73). Münster.

Rado, S. (1926). Die psychischen Wirkungen der Rauschgifte. Versuch einer psychoanalytischen Theorie der Süchte. Internationale Zeitschrift für Psychoanalyse, (12), 540-556.

Rahm, D.; Otte, H.; Bosse, S.; Ruhe-Hollenbach, H. (1993). Einführung in die Integrative Therapie. Paderborn.

Raschke, P.; Schliehe, F. (1985). Therapie und Rehabilitation bei Drogenkonsumenten. Langzeitstudie am Beispiel des Hammer Modells. Minister für Arbeit Gesundheit und Soziales des Landes NRW (Hrsg.). Düsseldorf.

Raschke, P. (1986). Die Inanspruchnahme von Drogenberatungsstellen. In Landschaftsverband Westfalen Lippe/LWL - Münster: Koordinationsstelle für Drogenfragen und Fortbildung (Hrsg.): Arbeitshilfe 2, (S. 6-22). Münster.

Rätsch, C. (1996). Räucherstoffe. Der Atem des Drachen. 72 Pflanzenporträts - Ethnobotanik, Rituale und praktische Anwendungen. Aarau (Schweiz).

Rauchfleisch, U. (1971). Zur Psychodynamik der Sucht. Ergebnisse einer empirischen Untersuchung. Praxis der Psychotherapie, (16), 1-8.

Reavis, E. (1981). Rauschgiftesser erzählen. Haschisch/Heroin/Opium/Morphium/ Marihuana/LSD/Meskalin/Peyote. Berlin.

Renn, H. (1986). Die Bedeutung gesellschaftlicher Faktoren bei der Suchtentwicklung. In Deutsche Hauptstelle gegen die Suchtgefahren (DHS) (Hrsg.), Sucht und Gesellschaft. Ursachen, Folgen, Zusammenhänge (S. 94-114). Hamm.

Rennert, M. (1989). Co-Abhängigkeit. Was Sucht für die Familie bedeutet. Freiburg im Breisgau.

Reuband, K. H. (1979). Drogengebrauch und soziale Merkmale von Fixern in der BRD. Neue Praxis, (1), 85-108.

Reuband, K. H. (1986). Drogenverbreitung, Wertwandel und Problemwahrnehmung. Neue Praxis, (6), 491-500.

Reuband, K. H. (1988). Haschisch im Urteil der Bundesbürger. Neue Praxis, (6), 480-495.

Reuband, K. H. (1990). Empirische Befunde zur sozialen Zusammensetzung Drogenabhängiger. Neue Praxis, (6), 526-534.

Reuband, K.-H. (1992). Drogenkonsum und Drogenpolitik. Deutschland und die Niederlande im Vergleich. Opladen.

Reuband, K.-H. (1994). Soziale Determination des Drogengebrauchs. Eine wissenschaftliche Analyse des Gebrauchs weicher Drogen. Opladen.

Reuband, K.-H. (1995). Drug Use and Drug Policy in Western Europe: Epidemiological Findings in a Comparative Perspective. European Addiction Research, (1), 32-41.

Revenstorf, D.; Metsch, H. (1986). Lerntheoretische Grundlagen der Sucht. In W. Feuerlein (Hrsg.), Theorie der Sucht (S. 121-150). Berlin

Richter, H. E. (1990). Patient Familie. Entstehung, Struktur und Therapie von Konflikten in Ehe und Familie. Hamburg.

Riegger, D. (1999, 11.02.). Konsens über Heroin-Vergabe. Drogenbeauftragte meldet Übereinstimmung. Frankfurter Rundschau, (35), 30.
Rittmannsberger, H. (1985). Ambulante Therapie jugendlicher Drogenkonsumenten. Wiener Zeitschrift für Suchtforschung, (8), 69-78.
Robins, L. N. (1974). The Vietnam drug user returns: Final report. Special Action Monograph Series A.. In U.S. Goverment Printer. Washington D.C..
Rose, C. (1995). Die Drogenberichterstattung der deutschen überregionalen Tagespresse. Ergebnisse einer Inhaltsanalyse von FAZ, FR, taz und Welt. Sucht, (1), 34-42.
Rüter, C. F. (1990). Wo kämen wir hin ohne das Strafrecht. Strafrecht und Drogen in Europa des Wandels. Vortrag auf der Europäischen Konferenz der Therapeutischen Gemeinschaften 1990. Suchtreport, (6).
Schätzle, M.; Christen, L.; Christen, S.; Meili, D. (1998). Eintrittscharakteristiken der Teilnehmer und Teilnehmerinnen einer niederschwelligen und niedrigstrukturierten methadongestützten Behandlung. Psychosoziale und konsumbezogene Eintrittsdaten der Züricher Poliklinik für metadongestützte Behandlung „Zokel 1" 1992-1996. Sucht, (2), 120-127.
Scheer, K.-D.; Peters, O. (1996). Drogenkarrieren und Biographieverlauf. Auswertung narrativer Interviews. Hamburg.
Scheerer, S.; Vogt, I. (1989). Drogen und Drogenpolitik. Ein Handbuch. Frankfurt am Main und New York.
Schelsky, H. (1957). Die skeptische Generation. Eine Soziologie der deutschen Jugend. Düsseldorf und Köln.
Scherbaum, N.; Bender, S. (1995). Der Stellenwert der Psychotherapie im Rahmen der Substitutionsbehandlung mit Methadon. Sucht, (1), 18-24.
Scherbaum, N., Reißner, V. (2000). Modelle der Sucht und ärztliche Heroinverschreibung. Sucht, (46), 290-295.
Schmerl, C. (1984). Drogenabhängigkeit. Opladen.
Schmidt, T. (1999). Lernziel: Kontrollierter Drogenkonsum, selbstbestimmter Drogenausstieg und Lebensqualität. Neue Praxis, (1), 71-77.
Schmidt, T. (1991). Hochschwellig - niedrigschwellig - tiefschwellig. Neue Praxis, (5/6), 415-427.
Schmidt, W. J. (1996). Biologische Grundlagen der Sucht. In G. Längle & K. Mann & G. Buchkremer (Hrsg.), Sucht: die Lebenswelten Abhängiger (S. 87-98). Tübingen.
Schnack, D.; Neutzling, R. (1990). Kleine Helden in Not. Jungen auf der Suche nach Menschlichkeit. Reinbek bei Hamburg.
Schneider, W. (1993). Selbstgestaltete Sekundärprävention. Akzeptierende Drogenarbeit als Vermittlung und Stützung risikobewußter Gebrauchsregeln. In K. Böllert & H.-U. Otto (Hrsg.), Umgang mit Drogen. Sozialpädagogische Handlungs- und Interventionsstrategien (S. 27-43). Bielefeld.
Schneider, W. (1998). Quo Vadis Drogenhilfe? Zur Qualitätsdiskussion in der Drogenhilfe. Neue Praxis, (2), 163-171.
Schönhöfer, P. (1987). Nutzen und Risiken einer Methadonbehandlung. In Minister für Arbeit, Gesundheit und Soziales des Landes Nordrhein-Westfalen (Hrsg.), Medikamentengestützte Rehabilitation bei Drogenabhängigen. Dokumentation über ein internationales Drogensymposium in Düsseldorf (S. 48-55). Düsseldorf.

Schreyögg, A. (1990). Organisationsanalytische Perspektiven in der Supervision von Suchtkliniken. Suchtgefahren (Sucht), (36), 107-122.

Schreyögg, A. (1991). Die Suchtkrankenklinik - Gefangene ihrer eigenen Struktur. Sucht, (37), 383-394.

Schuh, H. (1996). Opiate für Jesus. Welchen Stoff brachten die drei heiligen Könige mit? Die Zeit, (2), 23.

Schuller, K.; Stöver, H. (Hrsg.). (1990). Akzeptierende Drogenarbeit. Ein Gegenentwurf zur traditionellen Drogenhilfe. Freiburg im Breisgau.

Schulz, W.; Dörmann, K.; Schneider, W. (1992). Empirische Überprüfung der JELLINEK- Typologie. Sucht, 38,(1), 27-38.

Schütz, A. (1971). Das Problem der Relevanz. Frankfurt a. Main.

Schütze, F.; Meinefeld, W.; Springer, W.; Weymann, A. (1973). Grundlagentheoretische Voraussetzungen methodisch kontrollierten Fremdverstehens. In Arbeitsgruppe Bielefelder Soziologen (Hrsg.), Alltagswissen, Interaktion und gesellschaftliche Wirklichkeit (S. 433-495). Reinbek bei Hamburg.

Schütze, F. (1984). Professionelles Handeln, wissenschaftliche Forschung und Supervision. Versuch einer systematischen Überlegung. In Gesamthochschule Kassel (Hrsg.), Beiträge zur Supervision. (S. 262-389). Kassel.

Seifert, R. (1992). Entwicklungslinien und Probleme der feministischen Theoriebildung. Warum an Rationalität kein Weg vorbeiführt. In G.-A. Knapp & A. Wetterer, TraditionenBrüche. Entwicklungen feministischer Theorie. Freiburg im Breisgau.

Seiffge-Krenke, I. (1992). Gesundheitspsychologie des Gesundheitsverhaltens. Göttingen.

Seiser, J.; Schmidhofer-Stieren, J. (1992). Intensive sozialpädagogische Einzelbetreuung § 35 KJHG. In M. R. Textor (Hrsg.), Praxis der Kinder- und Jugendhilfe. Handbuch für die sozialpädagogische Anwendung des KJHG (S. 178-190). Weinheim und Basel.

Sengling, D. (1984). Offensive Jugendhilfe im Stadtteil. Erziehungsberatung zwischen Prävention und Intervention. Blätter der Wohlfahrtspflege, (12), 287-289.

Sieber, M. (1993). Drogenkonsum: Einstieg und Konsequenzen. Ergebnisse von Längsschnittuntersuchungen und deren Bedeutung für die Prävention. Bern.

Siegert, M. T. (1979). Adoleszenzkrise und Familienumwelt. Prozesse der Identitätsstörung bei opiatabhängigen Jugendlichen. Frankfurt am Main.

Silbereisen, R. K.; Kaster, P. (1984). Drogengebrauch Jugendlicher aus entwicklungstheoretischer Sicht. Bildung und Erziehung, (37), 271-285.

Silbereisen, R. K.; Kaster, P. (1985). Jugend und Drogen: Entwicklung von Drogengebrauch - Drogengebrauch als Entwicklung. In R. Oerter (Hrsg.), Lebensbewältigung im Jugendalter (S. 192-219). Weinheim.

Silbereisen, R. K. (1995). Entwicklungspsychologische Aspekte von Alkohol- und Drogengebrauch. In R. Oerter & L. Montana (Hrsg.), Entwicklungspsychologie (3. Aufl.). München.

Silbereisen, R. K.; Wiesner, W. (1996). Frühe Belastungen und Unterschiede im Zeitpunkt psychosozialer Übergänge. In R. K. Silbereisen & L. A. Vaskovics & J. Zinnecker (Hrsg.), Jungsein in Deutschland. Jugendliche und junge Erwachsene 1991 und 1996 (S. 247-258). Opladen.

Silbereisen, R. K.; Vaskovics, L. A.; J. Zinnecker, J. (Hrsg.). (1996). Jungsein in Deutschland. Jugendliche und junge Erwachsene 1991 und 1996. Opladen.

Simon, R.; Tauscher, M.; Pfeiffer, T. (1999). Suchtbericht Deutschland 1999. Hohengehren.
Simon, R.; Tauscher, M.; Gessler, A. (1997). Suchtbericht Deutschland 1997. Hohengehren.
Simon, R.; Palazzetti, M. (1999). Jahresstatistik 1998 der ambulanten Beratungs- und Behandlungsstellen für Suchtkranke in der Bundesrepublik Deutschland. EBIS - Bericht für den Zeitraum 1.1.1998 - 31.12.1998. Sucht, 45 (Sonderheft 1/1999).
Simon, R., Palazzetti, M. (1999a). Jahresstatistik 1998 der stationären Suchtkrankenhilfe in der Bundesrepublik Deutschland. SEDOS - Bericht für den Zeitraum 1.1. - 31.12.1998. Sucht, 45 (Sonderheft 2/1999).
Soer, J. v. (1991). Süchtig geboren. Kinder von Heroinabhängigen. Hamburg.
Sollmann, U. (1974). Therapie mit Drogenabhängigen. Gießen.
Solomon, R. L. (1977). An opponent-process theory of acquired motivation. The affective dynamics of addiction. In J. D. Maser & M.E.P. Seligman (Hrsg.), Psychopathology. Experimental models. San Francisco.
Solomon, R. L. (1980). The opponent-process theory of acquired motivation. The costs of pleasure and benefits of pain. American Psychol., (8), 691-712.
Specht, W.; (Hrsg.) (1991). Die gefährliche Straße: Jugendkonflikte und Stadtteilarbeit. Bielefeld.
Spector, M.; Kituse, J. I. (1983). Die „Naturgeschichte" sozialer Probleme: Eine Neufassung. In F. W. Stallberg & W. Springer (Hrsg.), Soziale Probleme. Grundlegende Beiträge zu ihrer Theorie und Analyse (S. 32-45). Neuwied und Darmstadt.
Spode, H. (1993). Die Macht der Trunkenheit: Kultur und Sozialgeschichte des Alkohols in Deutschland. Leverkusen.
Spotts, J. V.; Shontz, F. C. (1983). Lebensstil und Lebensthemen und Drogenkonsum. In D. J. Lettieri & R. Welz (Hrsg.), Drogenabhängigkeit - Ursachen und Verlaufsformen (S. 71-83). Weinheim und Basel.
Springer, W. (1973). Kriminalitätstheorien und ihr Realitätsgehalt. Eine Sekundäranalyse amerikanischer Forschungsergebnisse zum abweichenden Verhalten. Stuttgart.
Springer, W. (1994). Die Bedeutung von stadtteilbezogenen Unterstützungsnetzen für die psychosoziale Entwicklung von (drogengefährdeten) Jugendlichen. Vortrag vom 30.10.1992; 20. Jahre Jugendhilfe Bottrop e.V.. 47-52.
Springer, W. (1995). Alltag und sozialer Raum als Focus sozialpädagogischen Handelns. Neue Praxis, (3), 281-285.
Stadt Zürich: Stellen für die Suchtprävention im Kanton Zürich (Hrsg.). (1995). Sucht beginnt im Alltag. Prävention auch (Broschüre). Zürich
Stahr, I.; Barb-Priebe, I.; Schulz, E. (1995). Suchtarbeit mit Frauen. Ein praktischer Leitfaden zur Aus- und Fortbildung in Beratung, Therapie und sozialer Arbeit. Weinheim und München.
Stallberg F. W.; Springer W. (Hrsg.). (1983). Soziale Probleme - Grundlegende Beiträge zu ihrer Theorie und Analyse. Neuwied und Darmstadt.
Stark W. (Hrsg.) (1989). Lebensweltbezogene Prävention und Gesundheitsförderung. Konzepte und Strategien für die psychosoziale Praxis. Freiburg im Breisgau.
Stiksrud, A. (1994). Jugend im Generationen - Kontext. Sozial- und Entwicklungspsychologische Perspektiven. Opladen.

Sting, S. (1999). Suchtprävention als Bildungsaufgabe. Perspektiven für eine außerschulische Jugendarbeit. Neue Praxis, (5), 490-499.

Stöver, H.; Keppler, K. (1998). Die Substitutionsbehandlung im deutschen Justizvollzug. Sucht, (2), 104-119.

Straub, U. (1999). Adoleszenz und Autonomie. Autonomieerwerb - (k)eine Entwicklungsaufgabe der Adoleszenzzeit. Neue Praxis, (2), 180-192.

Stroebe, W.; Hewstone, M.; Codol, J.-P.; Stephenson, G. (Hrsg.). (1992). Sozialpsychologie. Eine Einführung. (2. korrigierte Aufl.). Berlin.

Sünker, H. (1998). Lob der Abweichung. Bildung, Erziehung und belastende Lebenslagen Jugendlicher. Neue Praxis, (5), 496-501.

Szasz, T. S. (1980). Das Ritual der Drogen. Das Drogenproblem in neuer Sicht: Sündenbock unserer Gesellschaft (1. Aufl.). Frankfurt am Main.

Täschner, K.-L. (1983). Therapie der Drogenabhängigkeit. Ein Handbuch. Stuttgart, Berlin, Köln, Mainz.

Täschner, K.-L. (1994). Drogen, Rausch und Sucht. Ein Aufklärungsbuch. Stuttgart.

Tasseit, S. (1999). Alkoholismus unter der Lupe der Sozialen Arbeit. Überlegungen zu einer soziologisch informierten sozialen Diagnose. Neue Praxis, 29,(1), 57-70.

Textor, M. R. (Hrsg.). (1992). Praxis der Kinder- und Jugendhilfe. Handbuch für die sozialpädagogische Anwendung des KJHG. Weinheim und Basel.

Thamm, B. G.; Katzung, W. (1994). Drogen - legal - illegal (2. Aufl.). Hilden im Rheinland.

Thiel, G. (1995). Erfahrungen bei der schulischen und beruflichen Integration langjährig Drogenabhängiger in den Hamburger Sozialtherapeutischen Wohngemeinschaften. Sucht, (5), 334-341.

Thiersch, H. (1992). Lebensweltorientierte Soziale Arbeit. Aufgaben der Praxis im sozialen Wandel. Weinheim und München.

Thimm, K. (1991). Kiffen in Einrichtungen der Erziehungshilfe. Unsere Jugend, 43, 285-297.

Thole, W. (1999). Die Sozialpädagogik und ihre Forschung. Sinn und Kontur einer empirisch informierten Theorie der Sozialpädagogik. Neue Praxis, (3), 224-244.

Thomasius, T. (1991). Drogenkonsum und Abhängigkeit bei Kindern und Jugendlichen. Ein Überblick über den Forschungsstand. Sucht, 37, 4-19.

Topel, H. (1991). Euphorie und Dysphorie. Zur Neurobiologie der Stimmungen und des Suchtverhaltens. Bonn.

Trojan, A.; Hildebrandt (1989). Konzeptionelle Überlegungen zu gesundheitsbezogener Netzwerkförderung auf lokaler Ebene. In W. Stark (Hrsg.), Lebensweltbezogene Prävention und Gesundheitsförderung. Konzepte und Strategien für die psychosoziale Praxis (S. 97-127). Freiburg im Breisgau.

Uchtenhagen, A. (1982). Die Familien Drogenabhängiger: Sozialpsychologische und therapeutische Aspekte. Familiendynamik, 284-295.

Viebach, A. (1987). Organisation in der Drogenpolitik: Hilfestellung oder Hypothek? Zur Zielsetzung und Durchführbarkeit staatlicher Drogenpolitik (Dissertation). Münster.

Vockrodt-Scholz, V. (1995). Depressive Verstimmungen und Drogennähe bei 13- und 14jährigen Jugendlichen im Gymnasialzweig. Sucht, (3), S. 163-168.

Vogt, I. (1998). Frauen, illegale Drogen und Armut: Wiederholungszwänge im Elend. In D. Henkel (Hrsg.), Sucht und Armut. Alkohol, Tabak, illegale Drogen (S. 191-208). Opladen.

Voigt, I. (1975). Drogenpolitik. Zum Konsum von Alkohol, Beruhigungsmitteln und Haschisch. Frankfurt am Main und New York.

Vogt, I.; Winkler, K. (1996). Beratung süchtiger Frauen. Konzepte und Methoden. Freiburg im Breisgau.

Völger, G. (Hrsg.) (1981). Rausch und Realität. Drogen im Kulturvergleich. Köln.

Voß, R.; Durek, I. (1995). Die Familie im Kontext - Perspektiven lebensweltorientierter Abhängigkeitsprophylaxe. Sucht, (3), S.181-187.

Wanke, K.; Süllwold, L.; Ziegler, B. (1970). Jugend und Rauschmittel - Prävention, Therapie und Rehabilitation. Rehabilitation, (23), 1-5.

Weber, I. (1998). Psychosoziale Betreuung bei Substitutionsbehandlung. Sucht, 44,(6), 409-416.

Wegehaupt, H.; Wieland, N. (Hrsg.). (1996). In Kontakt bleiben. Kinder - Drogen - Jugendliche - Pädagogen: in Kontakt bleiben. Dokumentation des 1. Europäischen Drogenkongresses in Münster 1996. Münster.

Weiner, B. (1979). A theory of motivation for some classroom experiences. Educational Psychology, (71), 3-25.

Welter-Enderlin, R. (1982). Familienarbeit mit Drogenabhängigen. Familiendynamik, (7), 220-228.

Welz, R. (1989). Zur Epidemiologie der Drogenabhängigkeit. Veränderungen in den letzen 10-15 Jahren. In W. Feuerlein (Hrsg.), Therapieverläufe bei Drogenabhängigen (S. 3-27). Berlin.

Wille, R. (1989). Der Einfluß der HIV-Infektion auf den Therapieverlauf bei Drogenabhängigen - Eine Beurteilung bisher vorliegender Ergebnisse. In W. Feuerlein (Hrsg.), Therapieverläufe bei Drogenabhängigen (S. 265-283). Berlin

Wurmser, L. (1978). The Hidden Dimension. Psychodynamics in Compulsive Drug Use. New York.

Wurmser, L. (1983). Drogenkonsum als Abwehrmechanismus. In D. J. Lettieri & R. Welz (Hrsg.), Drogenabhängigkeit - Ursachen und Verlaufsformen (S. 84-86). Weinheim und Basel.

Wurmser, L. (1987). Flucht vor dem Gewissen. Zur Dynamik der Toxikomanie bei jungen Erwachsenen. Wiener Zeitschrift für Suchtforschung, (3/4), S.29-40.

Yablonsky, L. (1981). Synanon, ein neuer Weg in der Behandlung Drogenabhängiger. In H. Petzold (Hrsg.), Drogentherapie. Modelle, Methoden, Erfahrungen (3., unveränd. Aufl.). (S. 96-104). Frankfurt am Main.

Yablonsky, L. (1990). Die Therapeutische Gemeinschaft. Ein erfolgreicher Weg aus der Drogenabhängigkeit. Weinheim und Basel.

Young, I. M. (1997, 27.05.). Weder Gleichheit noch Vielfalt sind Patentrezepte. Der politische Prozeß in demokratischen Gesellschaften muß zwei Strategien gleichzeitig verfolgen. Frankfurter Rundschau.

Zehentbauer, J. (1993). Körpereigene Drogen. Die ungenutzten Fähigkeiten unseres Gehirns. (2. durchgesehene Aufl.). München und Zürich.

Zinkler, M.; Valdes, J.; Cranach; M. v.; Sokka, M. (1998). Katamnestische Untersuchung niedrigschwellig entgifteter Opiatabhängiger. Sucht, (1), 25-33.

Zygowski, H. (1988). Psychotherapie. In G. Hörmann & F. Nestmann (Hrsg.), Handbuch der psychosozialen Intervention (S. 128-139). Opladen.

Zygowski, H. (Hrsg.). (1987). Psychotherapie und Gesellschaft. Therapeutische Schulen in der Kritik. Reinbek bei Hamburg.

Personenverzeichnis

Sachwortregister

E

Printed by Printforce, the Netherlands